看图就能学会

终极版

简单翻花绳大全集

日本怀旧游戏会 编著

王 蕾 译

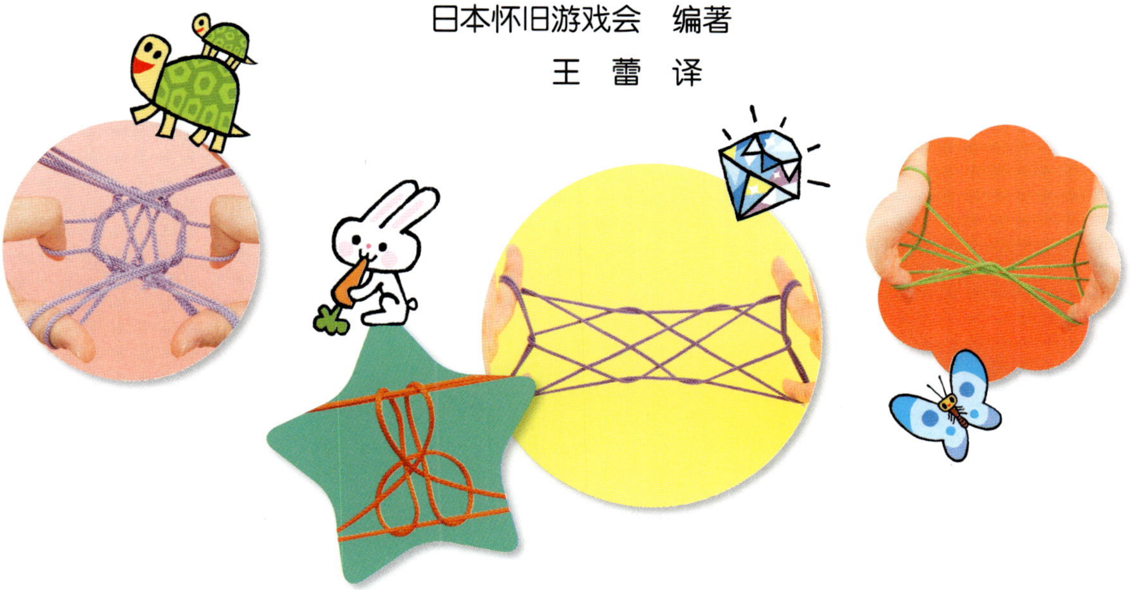

河南科学技术出版社

·郑州·

目录

- 绳子的选择方法 …… 4
- 翻绳的基本结构 …… 6
- 本书的使用指南 …… 8
- 手和手指的名称 …… 10

单人翻绳

吊桥 …… 12
铁塔 …… 14
钻石 …… 16
一座山两座山 …… 18
小河 …… 20
游泳的鱼 …… 21
牌坊 …… 24
富士山 …… 26
蜻蜓 …… 28
牵牛花 …… 31
蝴蝶 …… 34
冰海精灵 …… 36
水黾 …… 39
鱼叉 …… 42
兔子 …… 44
花篮 …… 48
蜗牛 …… 51
闪烁的星星 …… 54
魔法扫帚 …… 56
香蕉 …… 58
风筝 …… 61
蚊子 …… 64
乌龟 …… 66
另一种蝴蝶 …… 70
松针 …… 74
彩云追月 …… 76
消失的扫帚 …… 78
眼镜 …… 80
橡皮筋 …… 83

翻绳变身

虫笼→花 …… 84
蛤蜊→章鱼 …… 88
青虫→火山 …… 90
酒杯→围裙→电灯泡→尺子 …… 92
螃蟹→糖果→女孩 …… 94

扫帚→草丛里的房子 …… 97
网→古琴→吊床→理发推子 …… 100
扫帚→剪刀→线剪 …… 107
乌龟→橡皮筋→飞机 …… 110
酒杯→眼镜→蝴蝶→富士山 …… 115

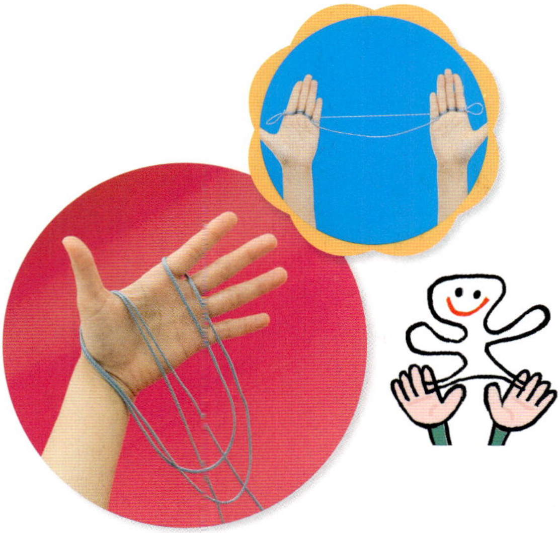

怀旧翻绳

多变的单人翻绳 …… 120
拉丁美洲的水果 …… 128
拉丁美洲的花 …… 131
小木屋 …… 134
四层梯子 …… 136
五层梯子 …… 139
会动的嘴巴 …… 143
织布机 …… 145
啪！消灭蚊子 …… 148
两条金鱼 …… 150

神奇魔术

手腕松绑1 …… 154
手腕松绑2 …… 156
绳子搬家1 …… 158
绳子搬家2 …… 160
捉住拇指 …… 162
十指逃脱 …… 164
橡皮筋魔术 …… 168
五指逃脱 …… 171
结绳 …… 176
掉落的戒指 …… 178

双人翻绳

拉大锯 …… 179
多变的双人翻绳 …… 182
做年糕 …… 190

【绳子的选择方法】

要想玩好翻绳，
绳子的选择和使用方法很重要。

绳子的长度

翻绳游戏中绳子的长度应该在180cm左右，儿童用的翻绳长度在150cm左右。根据翻绳游戏种类的不同，有时长一些玩起来更方便，有时短一些玩起来更方便。大家不妨尝试一下不同长度的绳子。

长绳 大约200cm

一般绳子 大约180cm

短绳 大约160cm

绳子种类

翻绳所用的绳子种类很多，有毛线绳、尼龙绳、丝绸绳和棉线绳等。为了玩出丰富多彩的翻绳，我们不妨多尝试一下不同的绳子。

绳子的打结方法

在翻绳游戏中，根据绳子的种类和粗细，有很多种打结方法，如果能将结打成小而难解的“渔人结”，玩起来会更方便。

1 剪取所需长度的绳子。

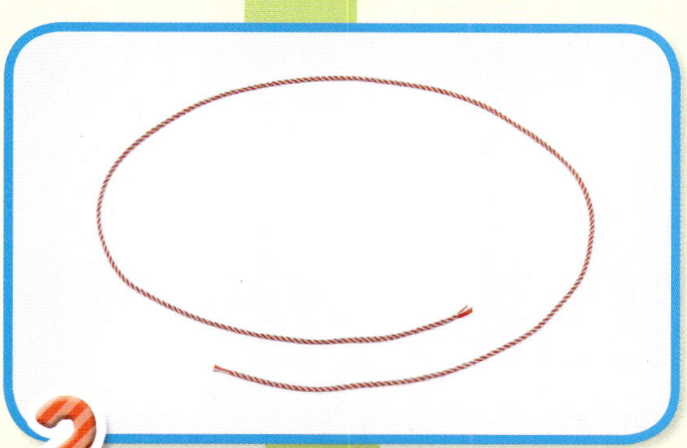

2 将绳子围成一个圈，两端重叠10cm左右。

3 如图将绳子一端在另一端上缠绕一圈，慢慢地打结。

4 剩下的一端同步骤3一样，在另一端绳子上缠绕一圈后打结。

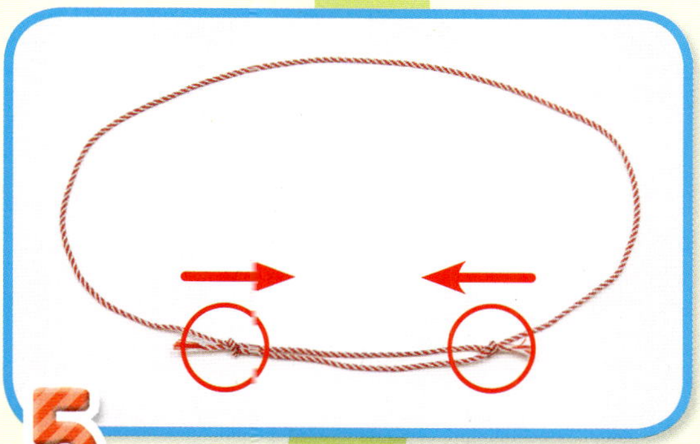

5 两端都打好结之后，沿箭头指示方向将两个结拉到一起。

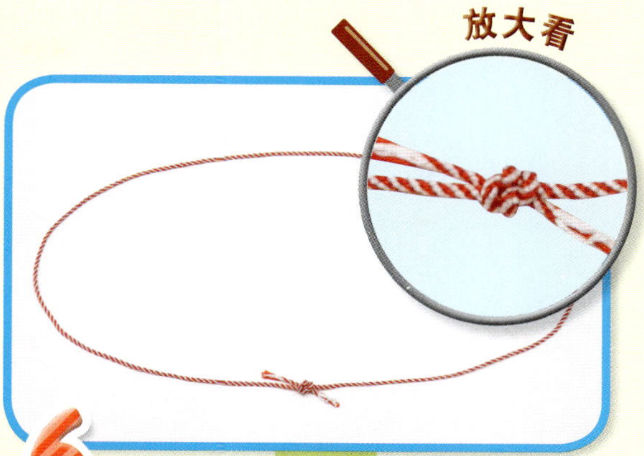

6 然后拉住较长的绳子，将两个结拉紧。剪掉多余的绳头，渔人结完成！

【翻绳的基本结构】

日式结构

1 用右手中指钩取◆处。

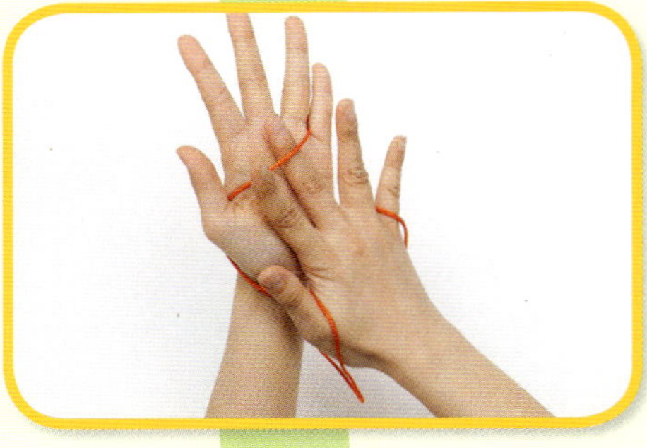

钩取中

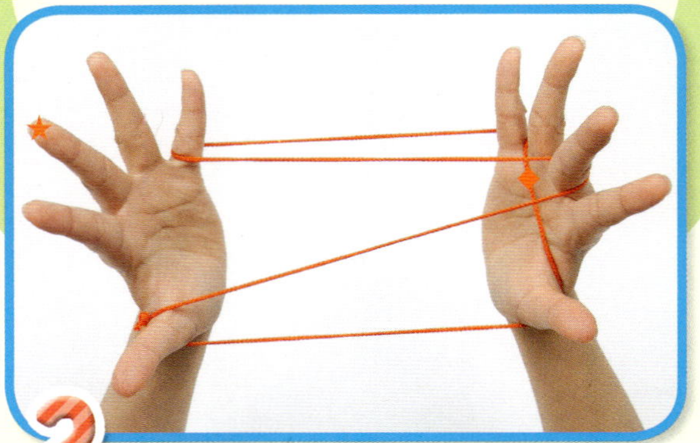

2 用左手中指钩取◆处。

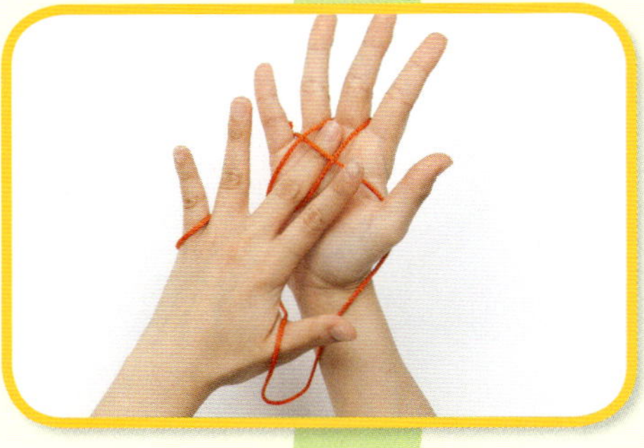

钩取中

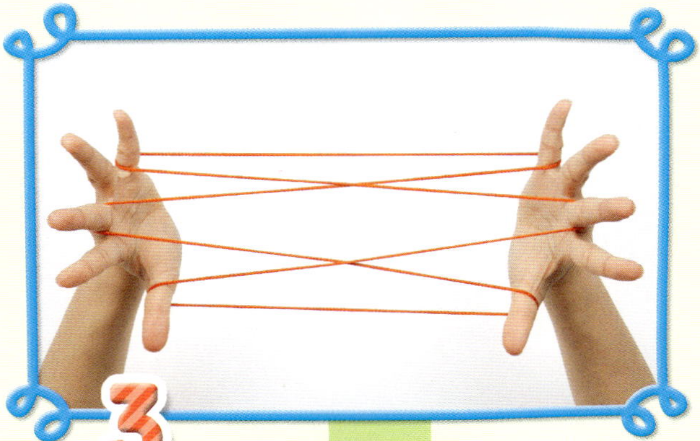

3 “日式结构”完成！

不同国家翻绳的基本结构也不同。本书介绍了日式结构和其他结构。日式结构请参考第6页，其他结构请参考本页。

其他结构

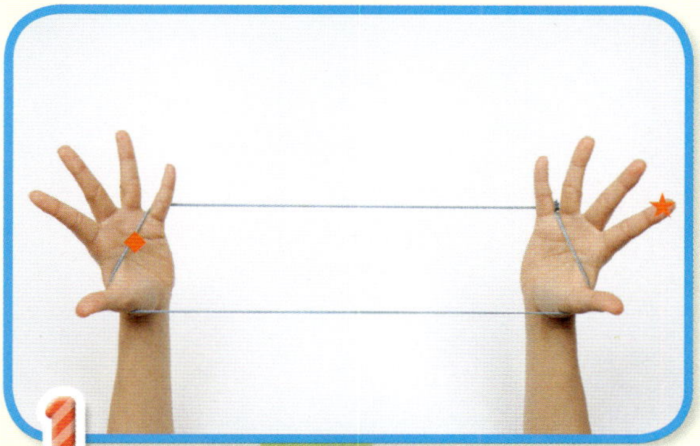

1 用右手食指钩取◆处。

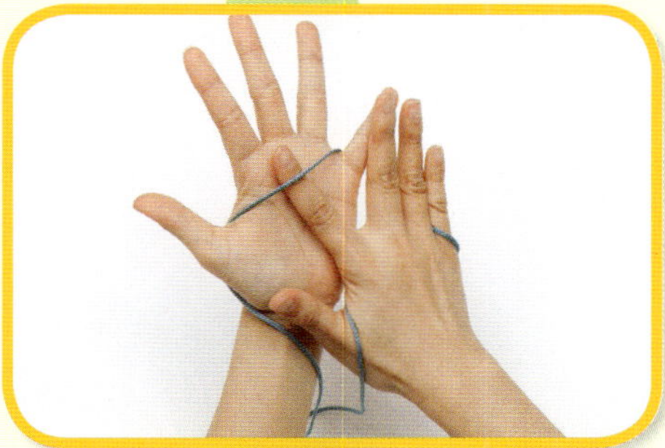

钩取中

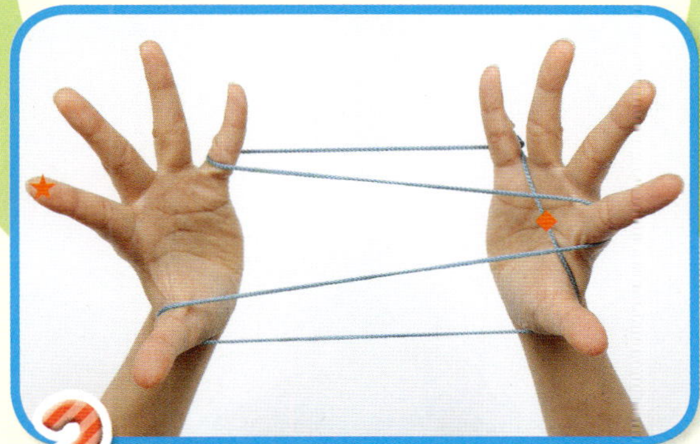

2 用左手食指钩取◆处。

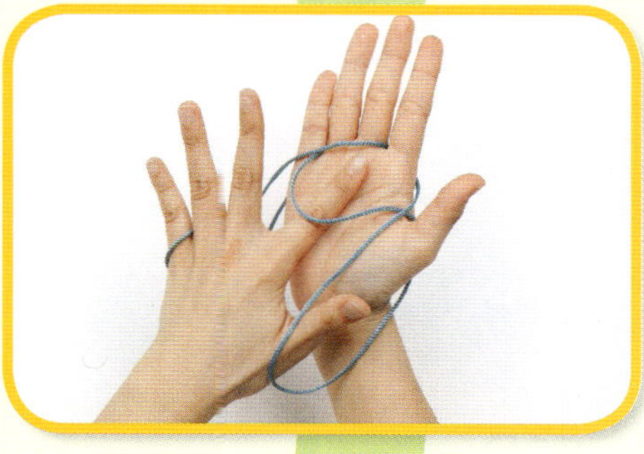

钩取中

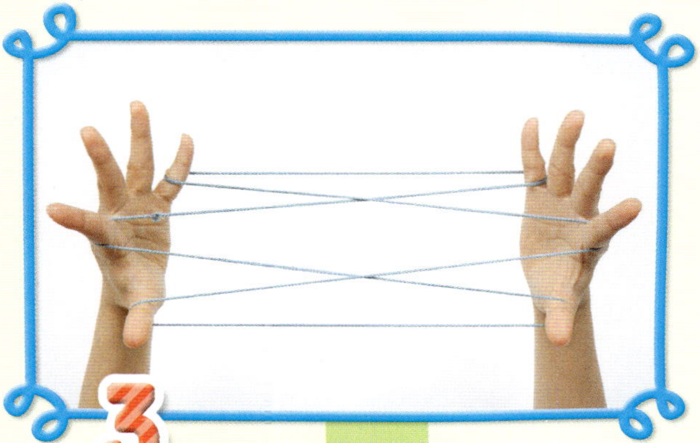

3 “其他结构”完成！

【本书的使用指南】

绳长

根据翻绳种类的不同，建议选择和游戏内容相适应的绳子长度。有关“绳子的长度”的说明请参考第4页。

难度

翻绳的难度分为三级。初学者建议从“简单”级别开始玩。

结构

有关“日式结构”的介绍在第6页，“其他结构”的介绍在第7页。关于结构的介绍，请从第一步开始仔细地看看吧。

放大看

为了让大家更好地理解钩取绳子和松开绳子时手指和绳子的状态，对图片进行了放大处理。

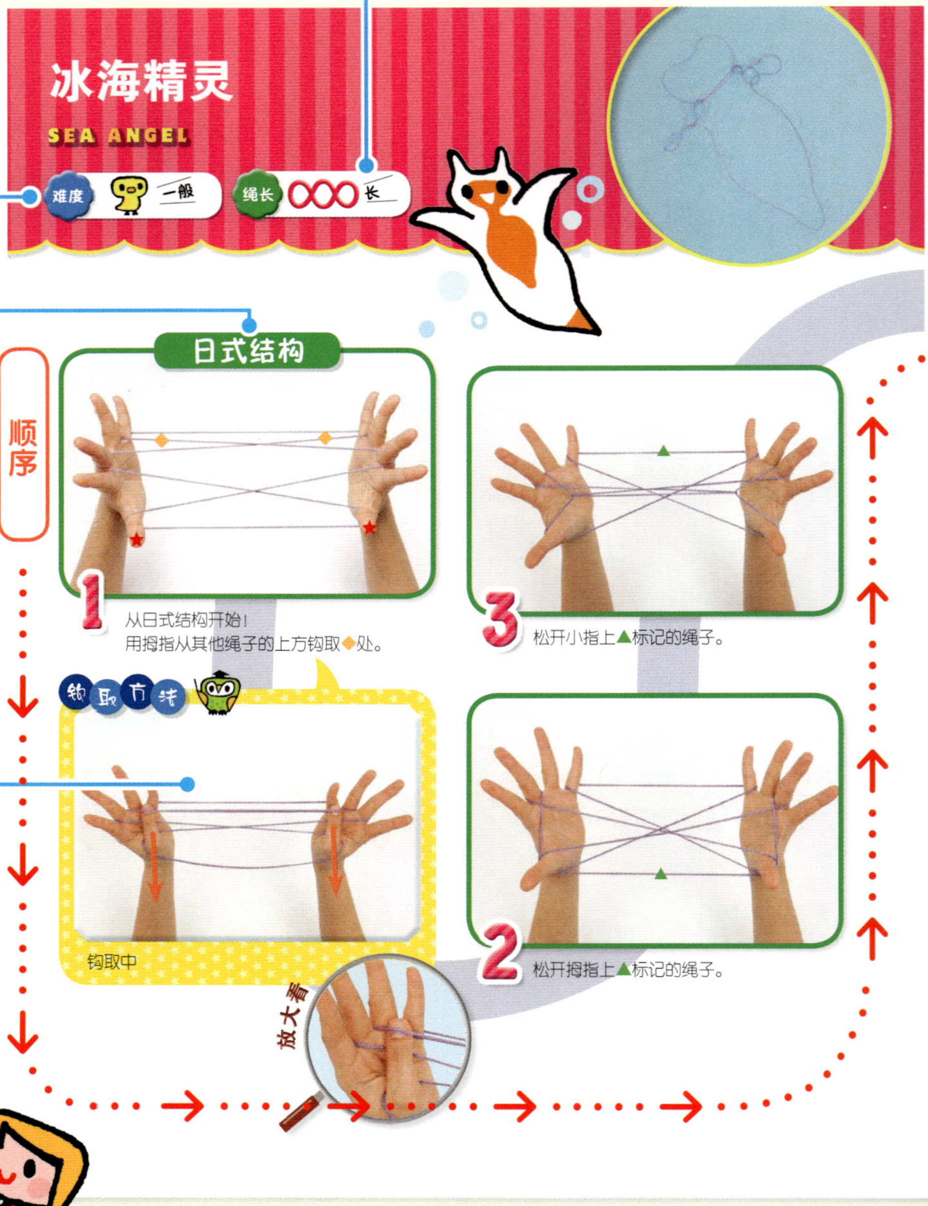

松开方法

用简单易懂的图示展示了将绳子从手指上松开时的状态。

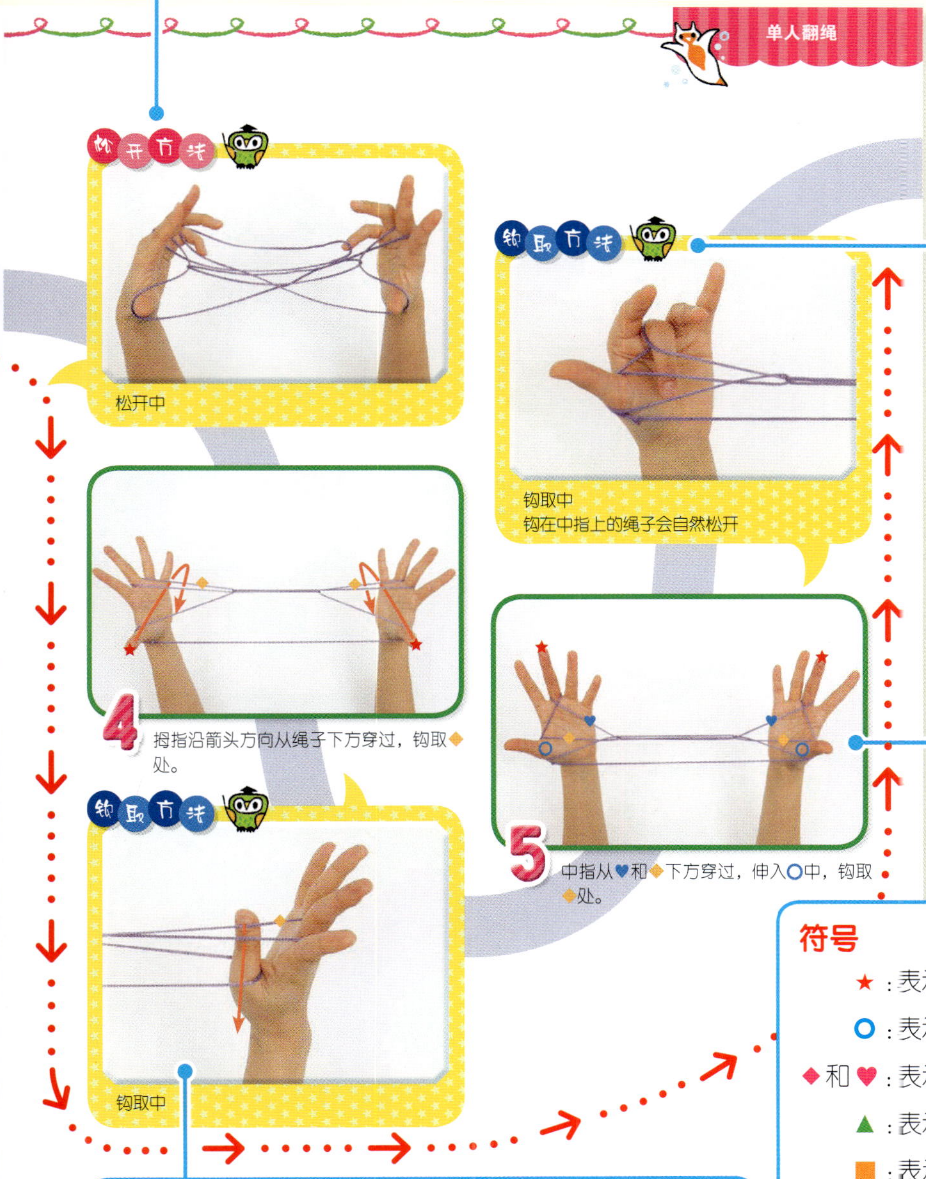

钩取方法

用简单易懂的图示展示了用手指钩取绳子时的状态。

符号

★：表示使用的手指。

○：表示手指伸入的位置。

◆和♥：表示要钩取的绳子。

▲：表示要松开的绳子。

■：表示要按住的绳子。

箭头

→：表示沿箭头方向翻动手指和绳子。

⋯▶：虚线部分表示从绳子下方穿过，沿箭头方向翻动手指和绳子。

【 手和手指的名称 】

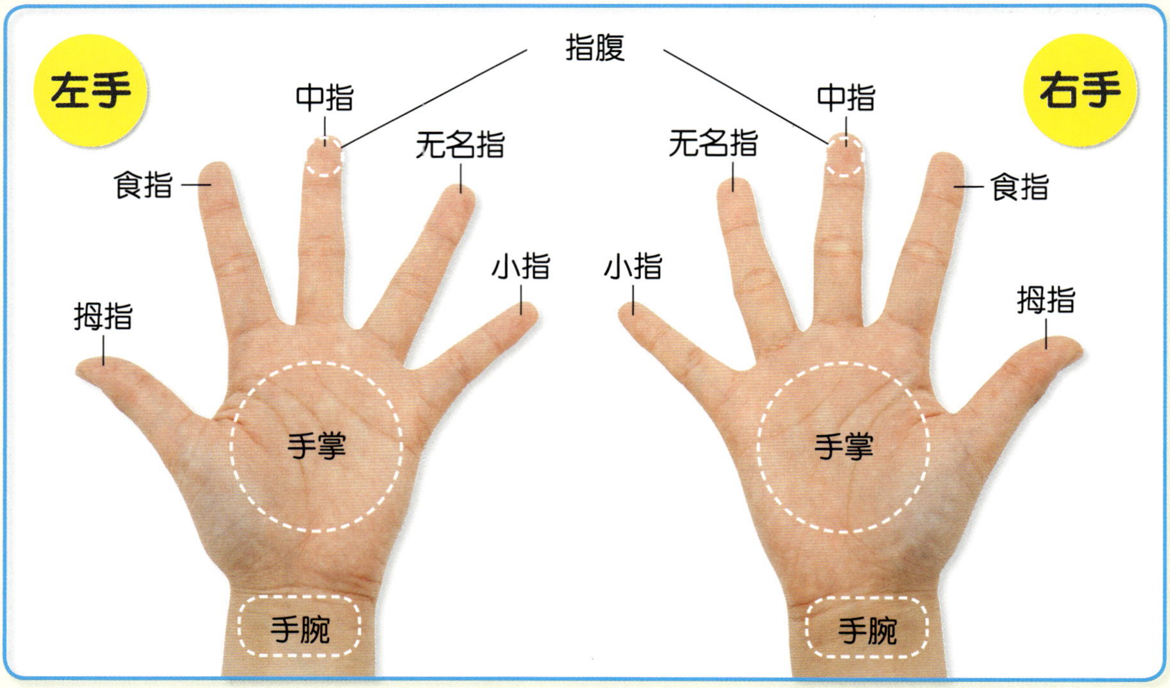

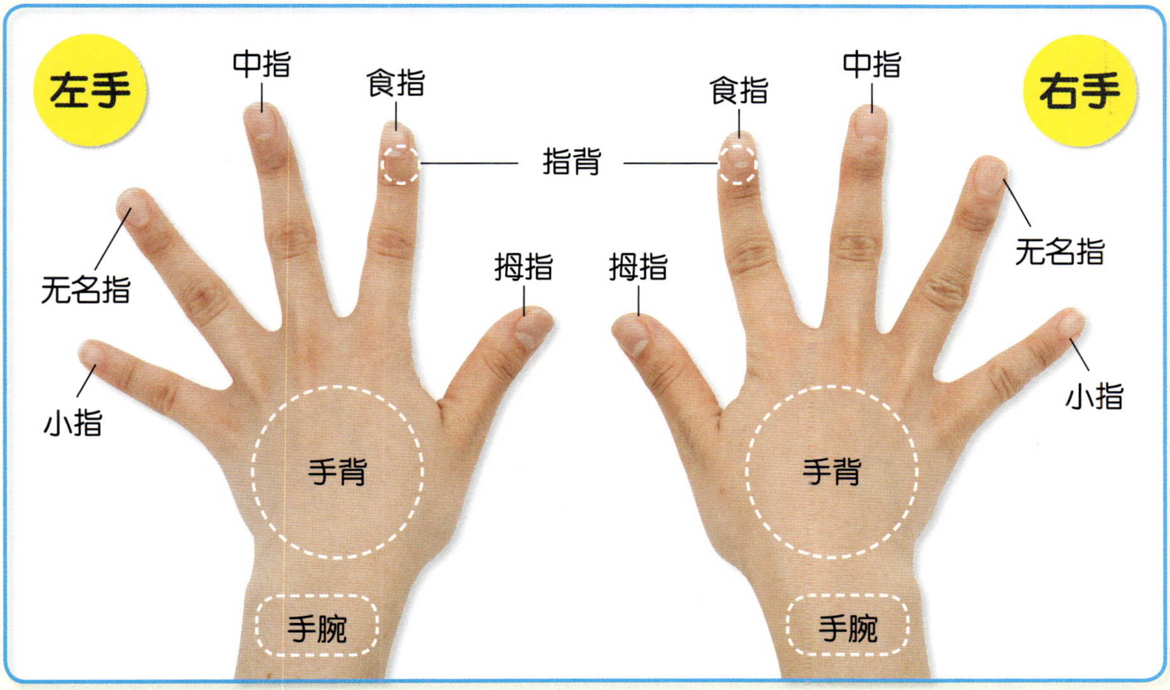
左手
中指
食指
指背
无名指
拇指
小指
手背
手腕
右手
中指
食指
拇指
无名指
小指
手背
手腕

吊桥

SUSPENSION BRIDGE

难度 简单　绳长 一般

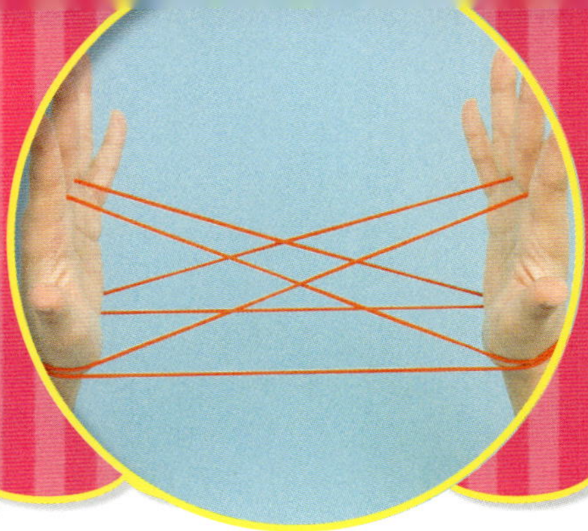

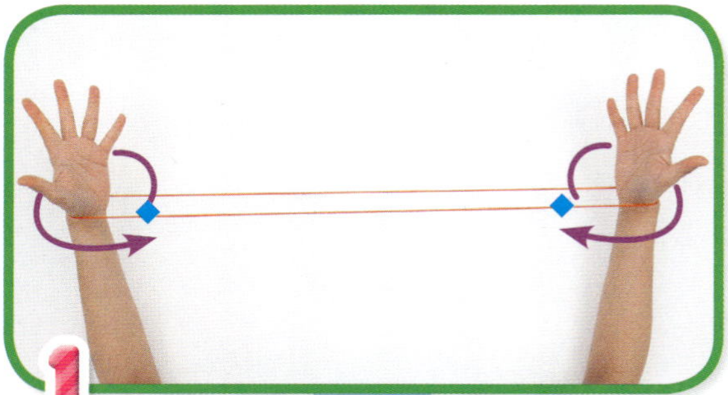

1 将绳子挂在两手腕上，先将◆处沿箭头方向在左手腕上缠绕一圈。

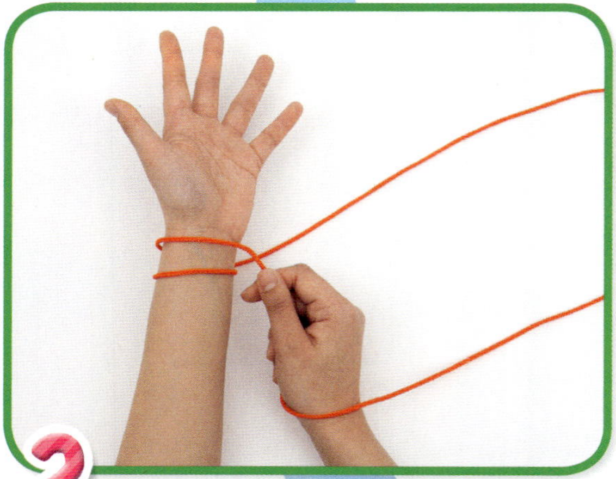

2 如图缠绕。

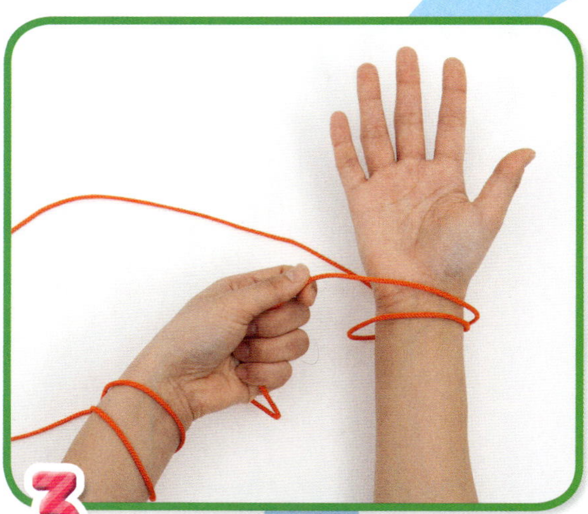

3 同样的，将绳子在右手腕上缠绕一圈。

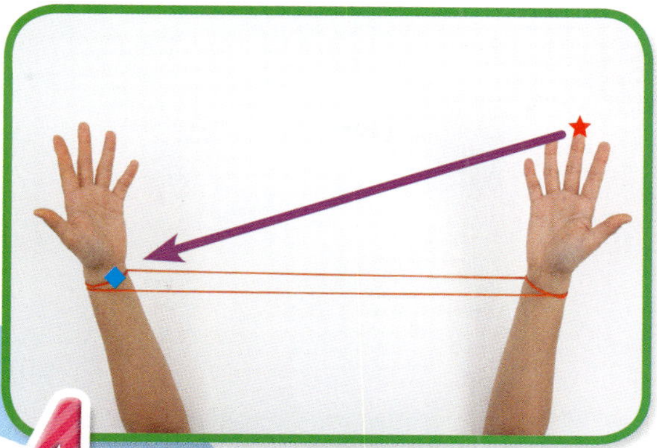

4 用右手中指钩取◆处。

完成！

6 吊桥完成啦！

钩取方法

钩取中

钩取方法

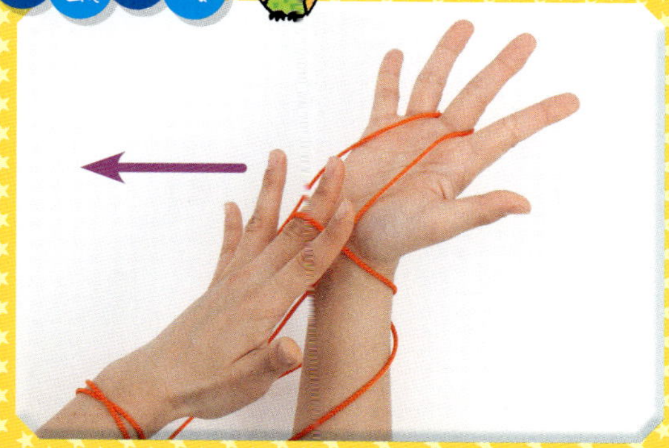

钩取中

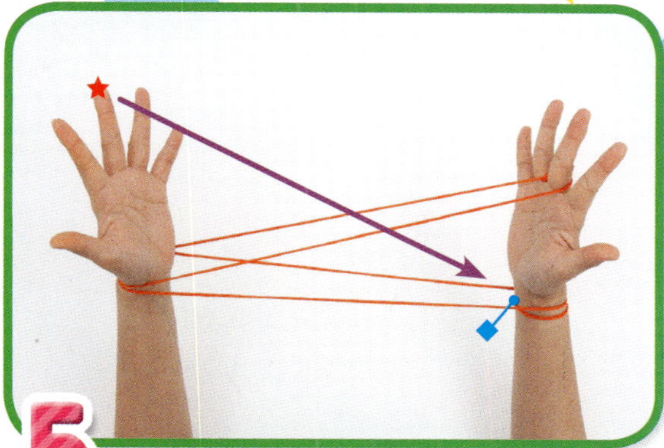

5 用左手中指钩取◆处。

铁塔

TOWER

难度 一般　绳长 一般

1 将绳子挂在除拇指以外的两手掌上，将◆处沿箭头方向在左手上缠绕一圈。

缠绕方法

缠绕中

缠绕方法

缠绕中

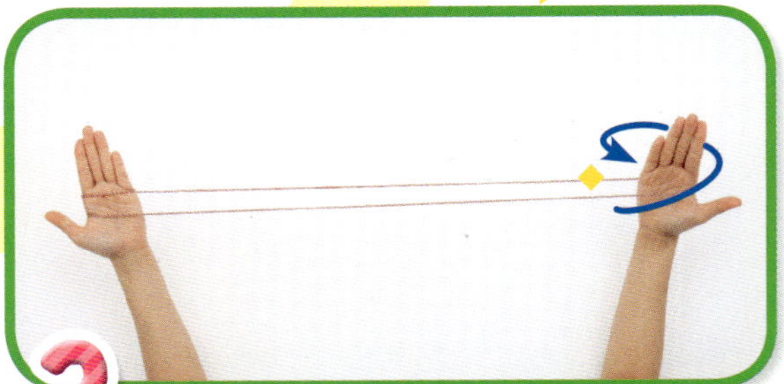

2 同样的，将◆处沿箭头方向在右手上缠绕一圈。

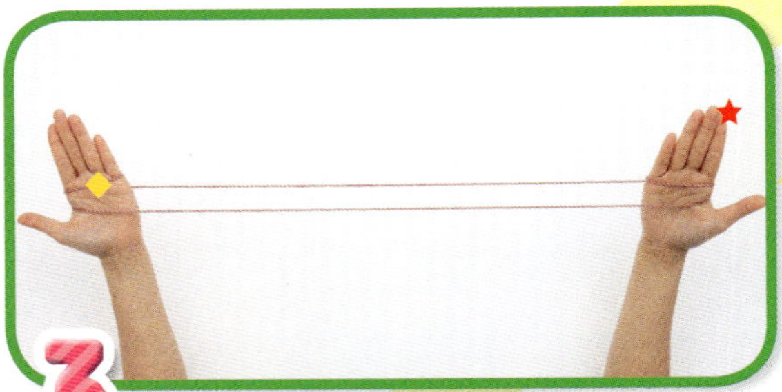

3 用右手食指钩取左手上的◆处。

钩取方法

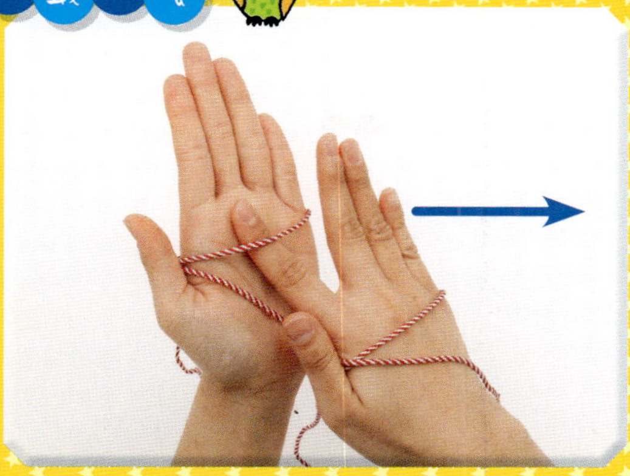

钩取中

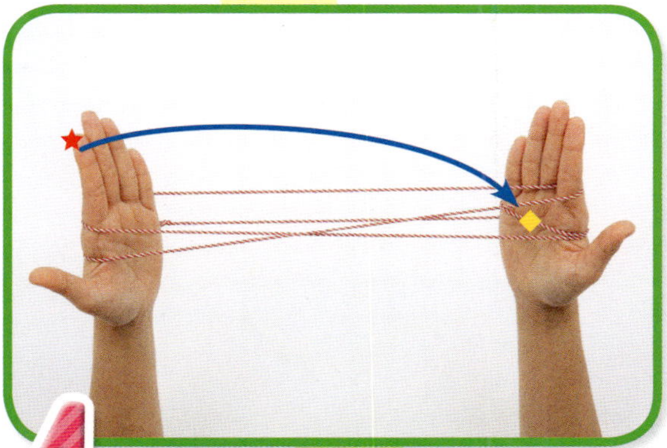

4 用左手食指钩取右手上的◆处。

钩取方法

钩取中

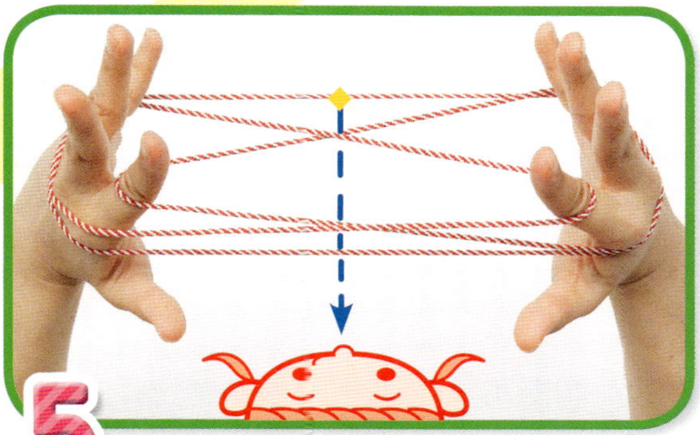

5 用嘴巴咬住◆处往下拉。

6 将食指之外的▲标记的绳子全部松开。

7 铁塔完成啦！

钻石

DIAMOND

难度 一般　绳长 一般

日式结构

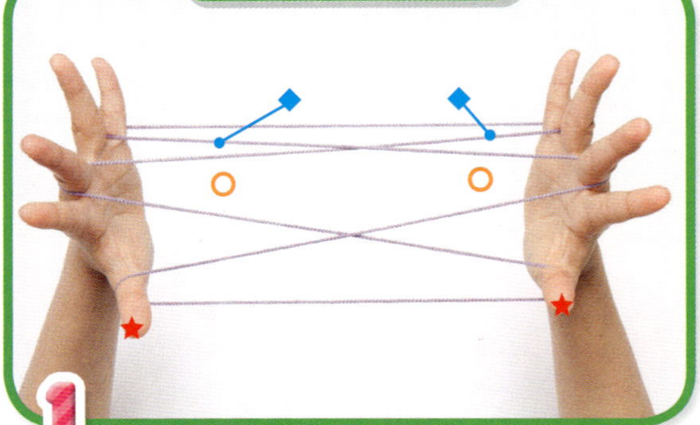

1 从日式结构开始！
将拇指从上方伸入○中，钩取◆处。

钩取方法

钩取中

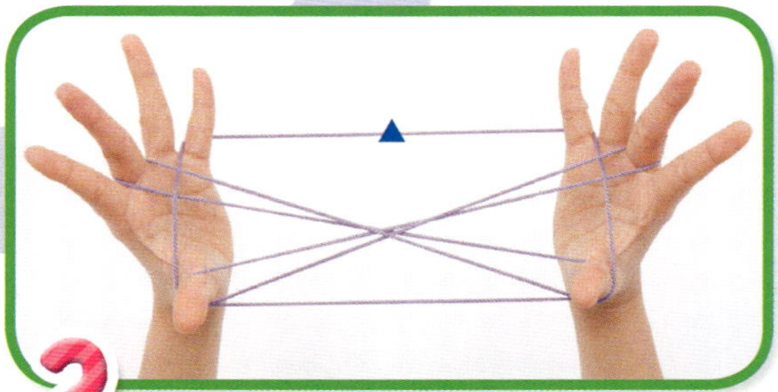

2 松开小指上▲标记的绳子。

钩取方法

钩取中

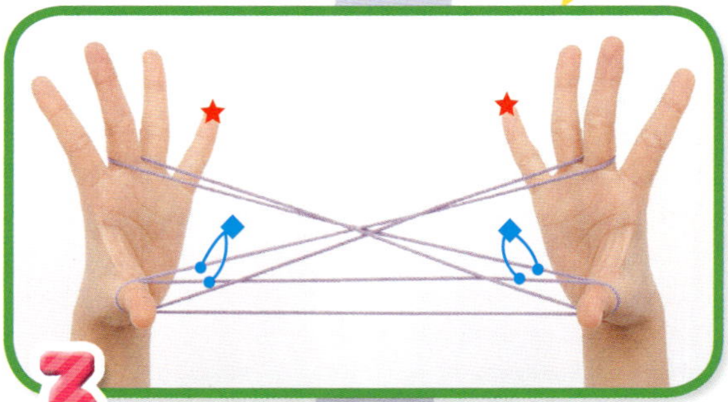

3 用小指钩取拇指上的两根绳子◆处。

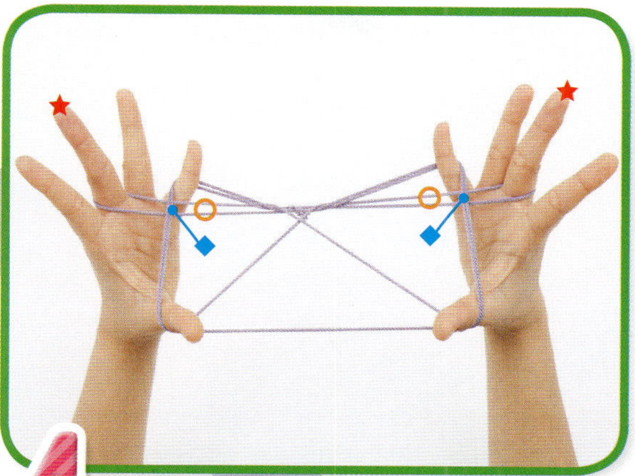

4 将中指从上方伸入○中，钩取两侧的◆处。

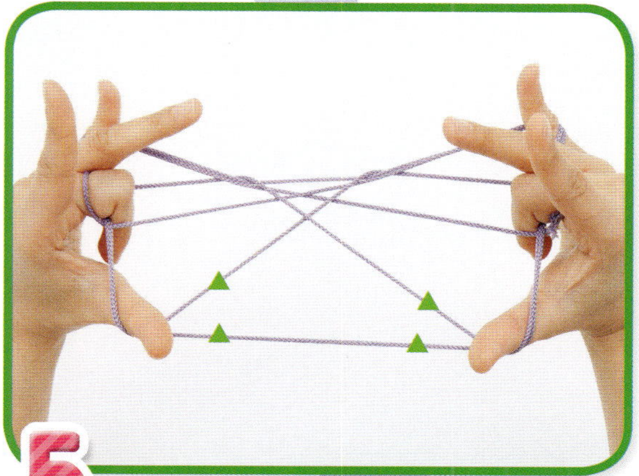

5 松开拇指上▲标记的两根绳子，然后将中指伸直。

松开方法

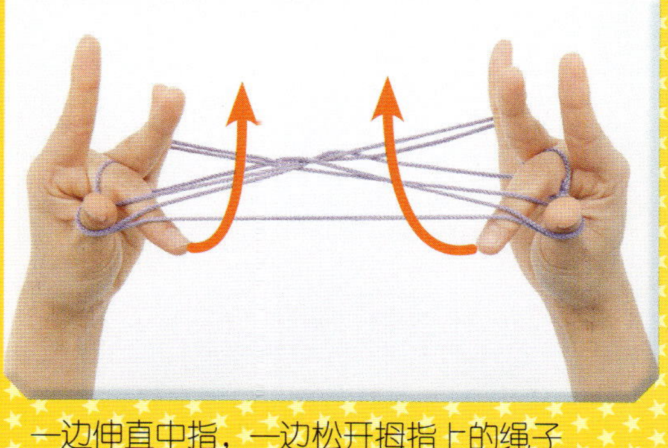

一边伸直中指，一边松开拇指上的绳子

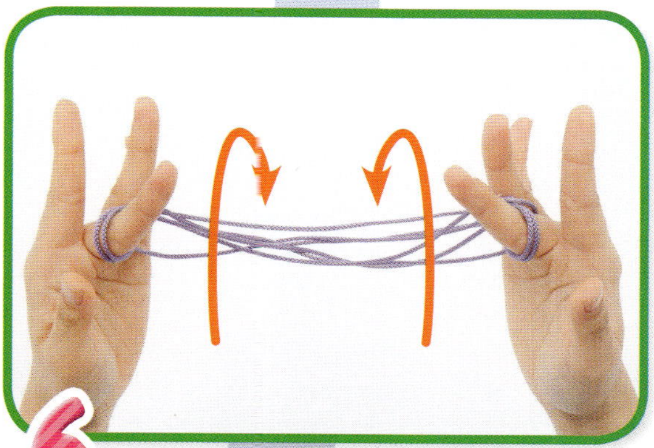

6 沿箭头方向翻转手腕。

完成！

7 钻石完成啦！

一座山两座山

SINGLE MOUNTAIN-DOUBLE MOUNTAIN

难度 一般　绳长 一般

日式结构

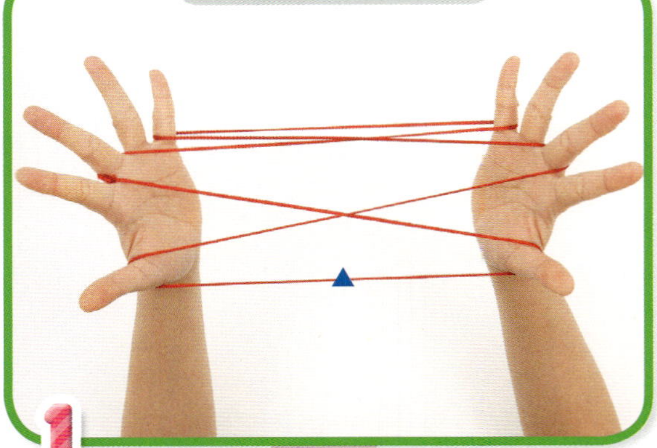

1 从日式结构开始！
松开拇指上▲标记的绳子。

钩取方法

钩取中

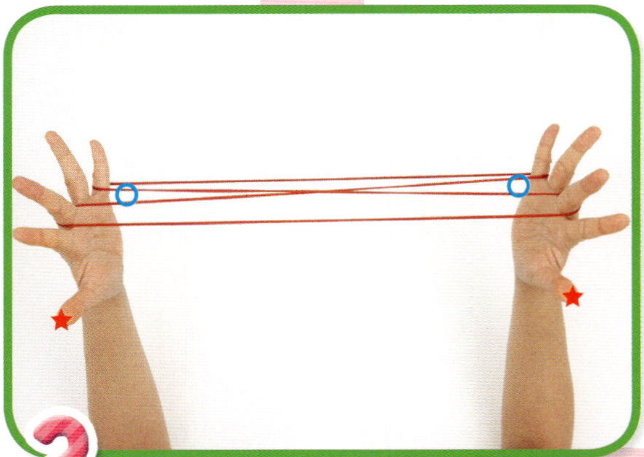

2 将拇指从下方伸入○中。

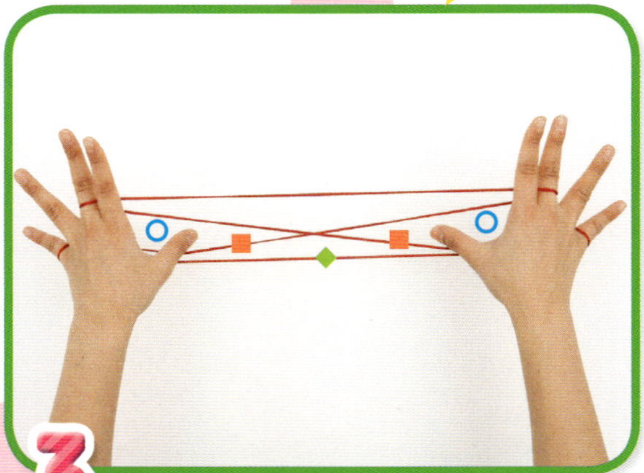

3 用拇指按住■处，钩取◆处。

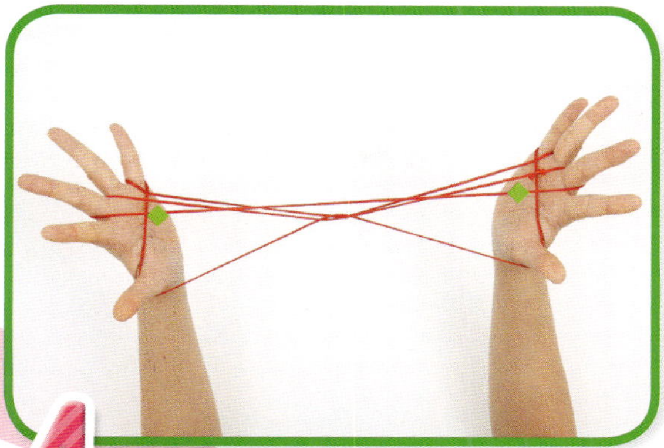

4 用拇指按住◆处。

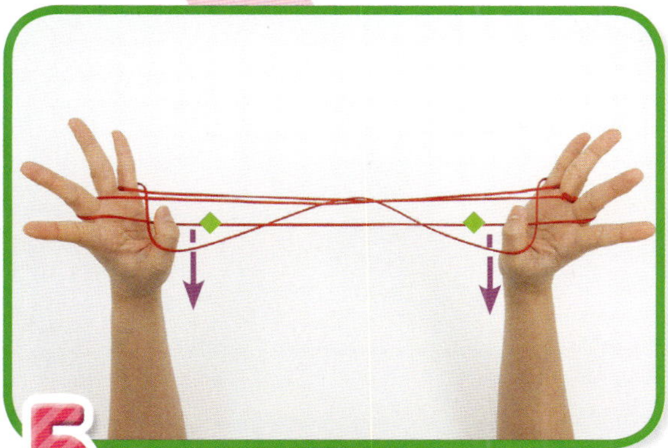

5 用拇指按住◆处的同时，将其向箭头方向拉伸。

★一座山★

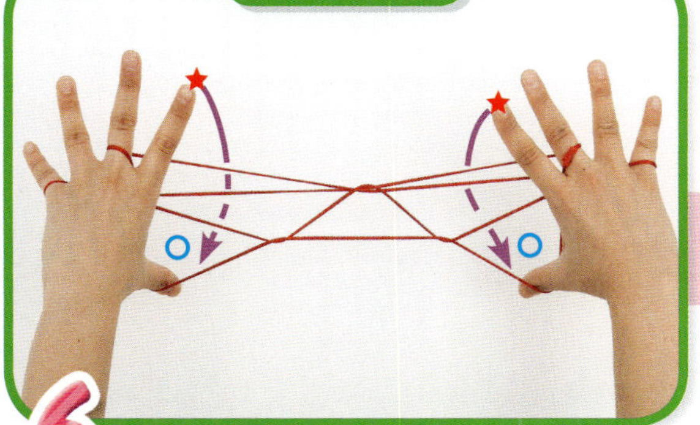

6 一座山就出现啦！
将食指从背面伸入○中。

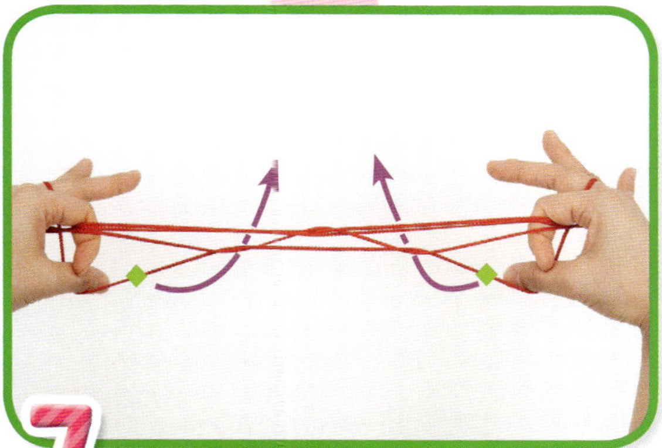

7 用食指沿箭头方向钩取◆处。

完成！

两座山

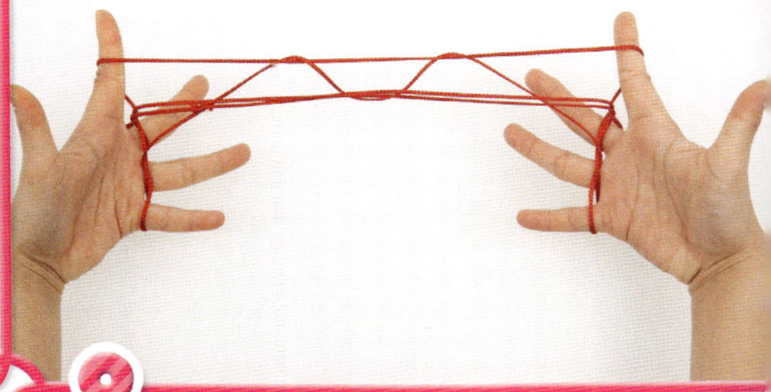

8 松开拇指上的绳子，两座山就出现啦！

小河

RIVER

难度　简单　绳长　一般

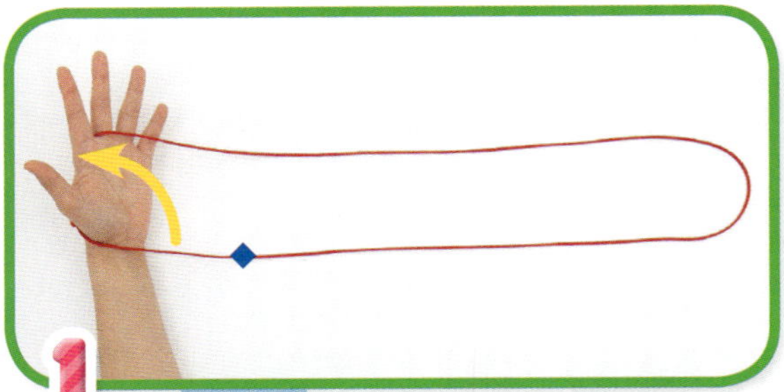

1 将绳子挂在左手拇指和食指上，将◆处沿箭头方向在拇指上缠绕一圈。

缠绕方法

缠绕中

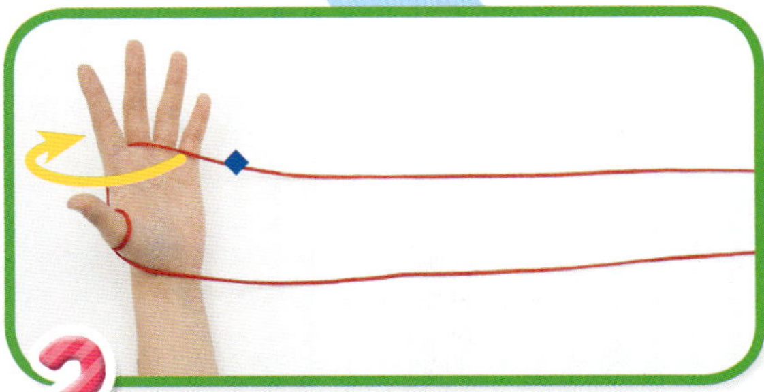

2 将◆处沿箭头方向在食指上缠绕一圈。

缠绕方法

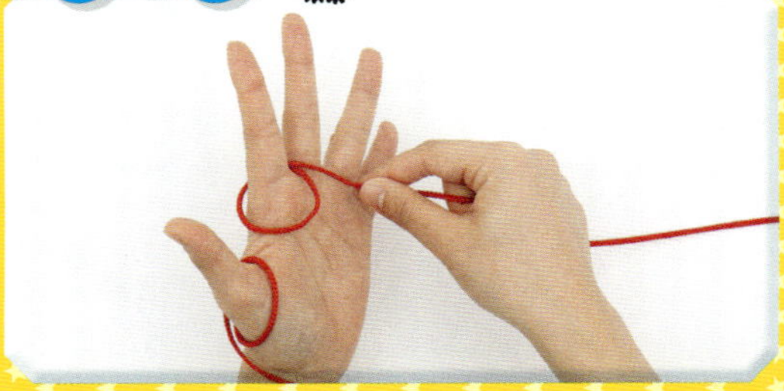

缠绕中

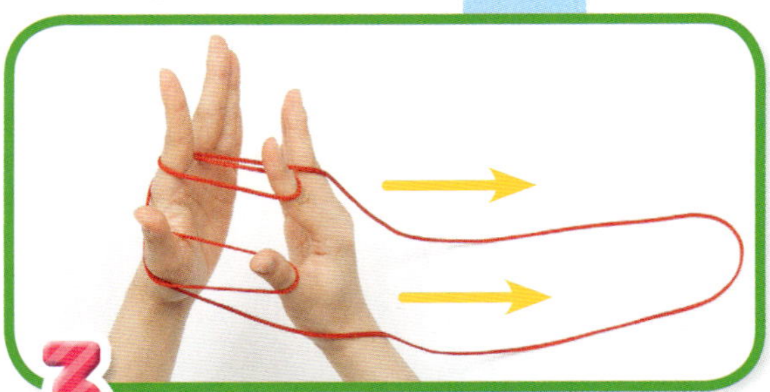

3 如图将右手拇指和食指从下方伸入左手拇指和食指上的圈中，然后将绳子向右边拉伸。

4 小河完成啦！

游泳的鱼

SWIMMING FISH

难度 一般　　绳长 ∞ 一般

其他结构

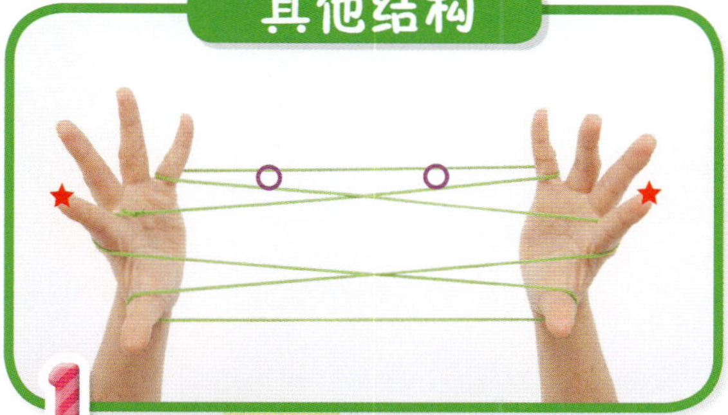

1 从其他结构开始！
将食指从上方伸入○中。

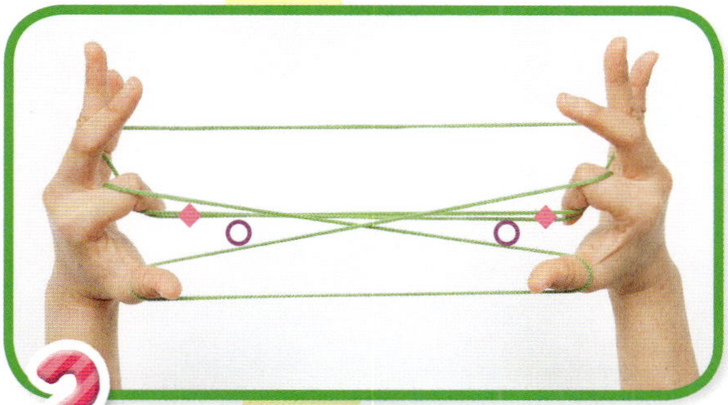

2 一边钩取◆处的绳子，一边将食指从○中翻出来。

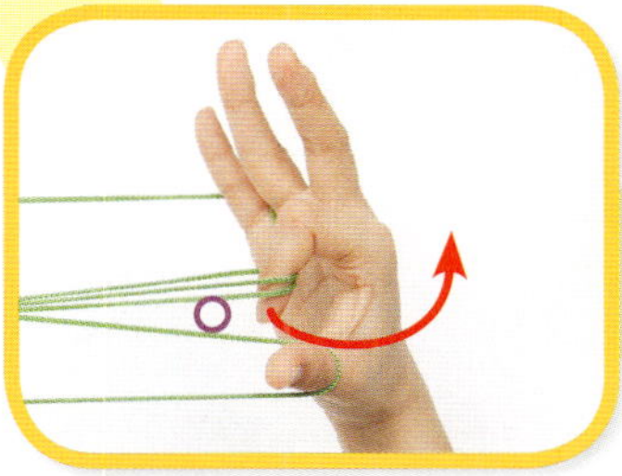

食指沿箭头方向伸直。

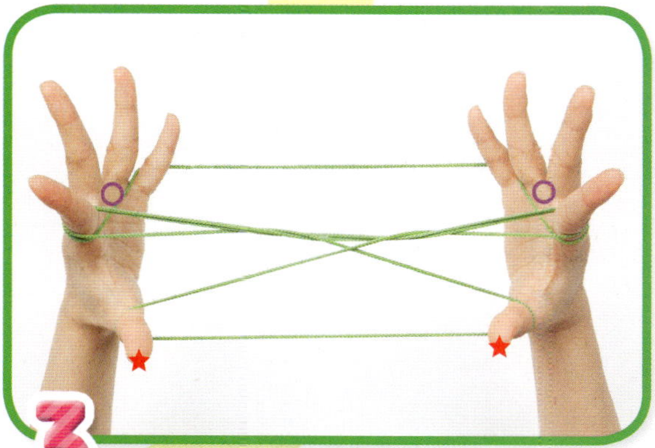

3 将拇指从下方伸入○中。

4 从下方钩取◆处。

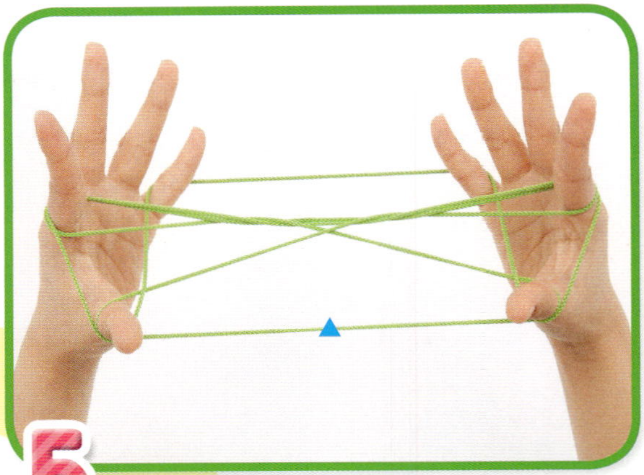

5 松开拇指上▲标记的绳子。

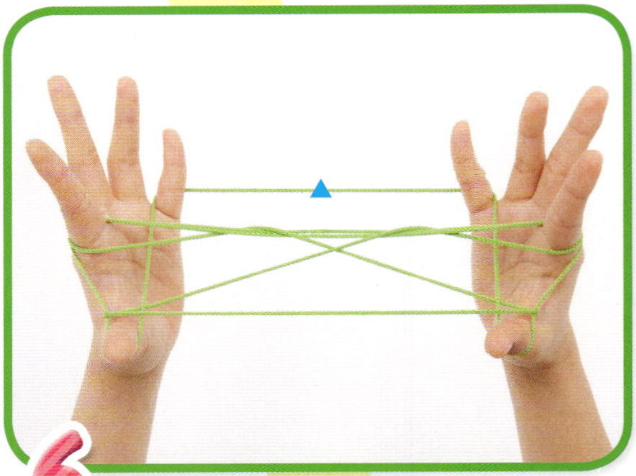

6 松开小指上▲标记的绳子。

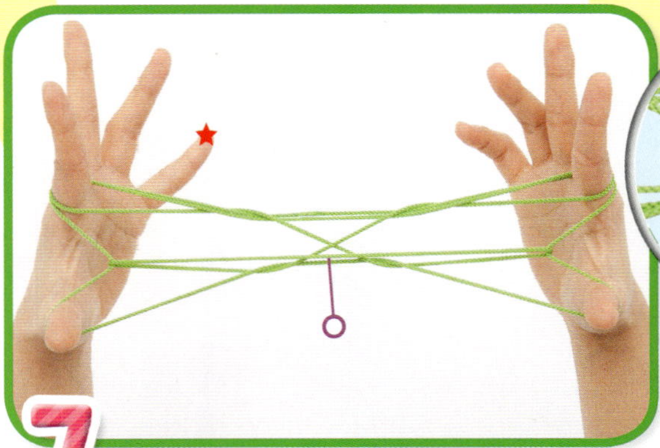

7 将左手小指从下方伸入○中。

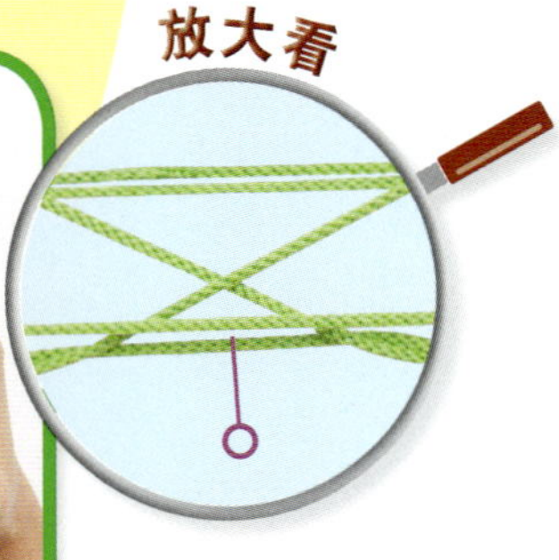

8 用小指将◆处钩至手心处。

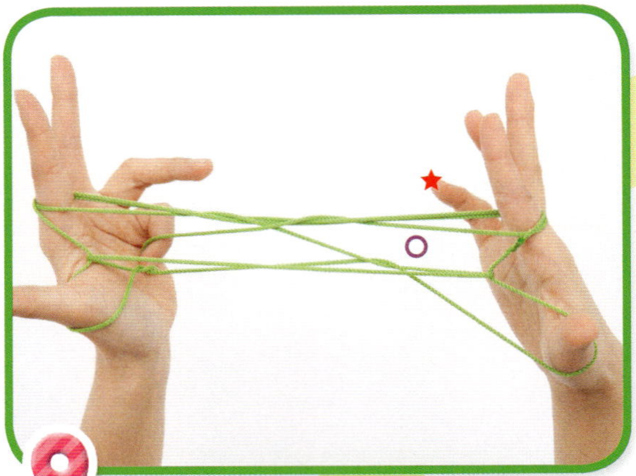

9 将右手小指从下方伸入○中。

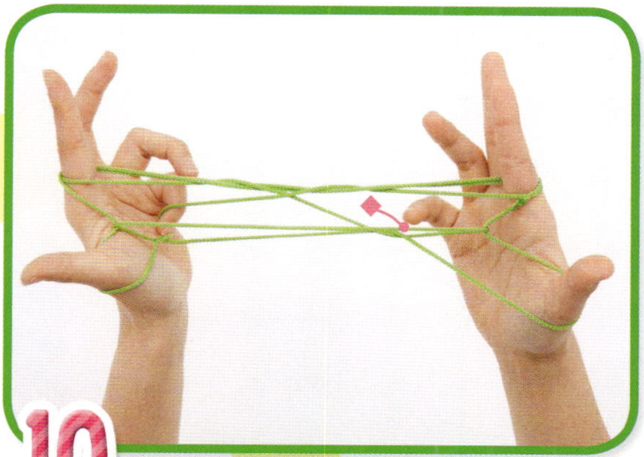

10 用小指将◆处钩至手心处。

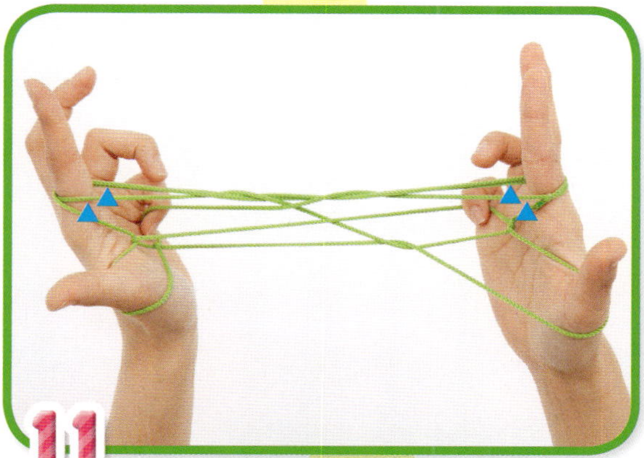

11 松开双手食指上▲标记的两根绳子。

松开方法

松开中

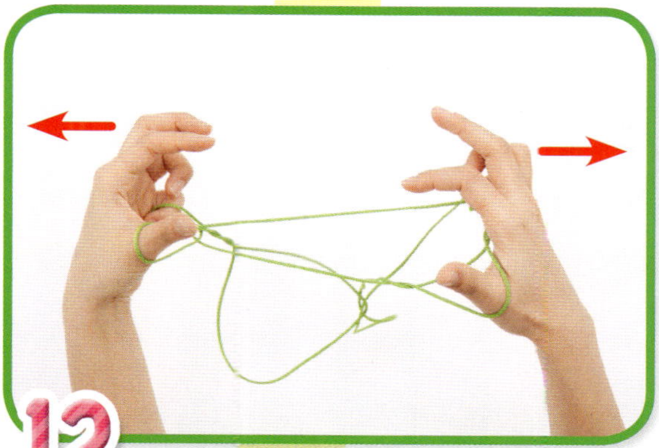

12 转动双手小指，将绳子穿至小指根部，伸直手指并将绳子拉向两侧。

完成！

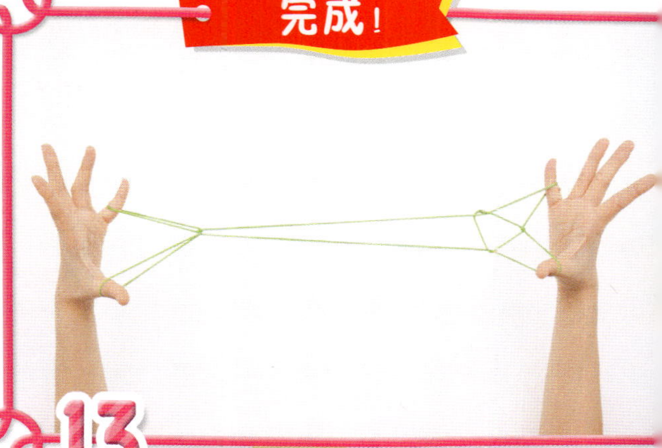

13 鱼儿游过来啦！

牌坊

TORII

难度 简单　绳长 一般

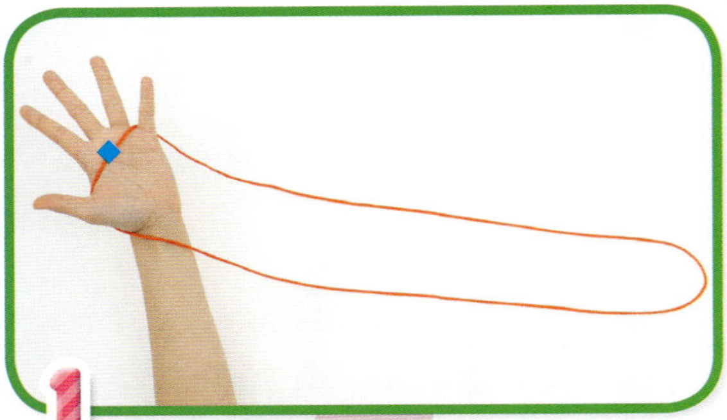

1 将绳子挂在左手拇指和小指上，右手拉伸◆处。

拉伸方法

拉伸中

拉伸方法

拉伸中

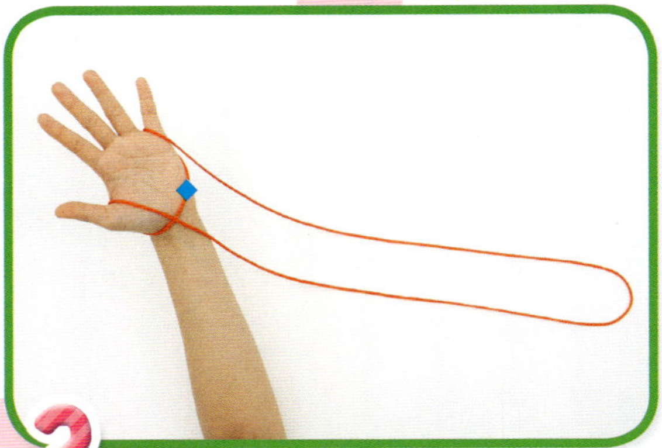

2 再次拉伸◆处。

拉呀拉……

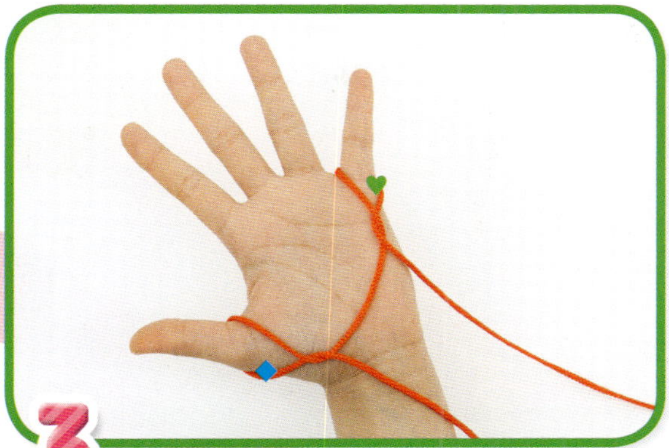

3 用右手拇指钩取◆处，食指钩取♥处。

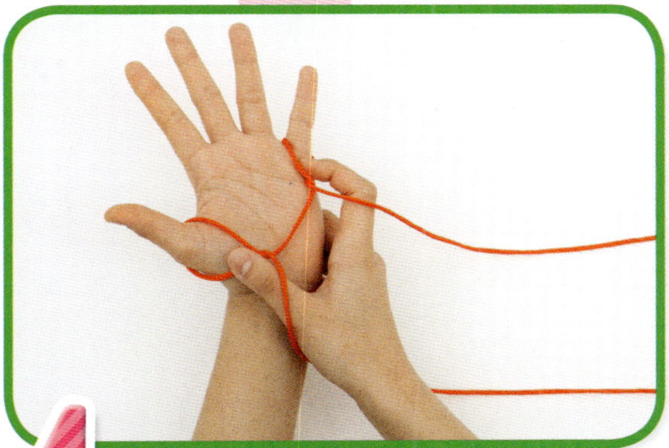

4 如图钩取。

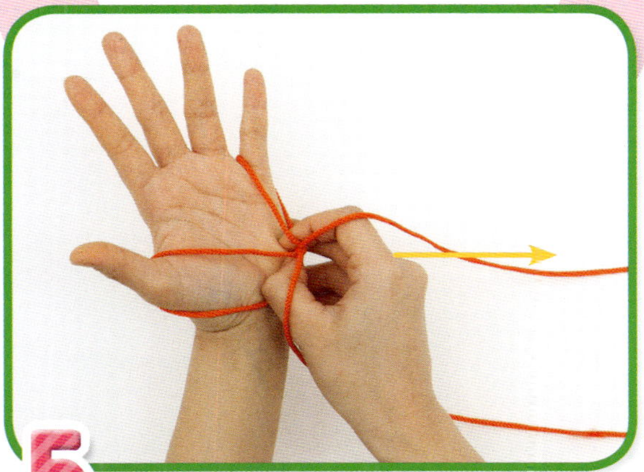

5 将右手沿箭头方向拉伸。

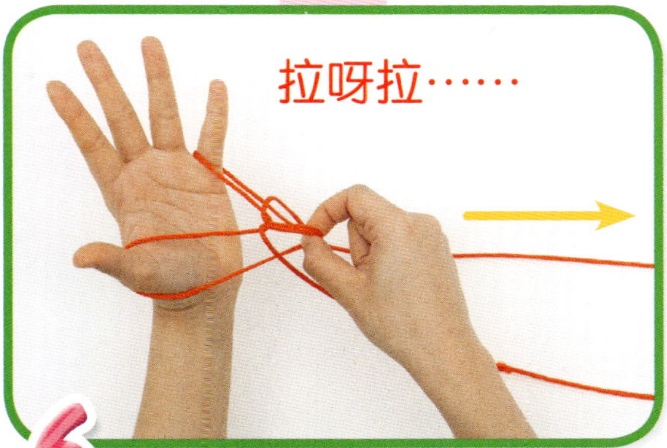

6 慢慢拉……

完成！

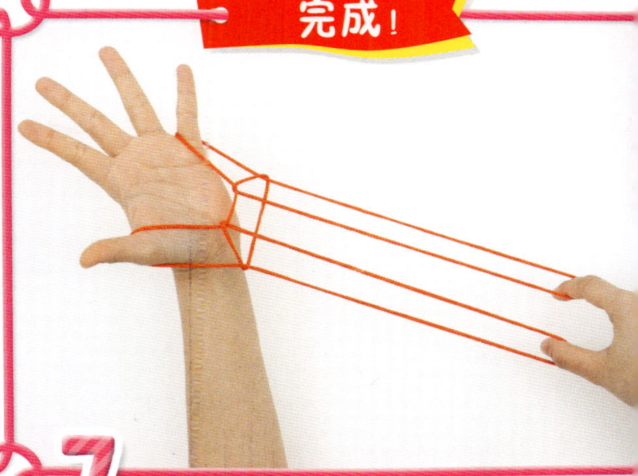

7 牌坊完成啦！

富士山

Mt. FUJI

难度 简单　绳长 一般

1 将绳子挂在双手小指上，右手小指旋转两圈。

旋转方法

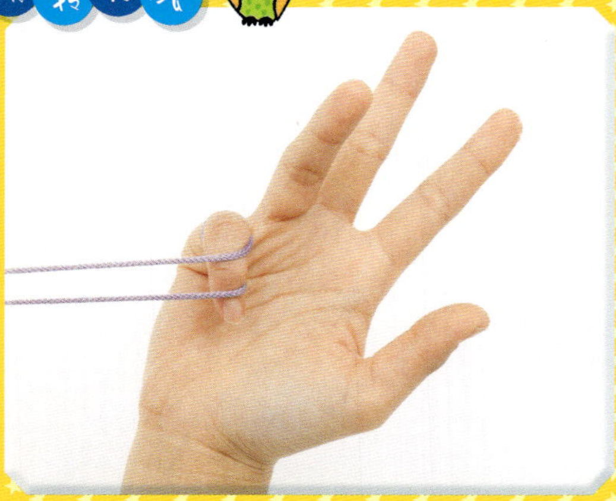

旋转中

钩取方法

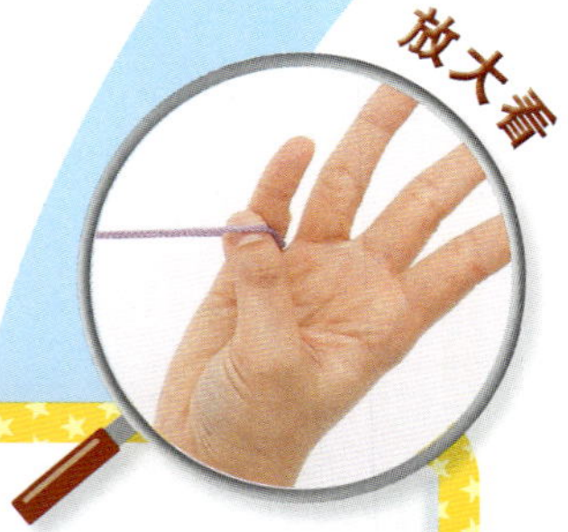

钩取中

2 用拇指钩取◆处。

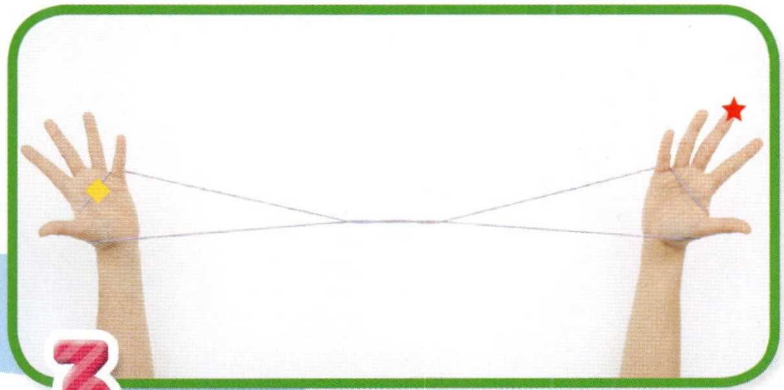

3 用右手中指钩取◆处。

钩取方法

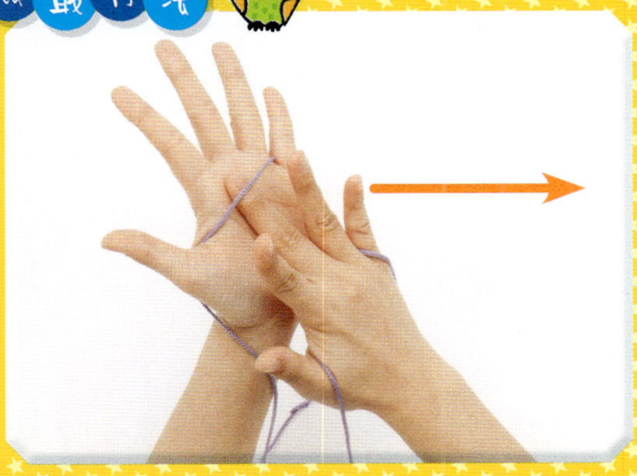

钩取中

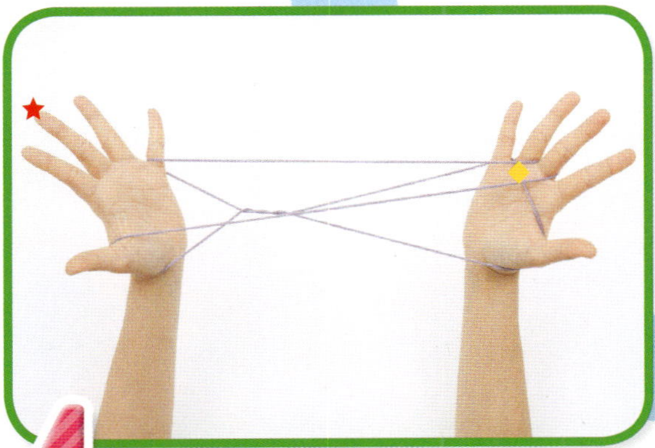

4 用左手中指钩取◆处。

完成！

6 富士山完成啦！

翻转

5 将手腕沿箭头方向翻转。

钩取方法

钩取中

蜻蜓

DRAGONFLY

难度 一般　绳长 一般

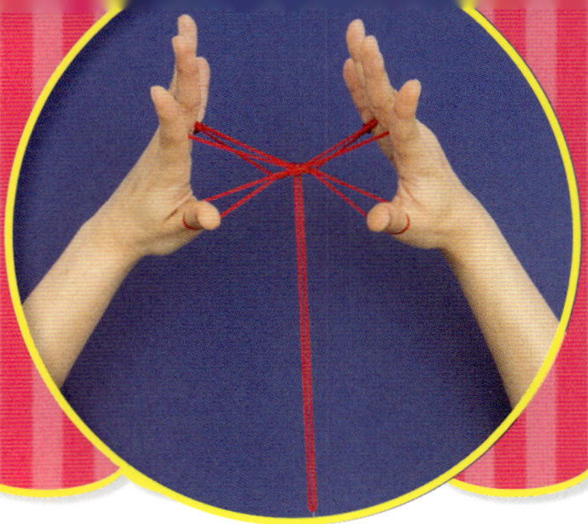

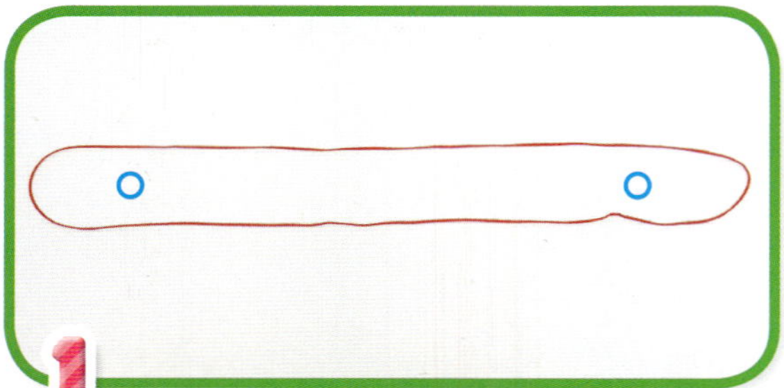

1 将结成一圈的绳子平放在桌面上。两手从上方伸入○中。

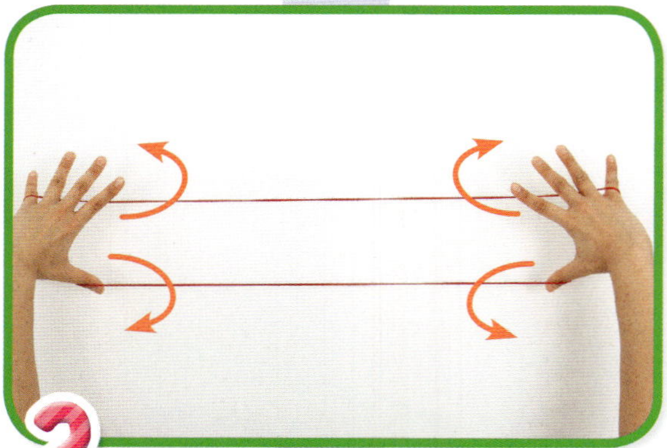

2 用拇指和小指钩住绳子，沿箭头方向翻转，使手心朝上。

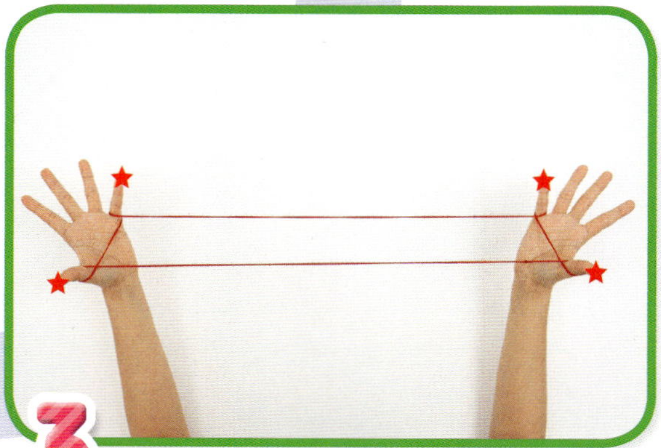

3 将拇指和小指的指尖伸开。

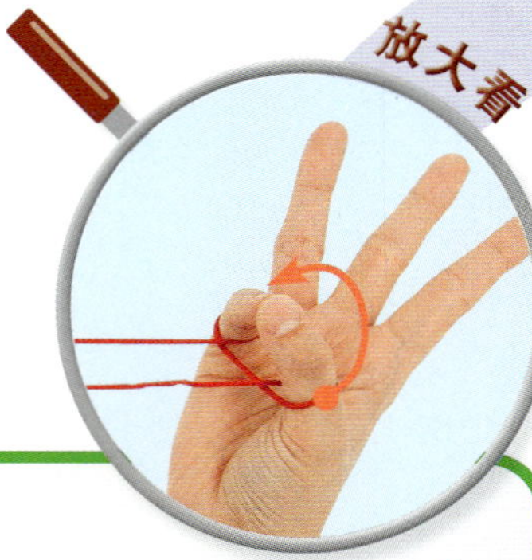

4 将拇指上的绳子转移到小指上。

放大看

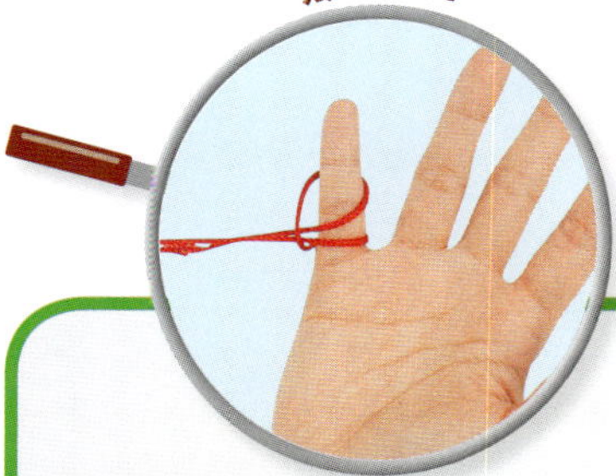

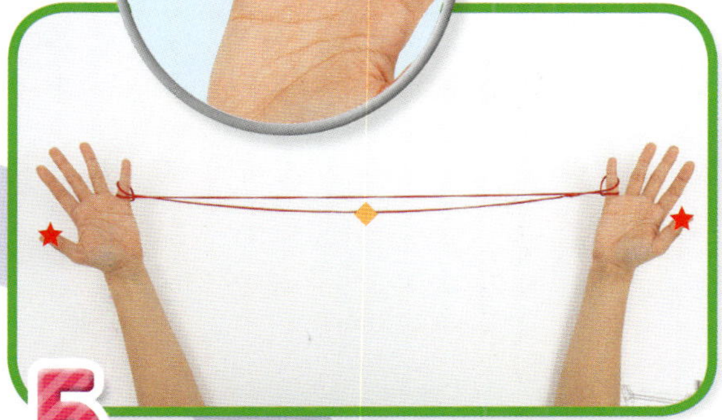

5 用拇指钩取◆处。

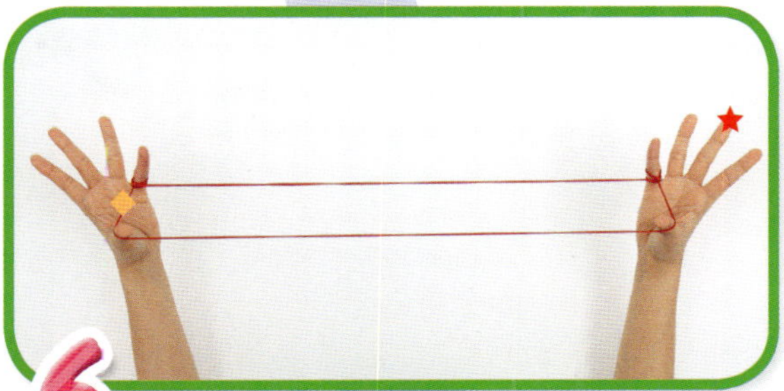

6 用右手中指钩取◆处。

钩取方法

钩取中

钩取方法

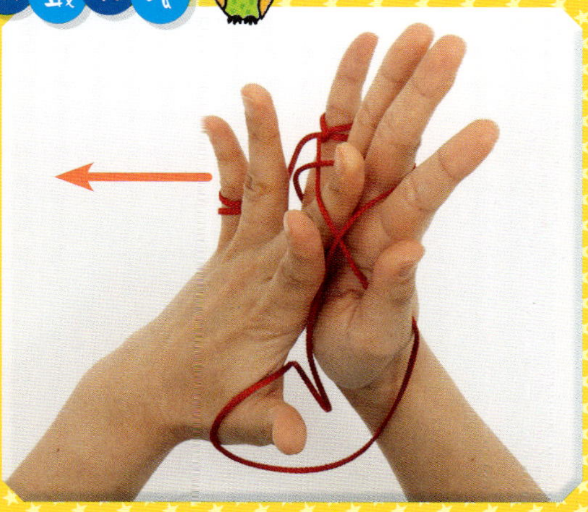

钩取中

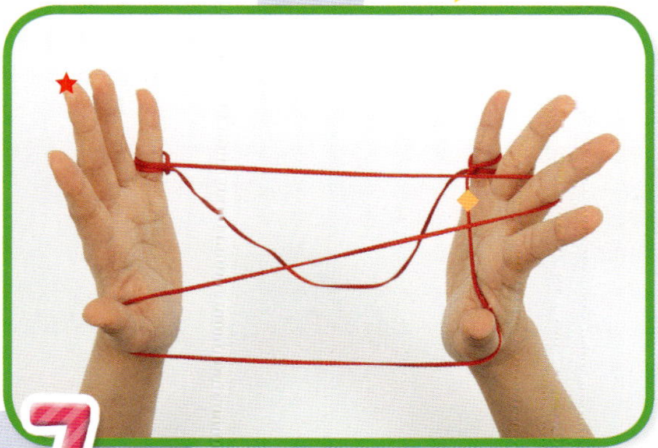

7 用左手中指钩取◆处。

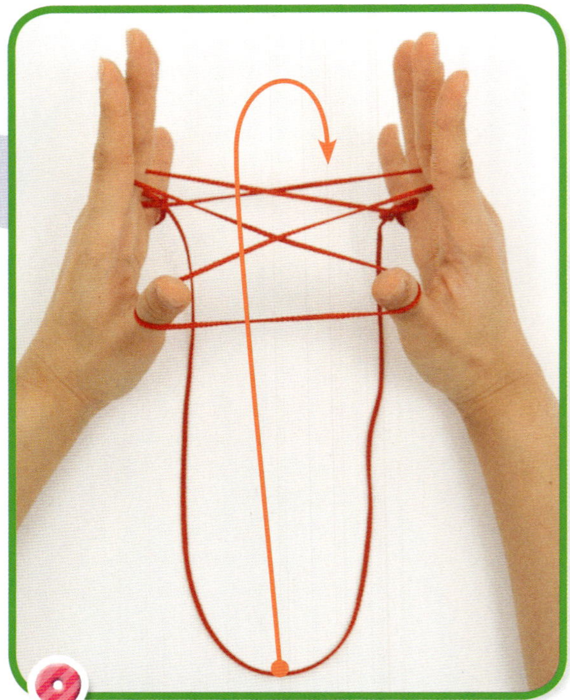

8 将小指向中间靠拢，晃动垂下来的绳子，使它沿箭头方向翻转到其他绳子上缠绕一圈。

晃动方法

晃动中

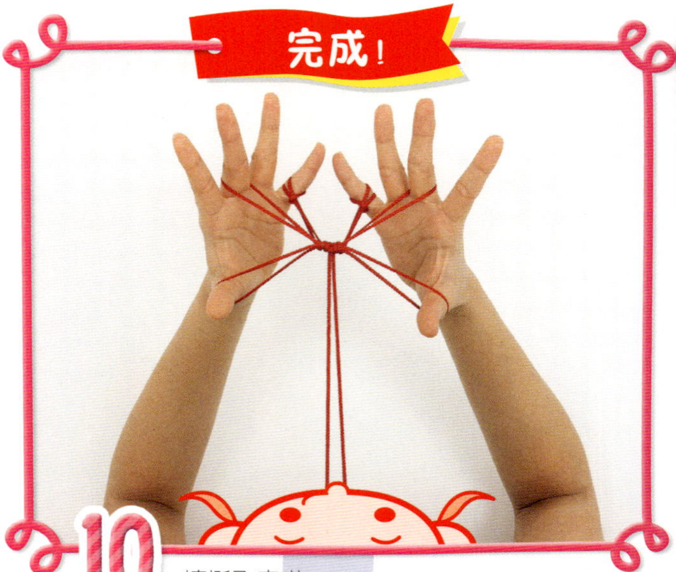

10 蜻蜓飞来啦！

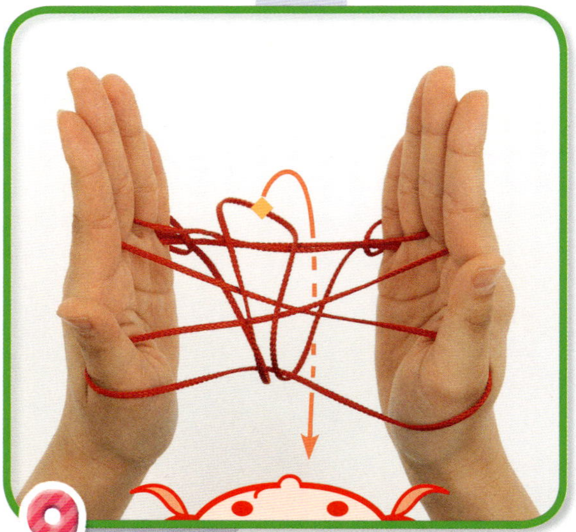

9 用嘴巴从下方咬住刚才晃动缠绕下来的◆处，然后展开手指。

牵牛花

MORNING GLORY

难度 难　绳长 一般

1 将拇指和食指从上方伸入绳圈中，沿箭头方向翻转，使绳子挂在手上，手心朝上。

2 将左手食指从上方伸入钩取◆处，使绳子在左手食指上缠绕一圈，然后向两侧拉伸。

钩取方法

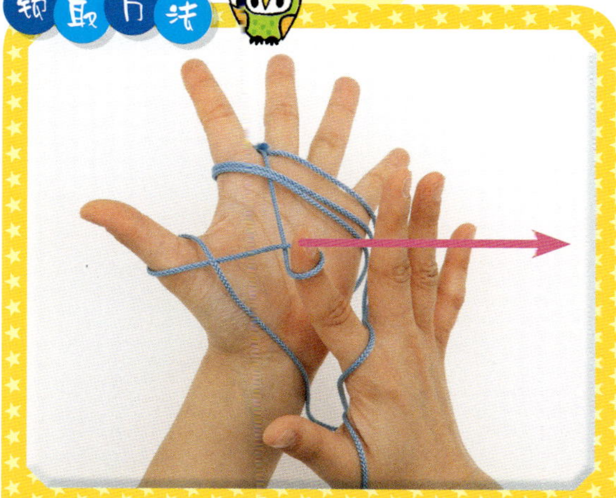

钩取中

钩取方法

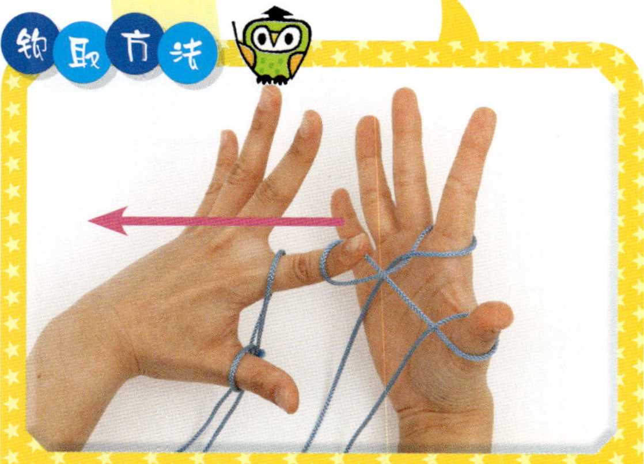

钩取中

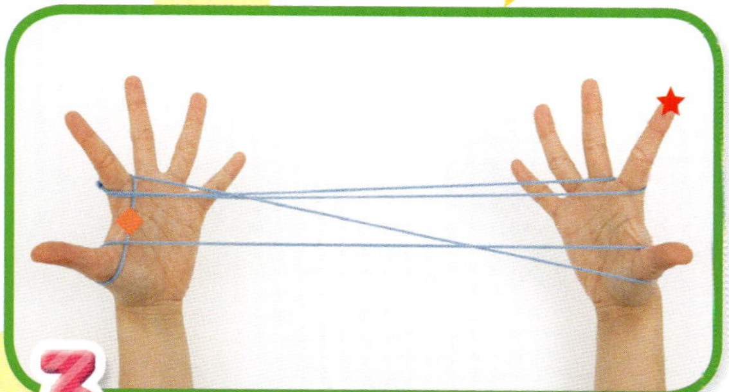

3 将右手食指从上方伸入钩取◆处，使绳子在右手食指上缠绕一圈，然后向两侧拉伸。

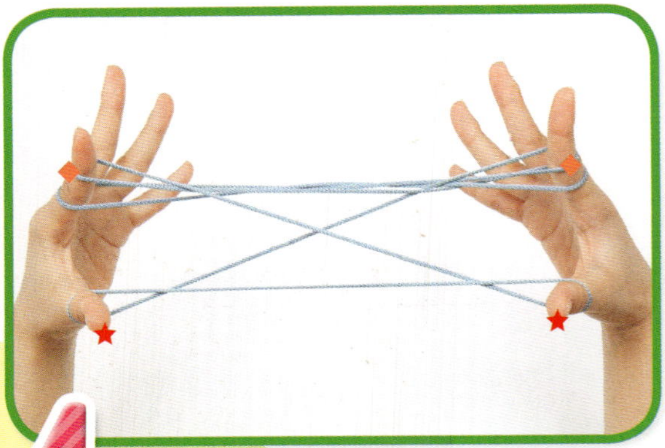

4 用拇指钩取◆处。

钩取方法

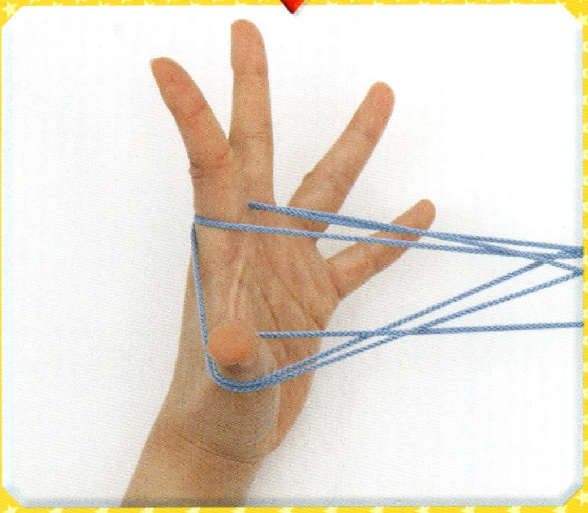

钩取中

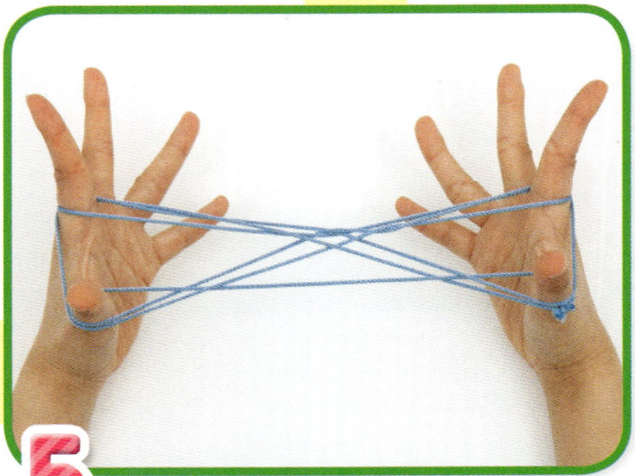

5 翻转双手使指尖朝下。

翻转

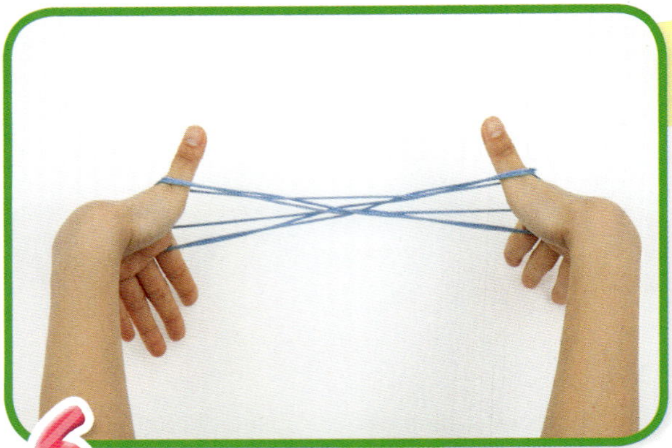

6 将绳子从手上慢慢脱下来，放置好。

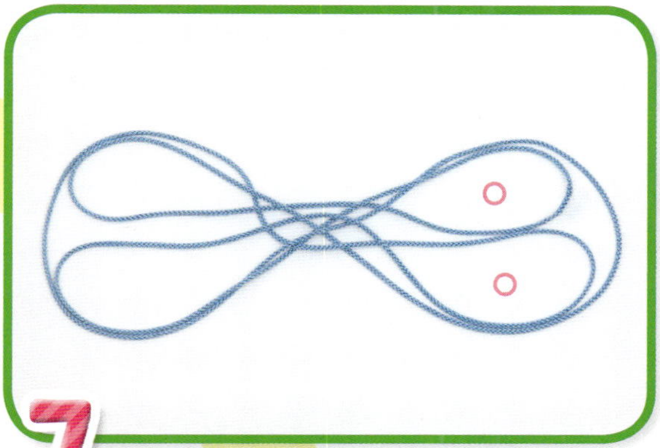

7 将右手拇指和食指从下方伸入○中。

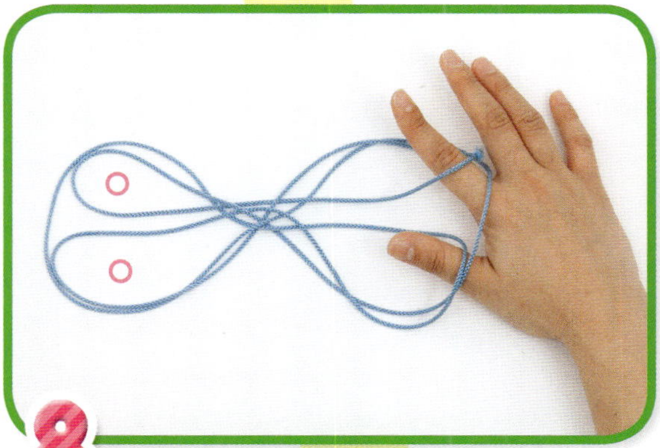

8 同样的，将左手拇指和食指从下方伸入○中。

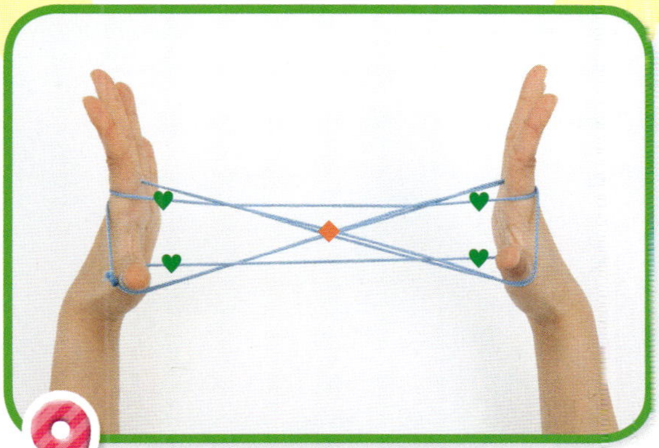

9 从下方咬住◆处，用拇指和食指钩取同侧♥处，再展开手指。

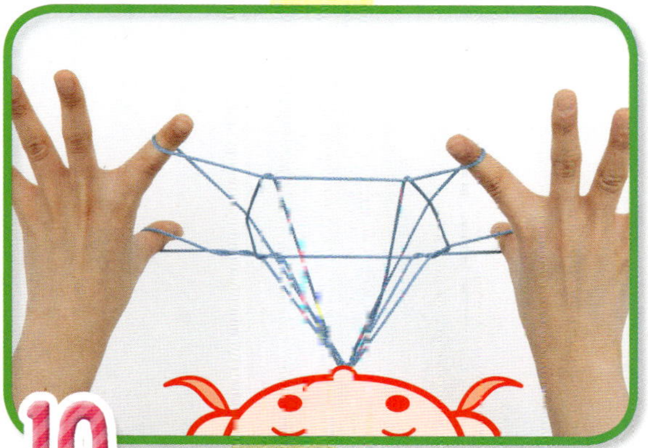

10 展开后的样子。

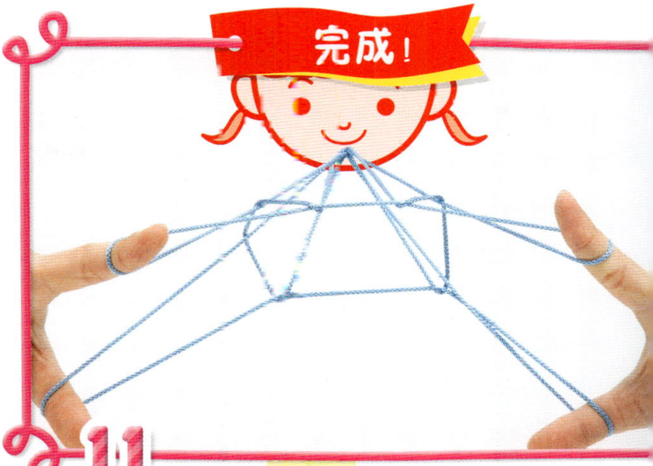

11 牵牛花开啦！

蝴蝶

BUTTERFLY

难度 一般　绳长 一般

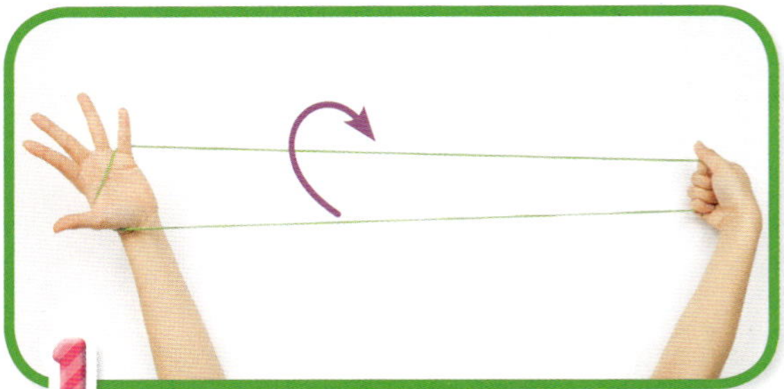

1 先将绳子挂在左手拇指和小指上，右手握着绳子另一端沿箭头方向扭转一圈。

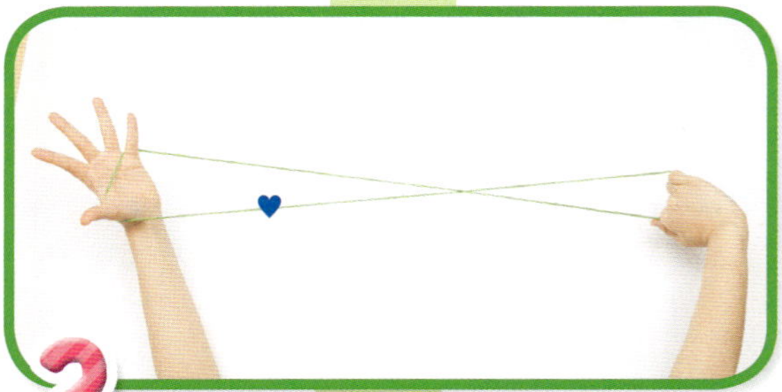

2 绳子♥处压在上面。

3 将绳子挂在右手拇指和小指上，用右手中指钩取◆处。

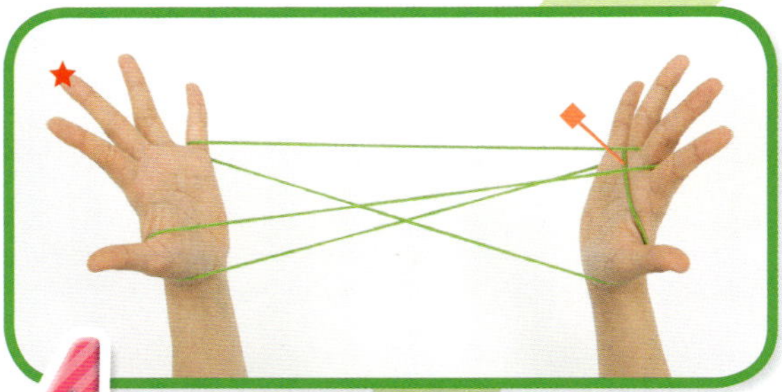

4 用左手中指钩取◆处。

钩取方法

钩取中

钩取方法

钩取中

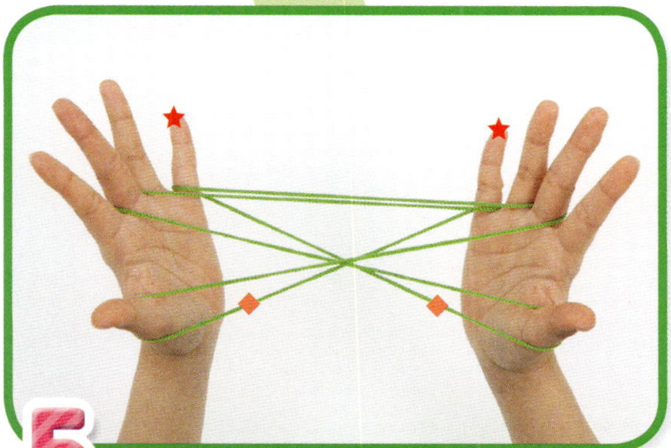

5 用小指从其他绳子的上方钩取◆处。

钩取方法

钩取中

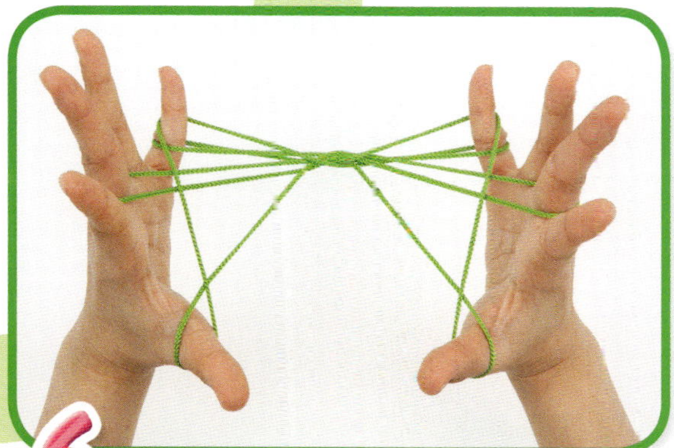

6 翻转双手使指尖朝下。

翻转

完成！

7 蝴蝶飞来啦！

冰海精灵

SEA ANGEL

难度 一般　绳长 长

日式结构

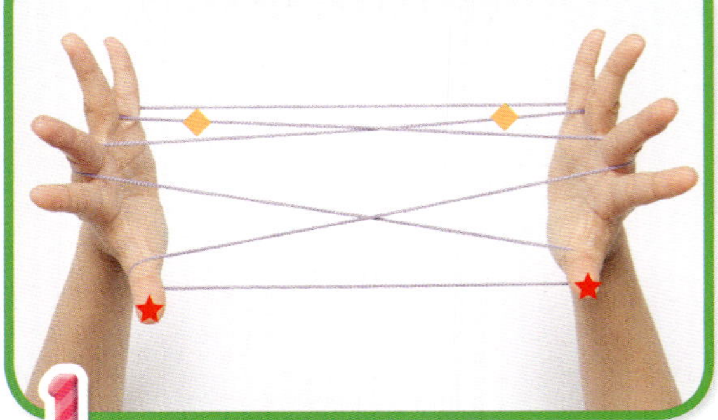

1 从日式结构开始！
用拇指从其他绳子的上方钩取◆处。

钩取方法

钩取中

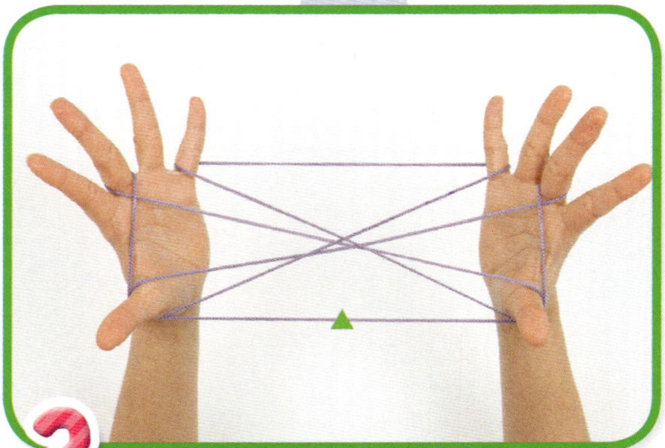

2 松开拇指上▲标记的绳子。

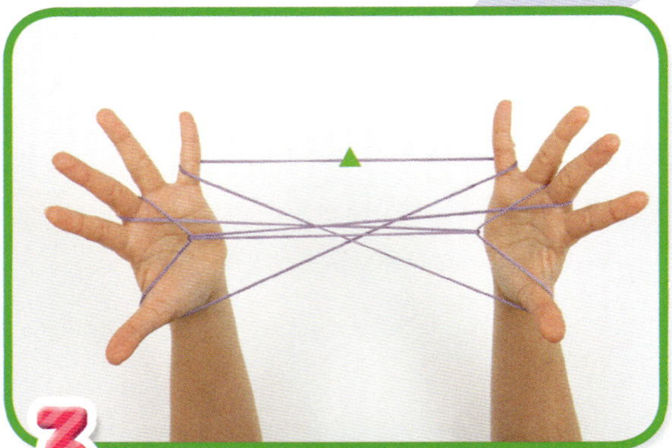

3 松开小指上▲标记的绳子。

松开方法

松开中

钩取方法

钩取中
钩在中指上的绳子会自然松开

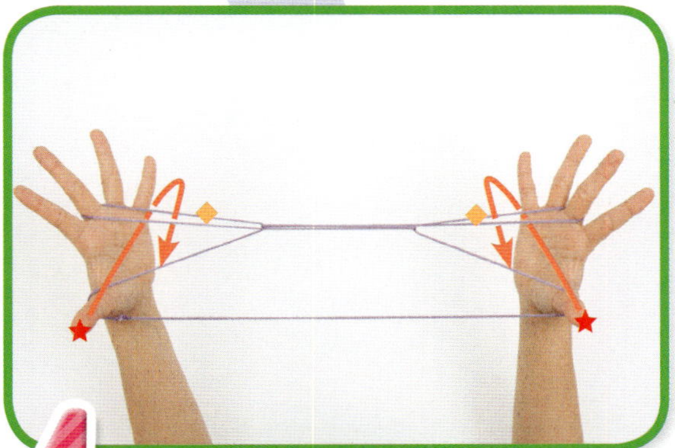

4 拇指沿箭头方向从绳子下方穿过，钩取◆处。

钩取方法

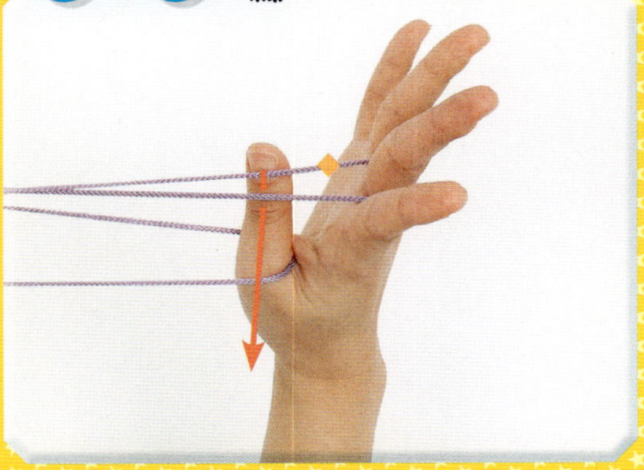

钩取中

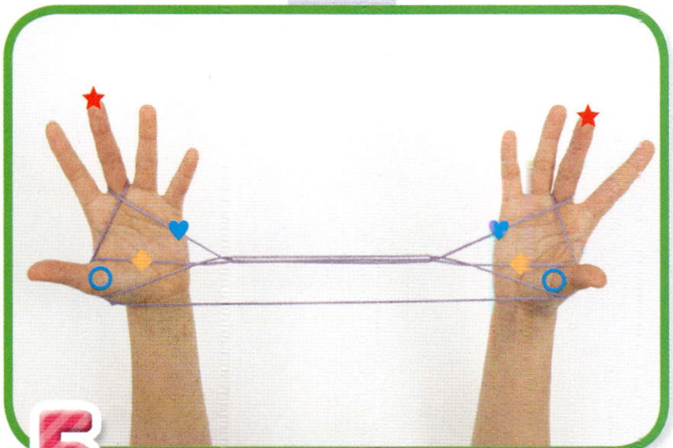

5 中指从♥和◆下方穿过，伸入○中，钩取◆处。

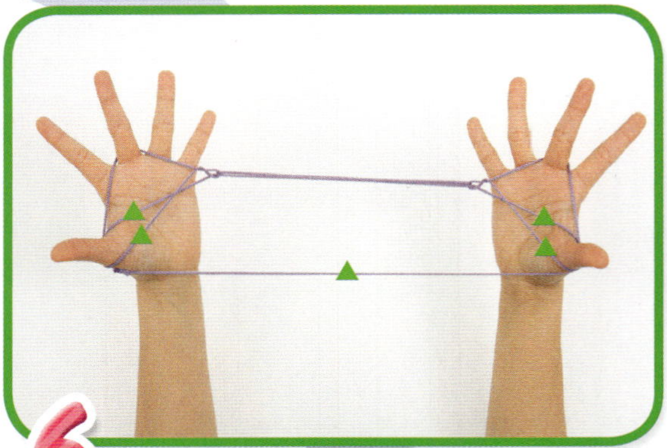

6 将拇指上▲标记的绳子全部松开。

松开方法

松开中

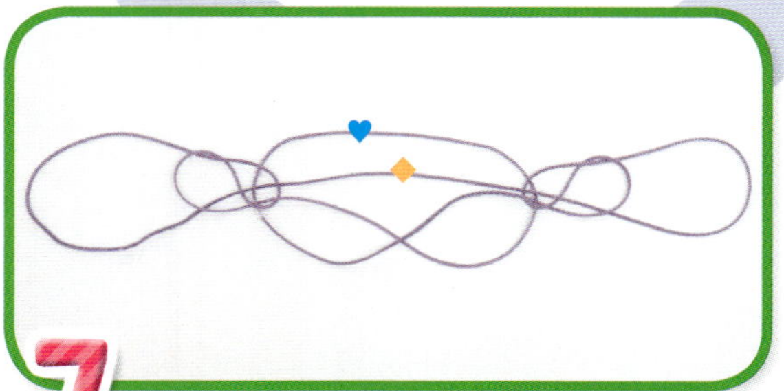

7 将绳子从手上慢慢脱下来，放置好。拉伸♥处作为头部，拉伸◆处作为尾部，整理形状。

8 如图整理。

完成！

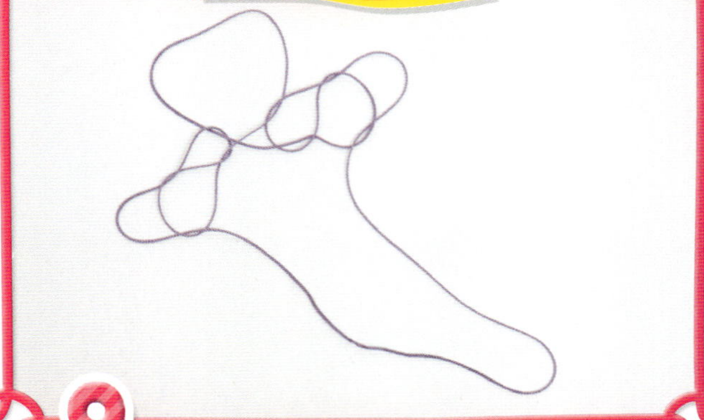

9 冰海精灵诞生啦！

水黾

WATER STRIDER

难度 简单 绳长 一般

日式结构

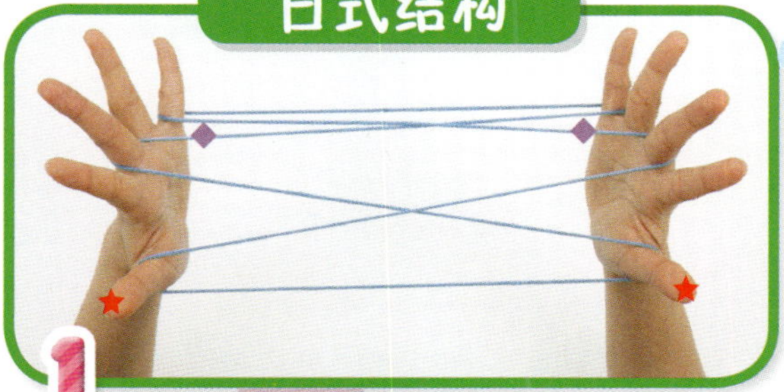

1 从日式结构开始！
用拇指钩取◆处。

钩取方法

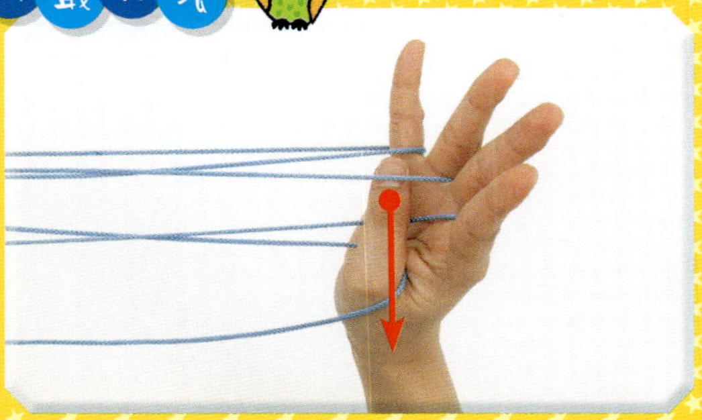

钩取中

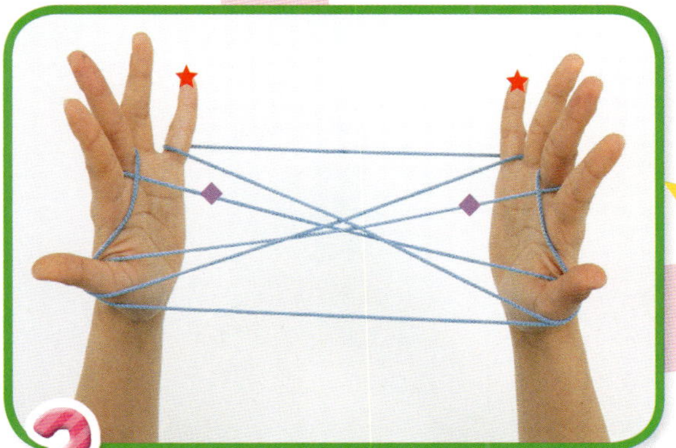

2 用小指钩取◆处。

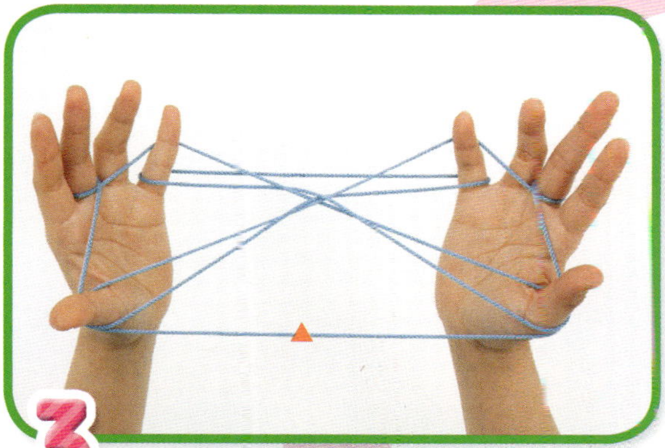

3 松开拇指上▲标记的绳子。

钩取方法

钩取中

松开方法

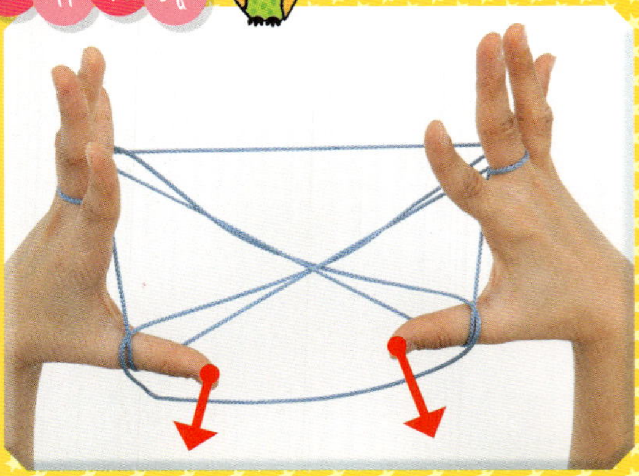

松开中

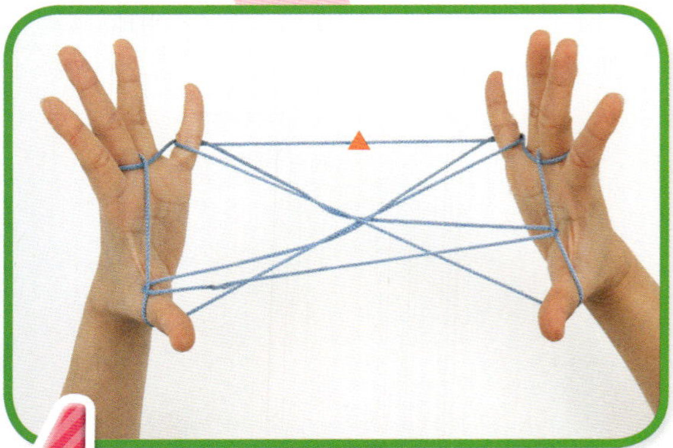

4 松开小指上▲标记的绳子。

松开方法

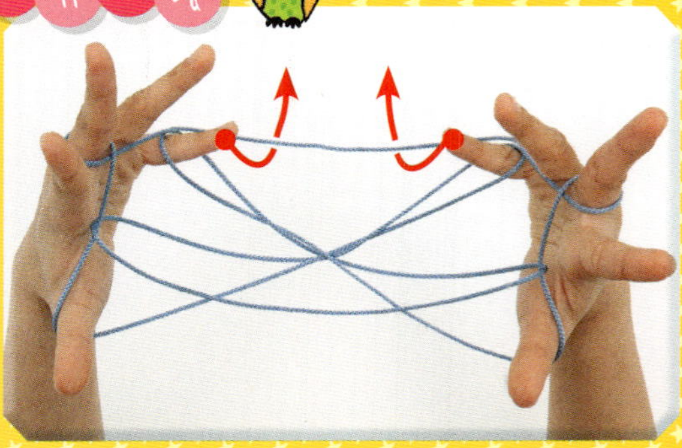

松开中

松开方法

松开中

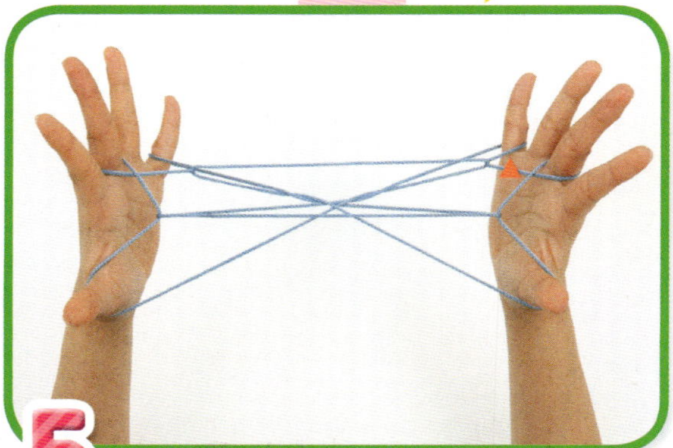

5 松开右手中指上▲标记的绳子。

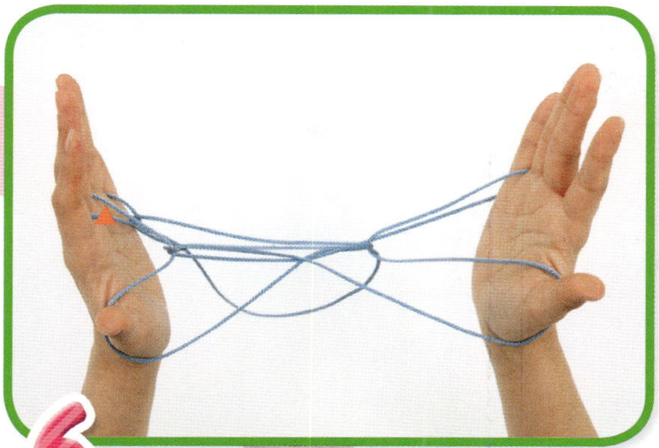

6 松开左手中指上▲标记的绳子。

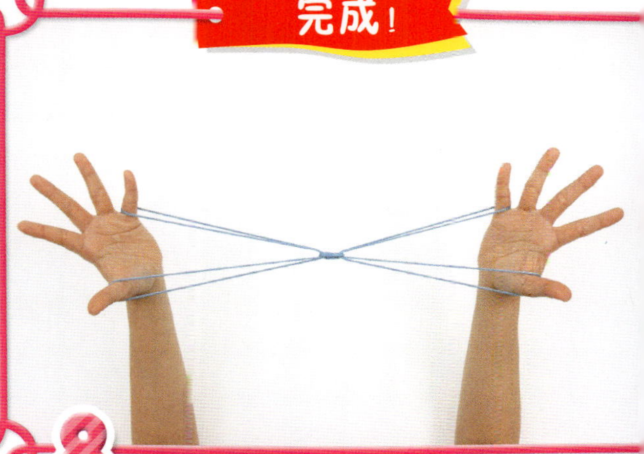

完成！

8 水黾完成啦！

松开方法

松开中

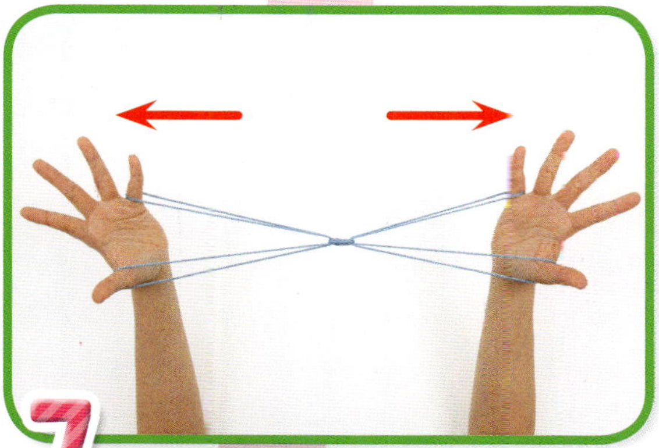

7 将双手沿箭头方向拉伸。

鱼叉

HARPOON

难度 一般　绳长 一般

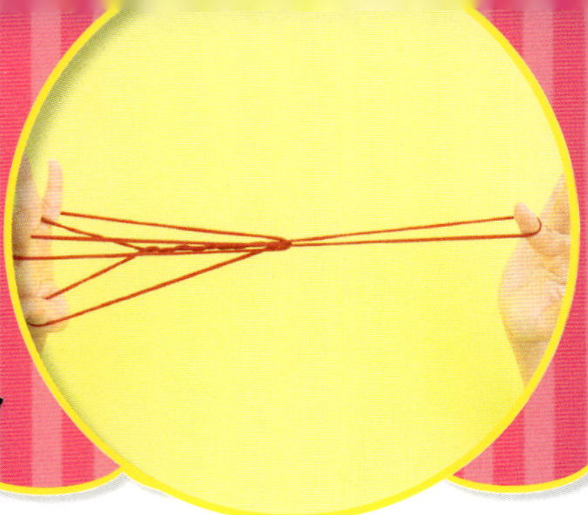

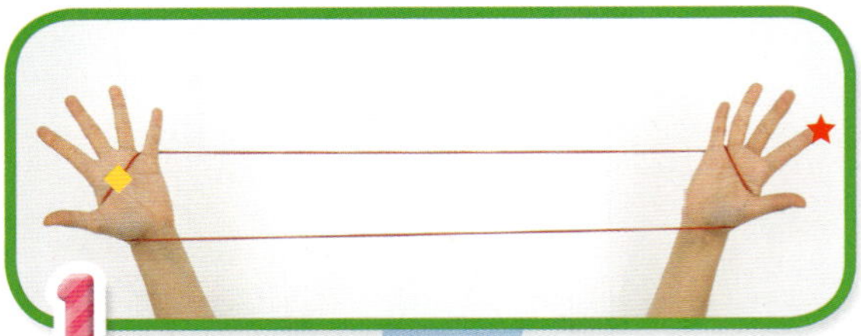

1 将绳子挂在双手拇指和小指上，用右手食指钩取◆处并缠绕几圈。

钩取方法

钩取中

缠绕方法

缠绕中

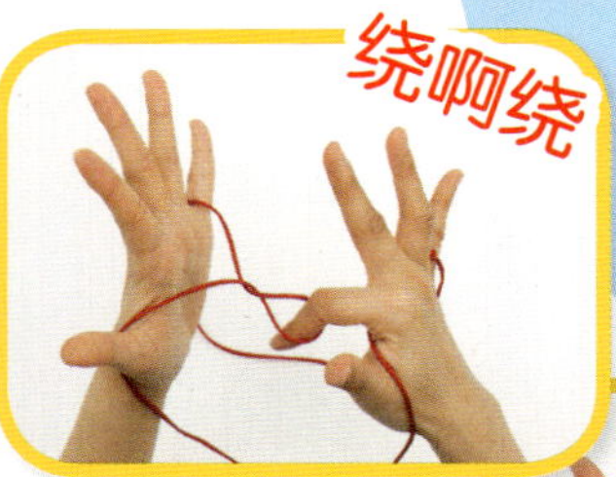

2 用左手食指钩取◆处。

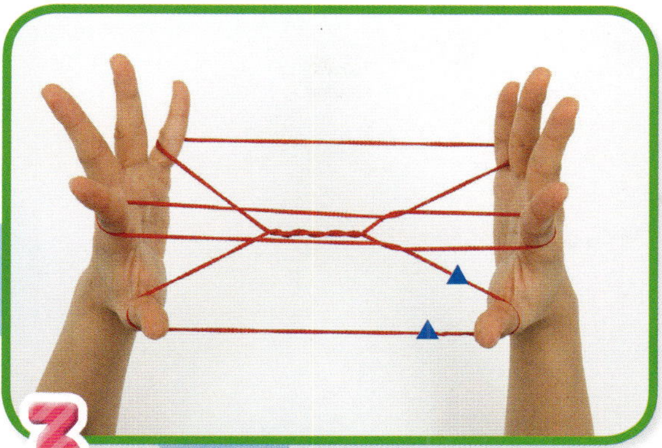

3 松开拇指上▲标记的绳子。

完成！

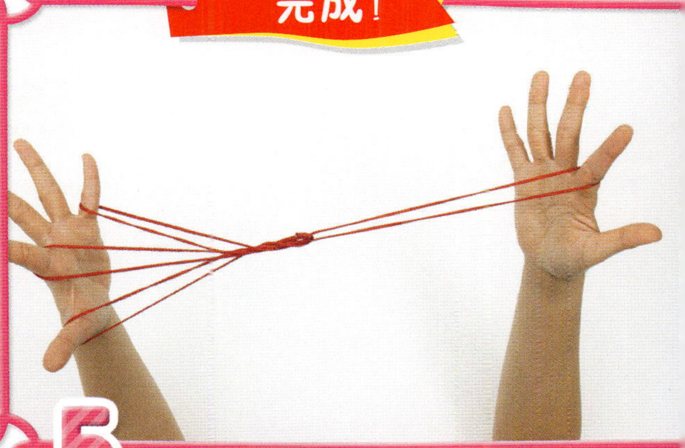

5 鱼叉完成啦！

松开方法

松开以后，再松开右手小指上▲标记的绳子

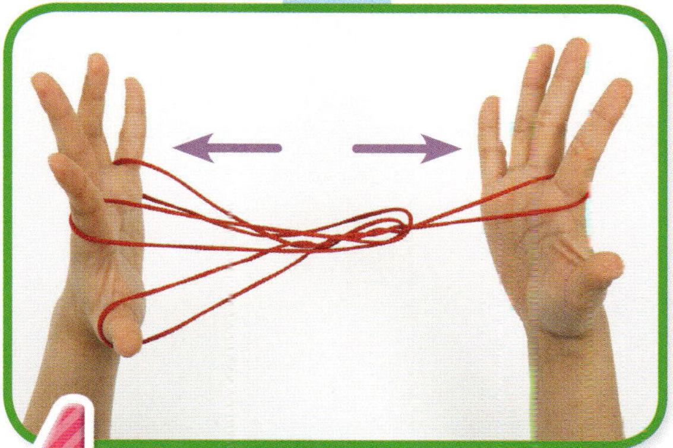

4 双手沿箭头方向拉伸。

松开方法

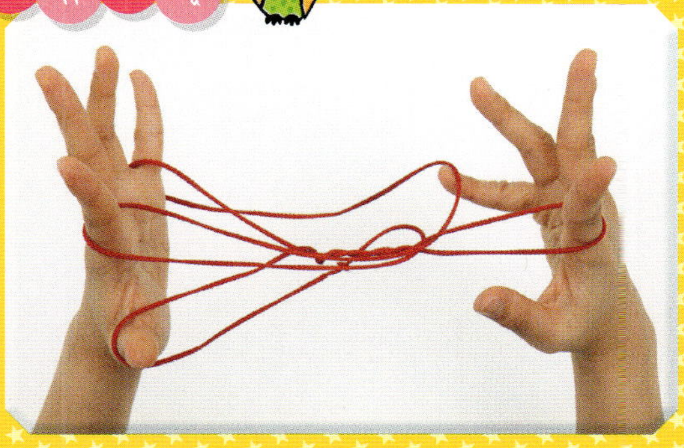

松开中

兔子

RABBIT

难度 难　绳长 长

其他结构

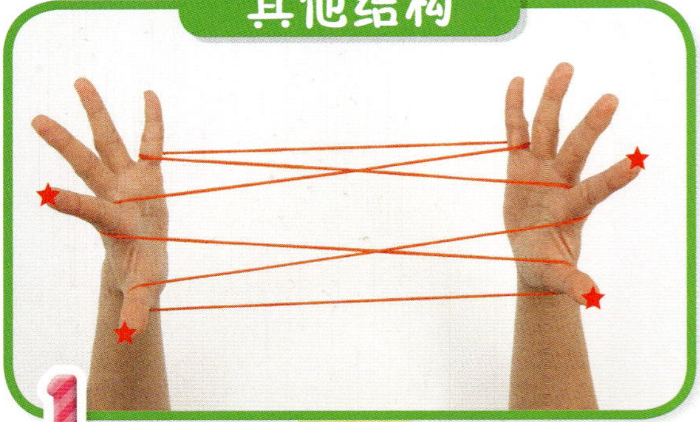

1 从其他结构开始！
将拇指和食指指尖相对。

钩取方法

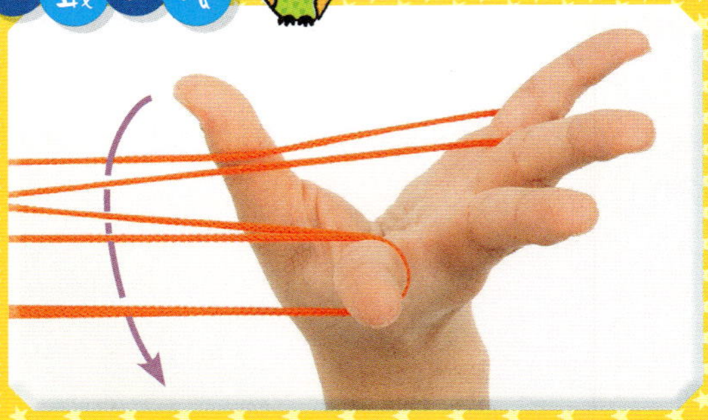

钩取中

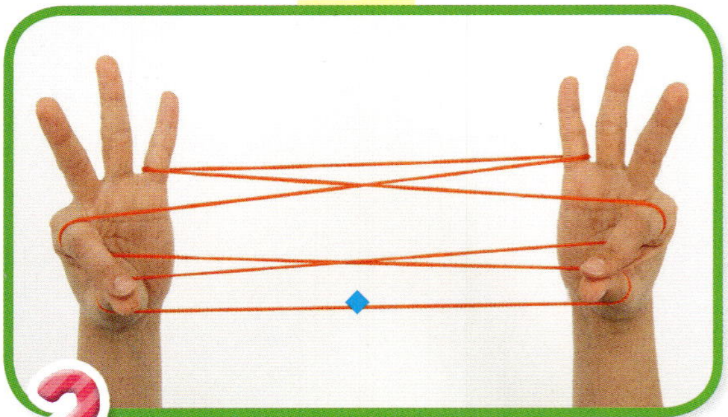

2 将拇指上的◆处转移到食指上。

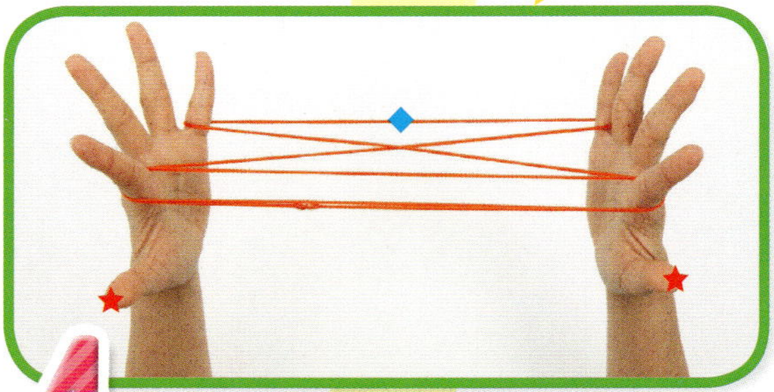

4 用拇指从绳子下方钩取◆处。

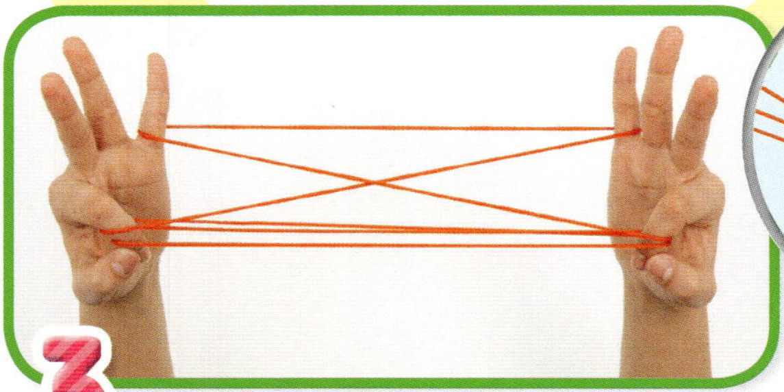

3 如图进行操作。

放大看

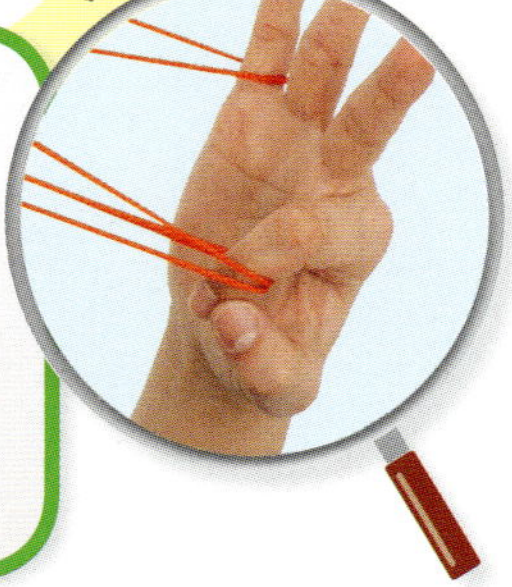

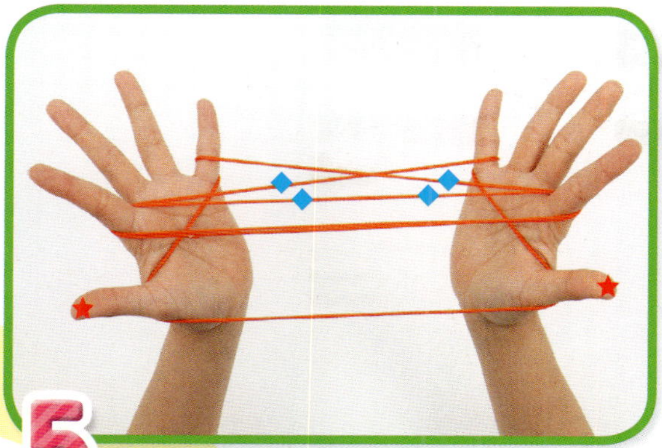

5 用拇指钩取两根绳子◆处。

钩取方法

钩取中

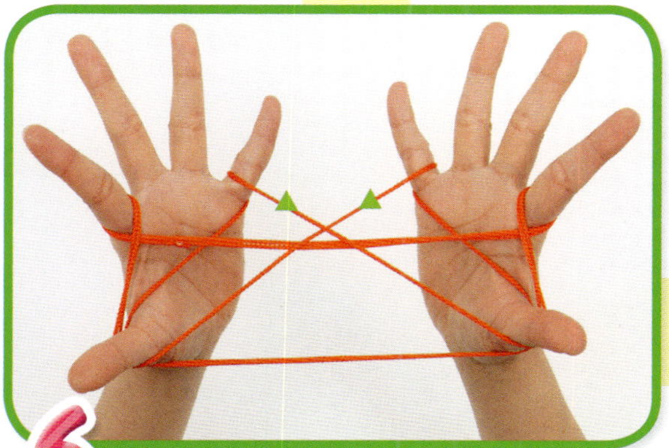

6 松开小指上▲标记的绳子。

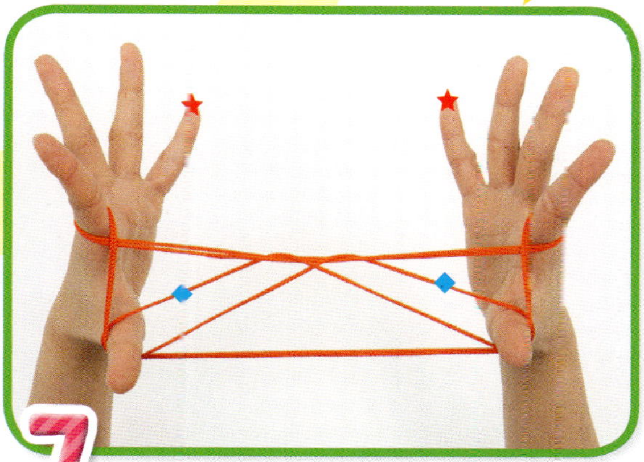

7 用小指钩取◆处。

钩取方法

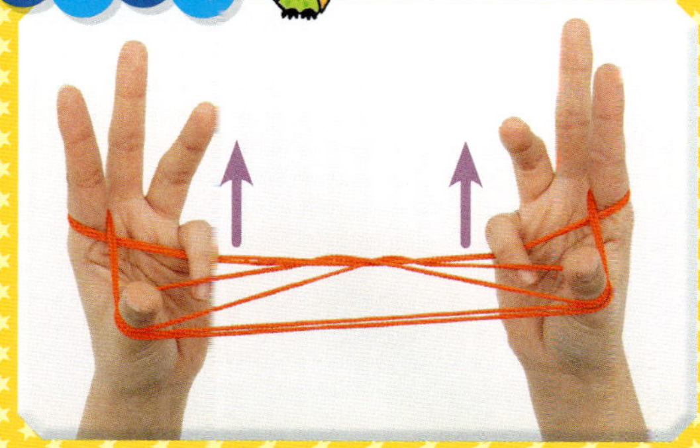

钩取中

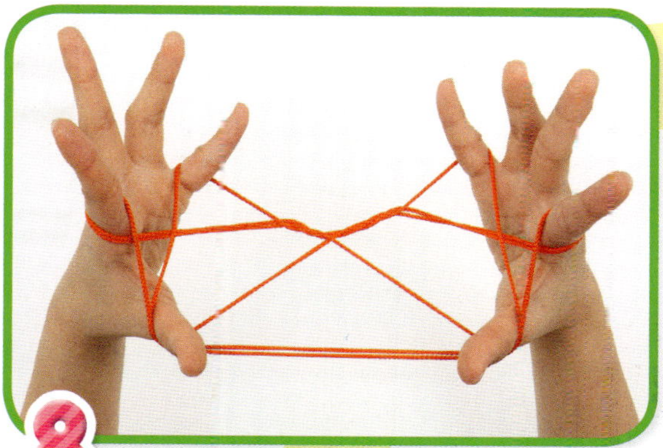

8 松开拇指上的三根绳子。

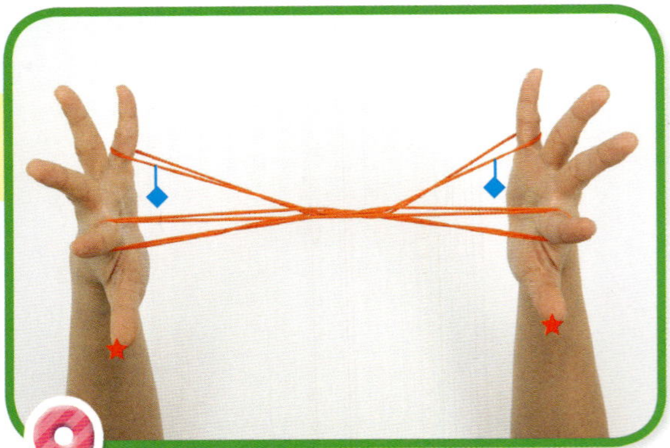

9 用拇指钩取◆处。

钩取方法

钩取中

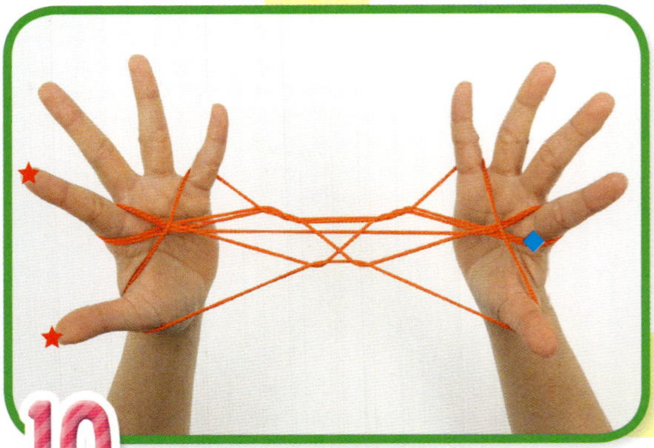

10 将右手食指上的两根绳子◆处同时挂在拇指上。

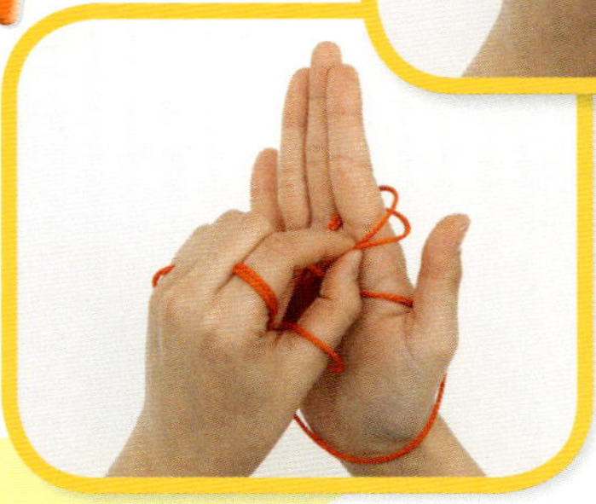

11 正在向右手拇指上挂绳子。

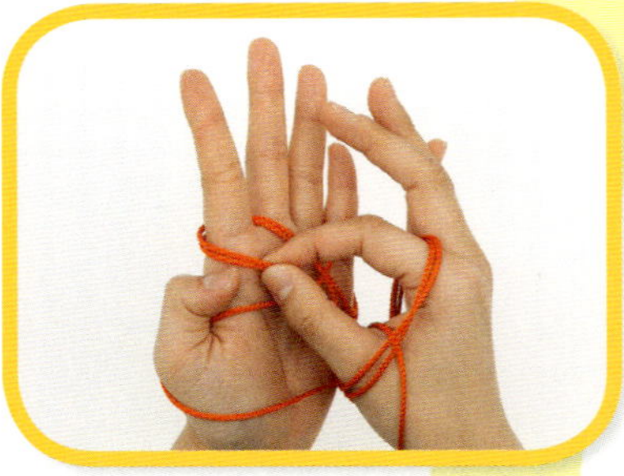

12 同样的，将左手食指上的两根绳子◆处同时挂在拇指上。

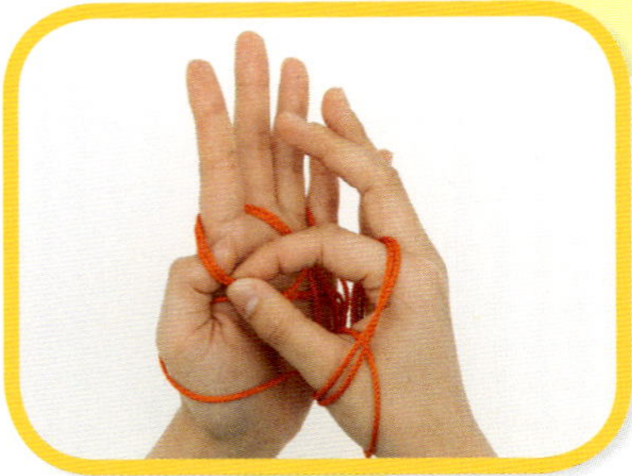

正在向左手拇指上挂绳子。

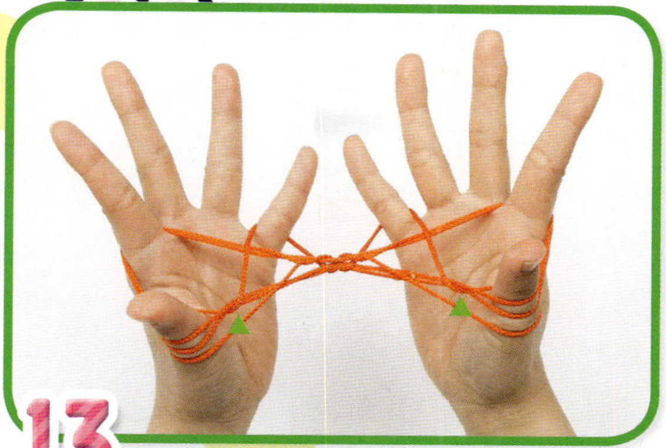

13 从外侧松开拇指上▲标记的绳子。

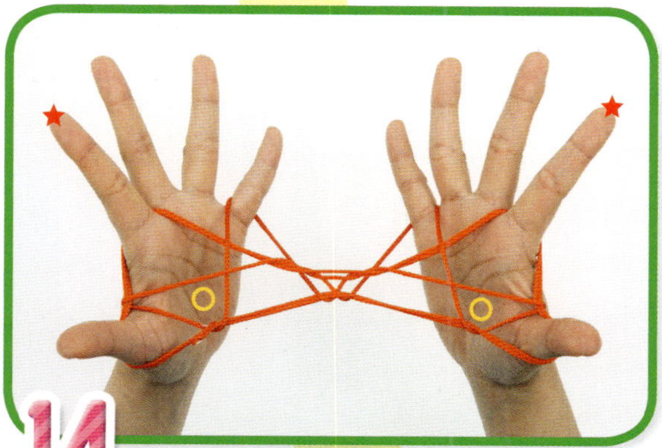

14 将食指从上方伸入○中。

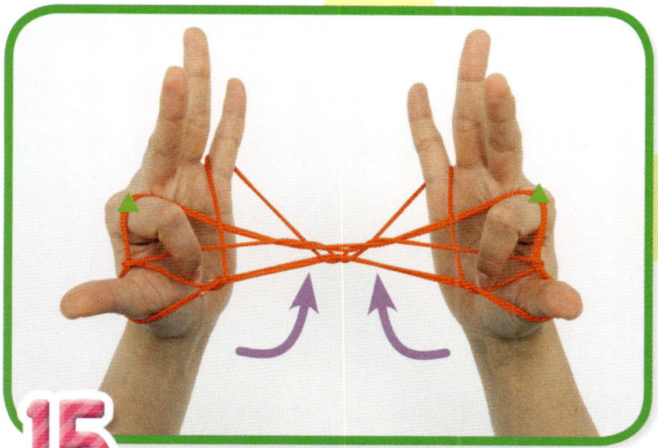

15 一边松开食指上▲标记的绳子和小指上的绳子，一边伸直食指并沿箭头方向翻转。

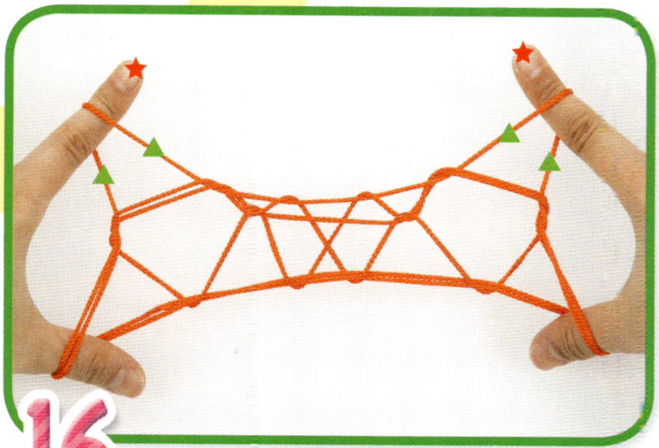

16 松开食指上▲标记的绳子。

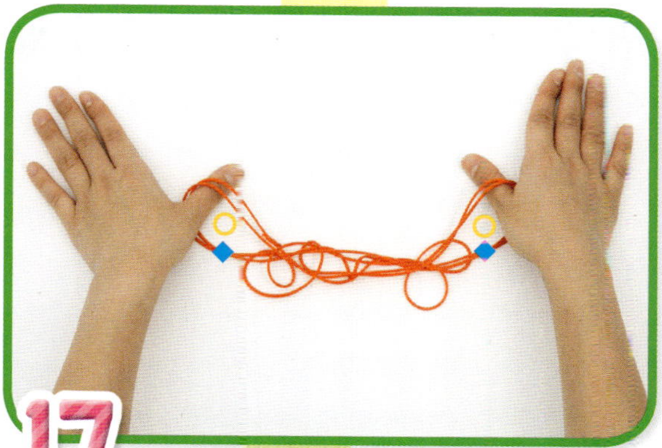

17 将拇指以外的四根手指从反方向伸入○中并握住◆处，然后慢慢地向左右两侧一边拉动一边整理形状。

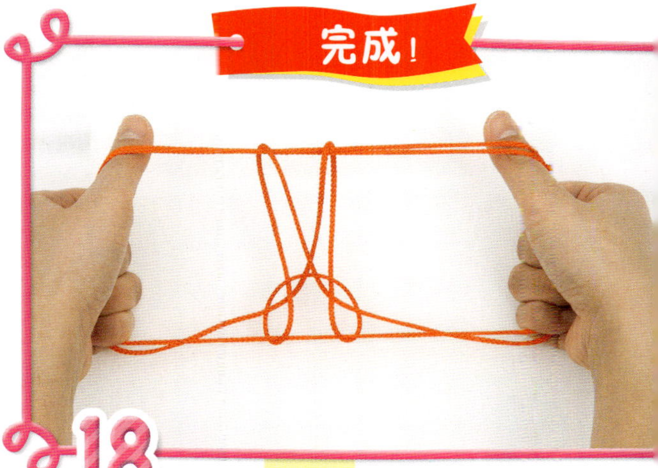

18 一只兔子就出现啦！

花篮

FLOWER BASKET

难度 难　绳长 长

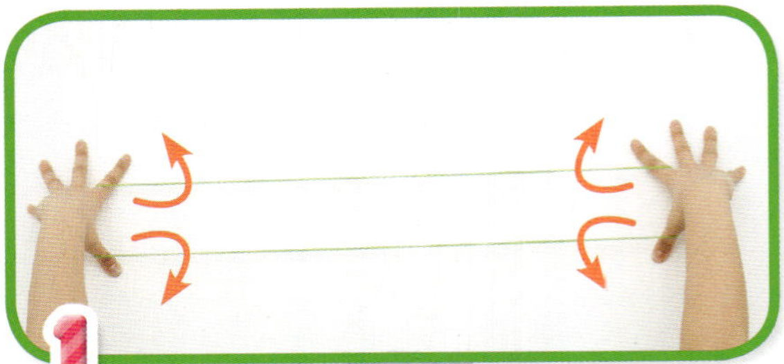

1 将拇指和食指从上方伸入圈中，沿箭头方向翻转，使手心朝上。

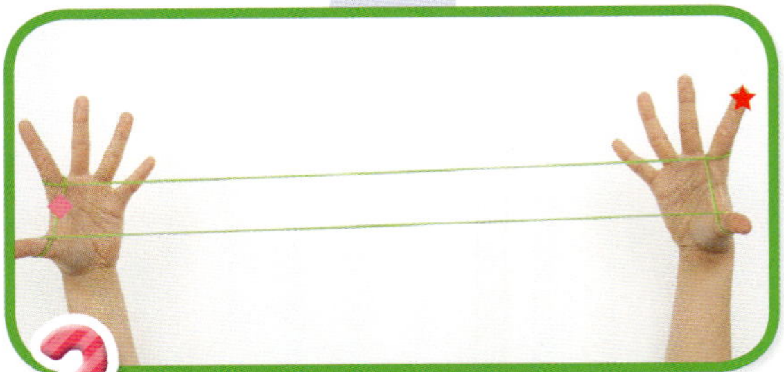

2 用右手食指从上方钩取◆处后缠绕一圈。

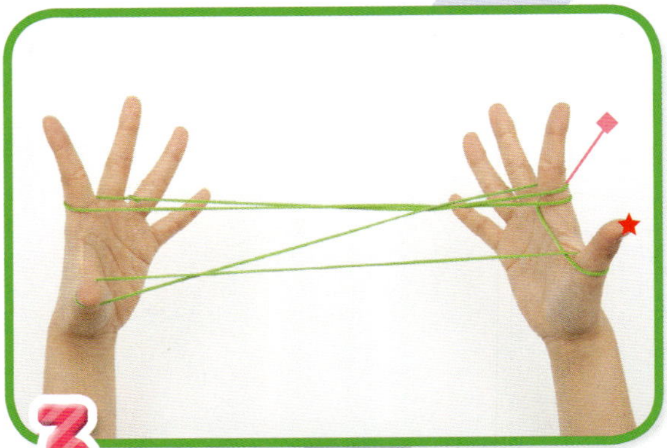

3 将右手食指上的◆处同时挂在拇指上。

钩取方法

用食指钩取◆处

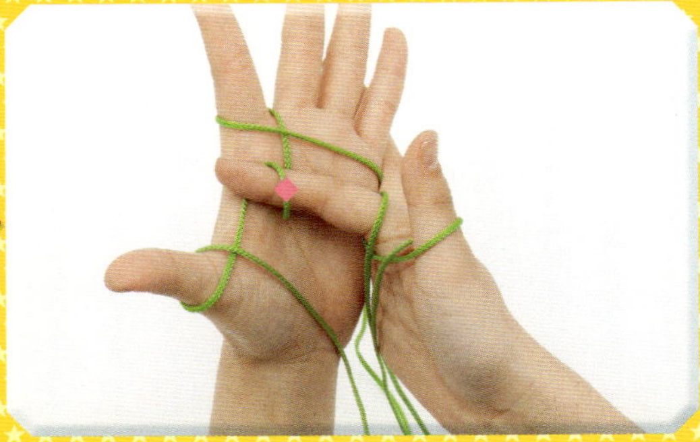

缠绕一圈后向右边拉伸

4

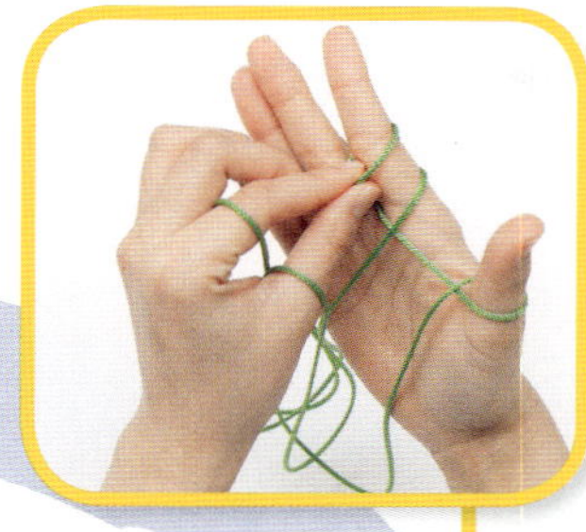

捏住食指上的绳子挂在拇指上。

7

捏住食指上的绳子挂在拇指上。

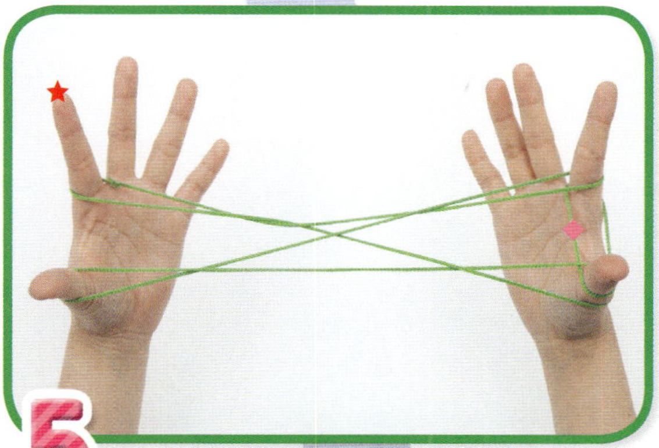

5 用左手食指从上方钩取◆处后缠绕一圈。

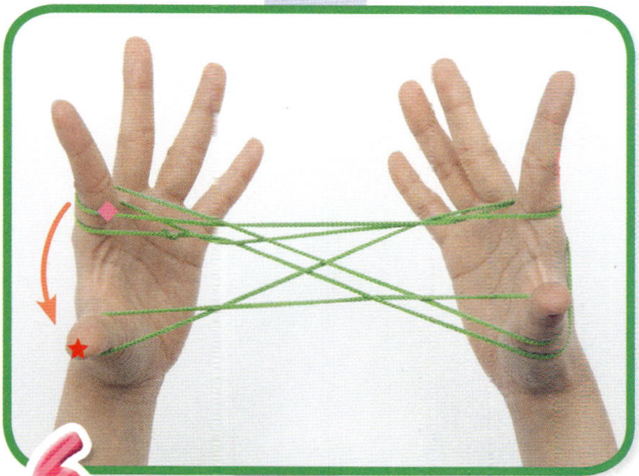

6 将左手食指上的◆处同时挂在拇指上。

钩取方法

钩取中

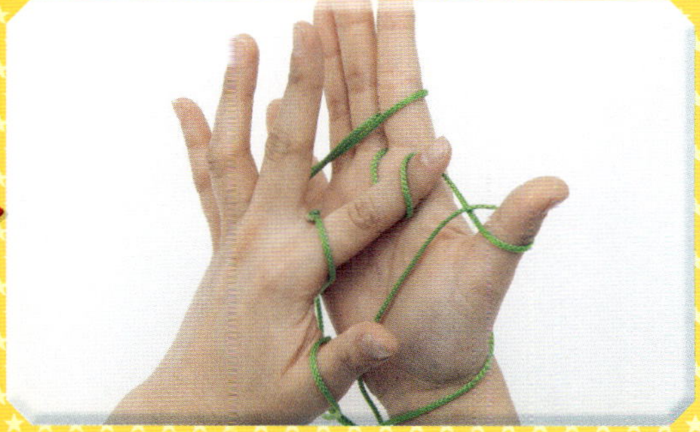

缠绕一圈后向左边拉伸

8 将绳子从手指上慢慢脱下来，注意不要将绳子弄乱。

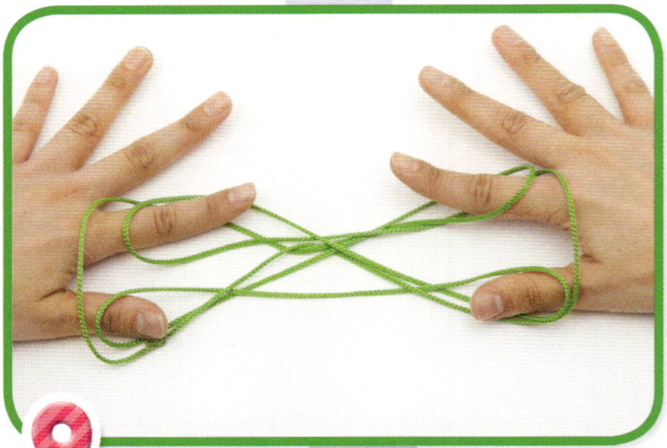

9 慢慢放好。

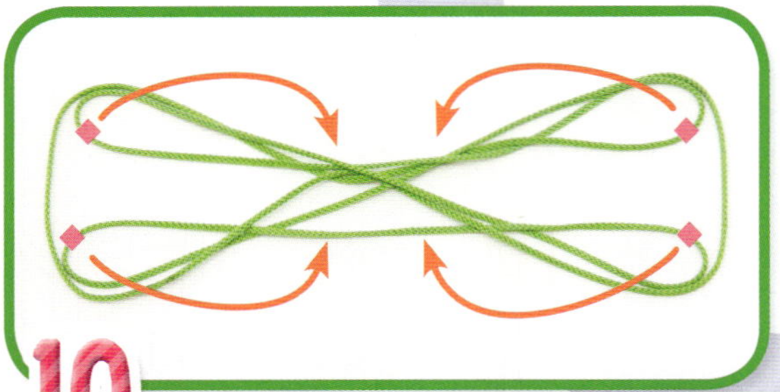

10 将◆处沿箭头方向依次折向中间。

11 如图折叠。

12 将食指伸入○中，轻轻提起◆处。

13 花篮完成啦！

蜗牛

SNAIL

难度 一般　绳长 一般

其他结构

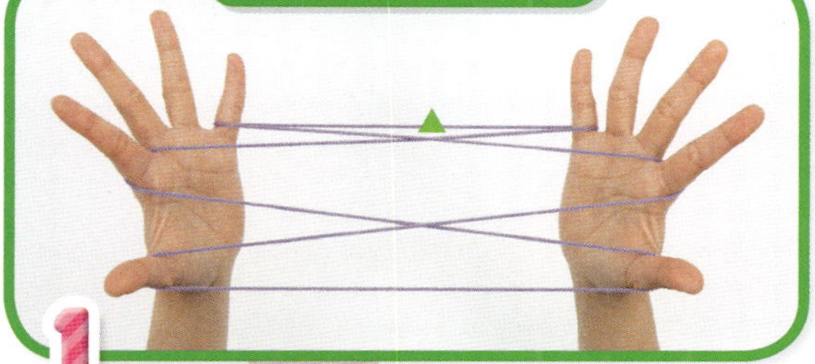

1 从其他结构开始！
松开小指上▲标记的绳子，使绳子垂下。

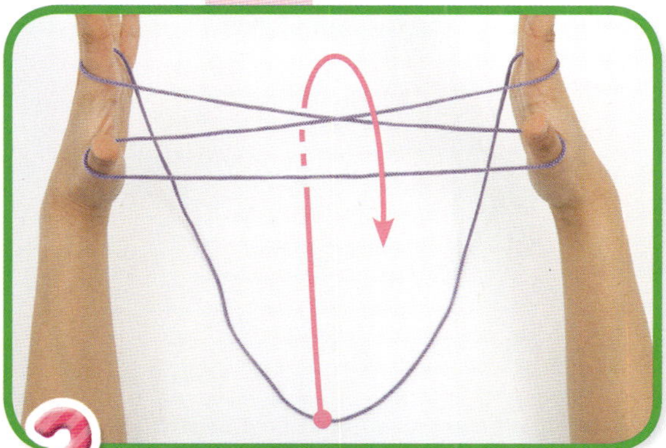

2 双手大幅度摇晃，使垂下来的绳子沿箭头方向缠绕到其他绳子上若干圈。

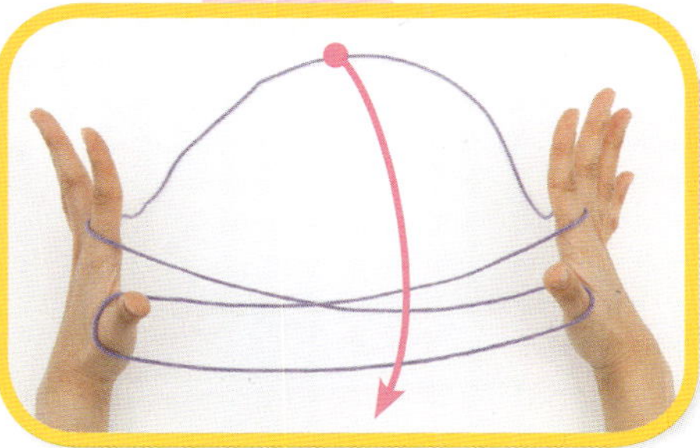

反方向缠绕

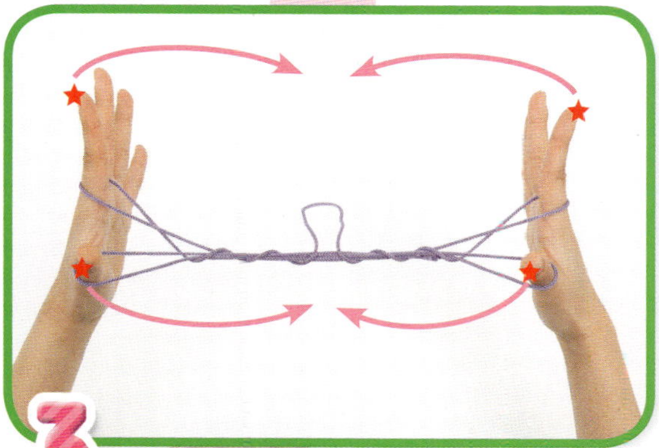

3 将双手拇指和食指指尖分开相对。

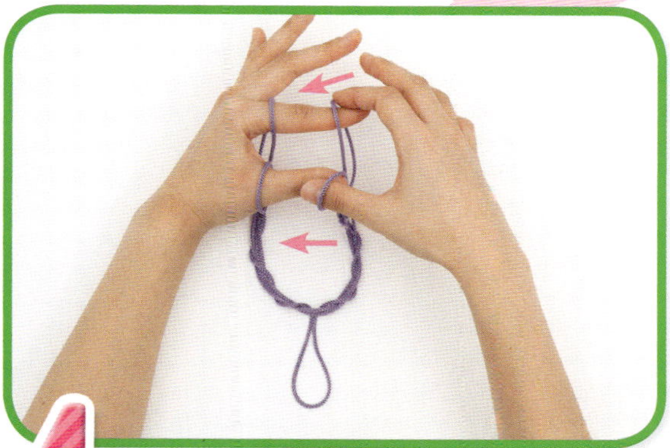

4 将右手拇指和食指上的绳子分别转移到左手拇指和食指上。

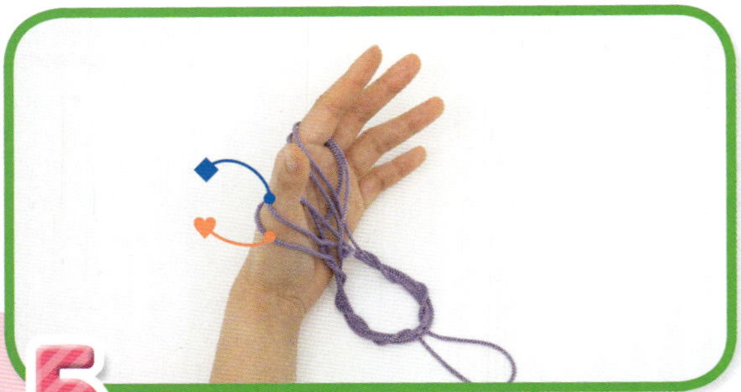

5 将右手食指和拇指伸入左手拇指两线中间分别钩取◆处和♥处，并将绳子从左手拇指上松开。

钩取方法

钩取中

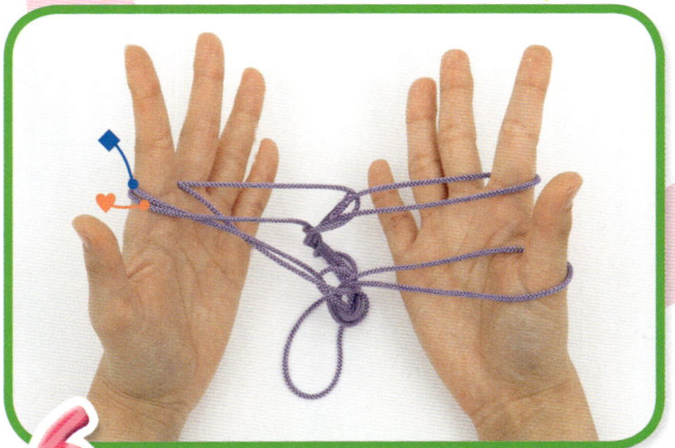

6 将◆处和♥处从左手食指上取下来。

取下方法

正在取下

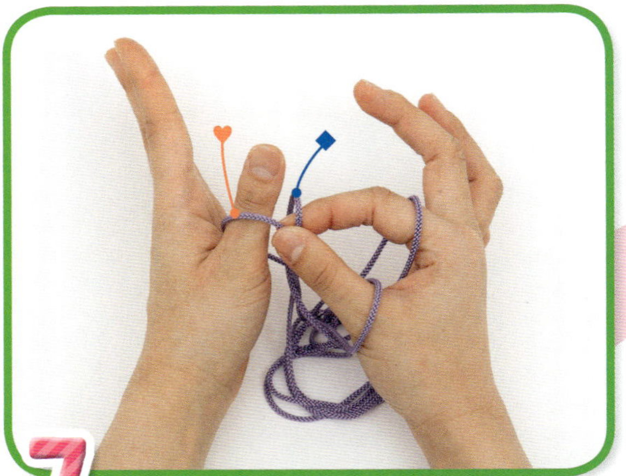

7 将♥处重新挂到左手拇指上。

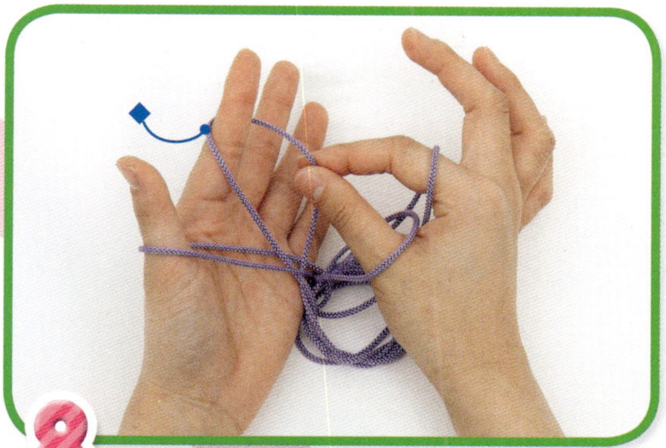

8 然后将◆处重新挂到左手食指上。

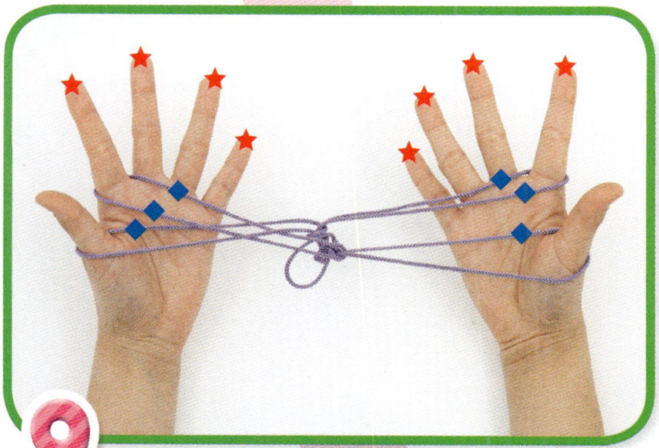

9 张开双手，用拇指以外的其他四根手指握住◆处。

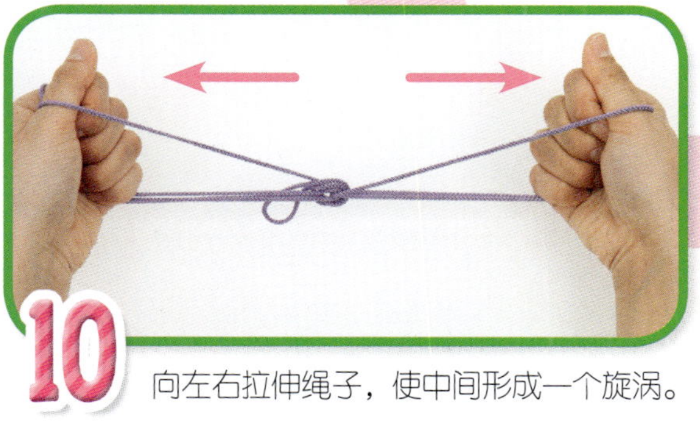

10 向左右拉伸绳子，使中间形成一个旋涡。

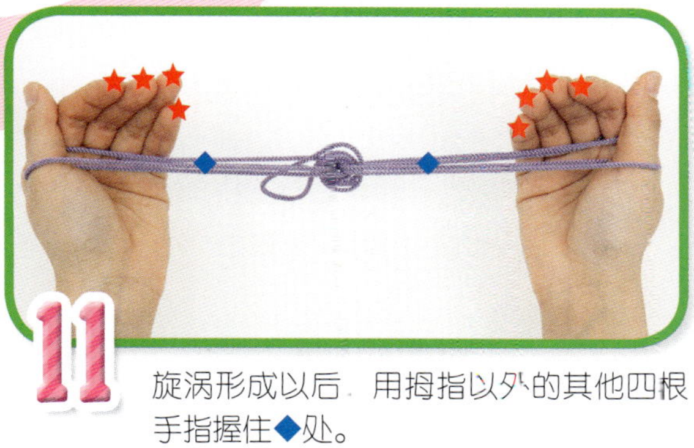

11 旋涡形成以后，用拇指以外的其他四根手指握住◆处。

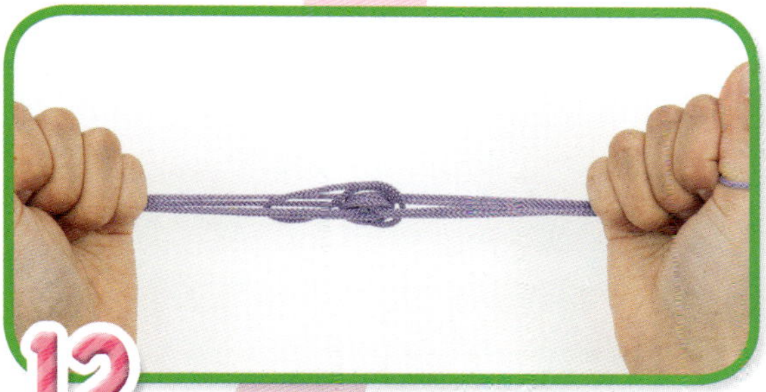

12 将双手翻转到手背处。

翻转

完成！

13 小蜗牛来啦！

闪烁的星星

TWINKLE TWINKLE LITTLE STAR

难度 简单　绳长 一般

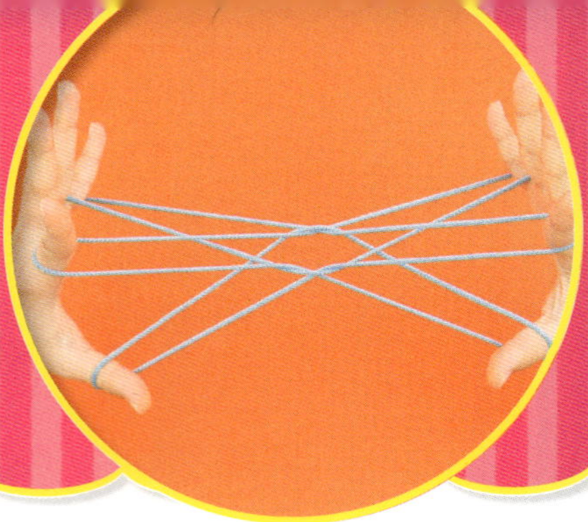

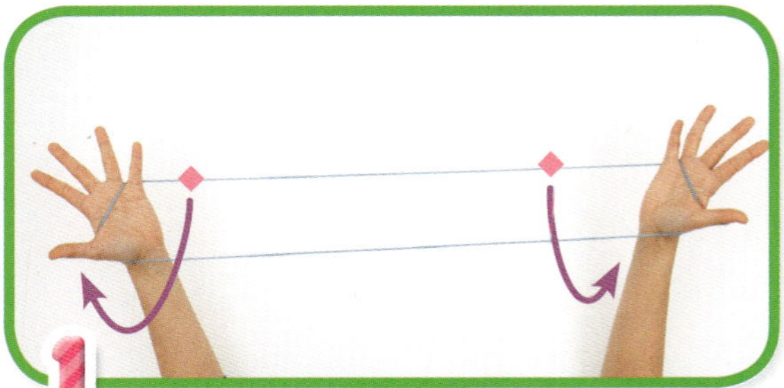

1 将绳子挂在双手拇指和小指上，将◆处沿箭头方向分别在两手上缠绕一圈。

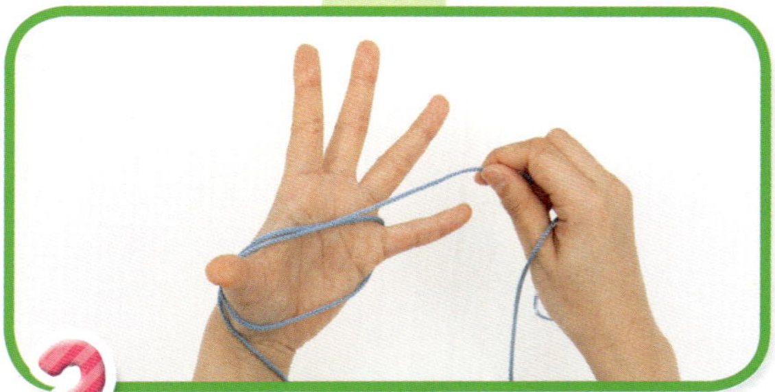

2 如图缠绕左手一圈。

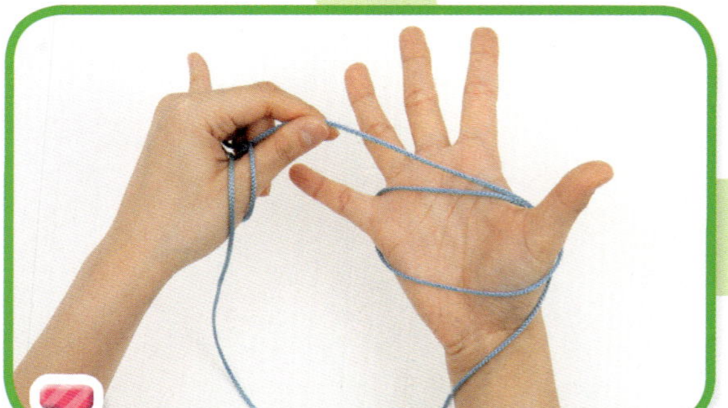

3 如图缠绕右手一圈。

钩取方法

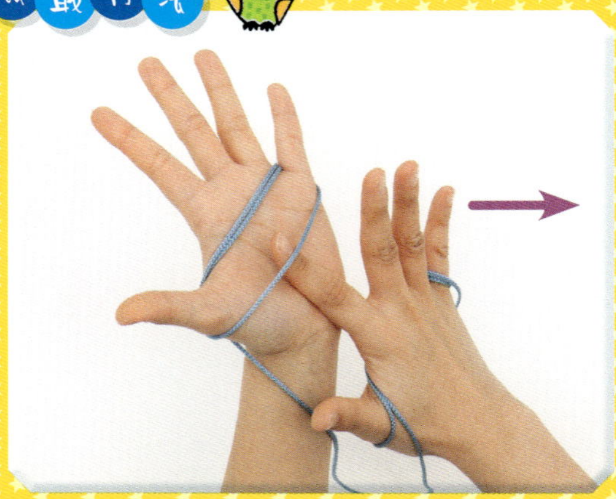

钩取中

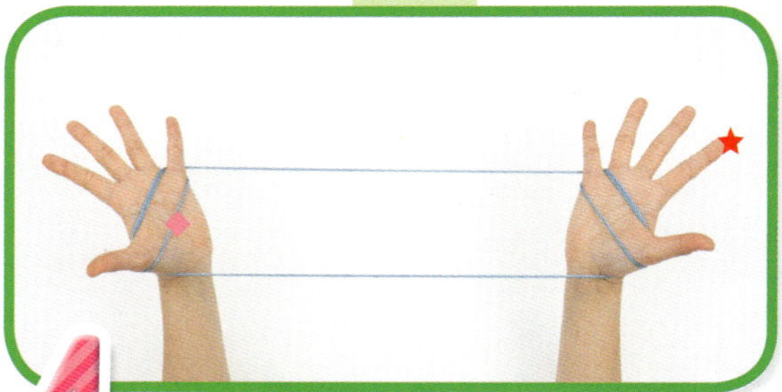

4 用右手食指钩取◆处。

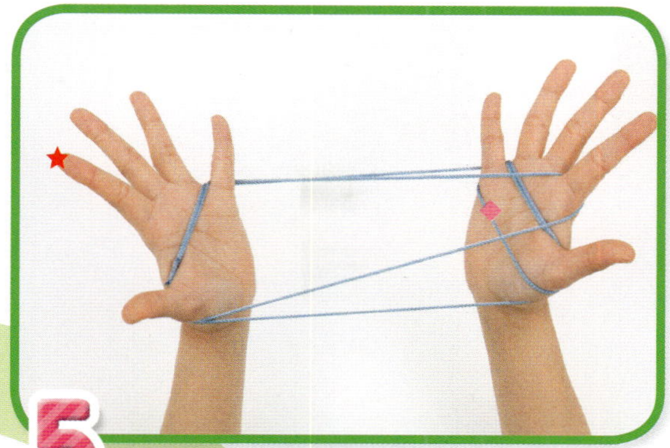

5 用左手食指钩取◆处。

钩取方法

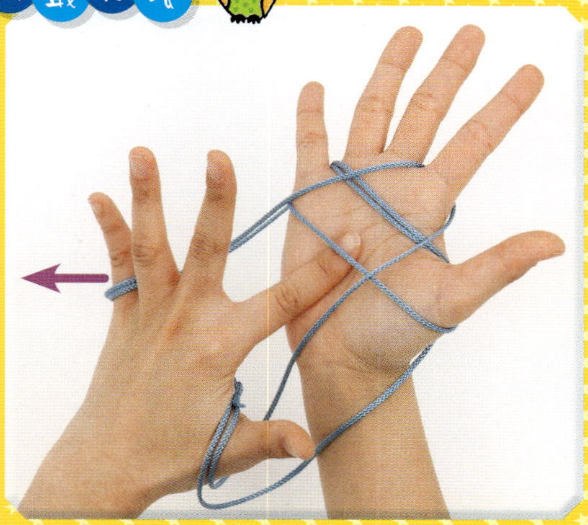

钩取中

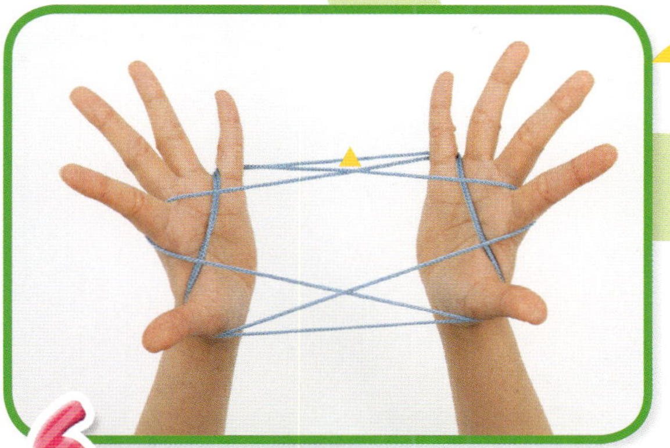

6 松开小指上▲标记的绳子。

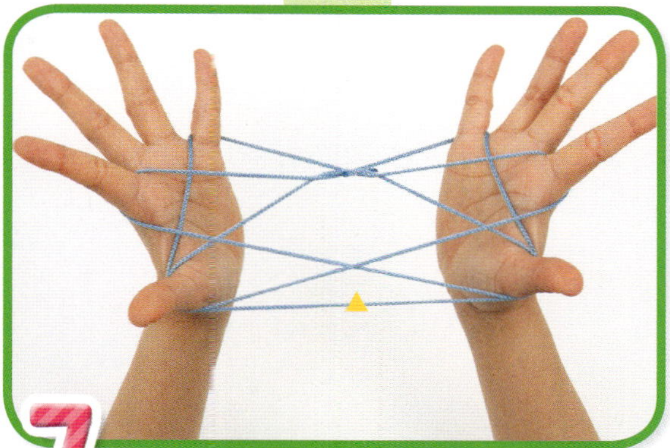

7 松开拇指上▲标记的绳子，然后张开双手。

松开方法

松开中

完成！

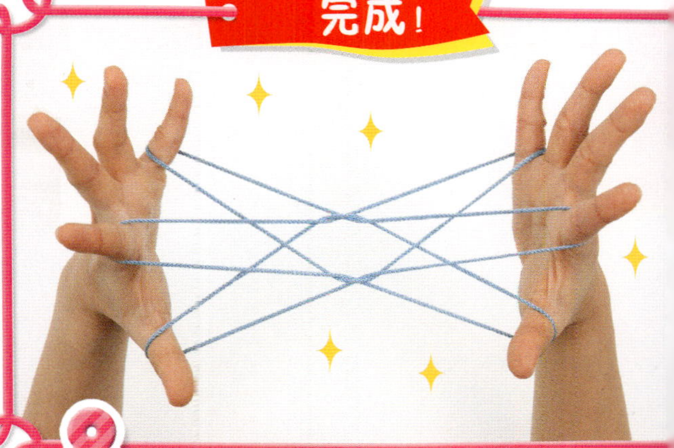

8 闪烁的星星来啦！

魔法扫帚

WONDER BROOM

难度 简单　绳长 一般

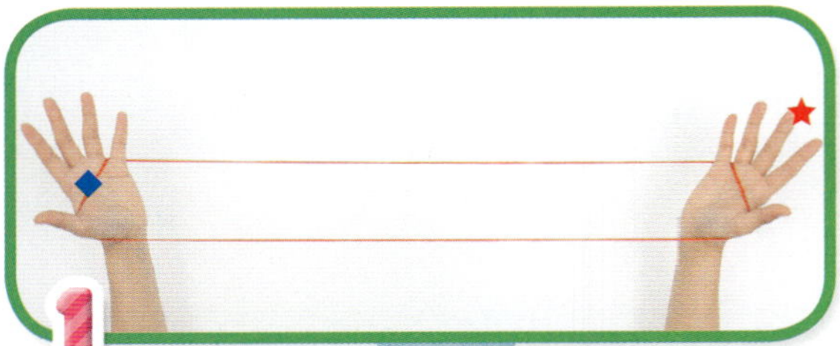

1 将绳子挂在双手拇指和小指上，用右手中指钩取◆处。

钩取方法

钩取中

钩取方法

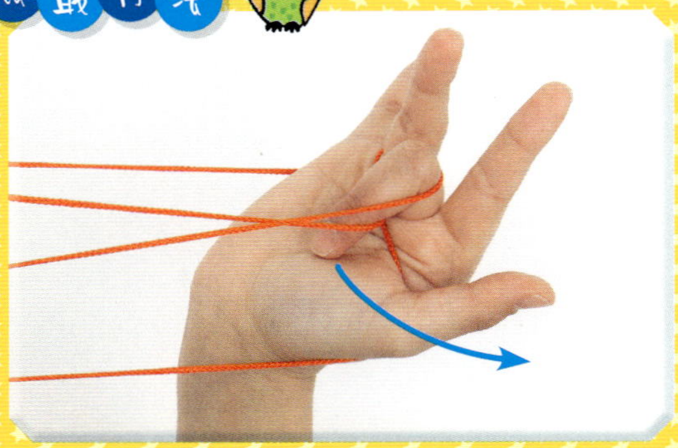

钩取中

放大看

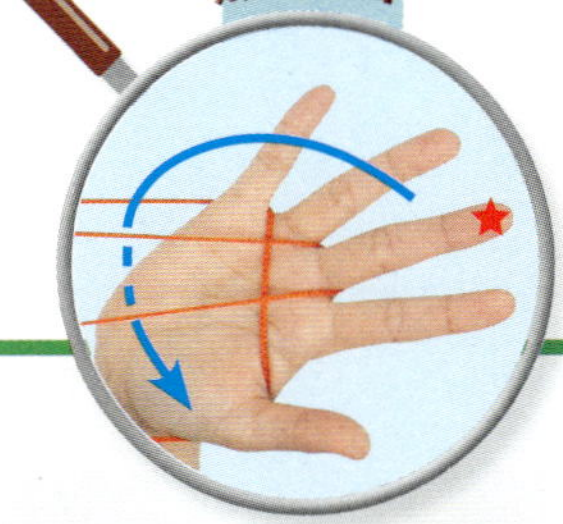

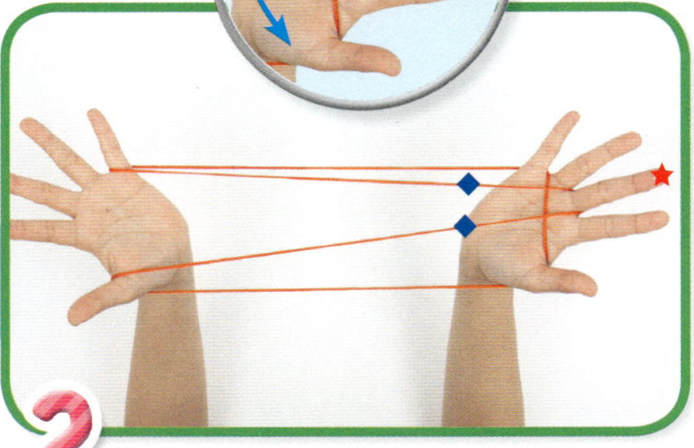

2 用右手中指钩取两根绳子◆处。

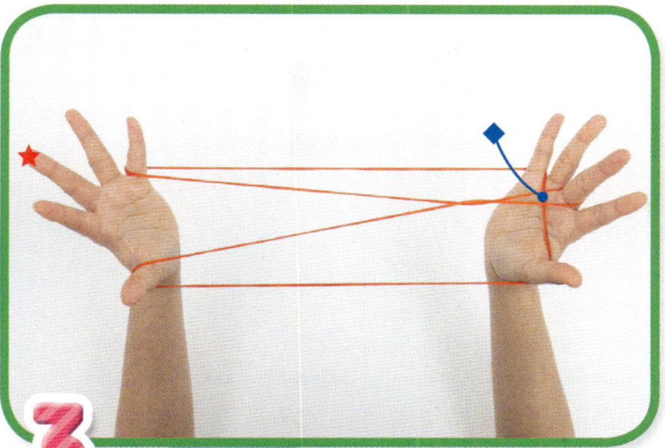

3 用左手中指钩取◆处。

钩取方法

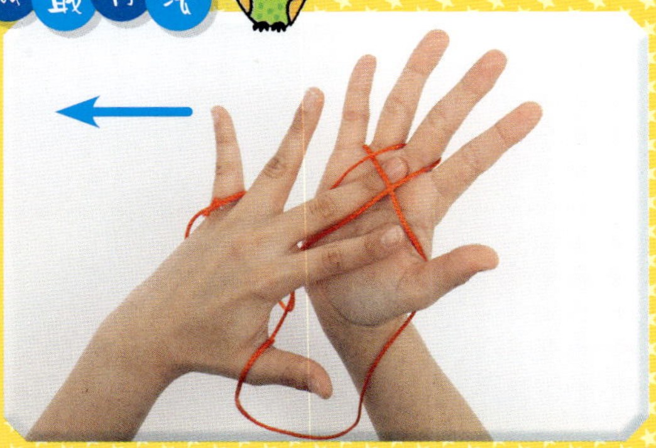

钩取中

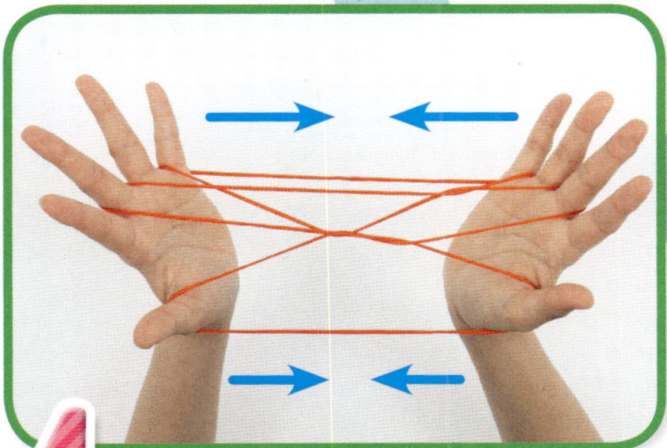

4 双手向中间并拢。

5 一边松开右手拇指和小指上的绳子，一边向左右两侧拉伸绳子。

松开方法

松开中

完成！

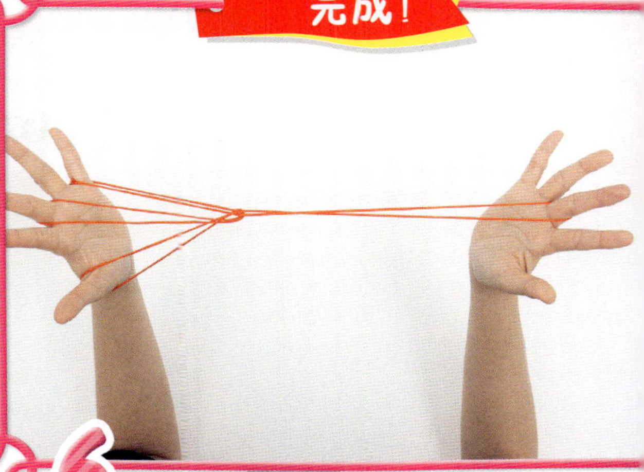

6 魔法扫帚完成啦！

香蕉

BANANA

难度 简单　绳长 一般

日式结构

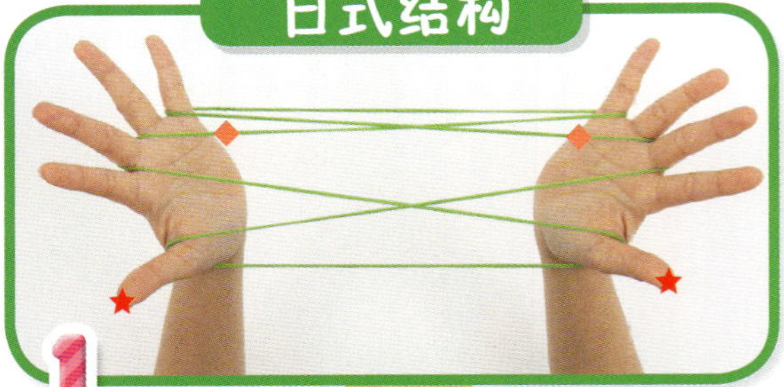

1 从日式结构开始！
用拇指钩取◆处。

钩取方法

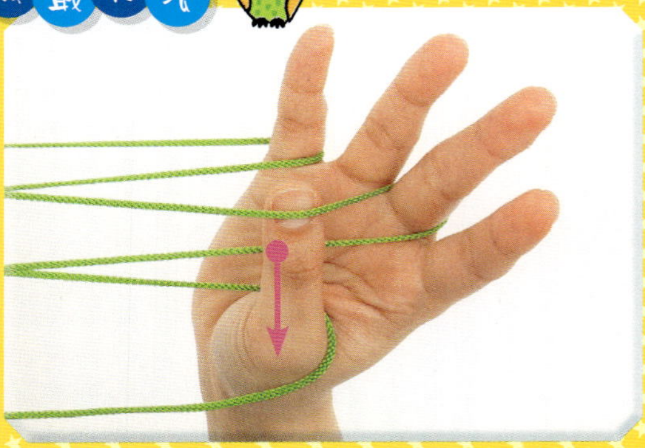

钩取中

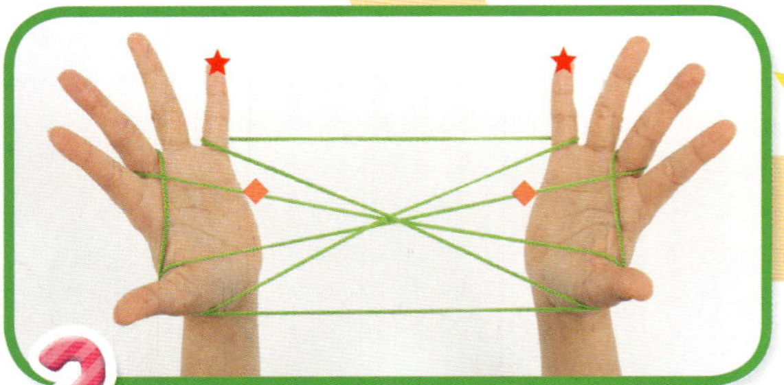

2 用小指钩取◆处。

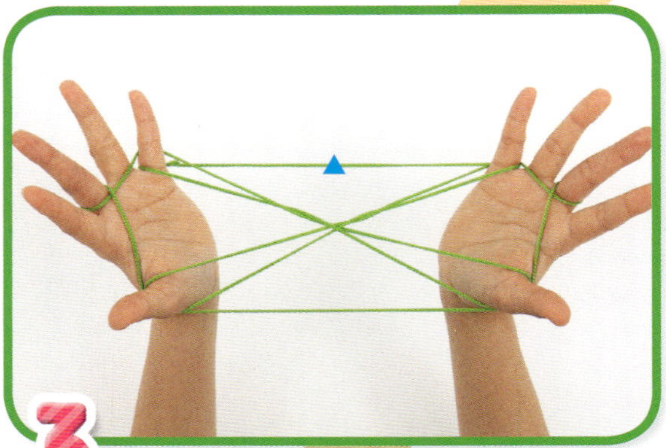

3 松开小指上▲标记的绳子。

钩取方法

钩取中

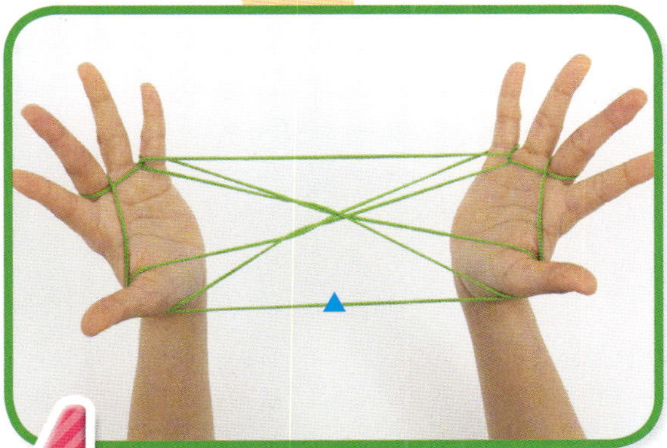

4 松开拇指上▲标记的绳子。

松开方法

松开中

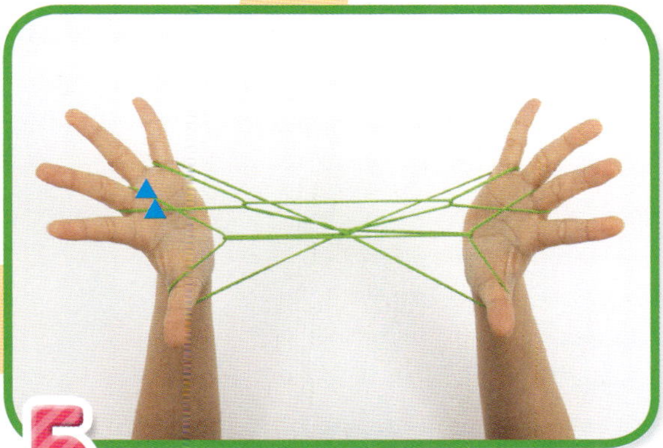

5 松开左手中指上▲标记的绳子。

松开方法

松开中

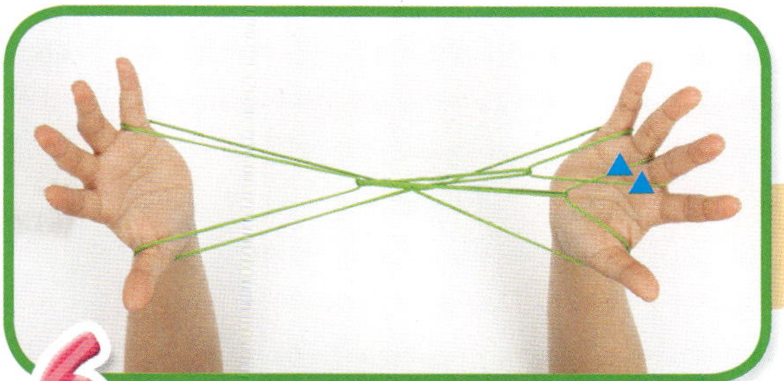

6 松开右手中指上▲标记的绳子。

松开方法

松开中

松开方法

松开中

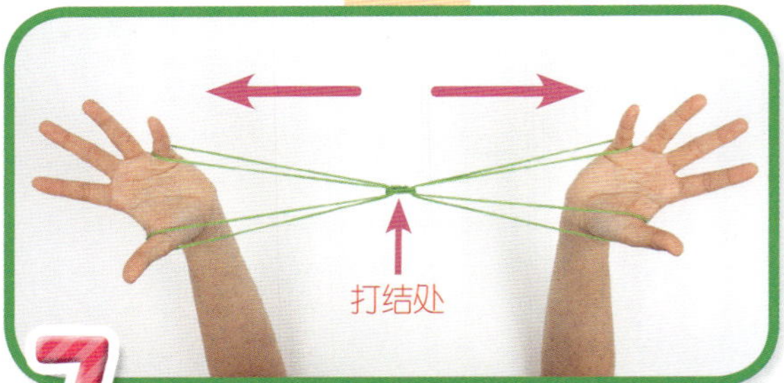

7 双手向两侧拉伸，中间会形成一个结。

8 把绳子从手上慢慢脱下来，然后抓住中间的结将绳子提起来，将四个圈纵向排列。

9 整理好形状。

完成！

10 一串香蕉完成啦！

风筝

KITE

难度 一般　绳长 一般

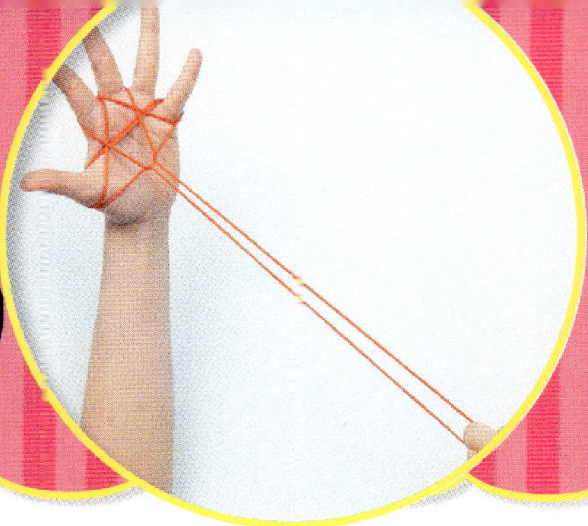

日式结构

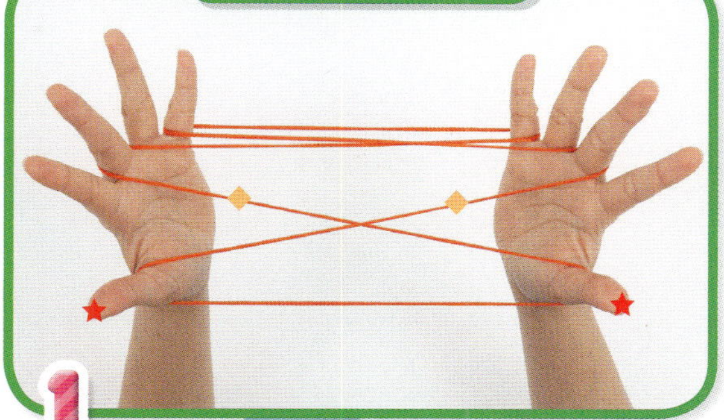

1 从日式结构开始！
用拇指钩取◆处。

钩取方法

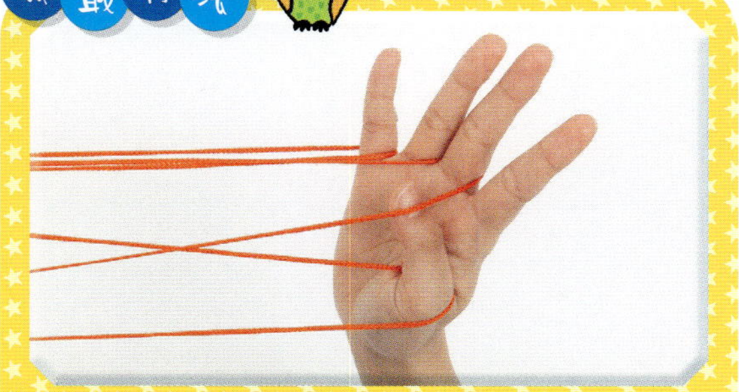

钩取中

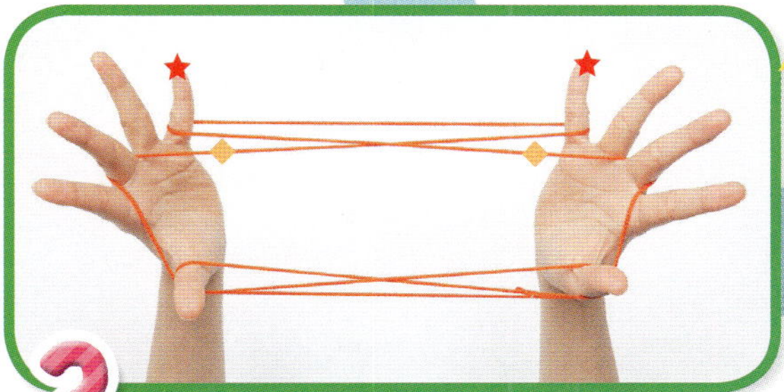

2 用小指钩取◆处。

钩取方法

钩取中

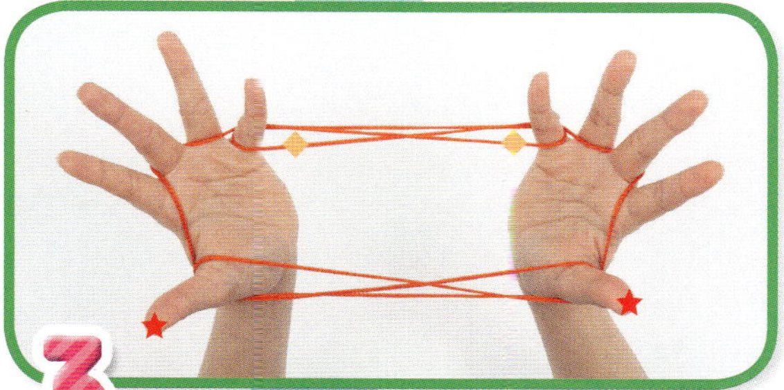

3 用拇指钩取◆处。

钩取方法

钩取中

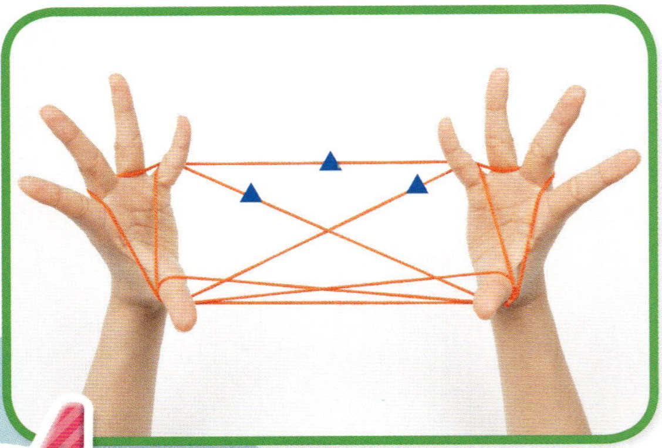

4 将小指上▲标记的绳子全部松开。

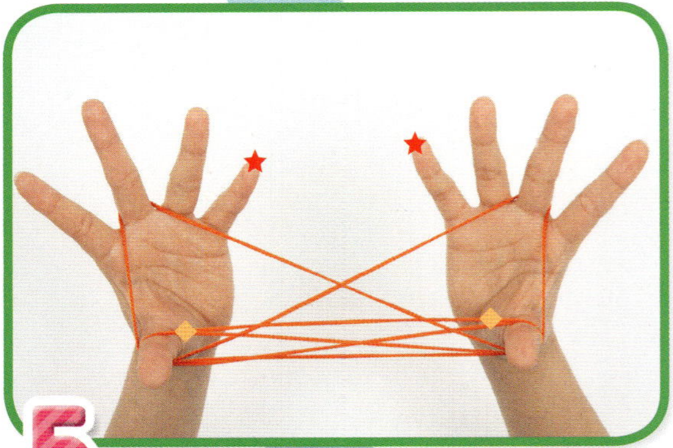

5 用小指钩取两根绳子◆处。

钩取方法

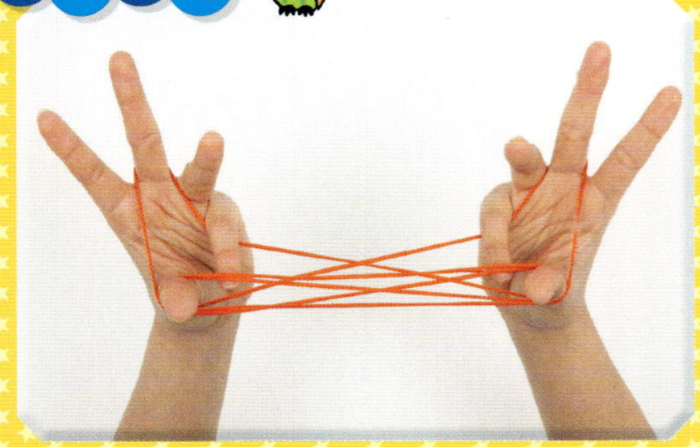

钩取中

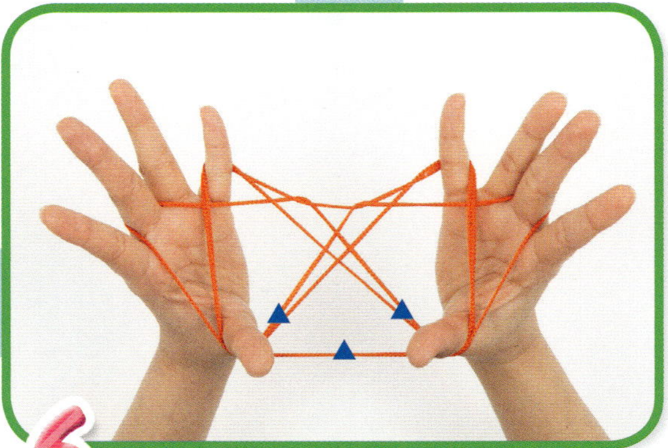

6 将拇指上▲标记的绳子全部松开。

钩取方法

钩取中

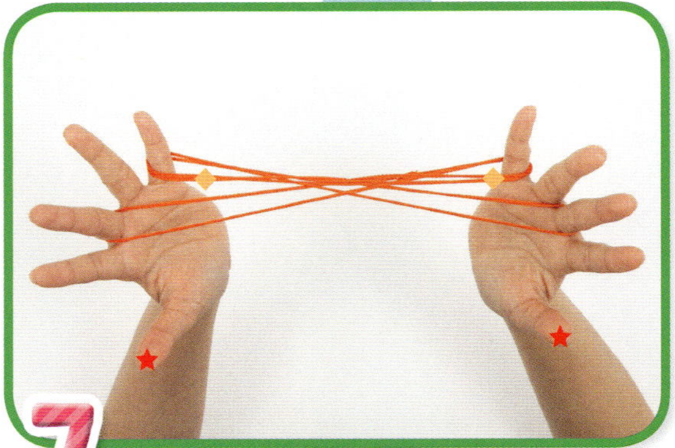

7 用拇指钩取两根绳子◆处。

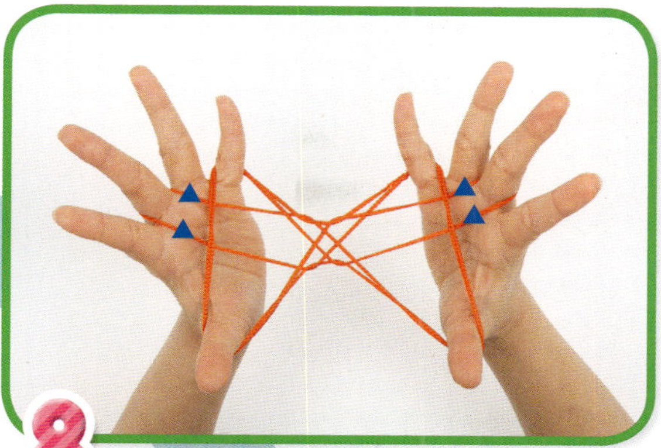

8 松开中指上▲标记的绳子。

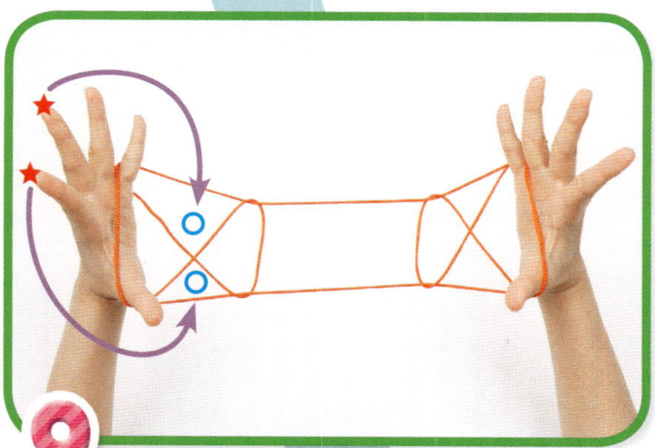

9 将左手食指和中指分别伸入○中。

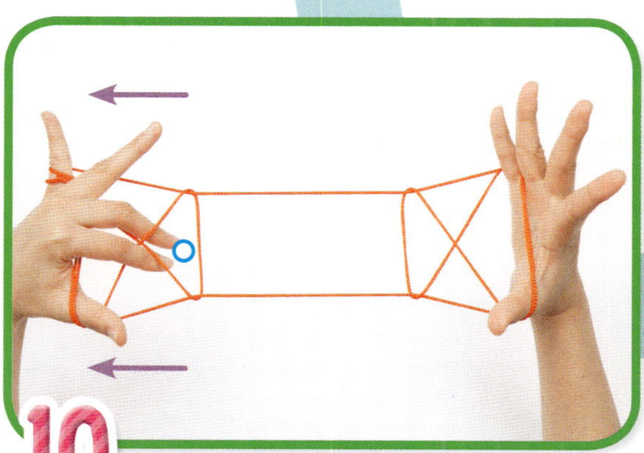

10 将左手食指和中指从○中伸出来后向左边拉直。

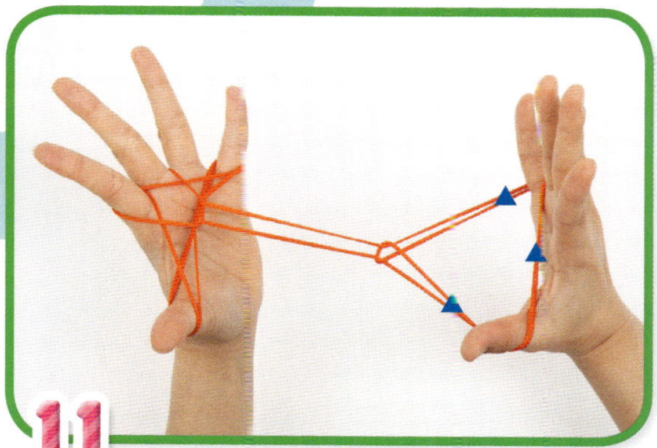

11 将右手上▲标记的绳子全部松开。

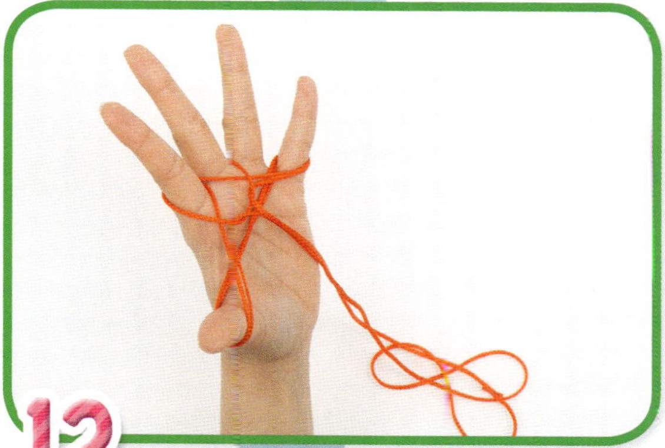

12 用右手捏着松开的绳子向下拉。

完成！

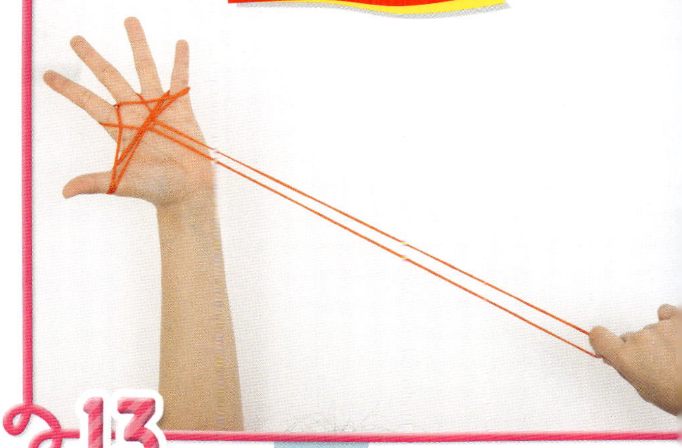

13 这样风筝就完成啦！

蚊子

MOSQUITO

难度 一般　绳长 一般

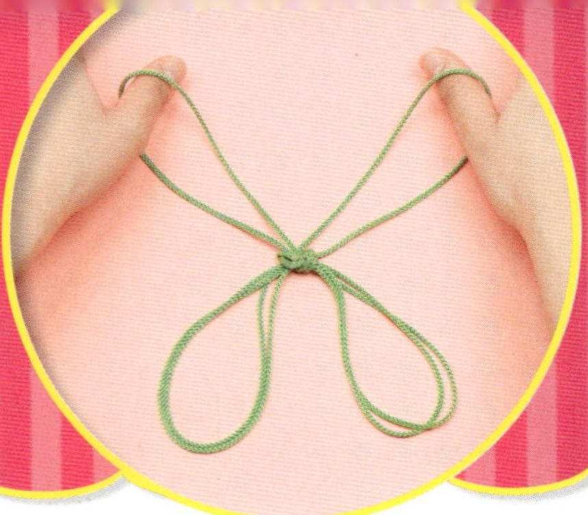

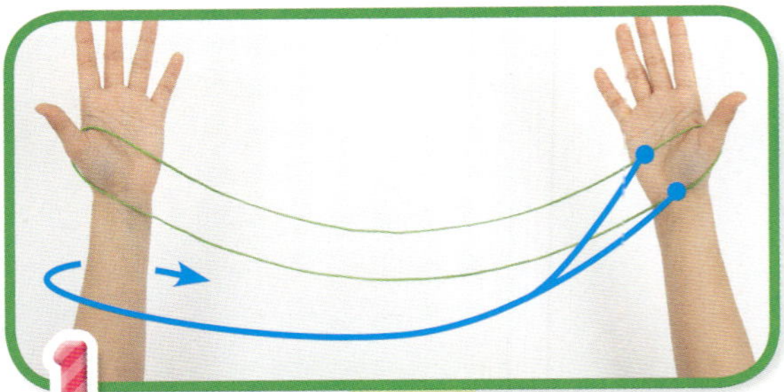

1 将绳子挂在双手拇指上，并将右手的绳子沿箭头方向在左手腕上缠绕一圈。

缠绕方法

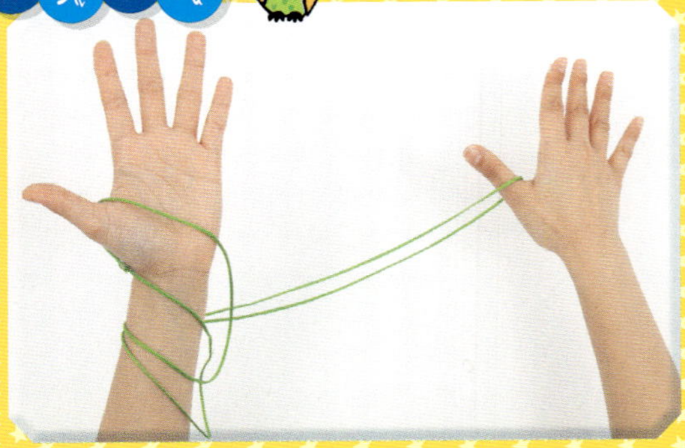

缠绕中

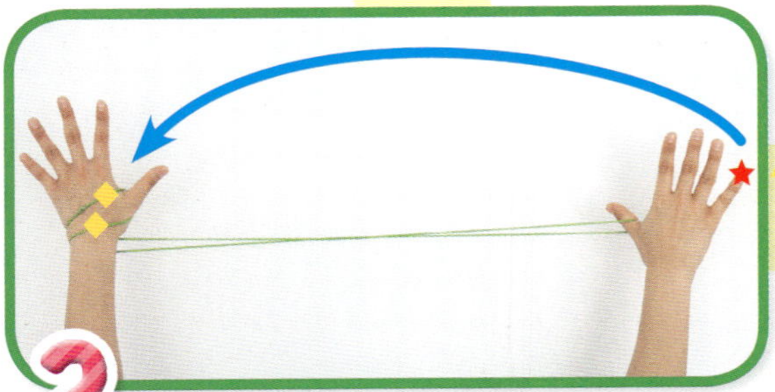

2 用右手小指从上方钩取左手上的两根绳子◆处。

钩取方法

钩取中

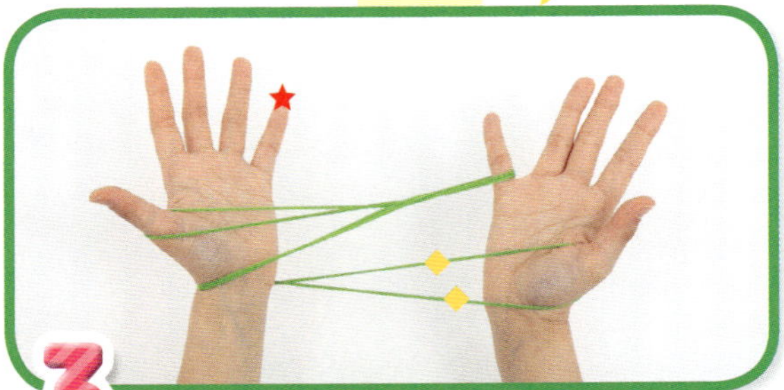

3 用左手小指钩取右手拇指上的两根绳子◆处。

钩取方法

钩取中

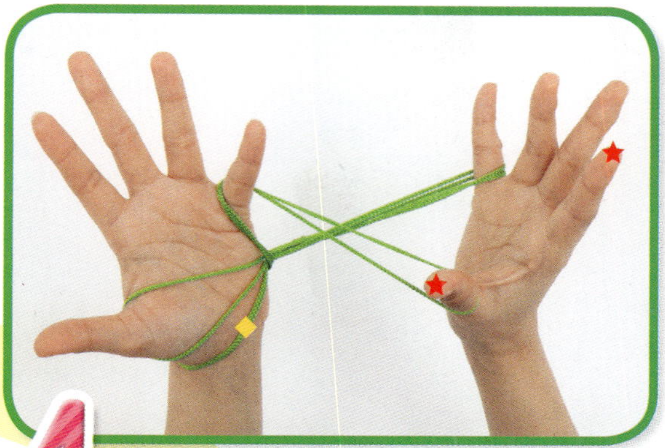

4 用右手拇指和食指捏住左手上的两根绳子◆处。

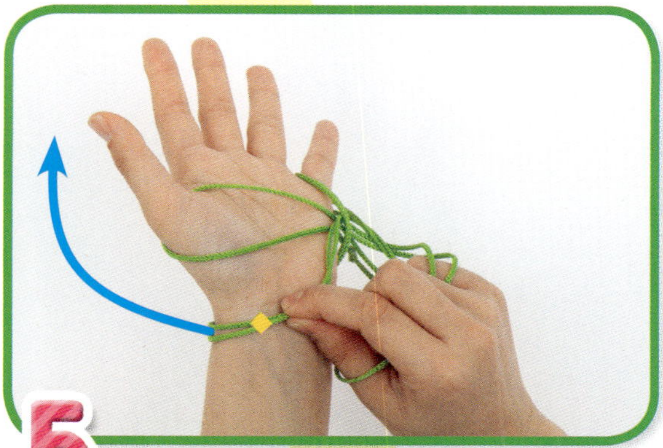

5 从左手腕上取下这两根绳子。

取下方法

正在取下

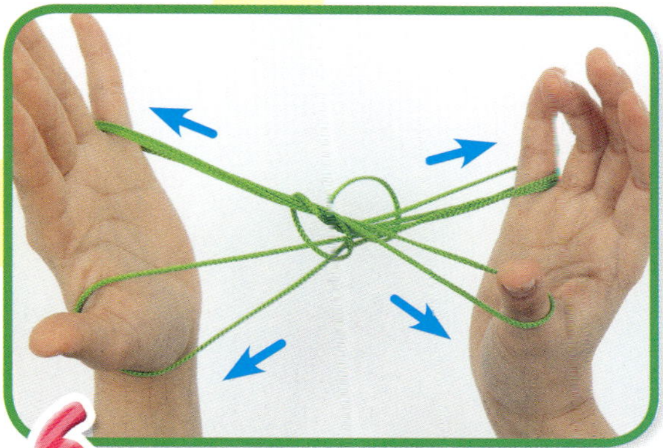

6 张开双手后，中间会形成一个结。

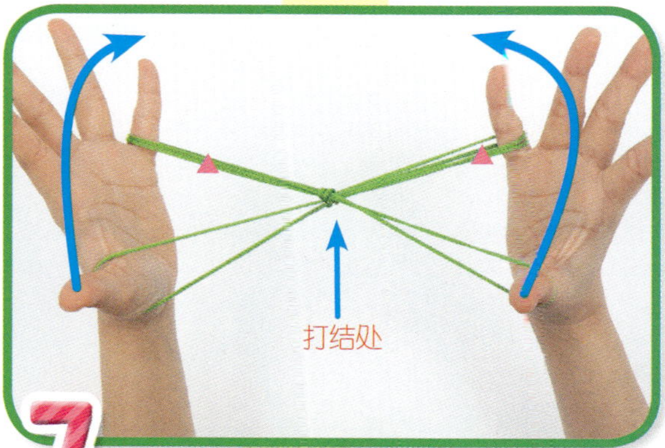

7 将小指上▲标记的绳子全部松开，然后将手沿箭头方向翻转。

完成！

8 蚊子飞过来啦！

乌龟

TURTLE

难度 难　绳长 长

日式结构

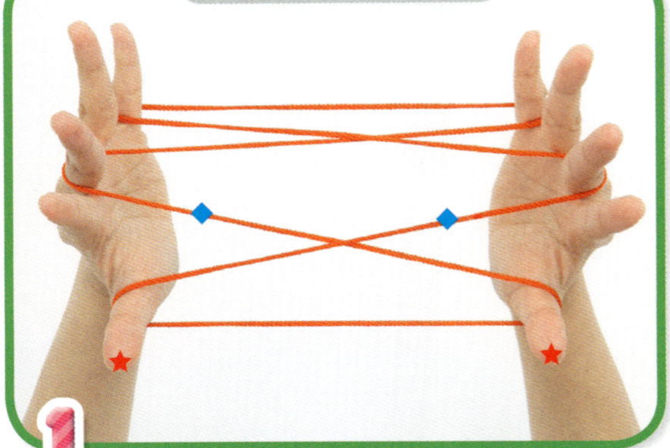

1 从日式结构开始！
用拇指钩取◆处。

钩取方法

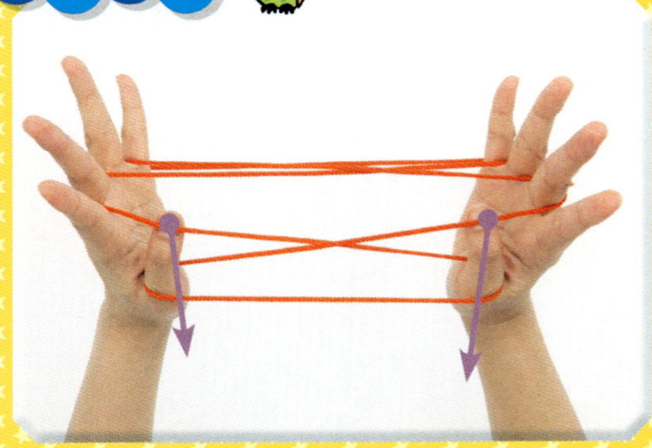

钩取中

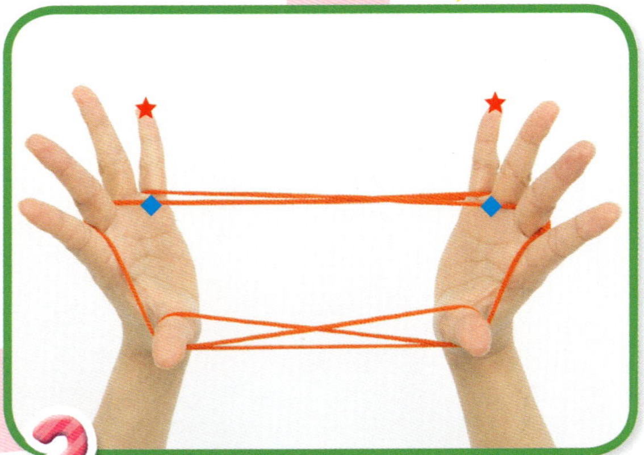

2 用小指钩取◆处。

钩取方法

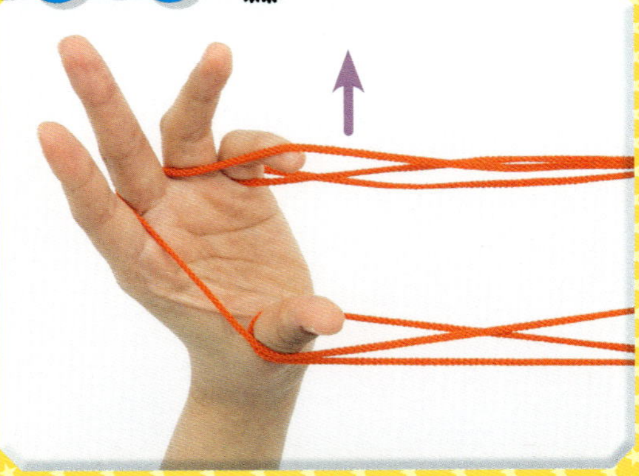

钩取中

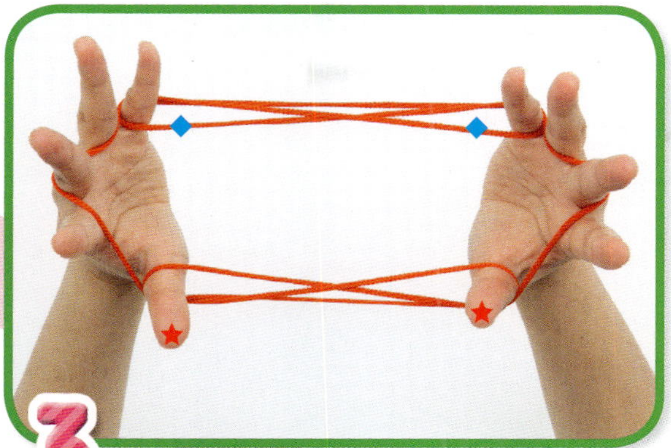

3 用拇指钩取◆处。

钩取方法

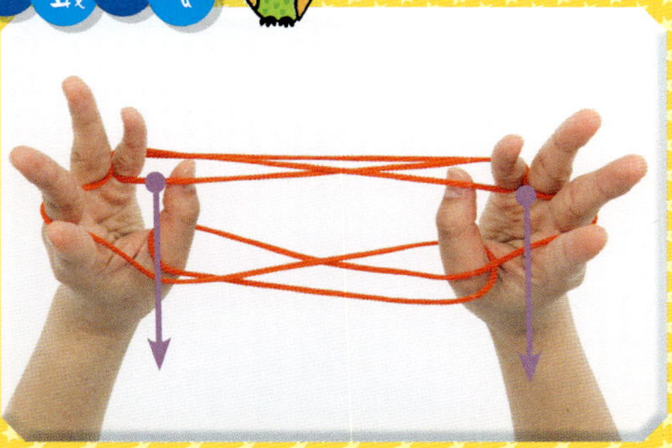

钩取中

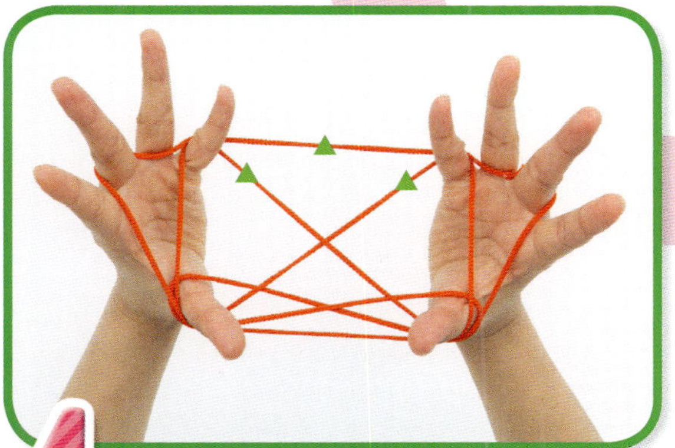

4 将小指上▲标记的绳子全部松开。

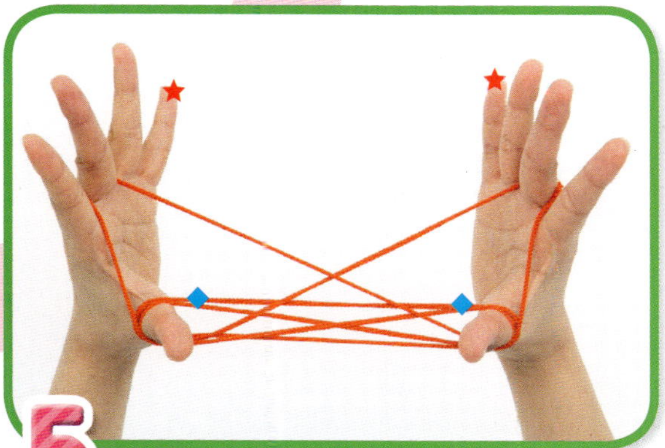

5 用小指钩取两根绳子◆处。

钩取方法

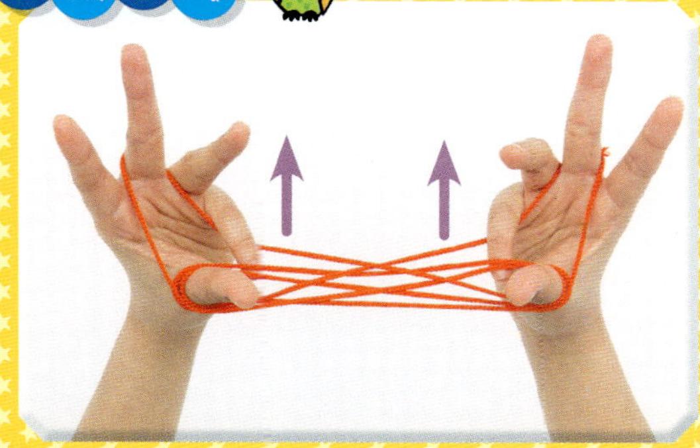

钩取中

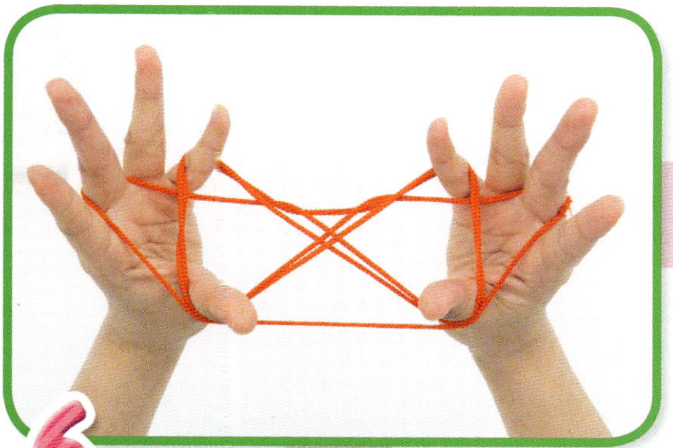

6 将拇指上的绳子全部松开。

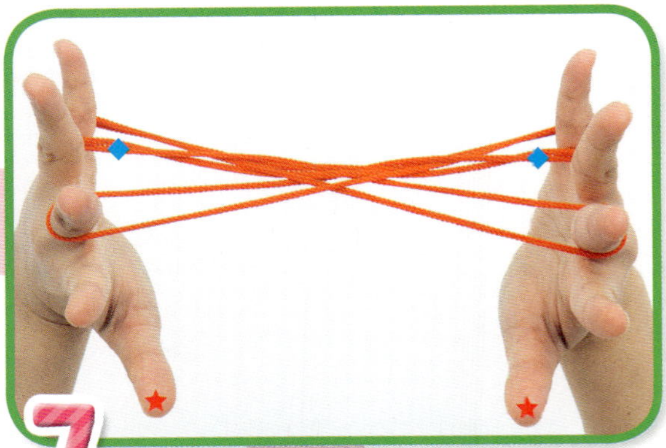

7 用拇指钩取两根绳子◆处。

钩取方法

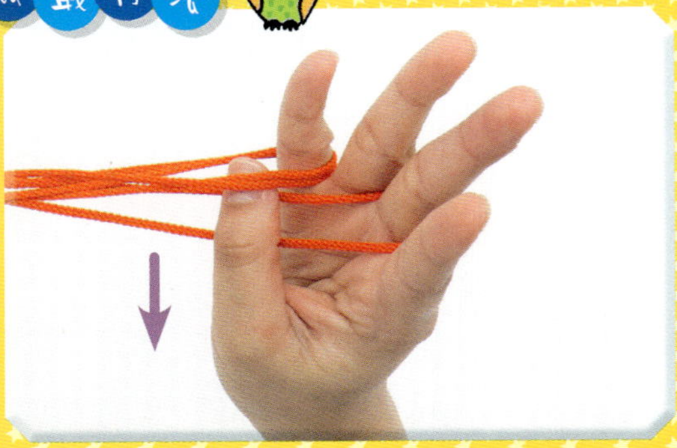

钩取中

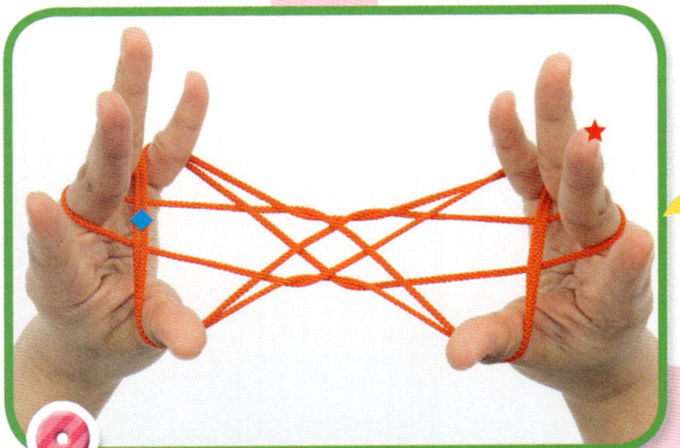

8 用右手中指钩取◆处。

钩取方法

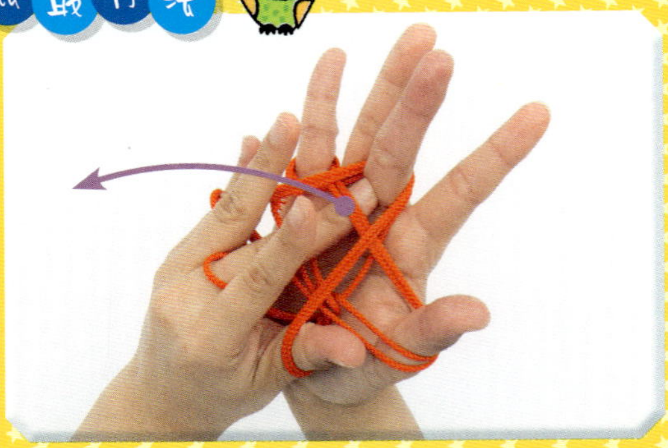

钩取中

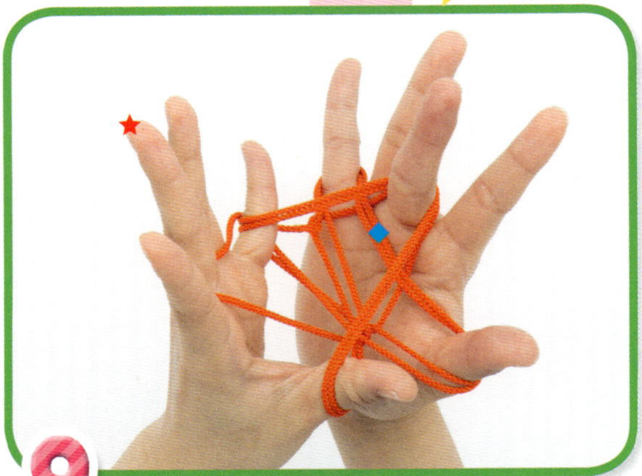

9 用左手中指钩取◆处。

钩取方法

钩取中

10 将中指伸入○中，并松开▲标记的绳子。

松开方法

注意不要将其他绳子松开

11 将中指伸入○中，并松开▲标记的绳子。

松开方法

松开中

12 松开后，向两侧拉伸绳子。

完成！

13 乌龟爬过来啦！

另一种蝴蝶

ANOTHER KIND OF BUTTERFLY

难度 难　绳长 一般

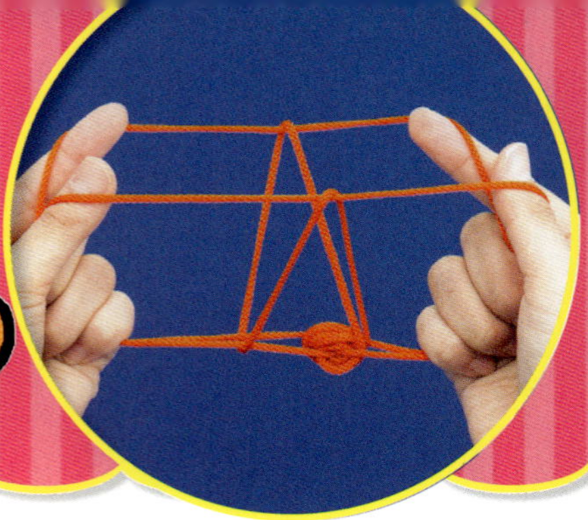

其他结构

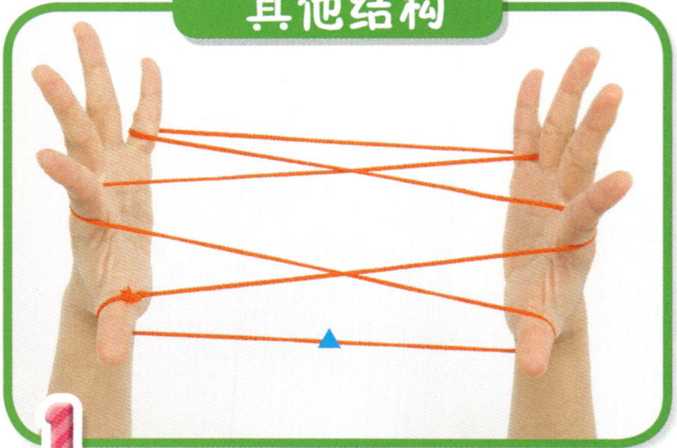

1 从其他结构开始！
松开拇指上▲标记的绳子。

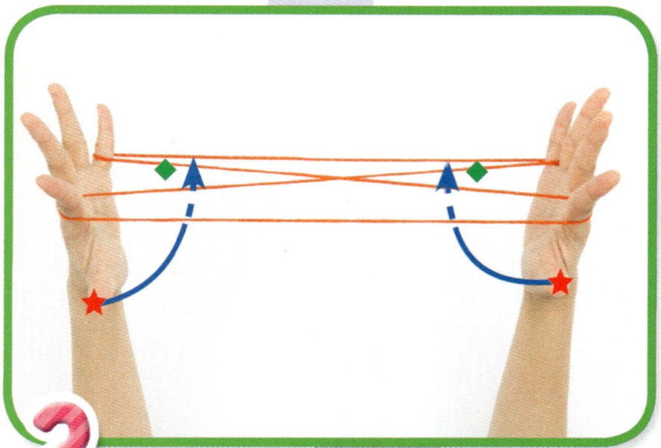

2 用拇指从绳子下方钩取◆处。

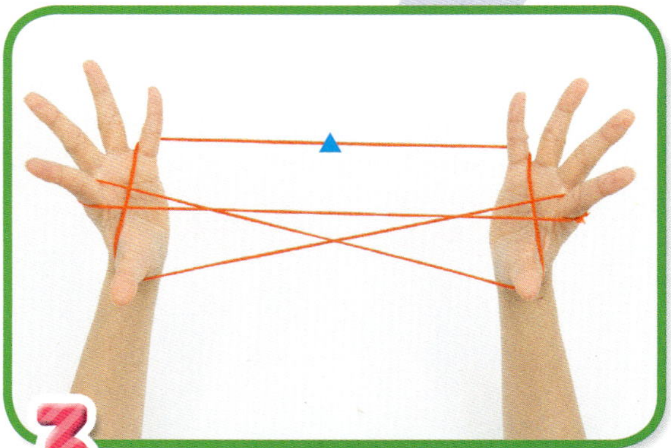

3 松开小指上▲标记的绳子。

钩取方法

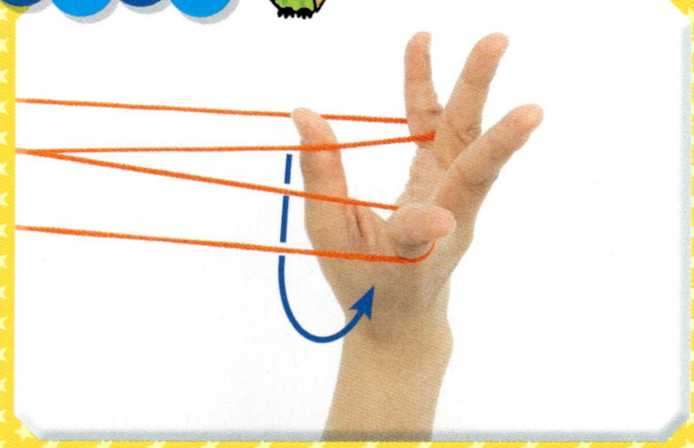

钩取中

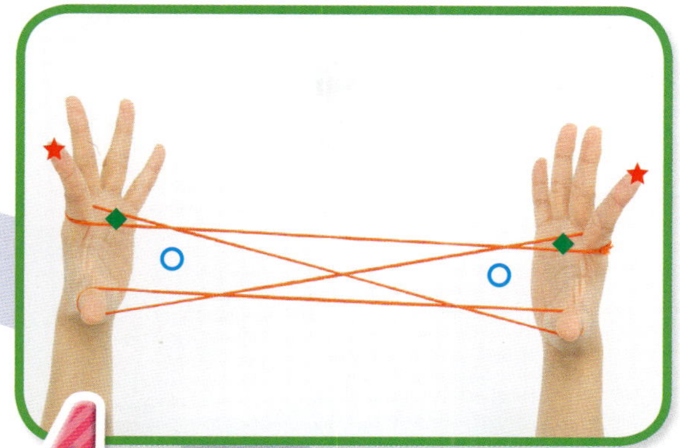

4 将双手的食指分别伸入○中，钩取两根绳子◆处缠绕到食指上。

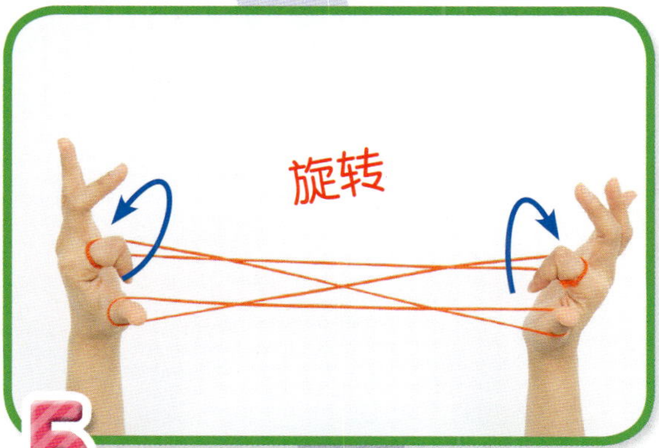

5 沿箭头方向旋转4~5次。

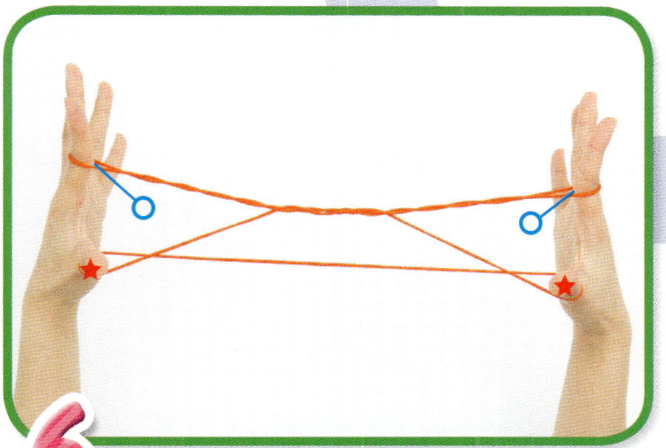

6 将拇指从下方伸入食指处的○中。

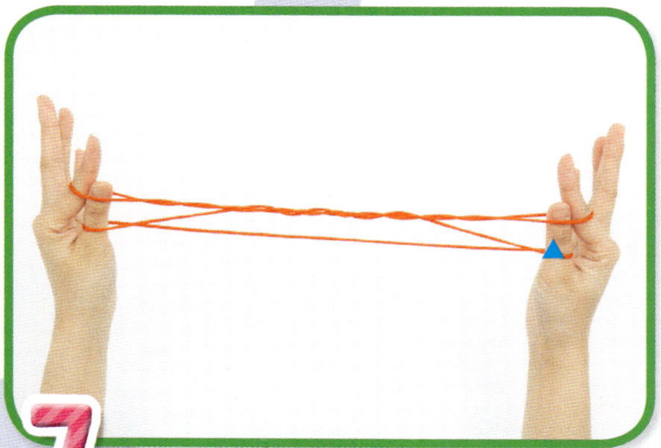

7 松开右手拇指上▲标记的绳子。

松开方法

松开中

由下而上取下

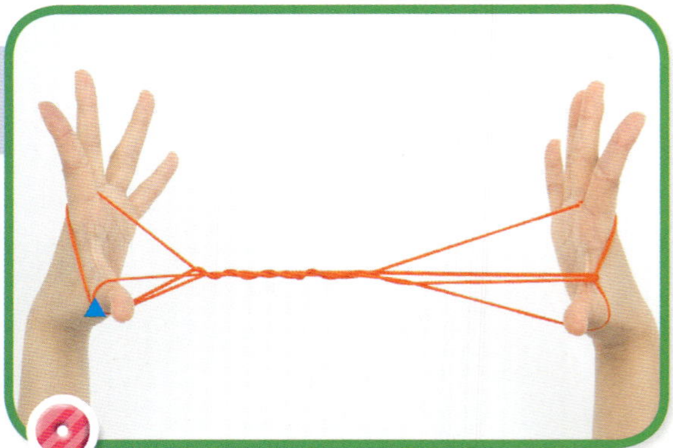

8 松开左手拇指上▲标记的绳子。

松开方法

松开中

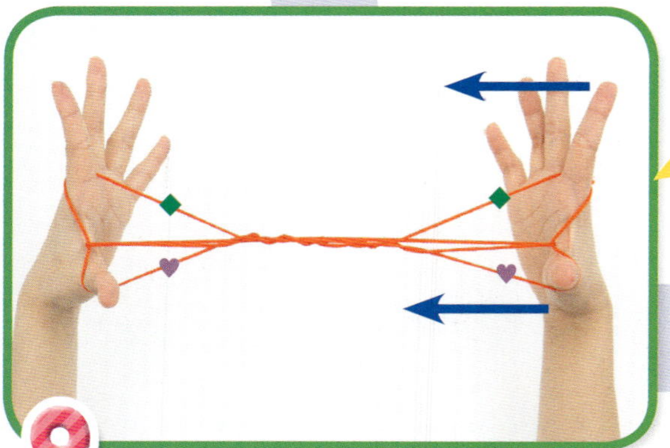

9 将右手拇指和食指上的绳子分别转移到左手拇指和食指上。

操作方法

操作中

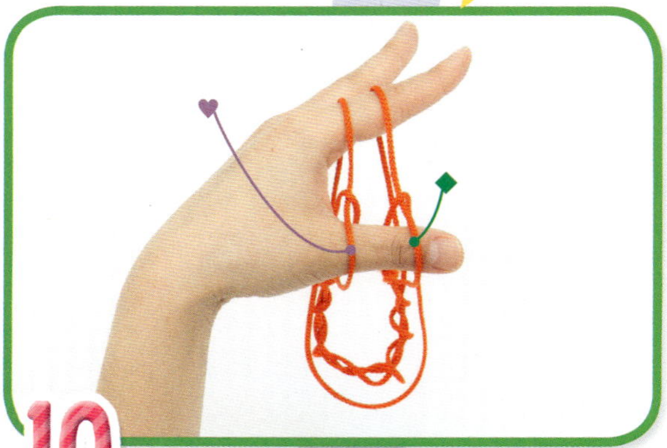

10 松开左手拇指上的两根绳子，将◆处挂到右手食指上，将♥处挂到右手拇指上。

转移方法

转移中

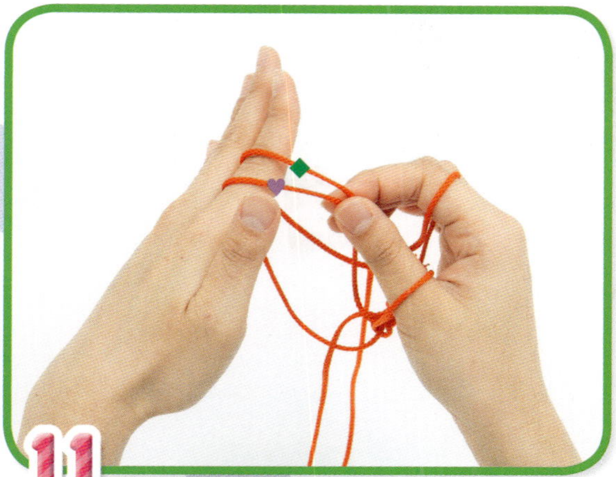

11 松开左手食指上的绳子，将◆处挂到左手食指上，将♥处挂到左手拇指上。

操作方法

操作中

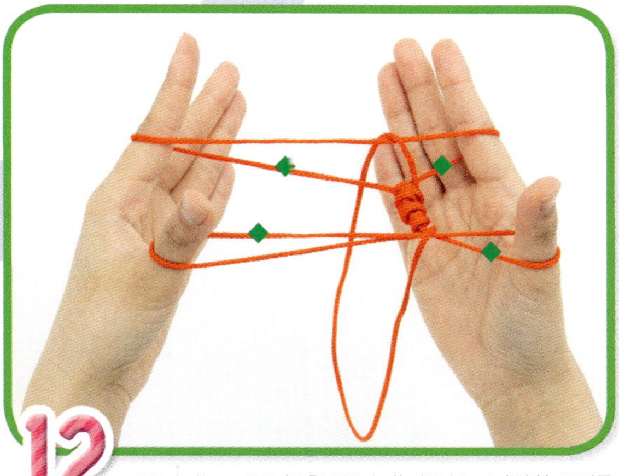

12 用中指、无名指和小指握住内侧的两根绳子◆处。

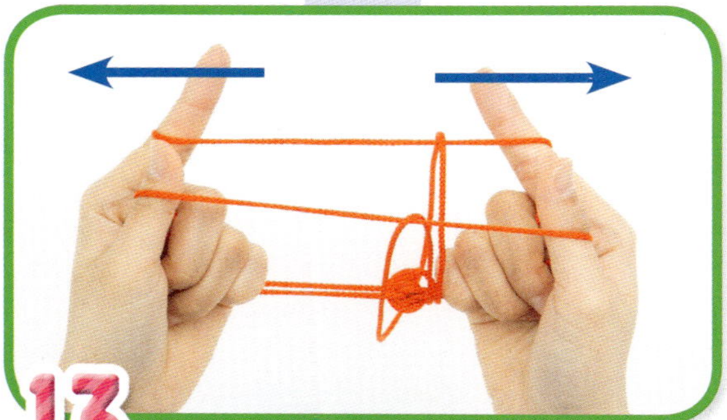

13 用拇指和食指向左右两侧慢慢拉伸。

完成！

14 蝴蝶飞来啦！

松针

PINE NEEDLE

难度 简单　绳长 一般

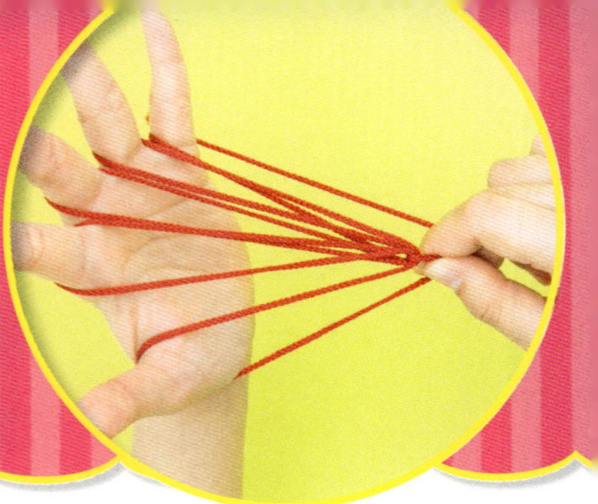

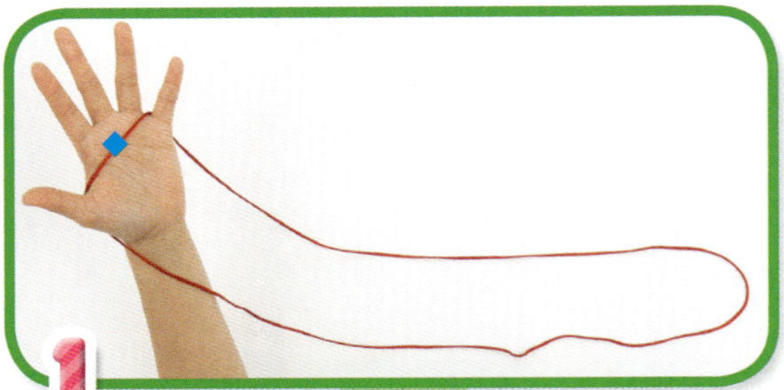

1 将绳子挂在左手拇指和小指上，再将◆处挂在中指上。

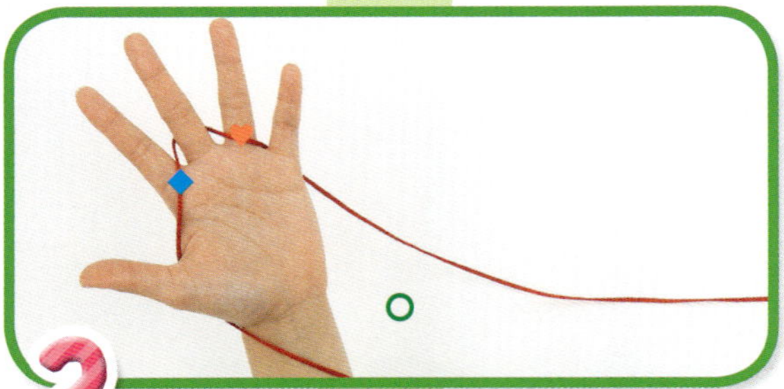

2 将右手从下方伸入○中。用右手拇指钩取◆处，食指钩取♥处。

钩取方法

钩取中

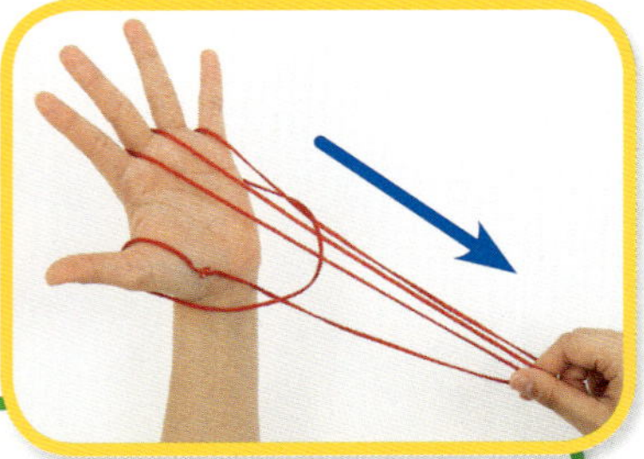

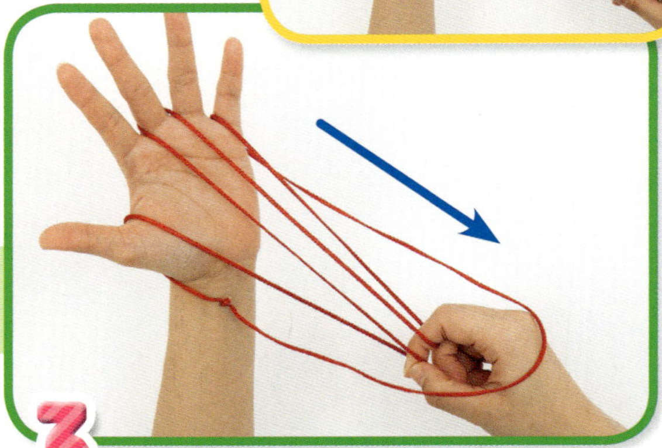

3 如图将绳子向下拉。

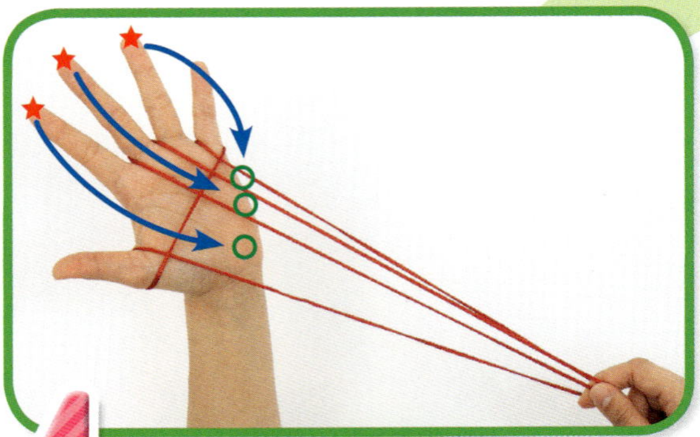

4 用右手捏住绳子，将左手的食指、中指和无名指分别从上方伸入○中。

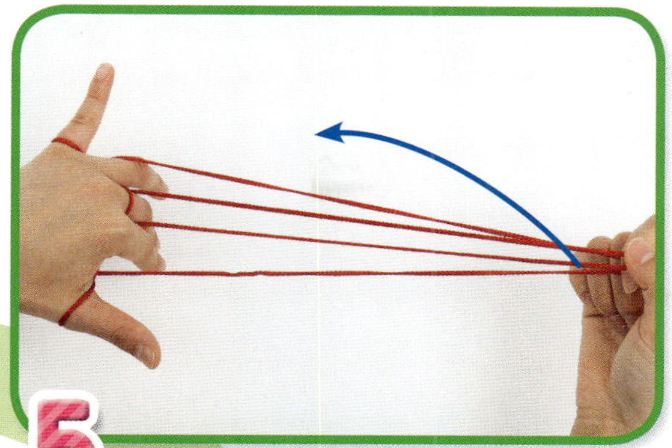

5 将右手上的绳子沿箭头方向翻到左手背面。

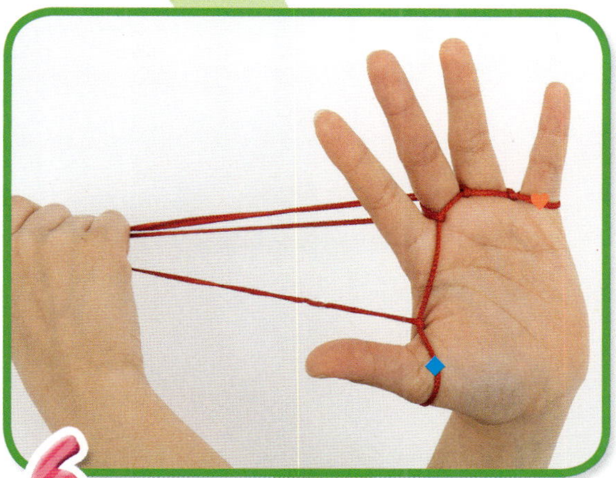

6 右手松开绳子，再用右手拇指钩取◆处，食指钩取♥处。

钩取方法

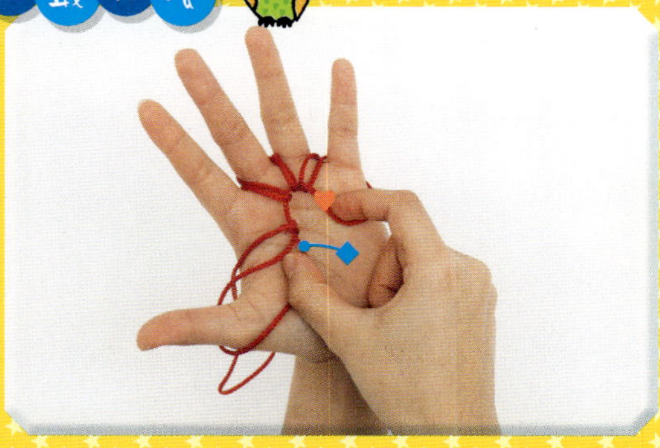

钩取中

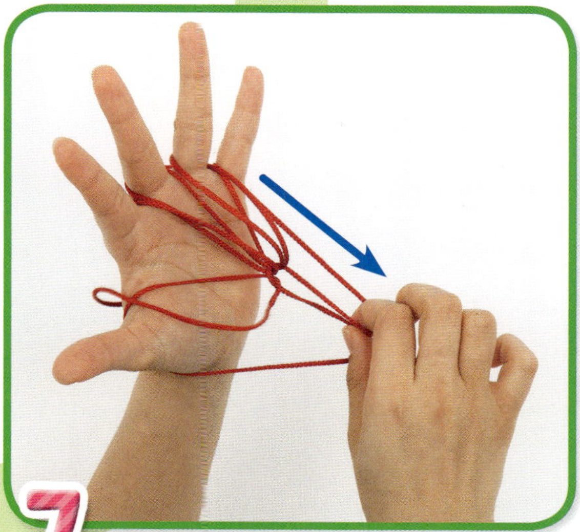

7 将绳子向下拉。

完成！

8 松针完成啦！

彩云追月

MOON AND CLOUD

难度 简单　绳长 一般

日式结构

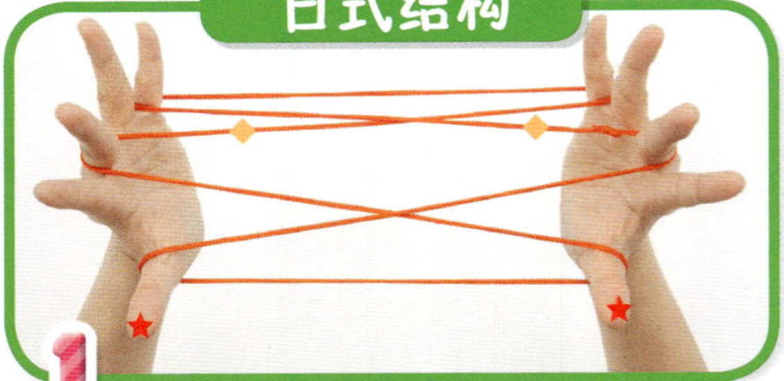

1 从日式结构开始！
用拇指钩取◆处。

钩取方法

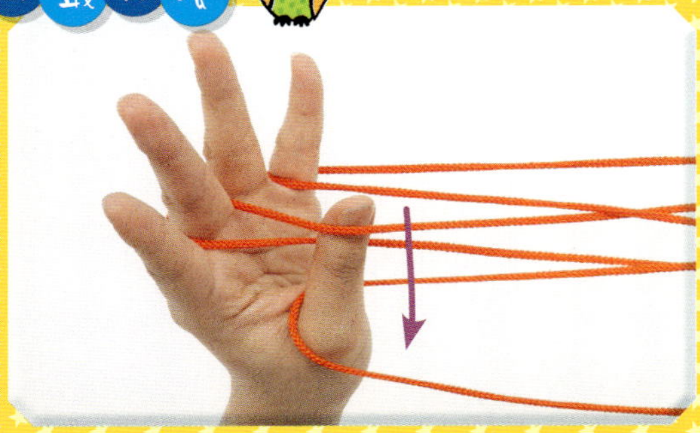

钩取中

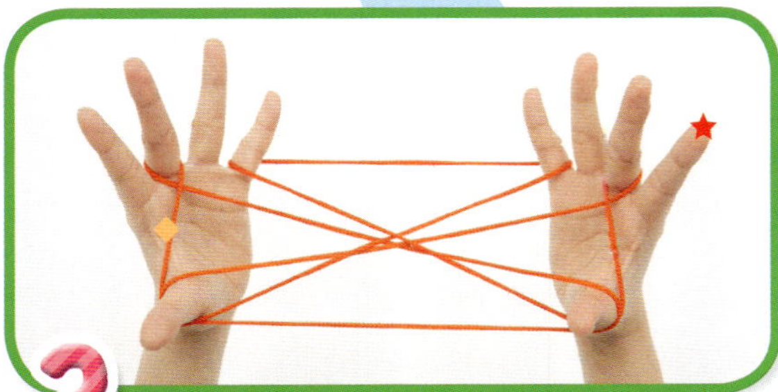

2 用右手食指钩取◆处。

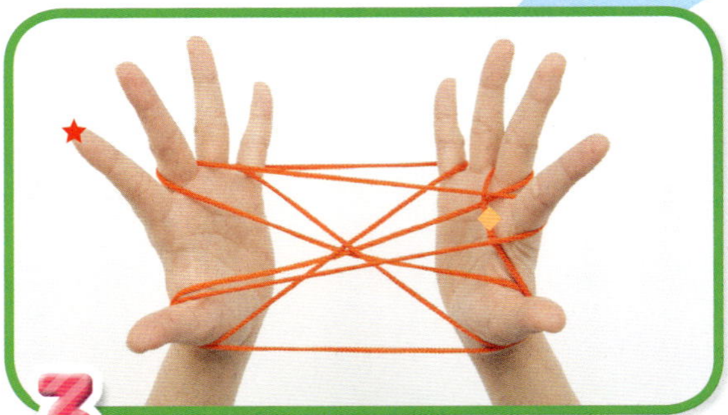

3 用左手食指钩取◆处。

钩取方法

钩取中

钩取方法

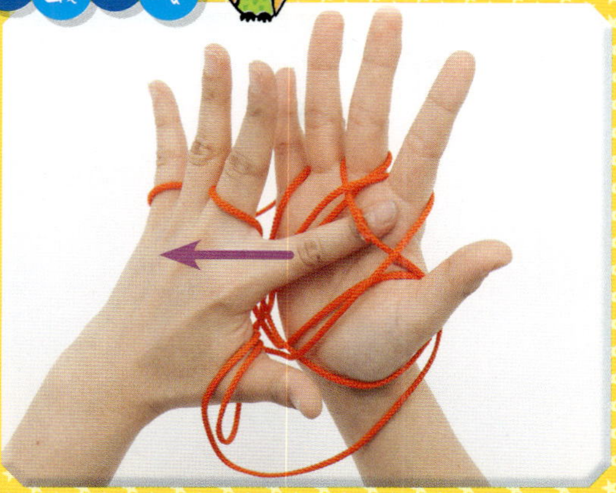

钩取中

4 松开拇指上▲标记的绳子。

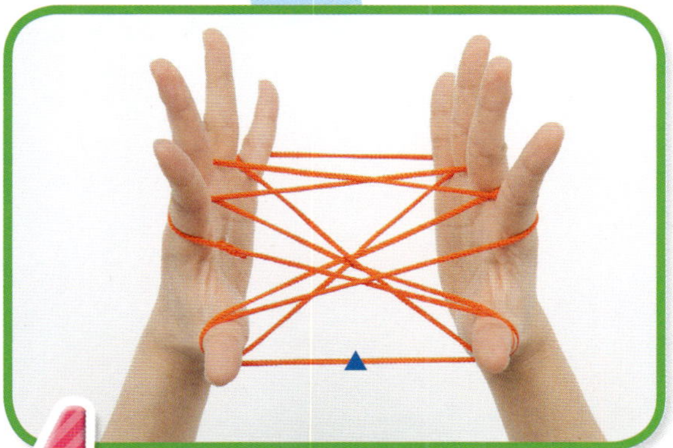

松开方法

松开中

5 双手相对。

翻转

完成！

6 彩云追月的美丽画面就出现啦！

消失的扫帚

DISAPPEARING BROOM

难度 难　绳长 一般

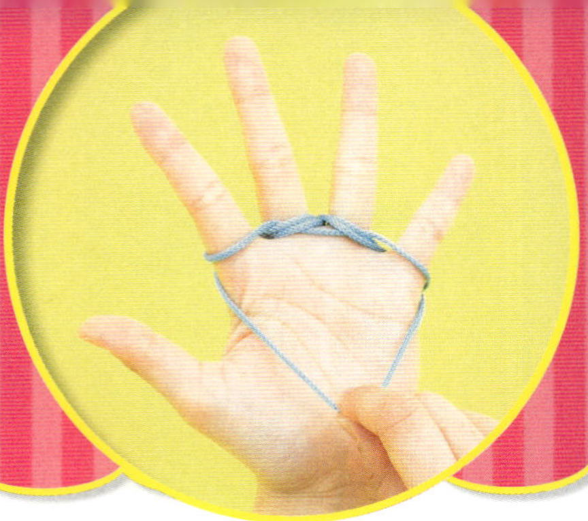

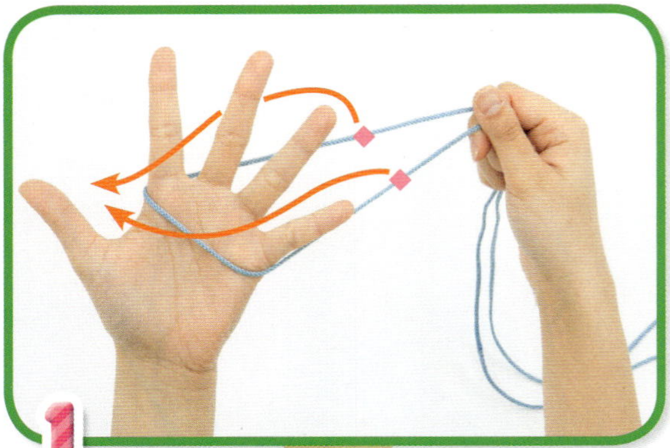

1 将绳子挂在左手拇指以外的其他四根手指上，用右手沿箭头方向将绳子穿过左手手指绕到左手背后，并拉伸◆处。

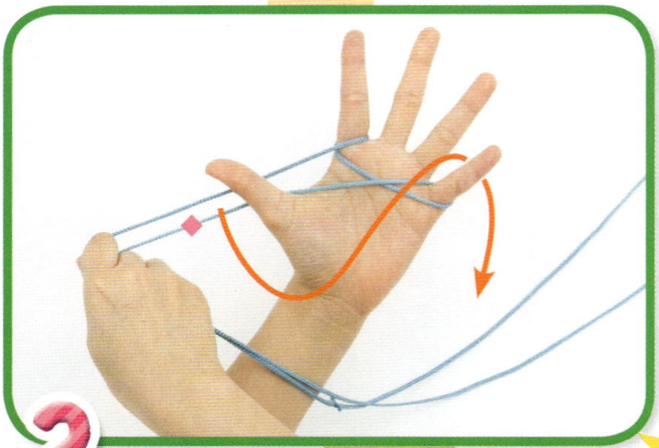

2 沿箭头方向将◆处挂到左手小指上。

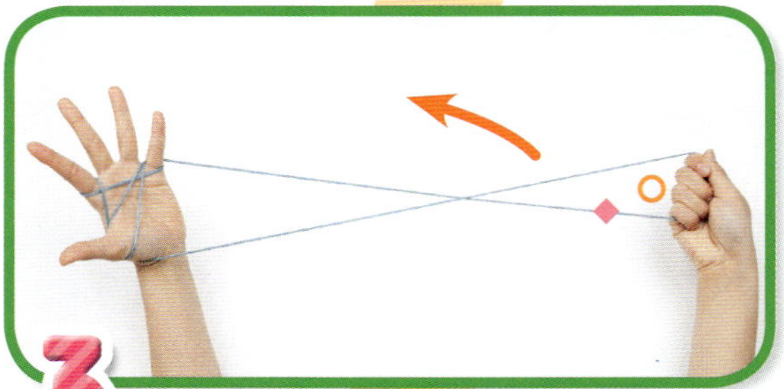

3 如图翻转绳子，使绳子交叉，◆处压在上面，将○处挂到左手食指上。

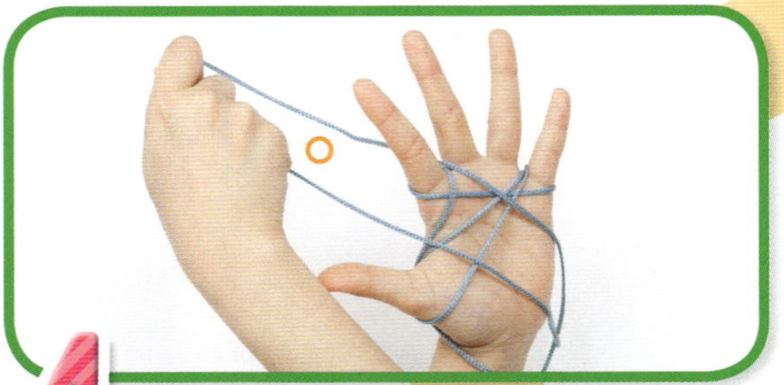

4 如图进行操作。

操作方法

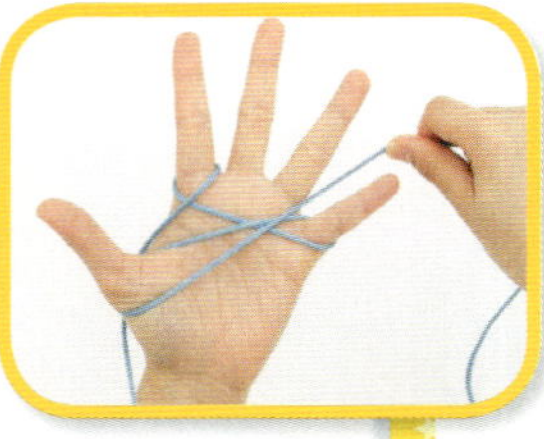

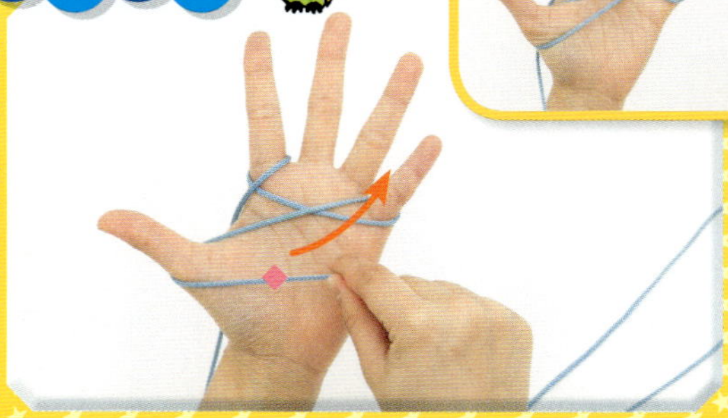

操作中

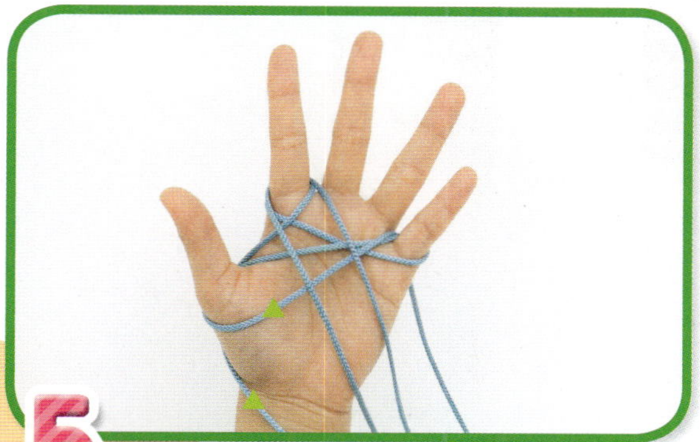

5 松开左手拇指上▲标记的两根绳子。

松开方法

松开中

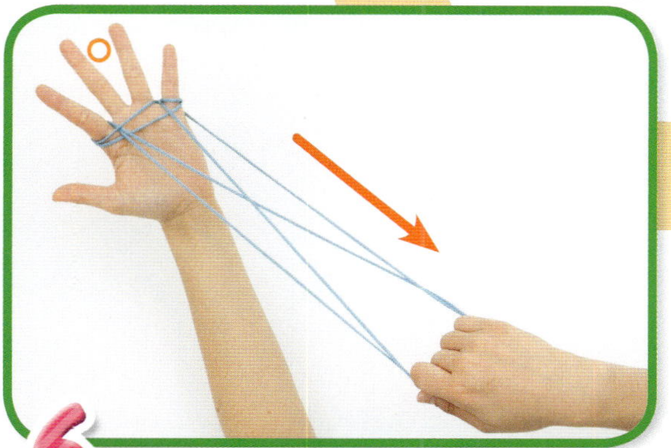

6 用右手向下拉刚松下来的绳子，将右手上的绳子穿到左手中指和无名指之间（○处）。

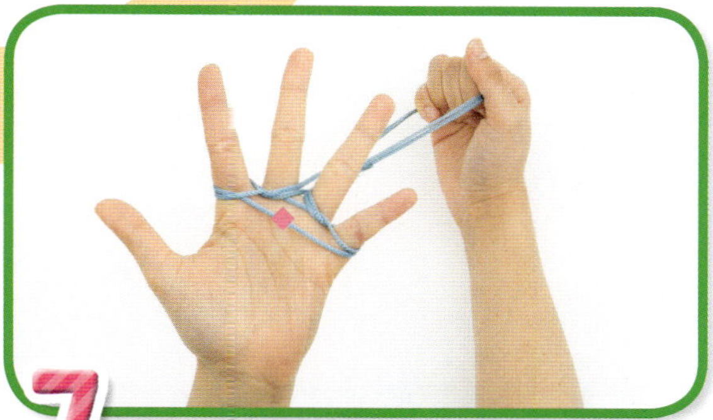

7 用右手捏住◆处向下拉绳子。

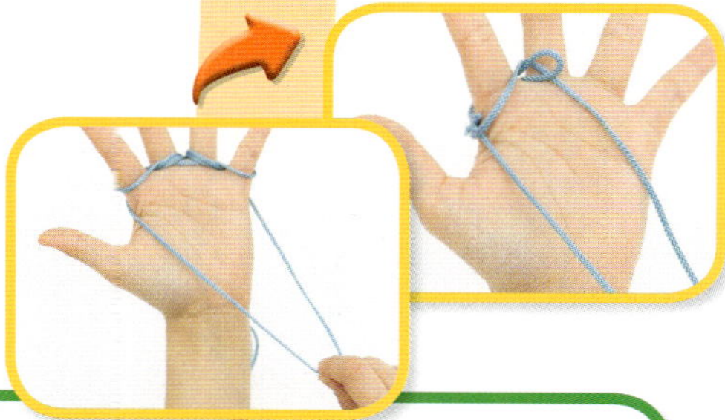

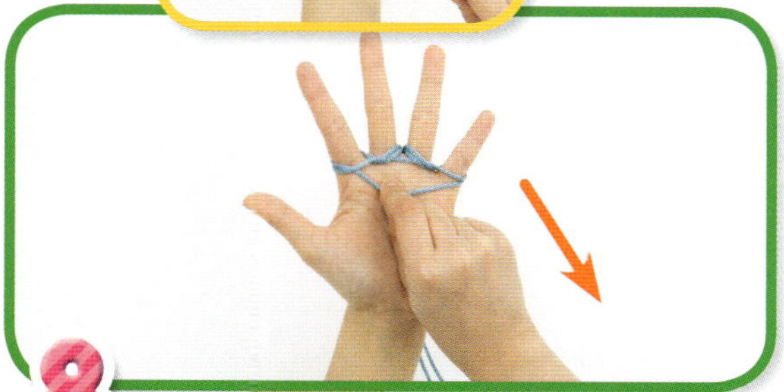

8 我们看到扫帚就要出现了哦！拉到最后绳子会完全脱离手指。

完成！

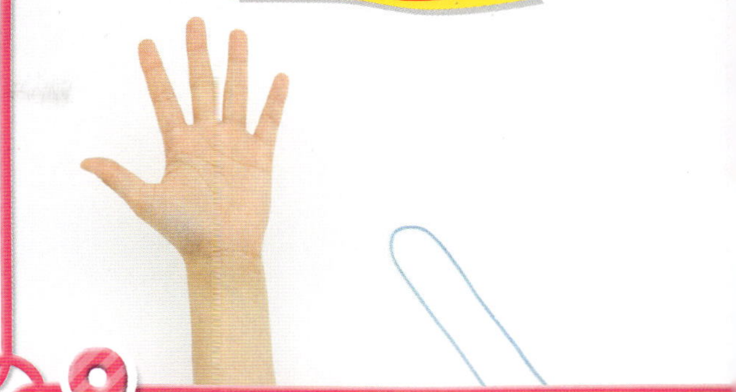

9 扫帚消失啦！

眼镜

GLASSES

难度 简单　绳长 一般

其他结构

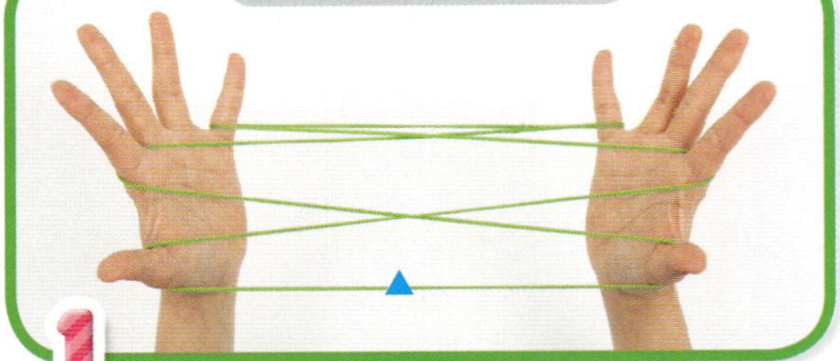

1 从其他结构开始！
松开拇指上▲标记的绳子。

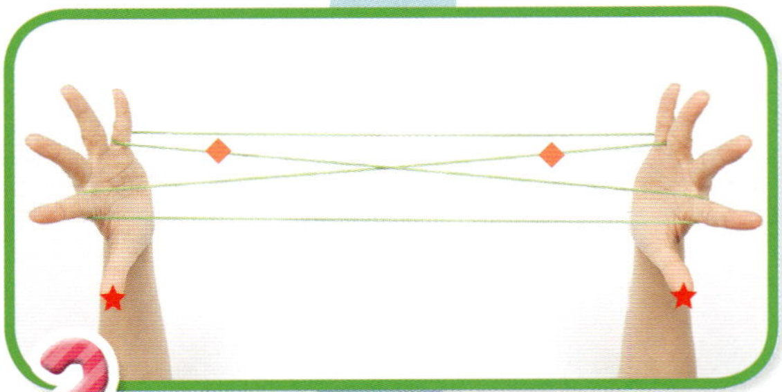

2 用拇指钩取◆处。

钩取方法

钩取中

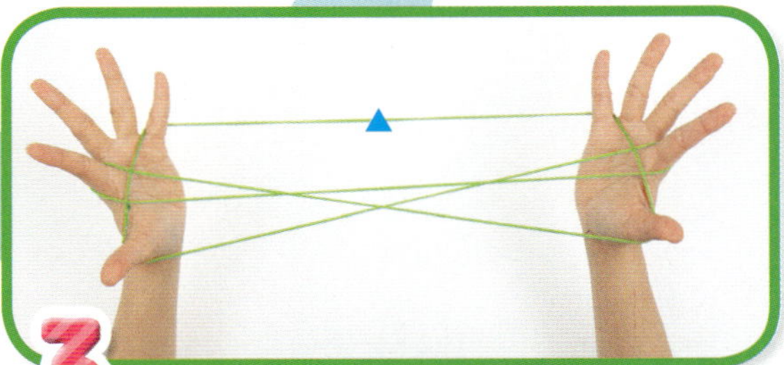

3 松开小指上▲标记的绳子。

钩取方法

钩取中

4 用拇指钩取◆处。

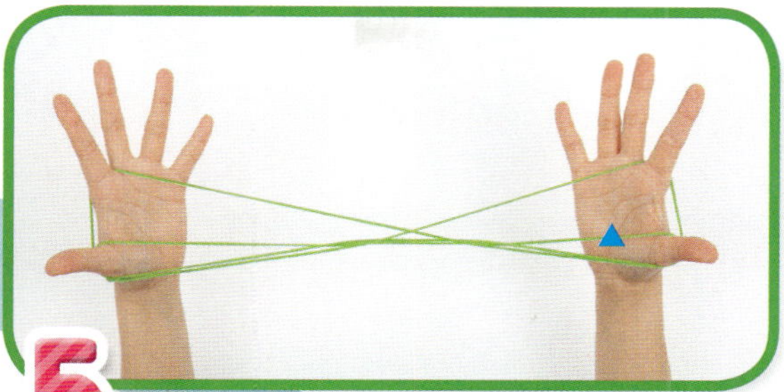

5 只将右手拇指上▲标记的绳子从外侧松开。

松开方法

松开中

松开方法

松开中

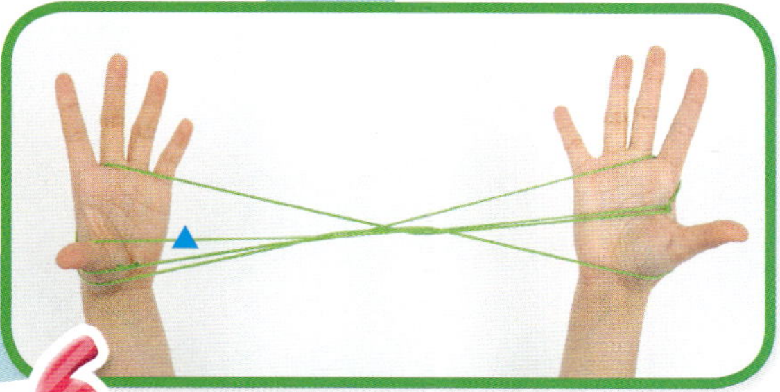

6 只将左手拇指上▲标记的绳子从外侧松开。

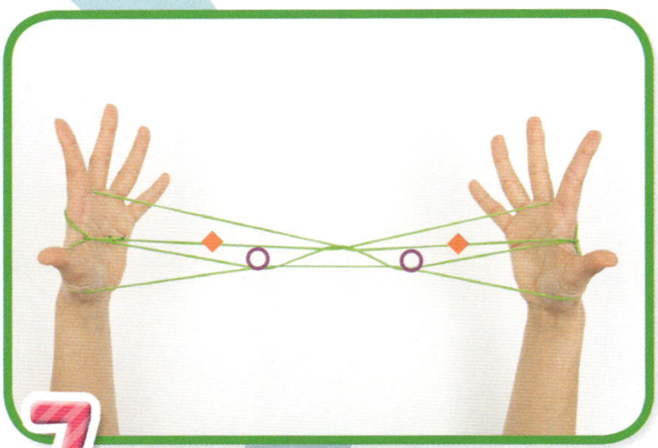

7 将食指从上方伸入○中，钩取◆处。

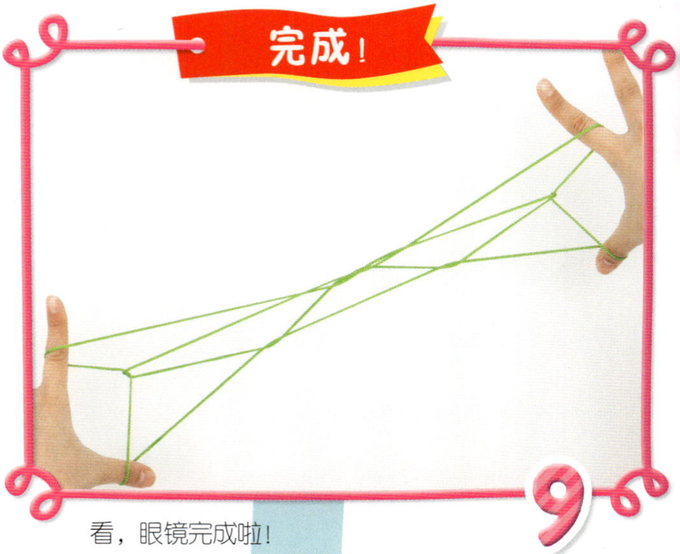

9 看，眼镜完成啦！

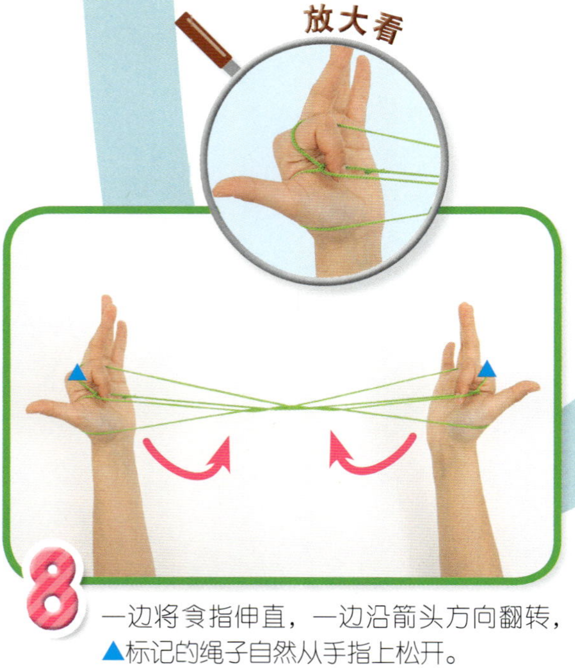

8 一边将食指伸直，一边沿箭头方向翻转，▲标记的绳子自然从手指上松开。

橡皮筋

RUBBER

难度 简单　绳长 一般

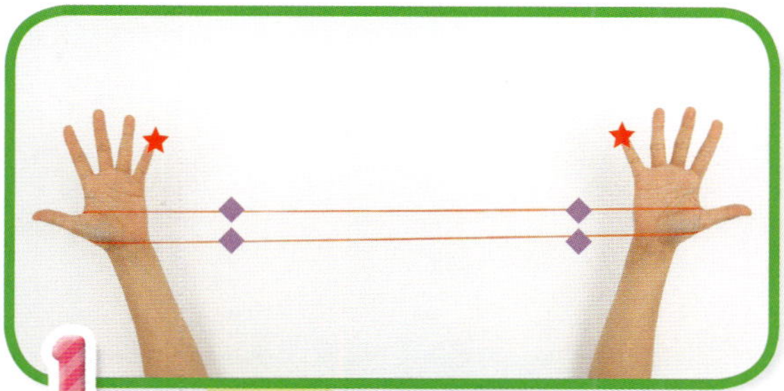

1 将绳子挂在两手拇指上，用小指钩取两根绳子◆处。

钩取方法

钩取中

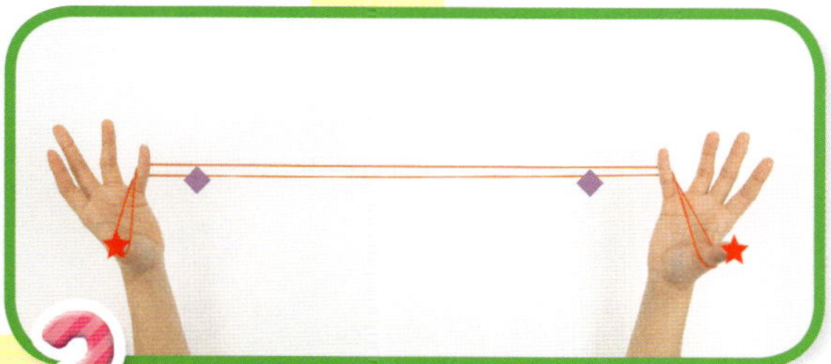

2 用拇指钩取◆处。

完成！

3 橡皮筋完成啦！

来试试吧！

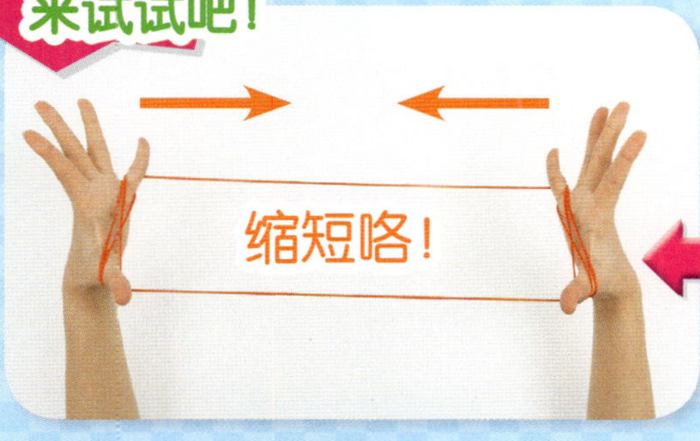

展开拇指和小指，缩短咯！

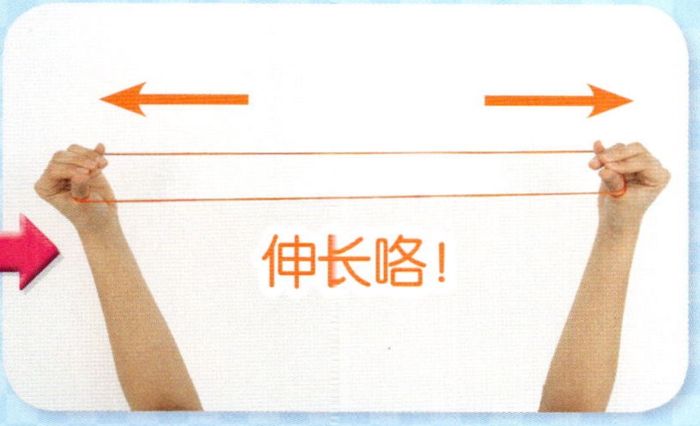

收拢拇指和小指并拉伸绳子，伸长咯！

虫笼→花

INSECT CAGE→FLOWER

难度 一般　绳长 长

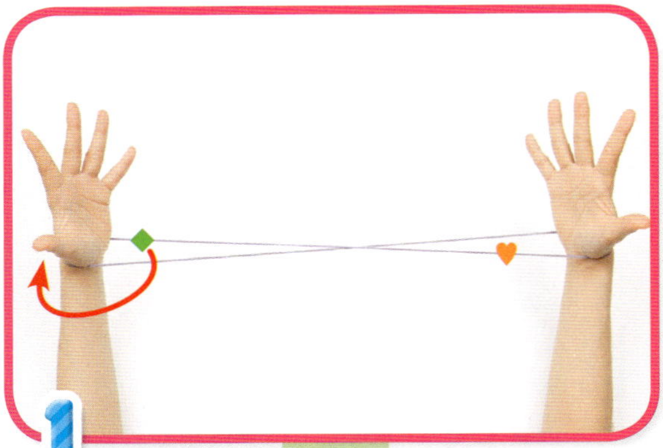

1 翻转绳子使♥处压在上面，把绳子挂在两手腕上。用右手捏住◆处，沿箭头方向在左手腕上缠绕一圈。

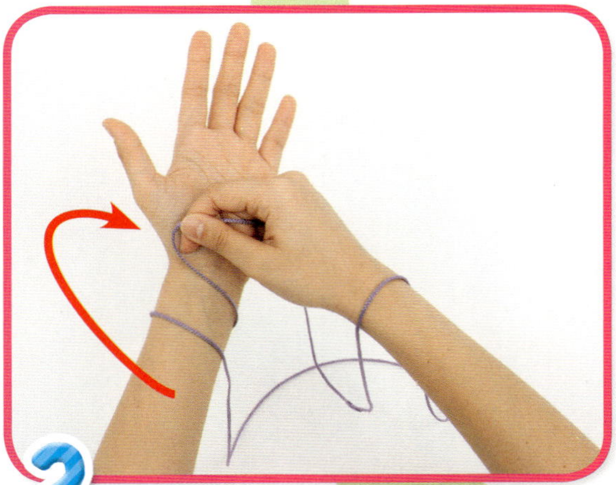

2 如图缠绕。

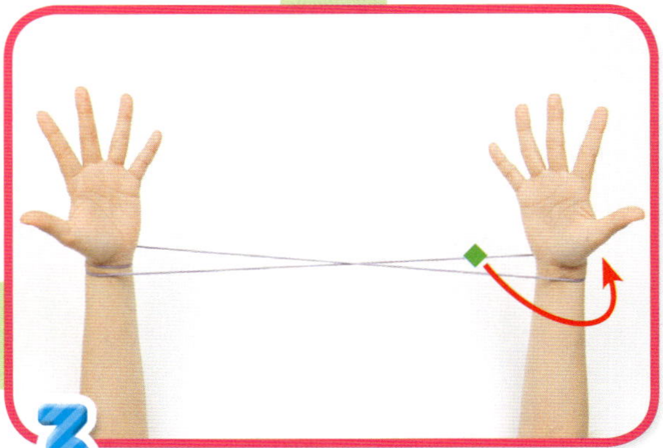

3 用左手捏住◆处，沿箭头方向在右手腕上缠绕一圈。

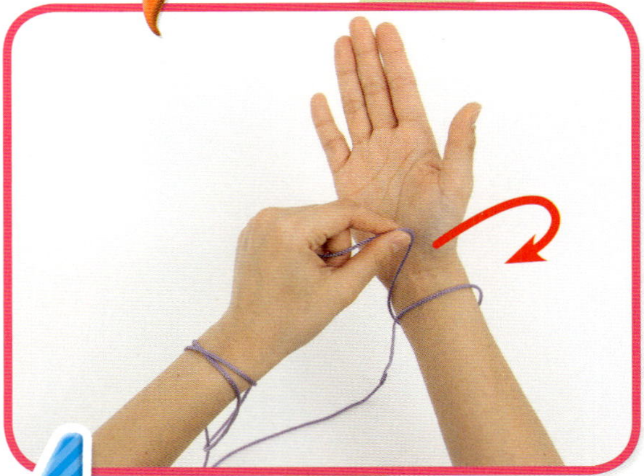

4 如图缠绕。

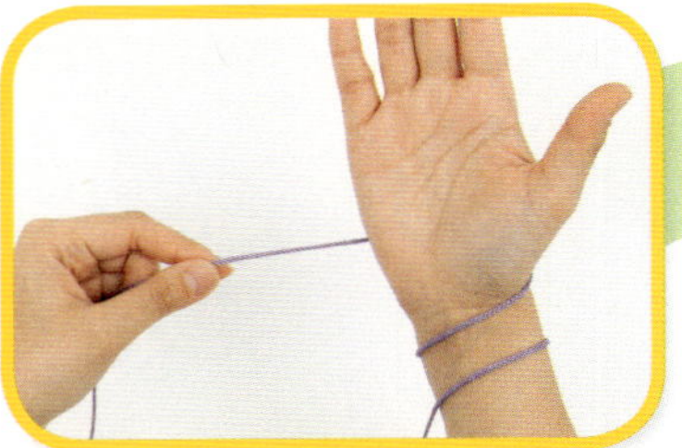

绳子从手背面绕出来。

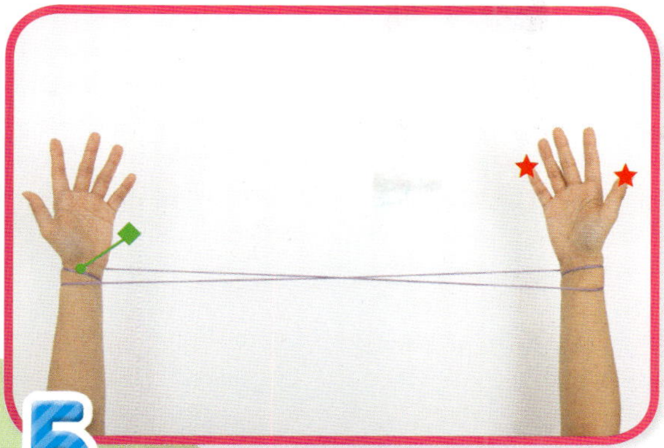

5 用右手拇指和小指钩取◆处。

钩取方法

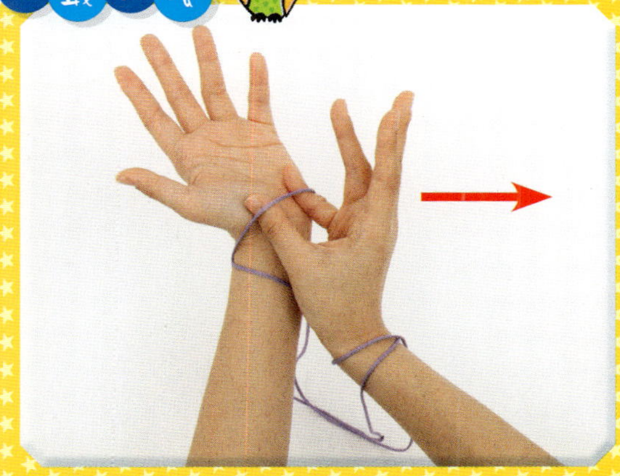

钩取中

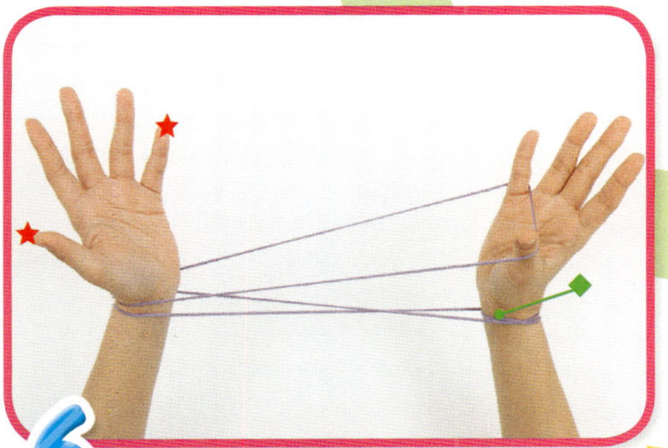

6 用左手拇指和小指钩取◆处。

钩取方法

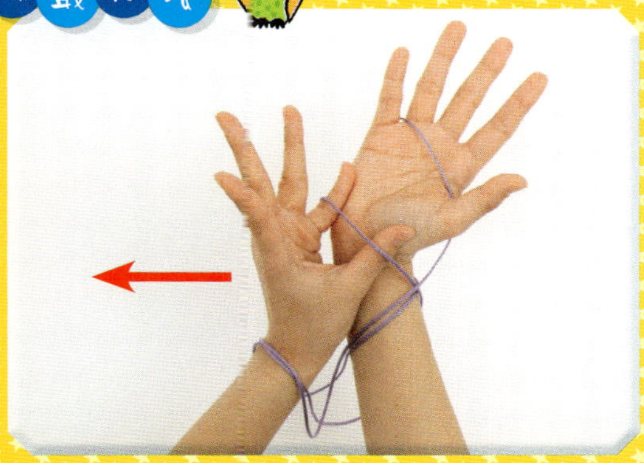

钩取中

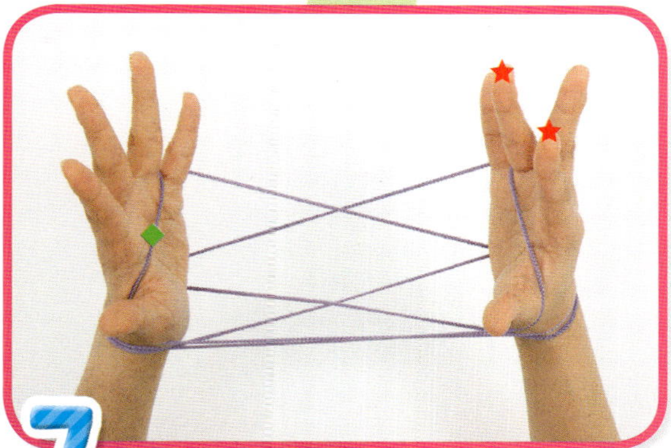

7 用右手食指和无名指钩取◆处。

钩取方法

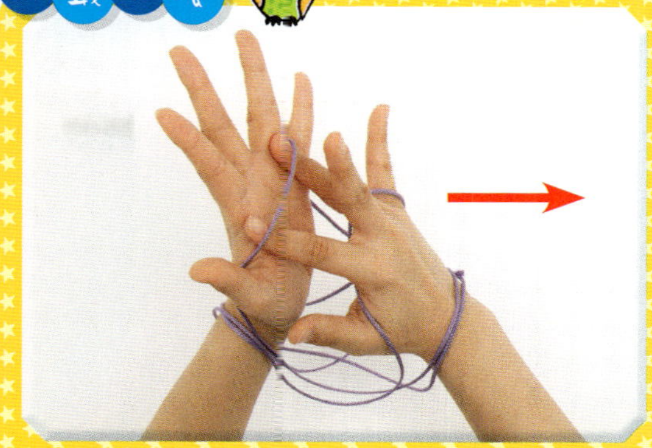

钩取中

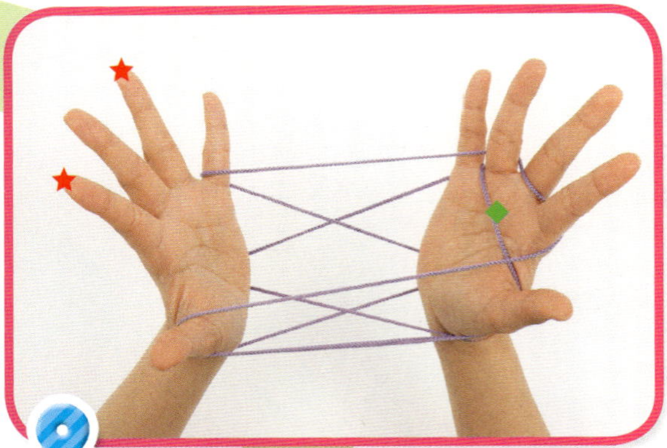

8 用左手食指和无名指钩取◆处。

钩取方法

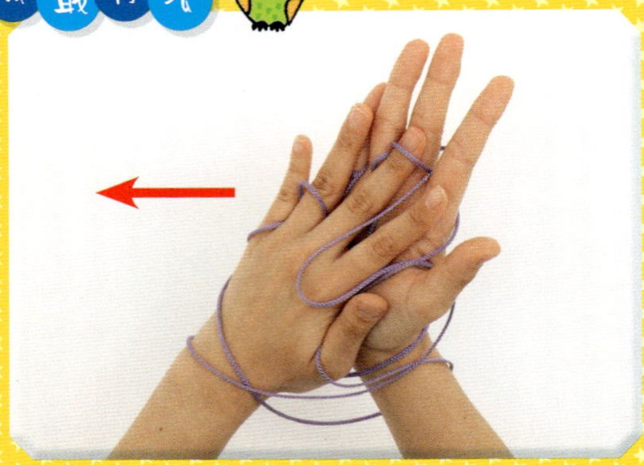

钩取中

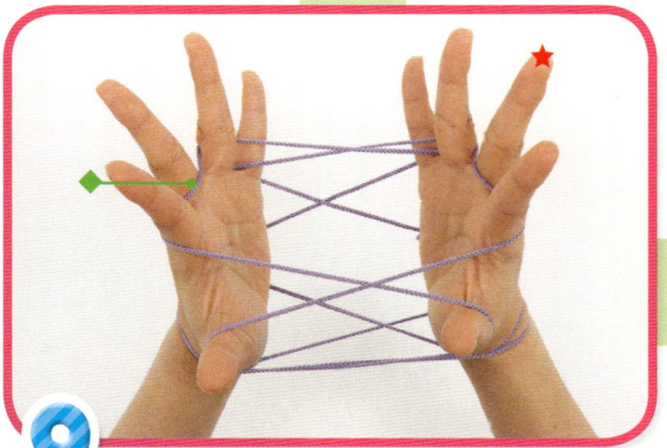

9 用右手中指钩取◆处。

钩取方法

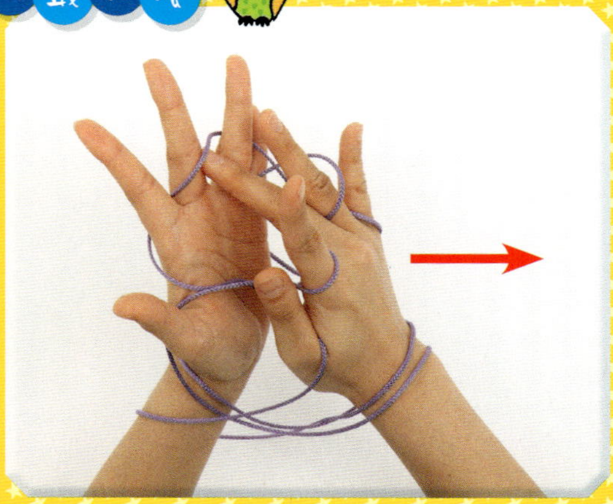

钩取中

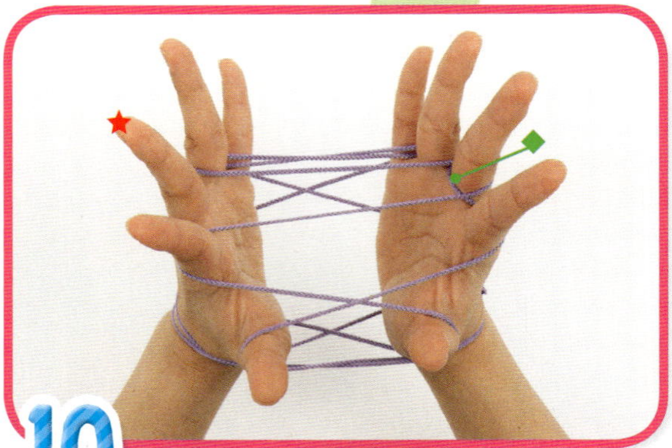

10 用左手中指钩取◆处。

钩取方法

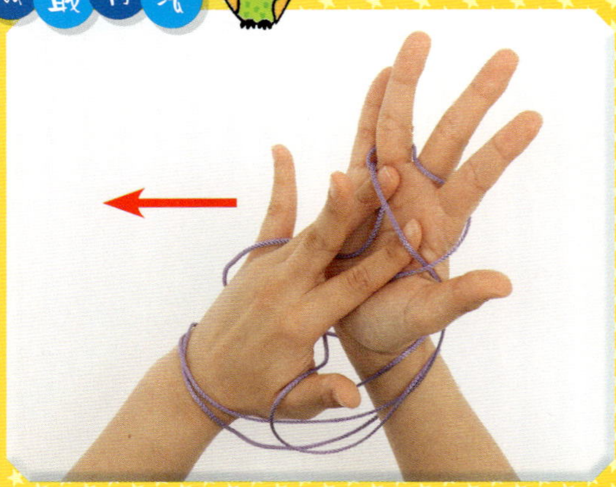

钩取中

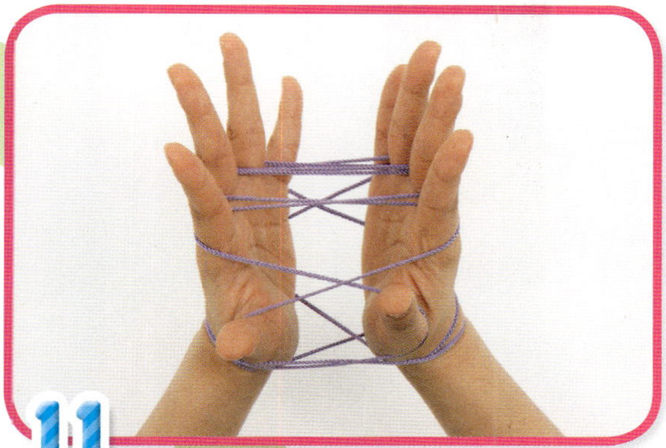

11 指尖朝内翻转。

虫笼

12 虫笼做好啦！

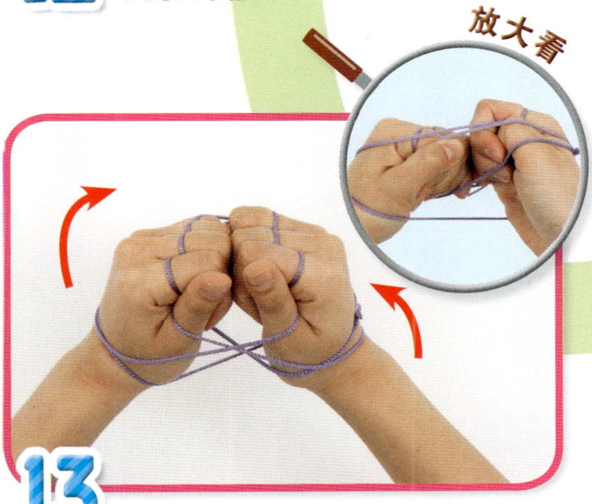

13 紧握手指，将手腕上的绳子全部松开。

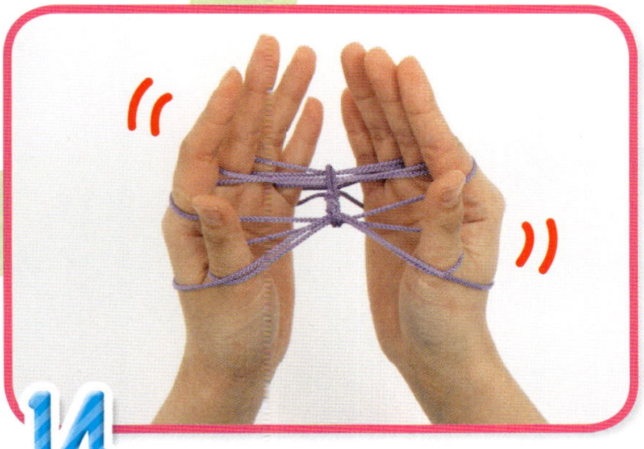

14 活动手指，拉紧中间的绳子。

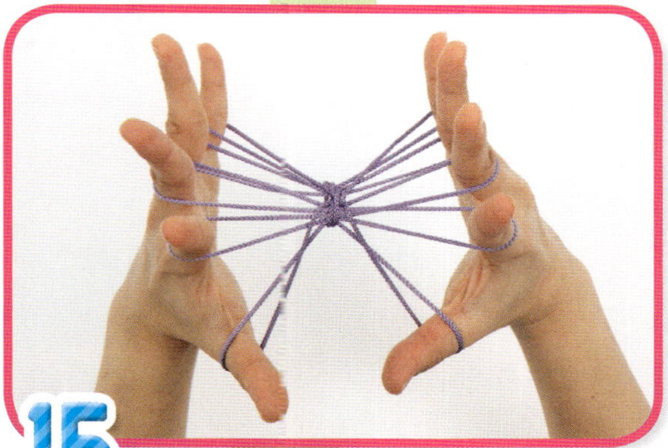

15 把绳子全部从手上脱下来，轻轻放好。

完成！

花

16 整理好形状，花儿就开啦！

蛤蜊→章鱼

CLAM→OCTOPUS

难度 简单 绳长 一般

日式结构

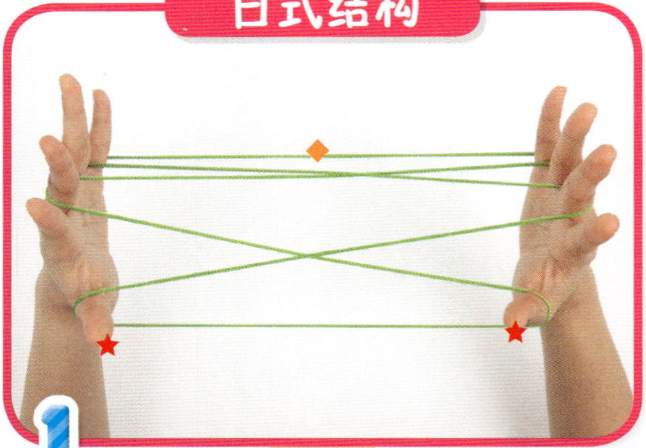

1 从日式结构开始！
拇指从其他绳子下方钩取◆处。

钩取方法

钩取中

松开方法

松开中

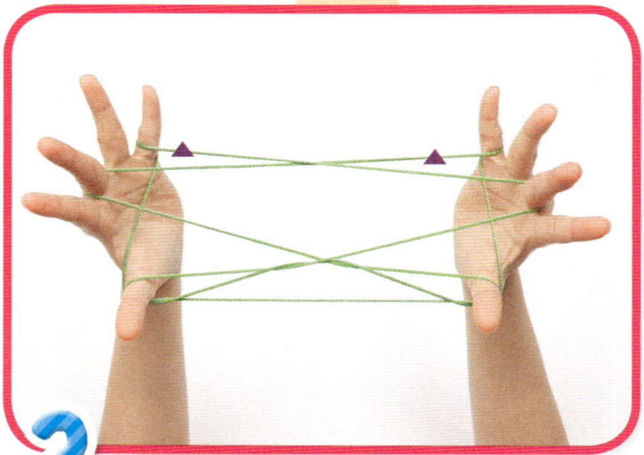

2 松开小指上▲标记的绳子。

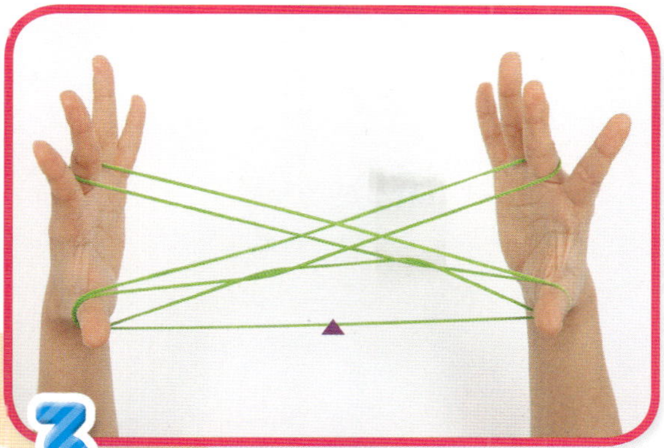

3 从外侧松开拇指上▲标记的绳子。

松开方法

松开中

蛤蜊

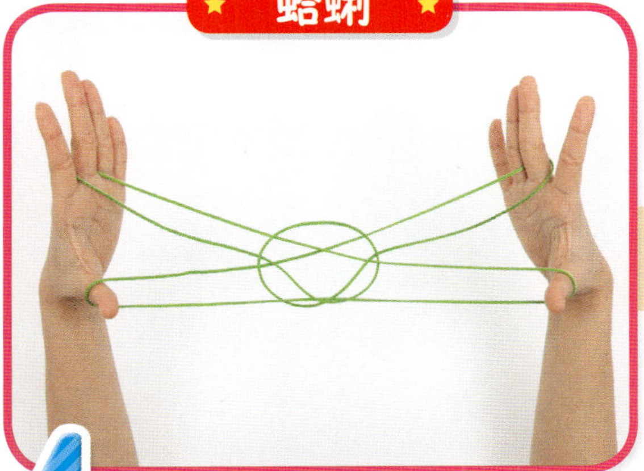

4 双手轻轻拉伸，蛤蜊出现啦！

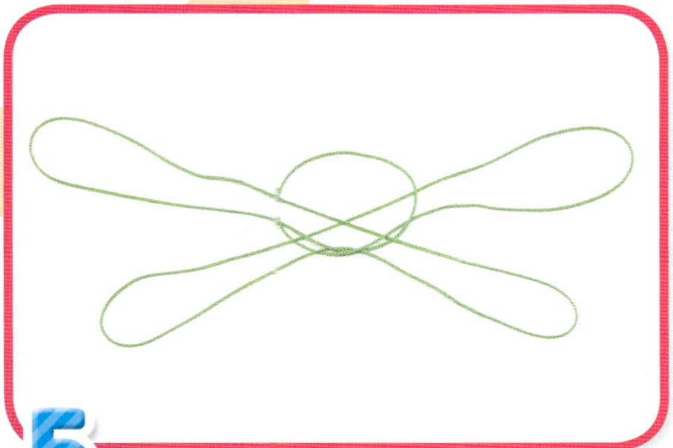

5 把绳子全部从手上脱下来，轻轻放好。

6 整理好形状。

完成！

7 变成章鱼啦！

青虫→火山

CATERPILLAR→VOLCANO

难度　难　　绳长　一般

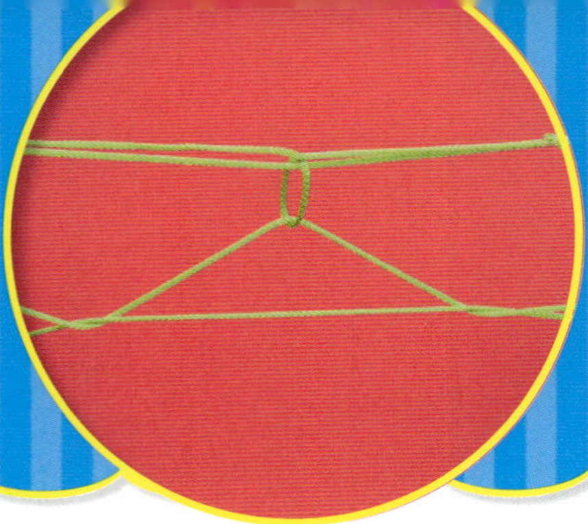

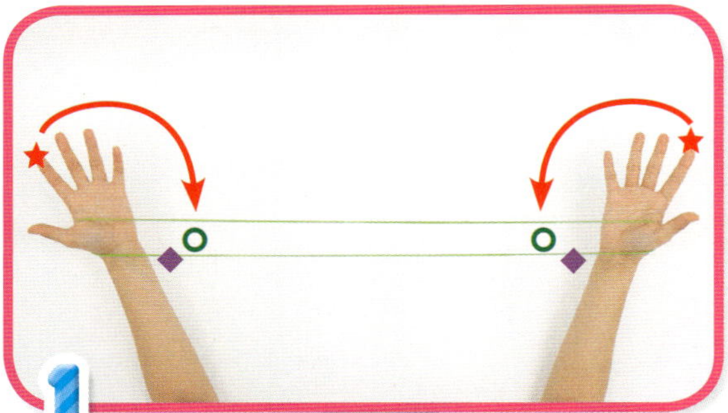

1 将绳子挂在双手拇指上，将食指伸入○中，钩取◆处。

钩取方法

钩取中

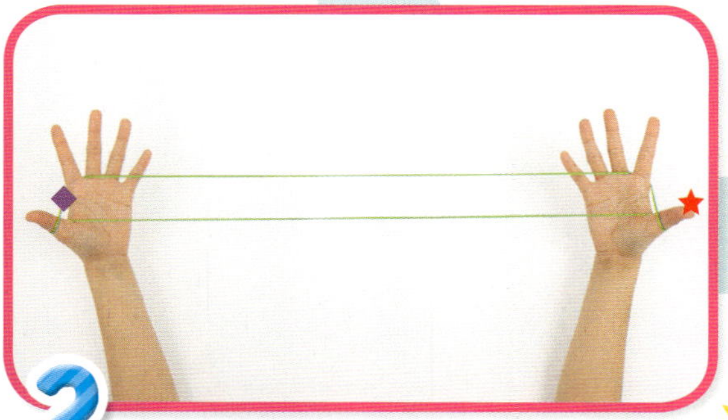

2 用右手拇指钩取◆处。

松开方法

松开中

3 松开拇指上▲标记的绳子。

钩取方法

钩取中

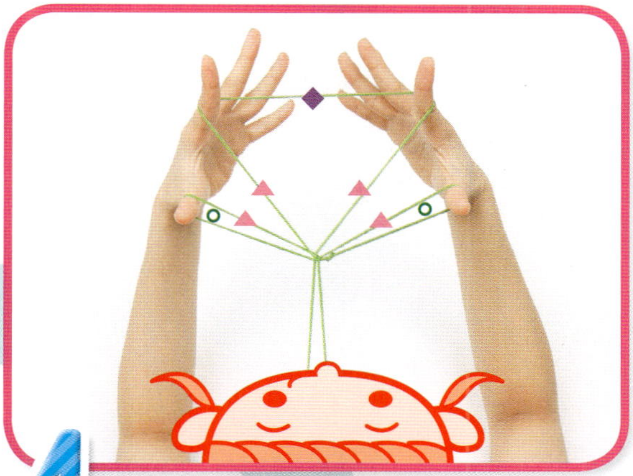

4 用嘴巴咬住步骤3中松开的绳子▲处。将双手的中指、无名指和小指分别从绳子下方伸入○中，把▲标记的两根绳子拉到◆处的后面。

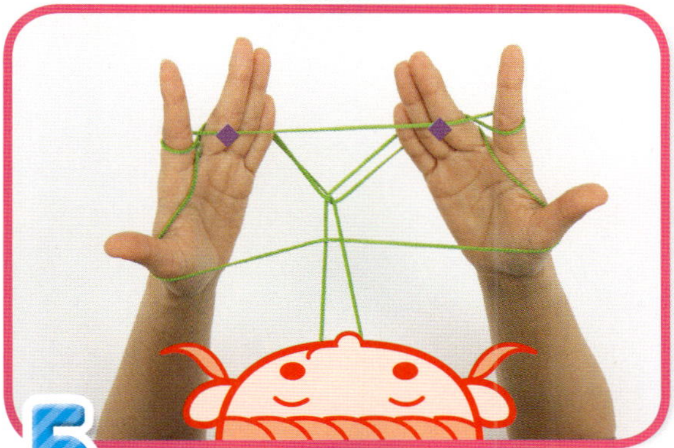

5 分别用伸入的三根手指握住◆处。

6 松开嘴巴。

青虫

7 会动的青虫完成啦！

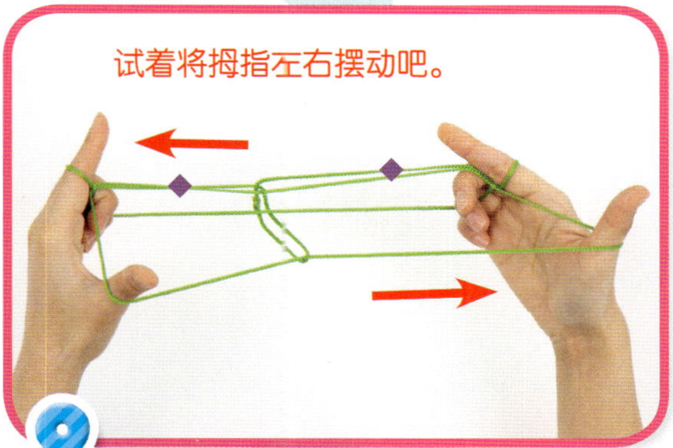

8 松开拇指上的绳子，用食指和中指夹住◆处的同时，向两侧拉伸绳子使成形。

完成！

火山

9 变身成火山啦！

酒杯→围裙→电灯泡→尺子

WINE GLASS→APRON→LIGHT BULB→RULER

难度 简单　绳长 一般

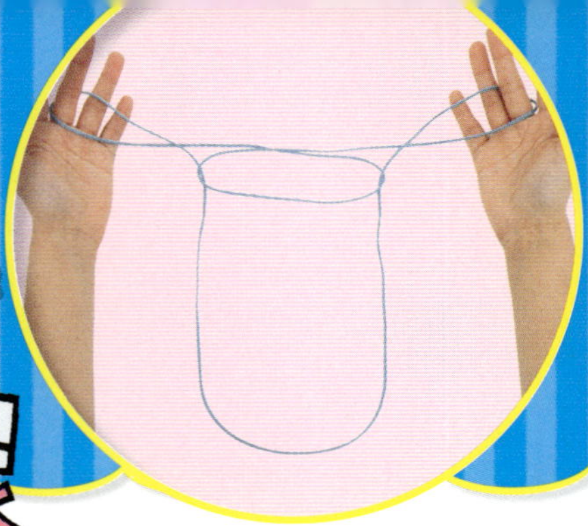

日式结构

1 从日式结构开始！
用拇指钩取◆处。

钩取方法

钩取中

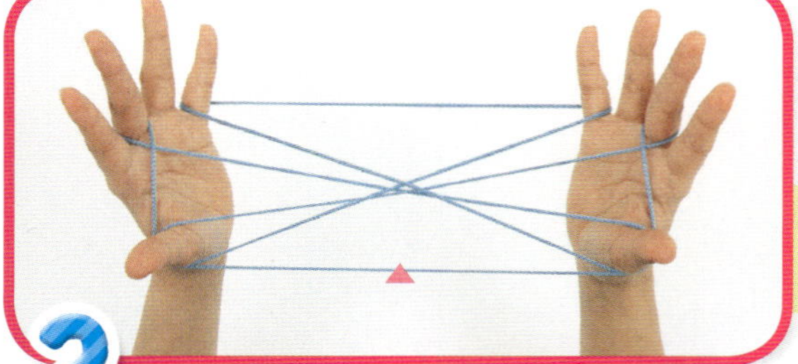

2 松开拇指上▲标记的绳子。

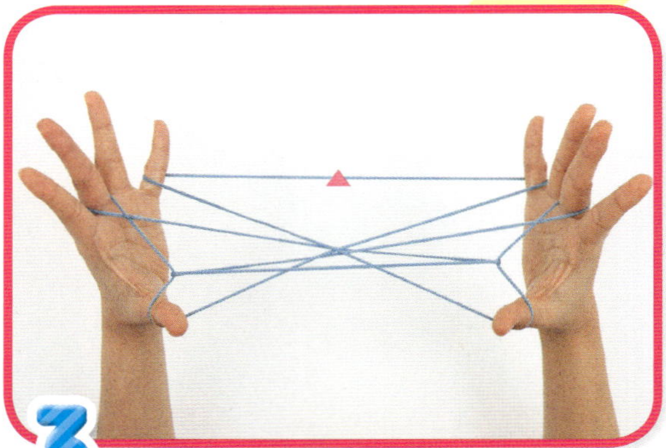

3 松开小指上▲标记的绳子。

松开方法

松开中

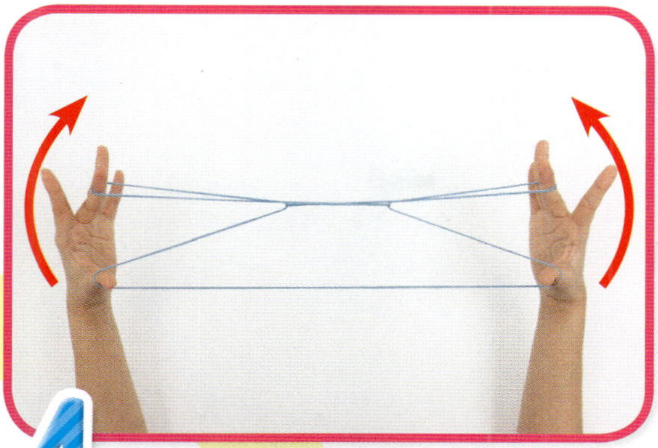

4 将手腕沿箭头方向翻转。

翻转

酒杯

5 酒杯完成啦！

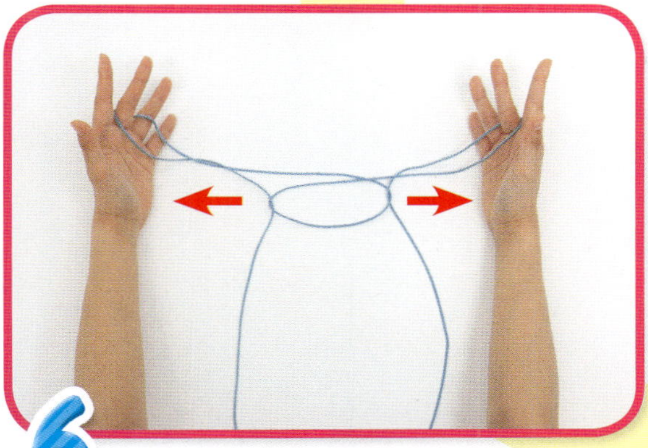

6 慢慢松开拇指上的绳子，再稍微向左右两侧拉伸。

围裙

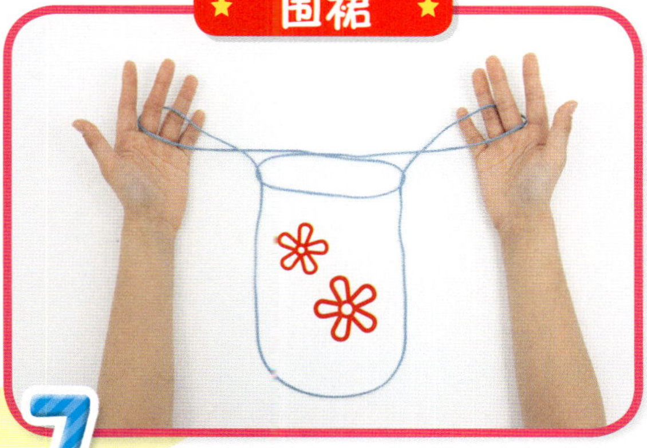

7 变成围裙啦！

电灯泡

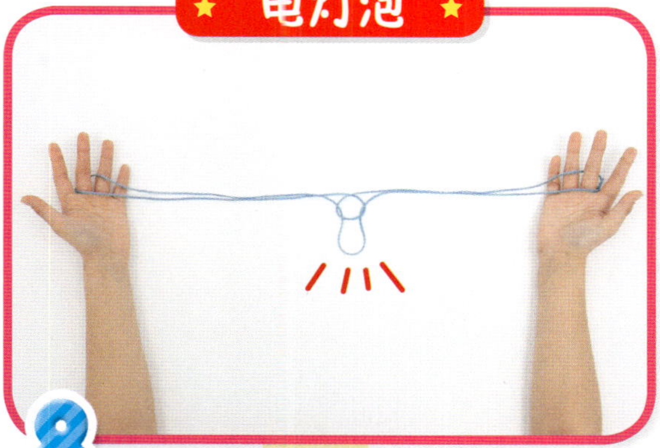

8 双手继续向左右两侧拉伸，就变成电灯泡啦！

完成！

尺子

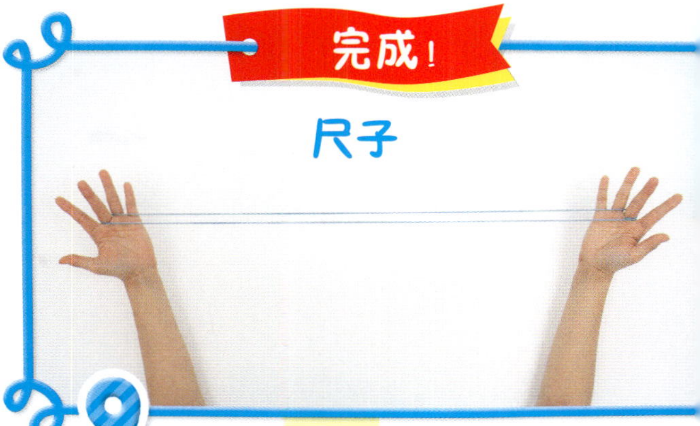

9 双手继续向左右两侧拉伸到底，就变成尺子啦！

螃蟹→糖果→女孩

CRAB→CANDY→GIRL

难度 一般　绳长 ∞ 一般

日式结构

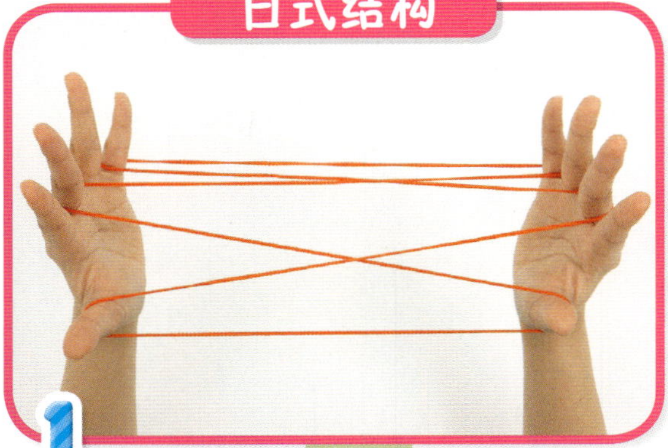

1 从日式结构开始！

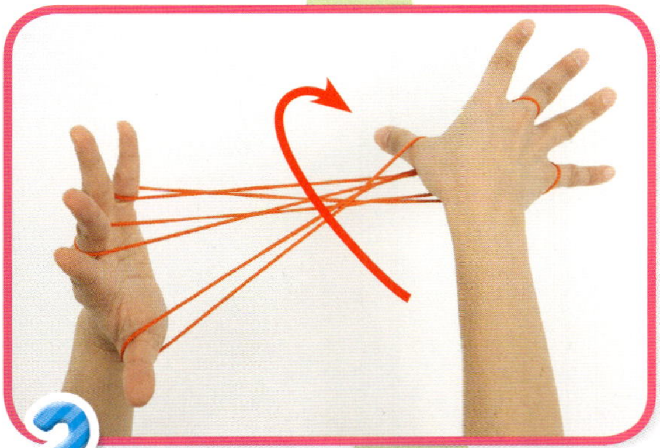

2 将右手手腕沿箭头方向翻转。

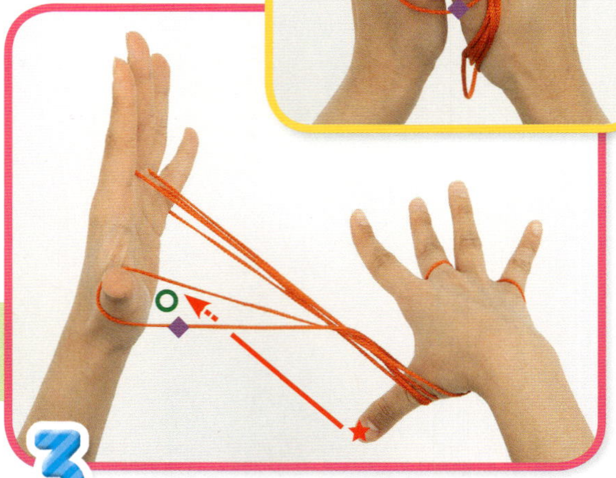

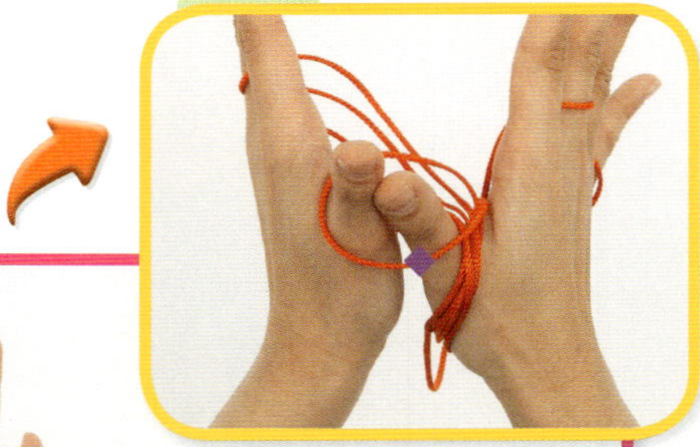

3 将右手拇指沿箭头方向从下方伸入○中，钩取◆处。

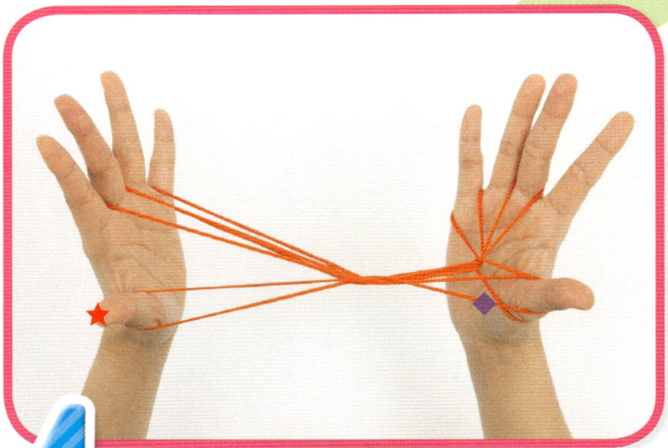

4 用左手拇指钩取步骤3中的◆处。

钩取方法

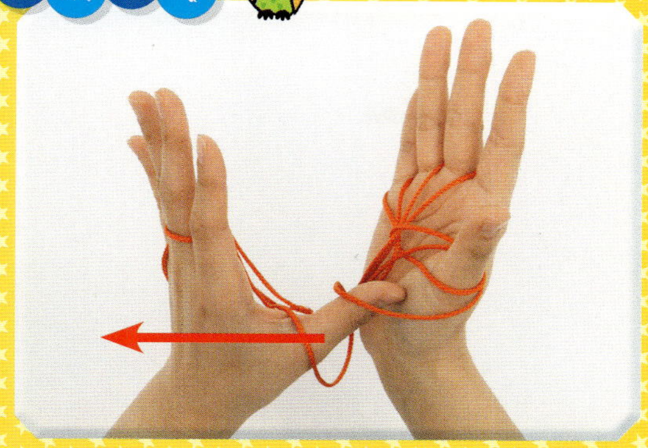

钩取中

松开方法

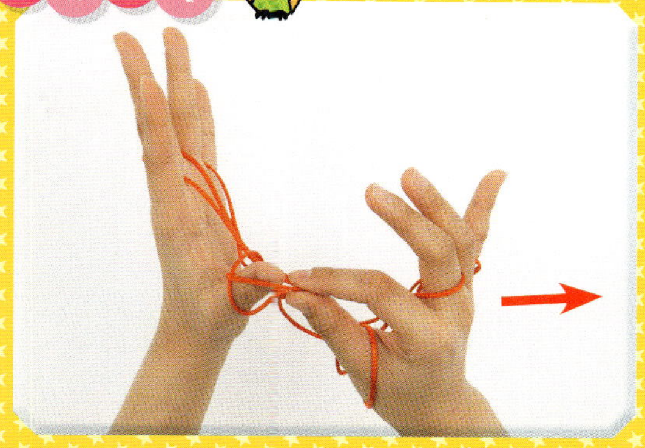

松开中

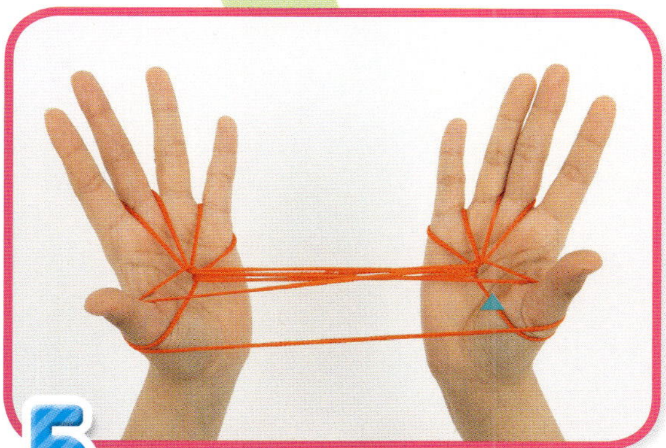

5 松开右手拇指上▲标记的绳子。

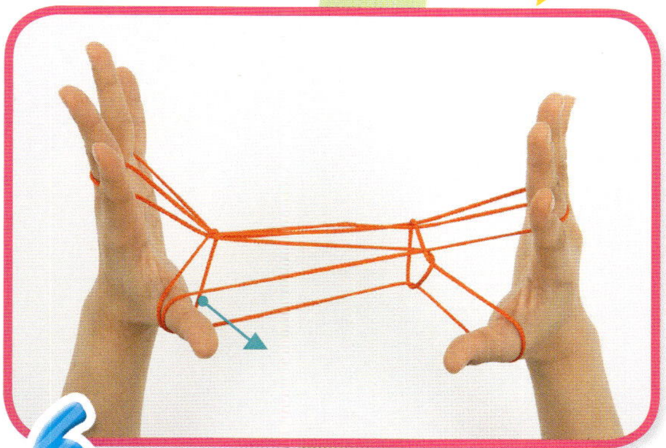

6 松开左手拇指上▲标记的绳子。

松开方法

松开中

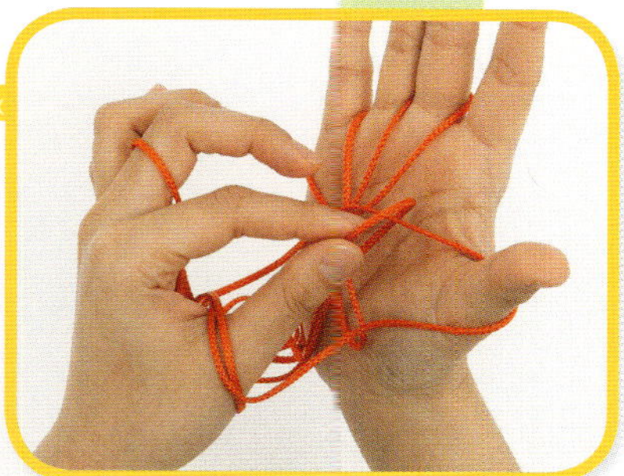

★ 螃蟹 ★

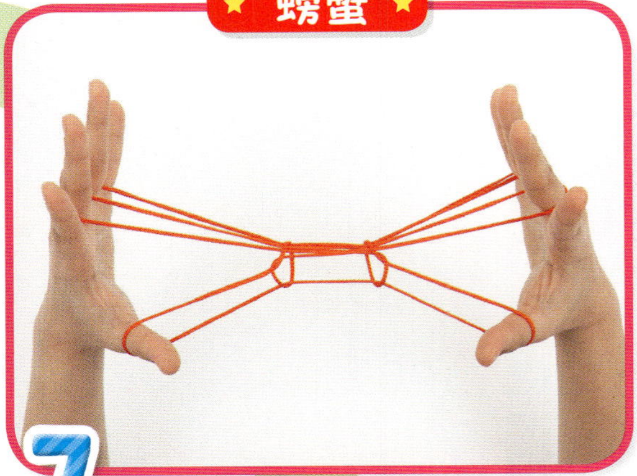

7 螃蟹出现啦！

8 把绳子全部从手上脱下来，轻轻放好，整理好形状。

★ 糖果 ★

9 变出了一块糖果！

10 如图向下拉◆处。

完成！

女孩

11 变成一个可爱的女孩啦！

扫帚→草丛里的房子

BROOM→HOUSE IN THE BUSH

难度 简单　绳长 一般

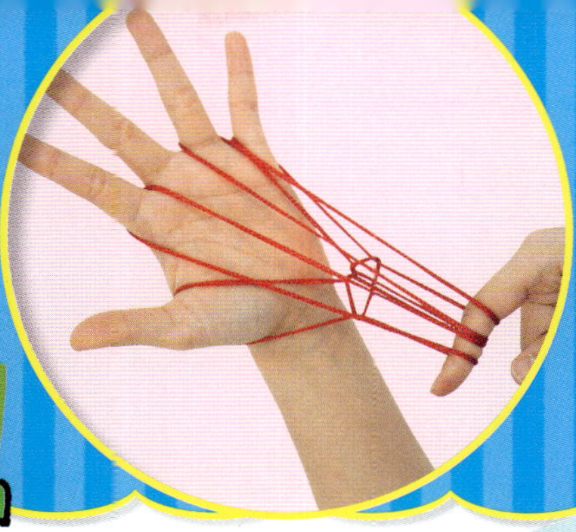

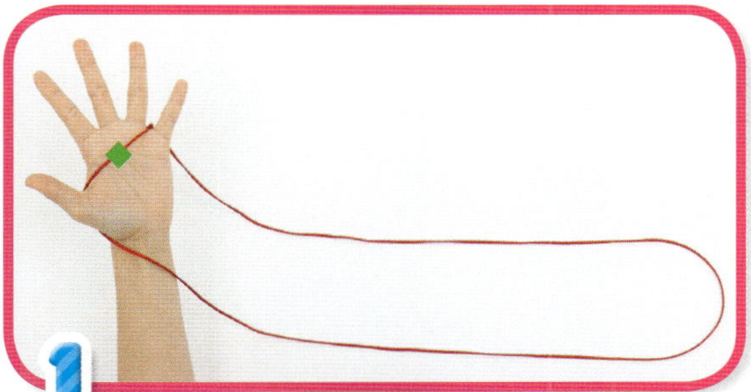

1 将绳子挂在左手拇指和小指上，用右手拇指和食指捏住◆处。

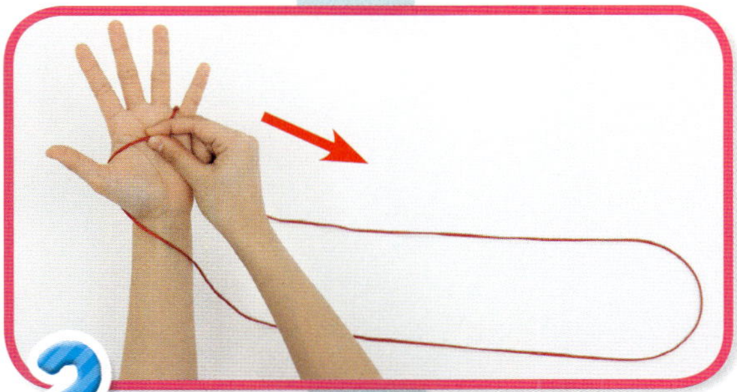

2 如图向下拉绳子。

拉伸方法

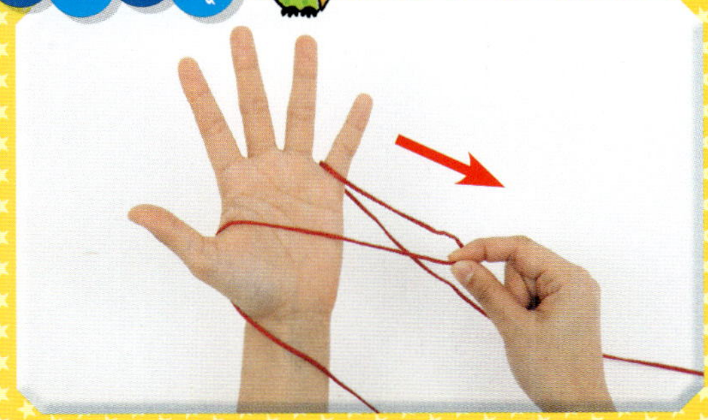

拉伸中

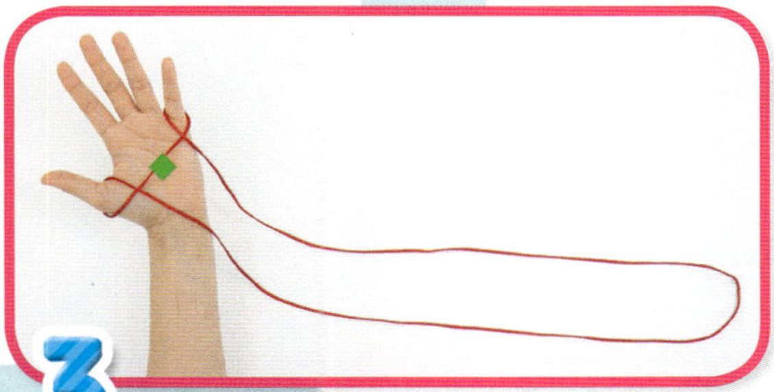

3 再次用右手拇指和食指捏住◆处。

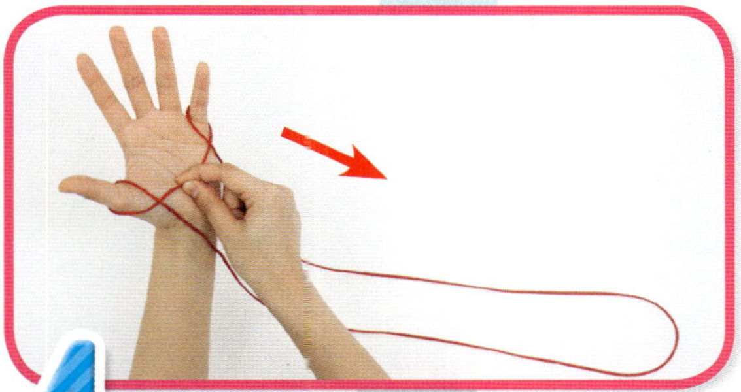

4 如图向下拉绳子。

拉伸方法

拉伸中

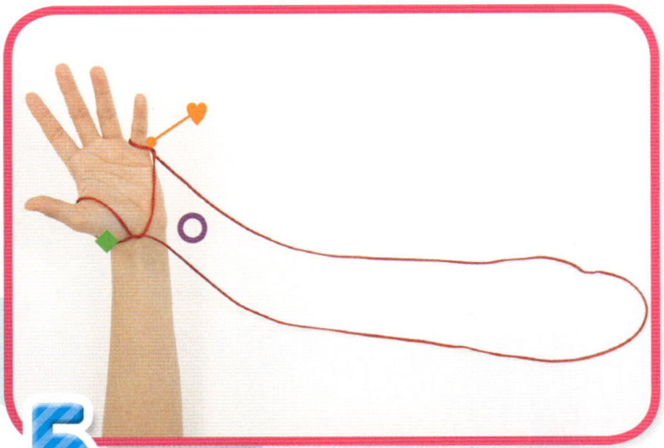

5 将右手从上方伸入○中，用右手拇指钩取◆处，食指钩取♥处。

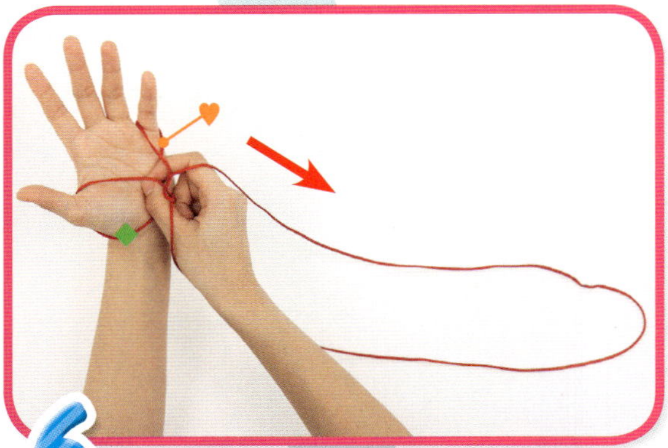

6 如图将钩住的绳子向下拉。

拉伸方法

拉伸中

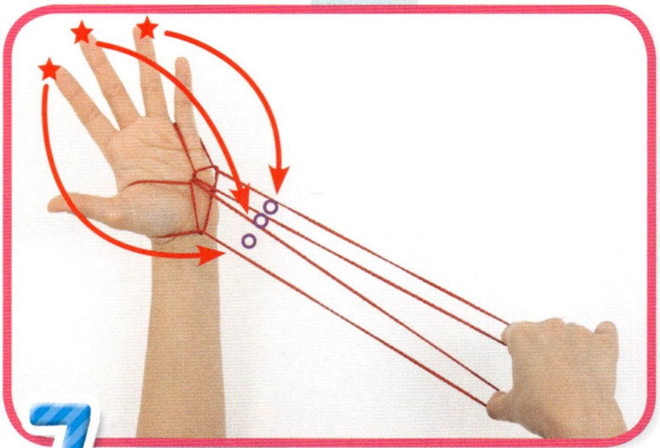

7 将左手的食指、中指和无名指分别从上方伸入○中。

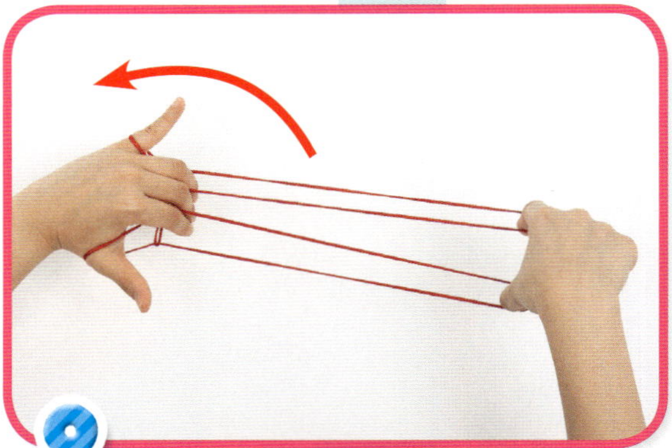

8 将右手上的绳子沿箭头方向翻到左手背面。

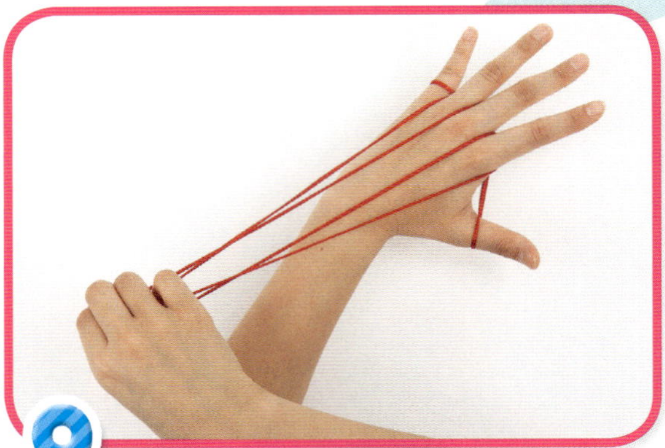

9 右手松开绳子。

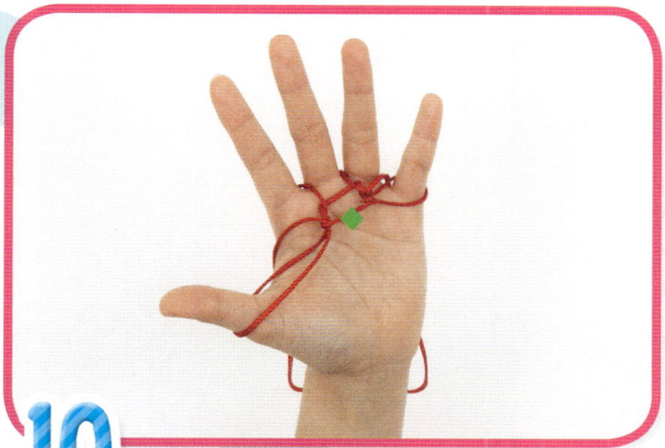

10 用右手拇指和食指捏住◆处。

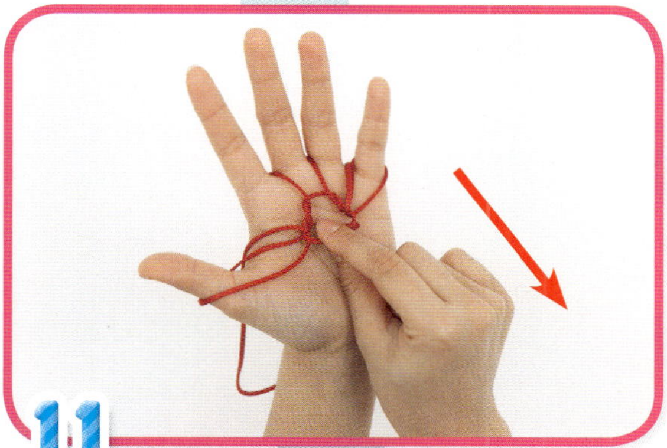

11 如图向下拉绳子。

扫帚

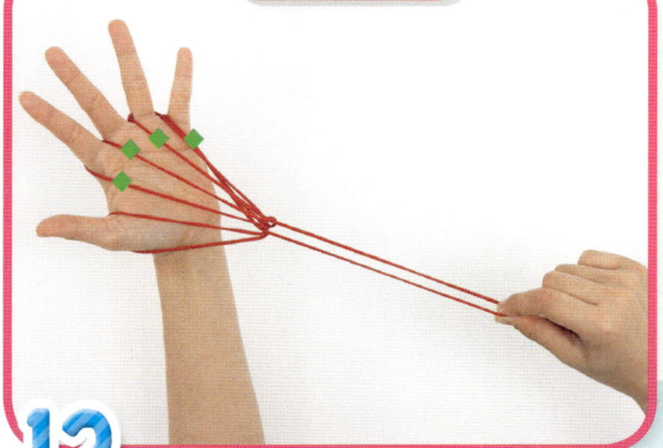

12 扫帚就完成啦！
将左手食指和无名指上的四根绳子◆处挂在右手食指上。

完成！

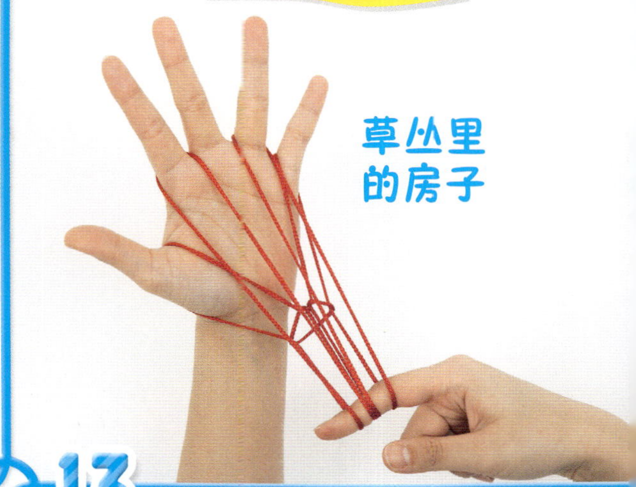

13 将右手食指顺势向下拉。草丛里的房子就出现啦！

操作方法

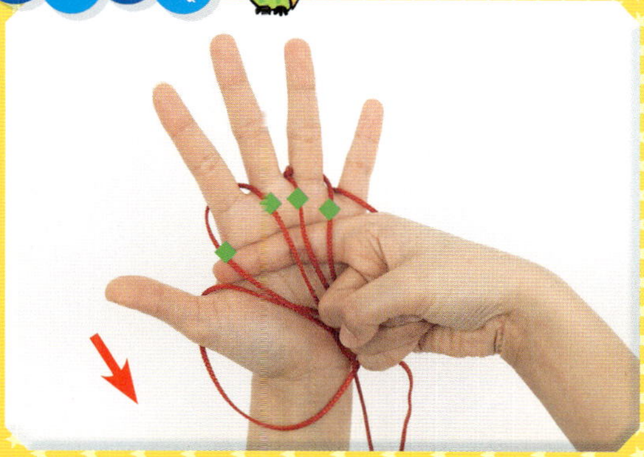

操作中

网→古琴→吊床→理发推子

NET→KOTO→HAMMOCK→CLIPPER

难度 难　绳长 长

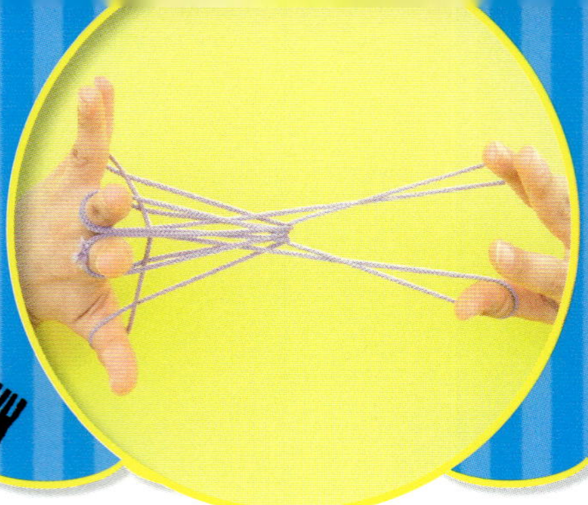

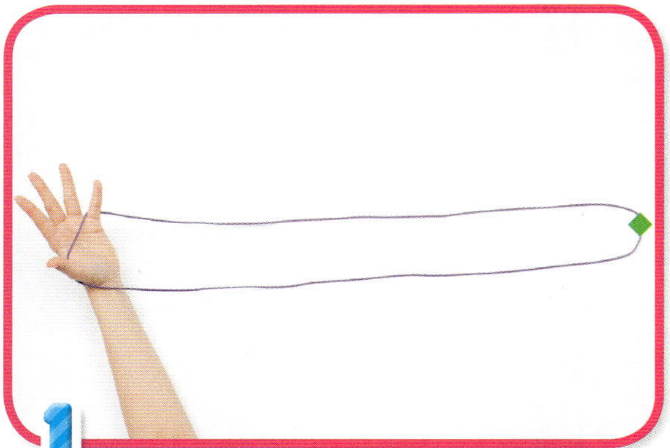

1 将绳子挂在左手拇指和小指上，用右手从下方伸入钩取◆处。

2 翻转绳子，使♥处压在上面。

钩取方法

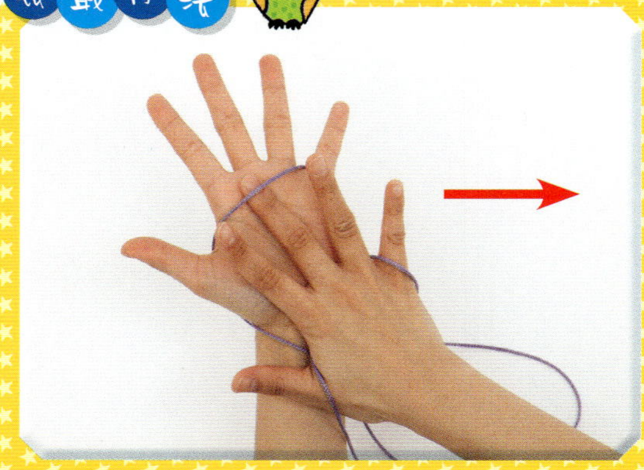

钩取中

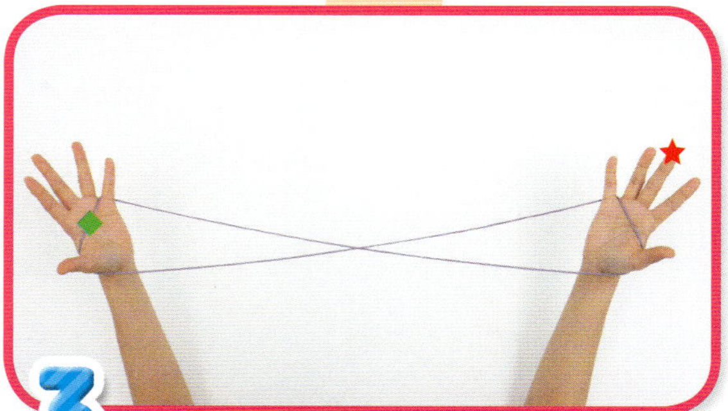

3 将翻转好的绳子挂在右手拇指和小指上。用右手中指钩取◆处。

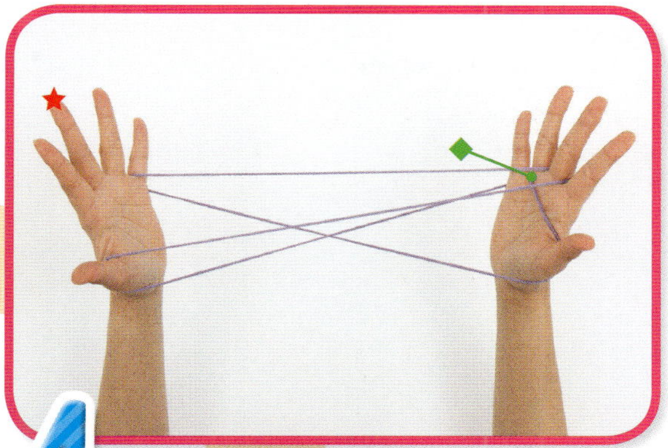

4 用左手中指钩取◆处。

钩取方法

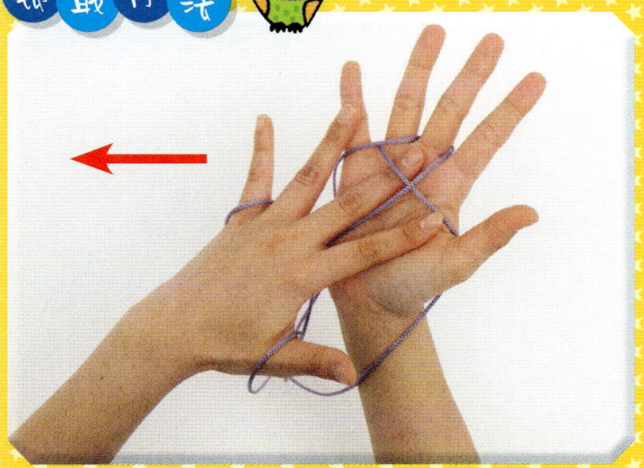

钩取中

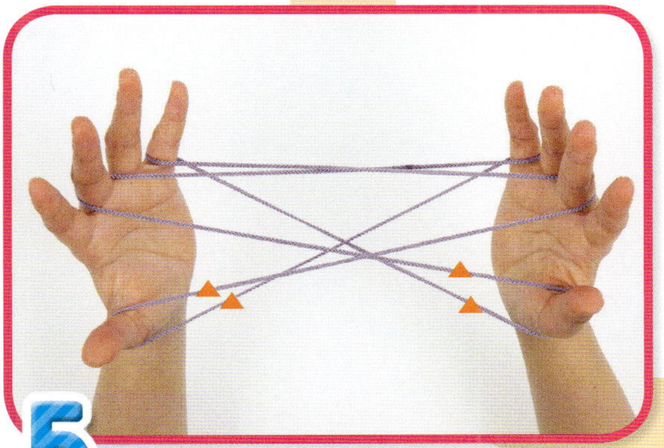

5 松开拇指上▲标记的绳子。

6 用右手食指钩取◆处。

钩取方法

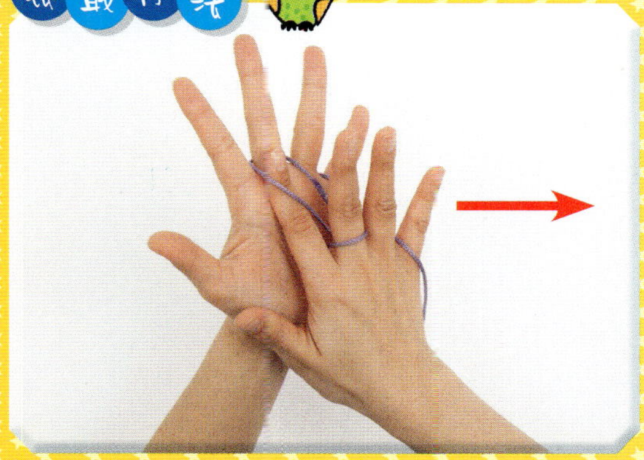

钩取中

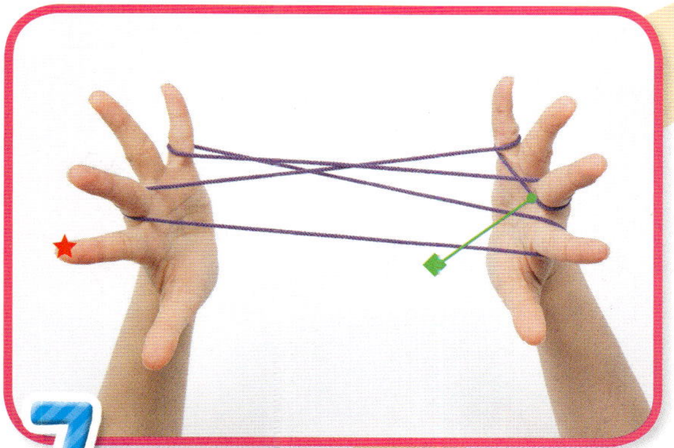

7 用左手食指钩取◆处。

钩取方法

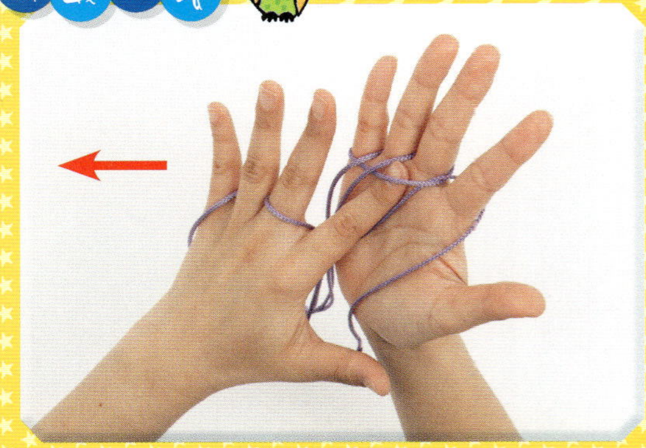

钩取中

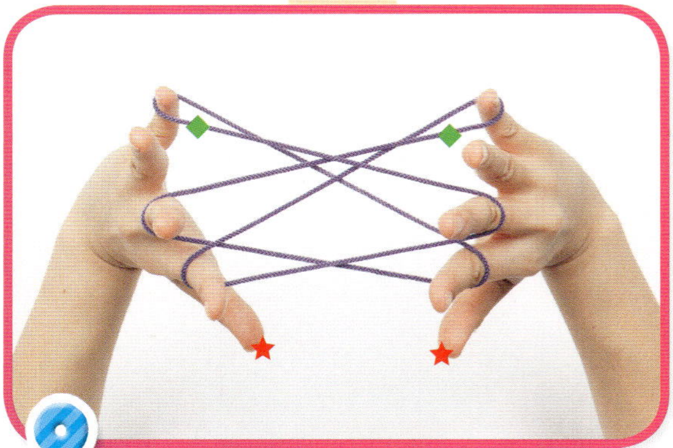

8 用拇指钩取◆处。

钩取方法

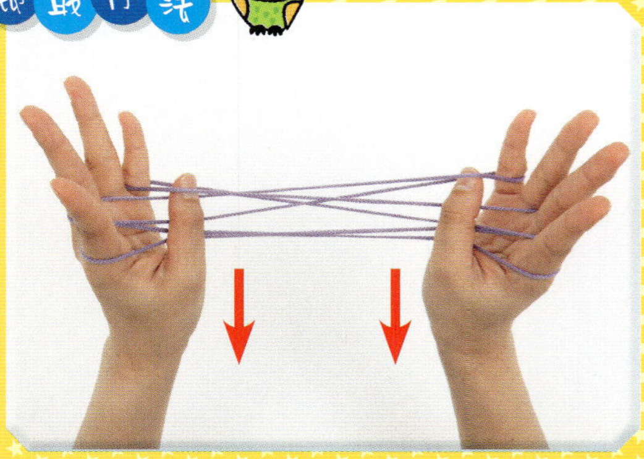

钩取中

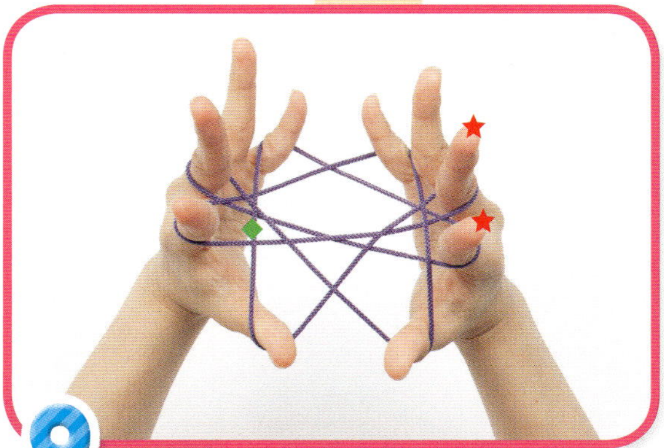

9 用右手食指和中指钩取◆处。

钩取方法

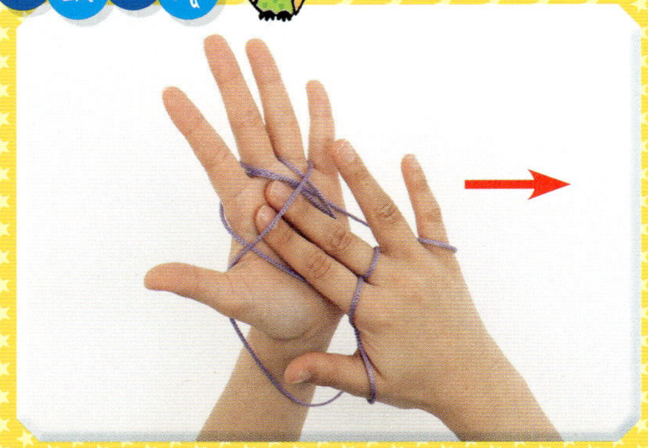

钩取中

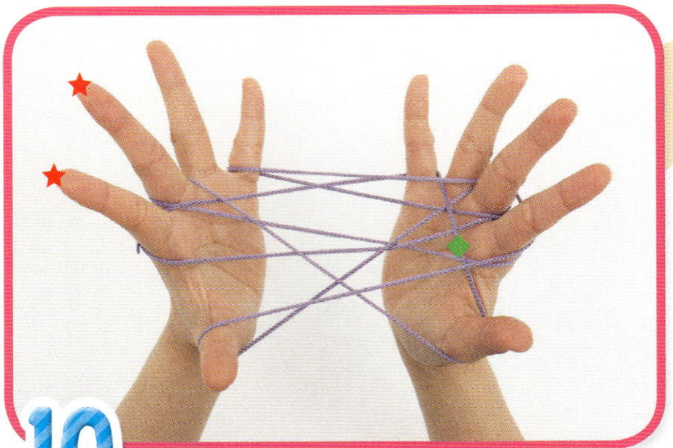

10 用左手食指和中指钩取◆处。

钩取方法

钩取中

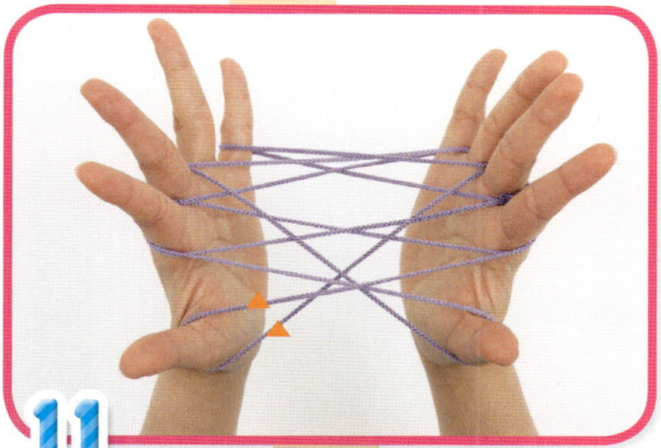

11 松开左手拇指上▲标记的绳子。

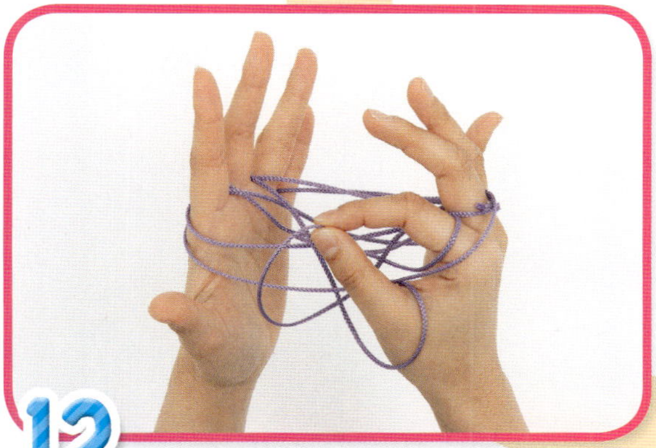

12 将松开的绳子如图翻转。

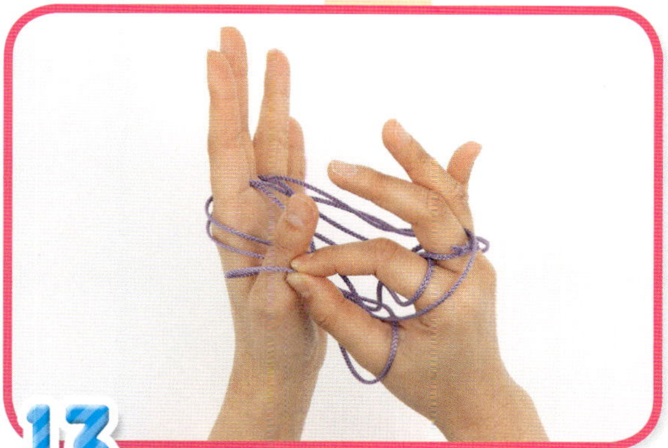

13 再挂回左手拇指上。

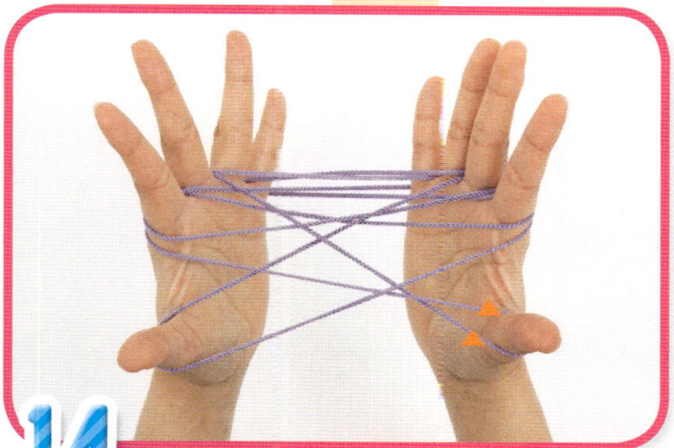

14 松开右手拇指上▲标记的绳子。

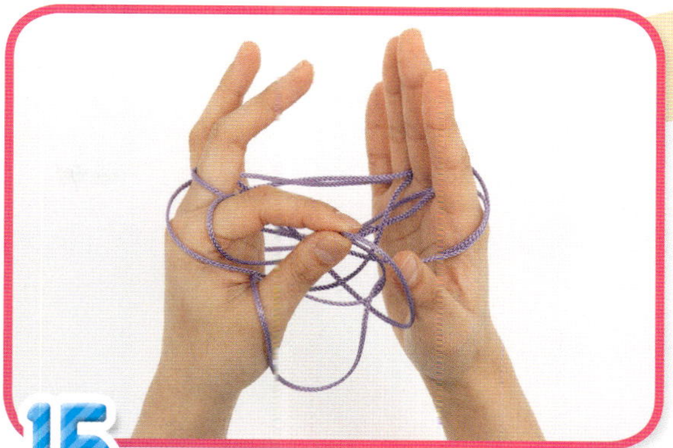

15 以相同方法将松开的绳子翻转后，再挂回右手拇指上。

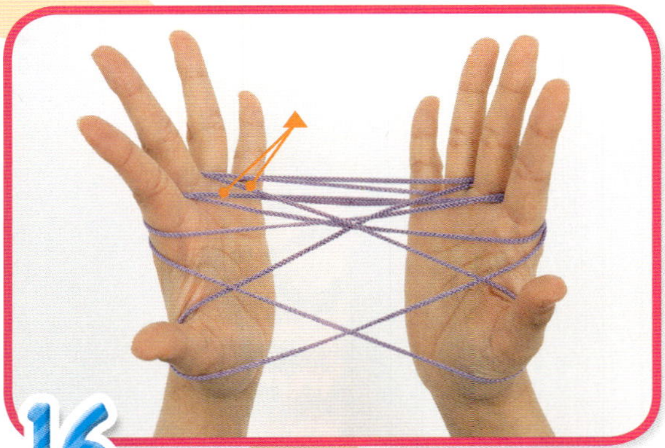

16 松开左手中指上▲标记的绳子。

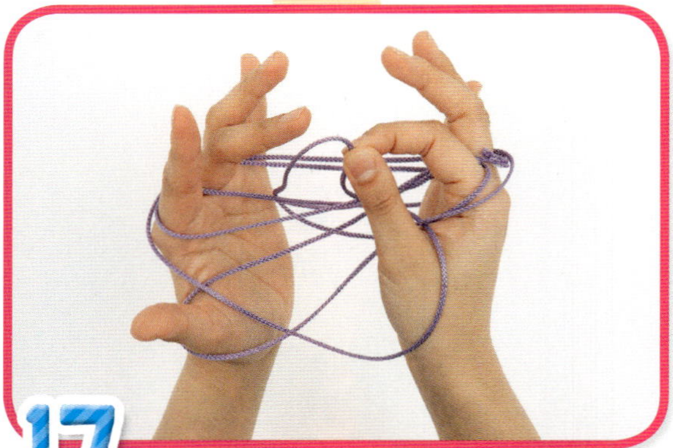

17 以相同方法将松开的绳子翻转后，再挂回左手中指上。

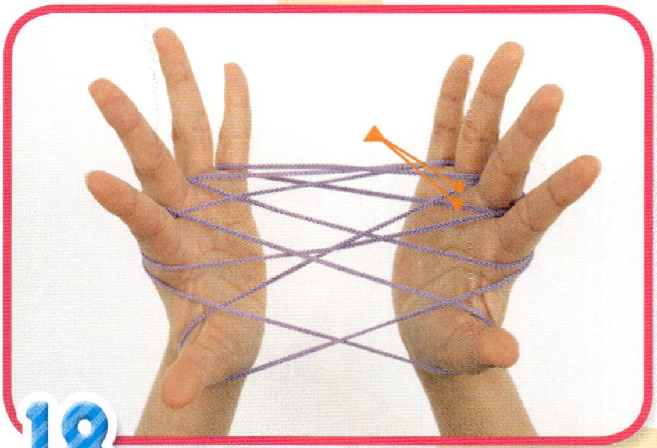

18 松开右手中指上▲标记的绳子。

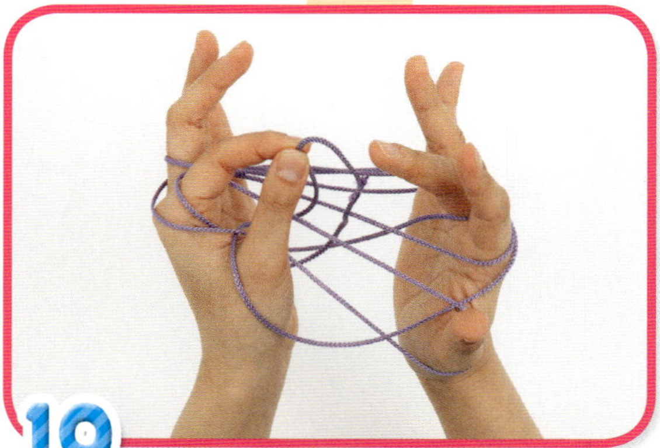

19 以相同方法将松开的绳子翻转后，再挂回右手中指上。

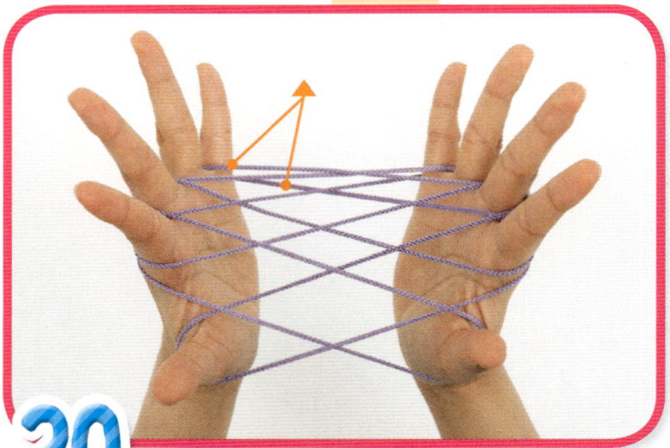

20 松开左手小指上▲标记的绳子。

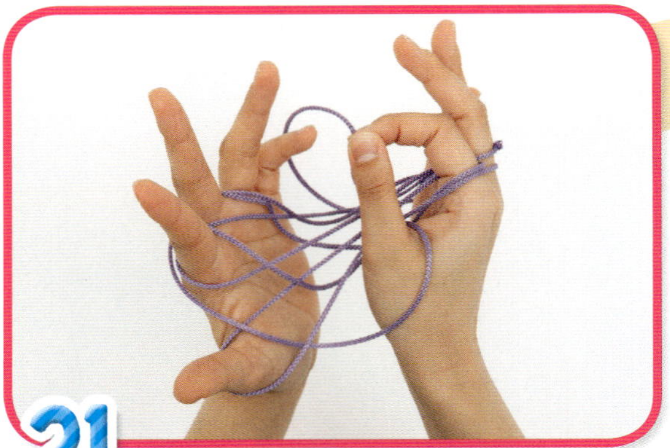

21 以相同方法将松开的绳子翻转后，再挂回左手小指上。

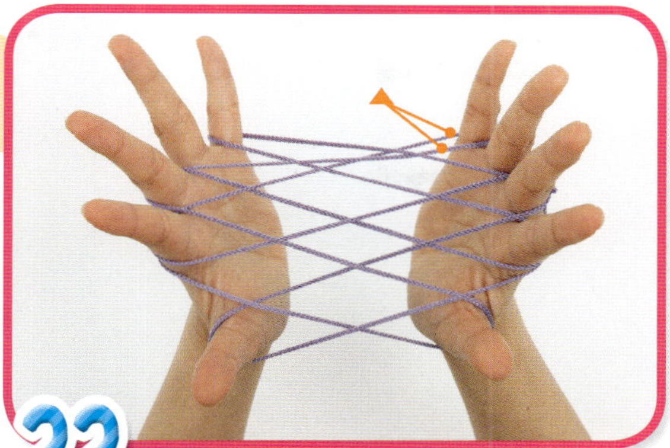

22 松开右手小指上▲标记的绳子。

松开方法

松开中

23 以相同方法将松开的绳子翻转后，再挂回右手小指上。

网

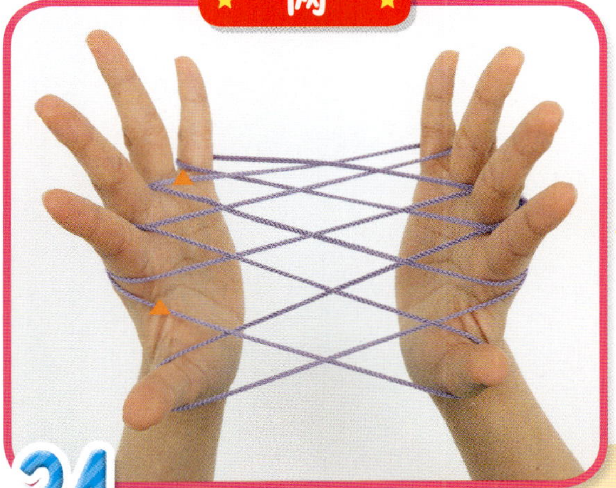

24 一张网就织成啦！
松开左手食指和中指上▲标记的绳子。

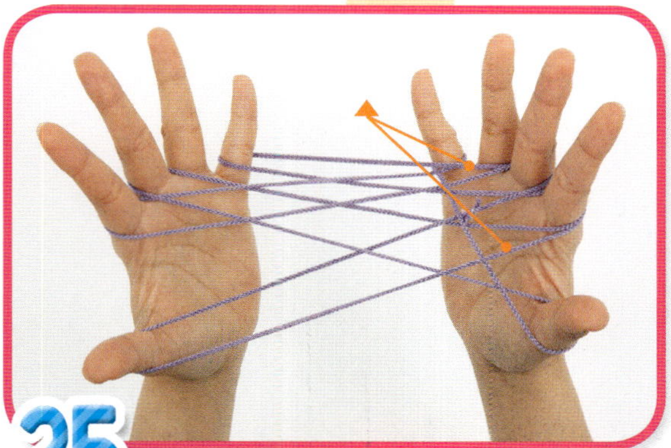

25 松开右手食指和中指上▲标记的绳子。

松开方法

松开中

★古琴★

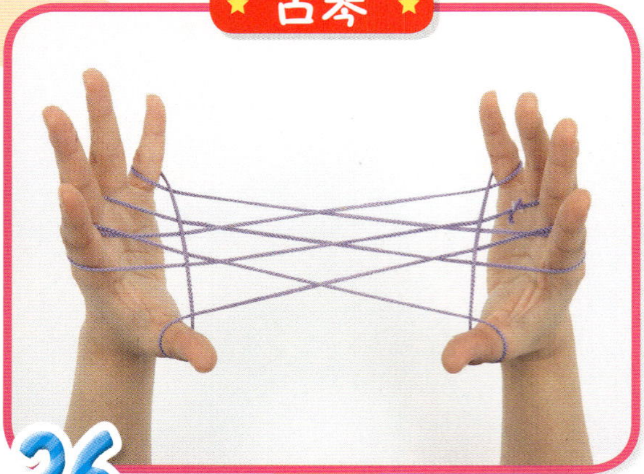

26 古琴做好啦！

★吊床★

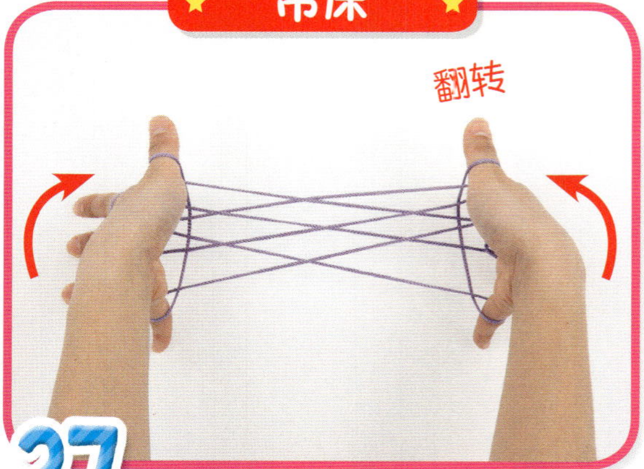

27 将手腕沿箭头方向翻转，使指尖朝下，就变成了一张吊床！

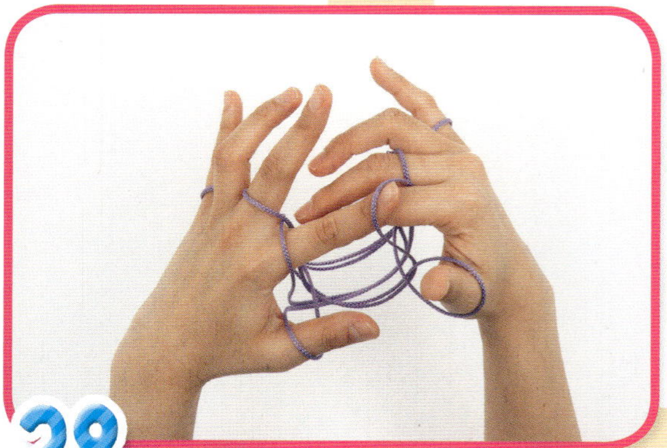

28 将右手食指上的绳子转移到左手食指上。

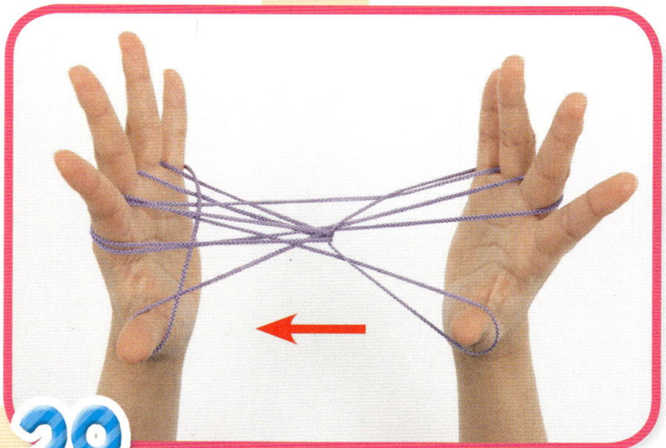

29 将右手中指上的绳子转移到左手中指上。

30 转移完后将绳子向左右两侧拉伸。

完成！

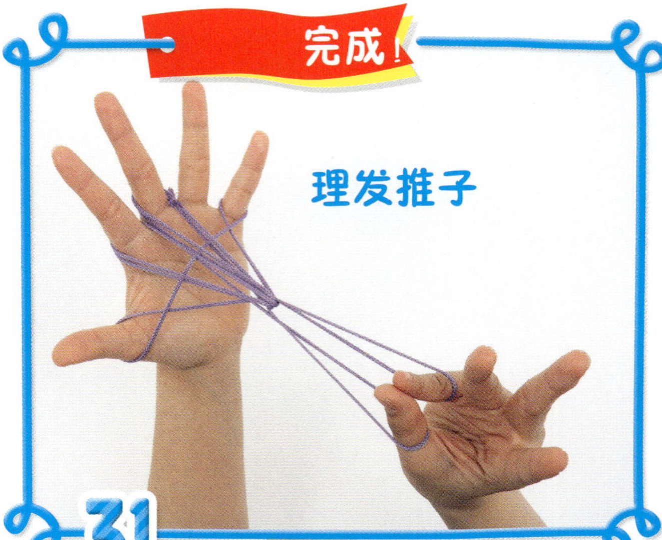

31 如图就做成了理发推子！

扫帚→剪刀→线剪

BROOM→SCISSORS→THREAD SCISSORS

难度 一般　绳长 一般

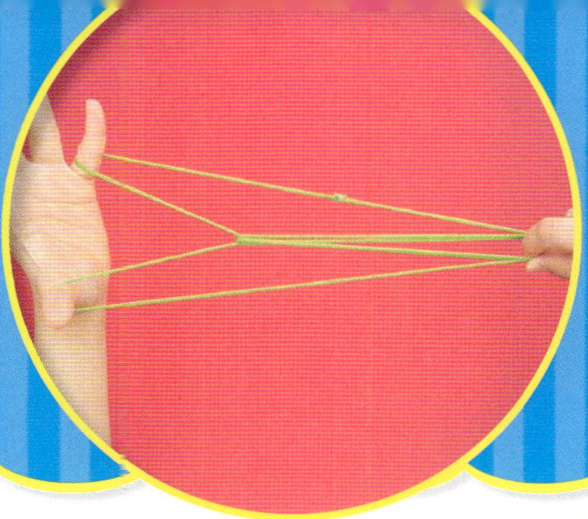

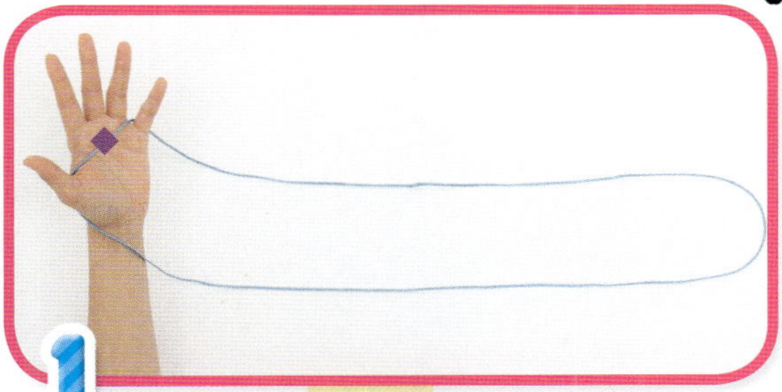

1 将绳子挂在左手拇指和小指上，用右手拇指和食指捏住◆处。

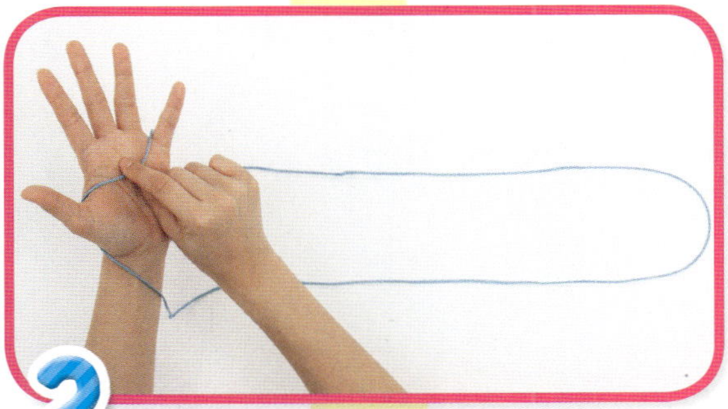

2 如图向下拉绳子。

拉伸方法

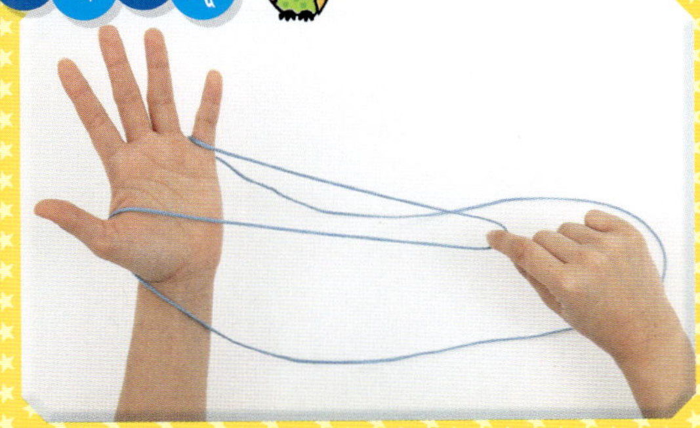

拉伸中

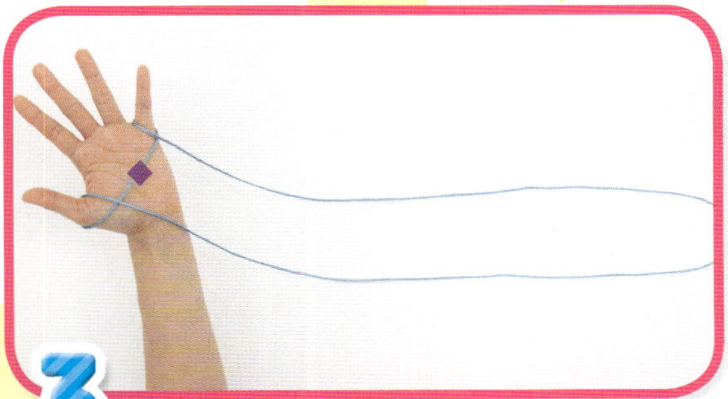

3 再次用右手拇指和食指捏住◆处并向下拉。

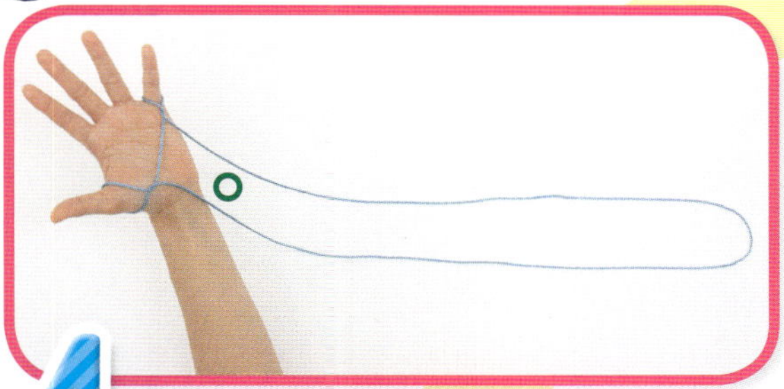

4 将右手从上方伸入○中。

拉伸方法

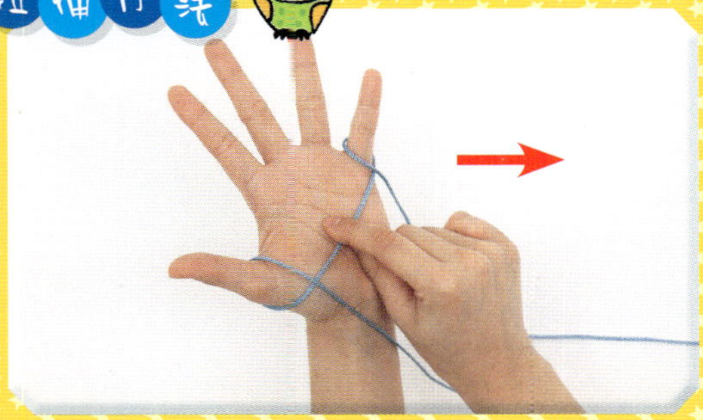

拉伸中

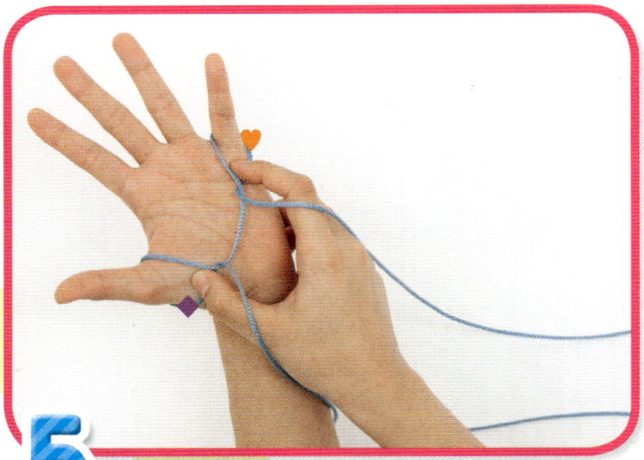

5 用右手拇指钩取◆处，小指钩取♥处并向下拉。

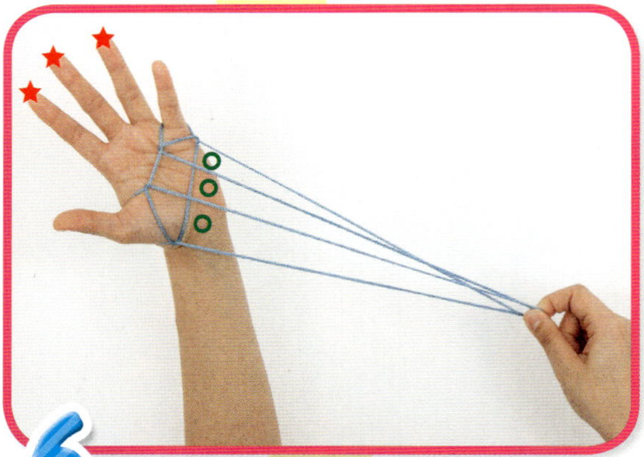

6 将左手的食指、中指和无名指分别从上方伸入○中。

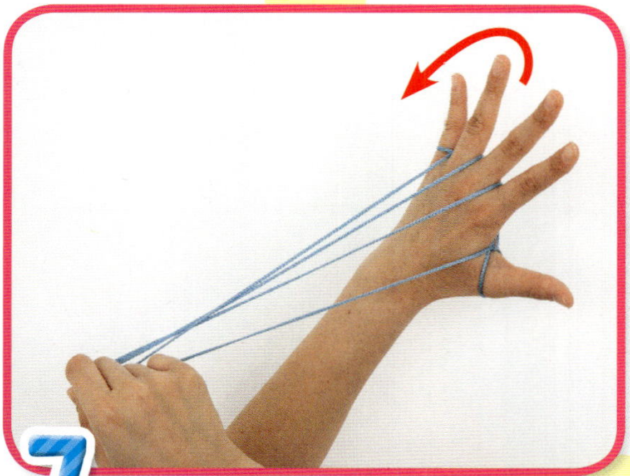

7 将右手上的绳子沿箭头方向翻到左手背面，然后右手松开绳子。

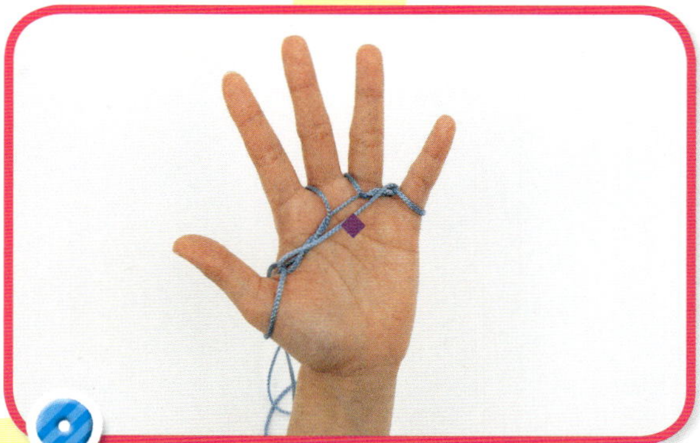

8 用右手拇指和食指捏住◆处并向下拉绳子。

★ 扫帚 ★

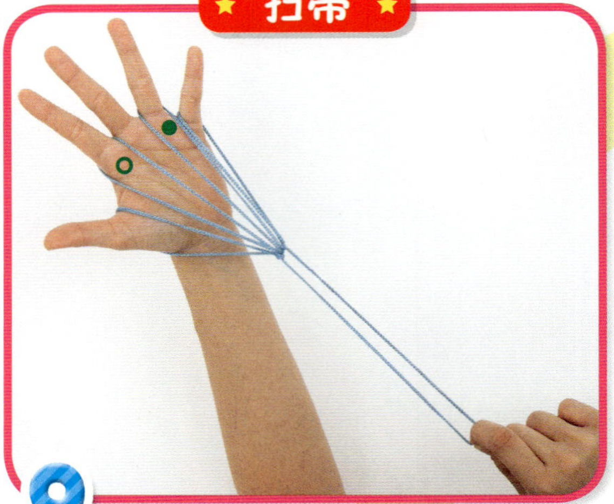

9 扫帚做好啦！
松开右手的绳子，将右手拇指从上方伸入○中，食指从上方伸入●中。

拉伸方法

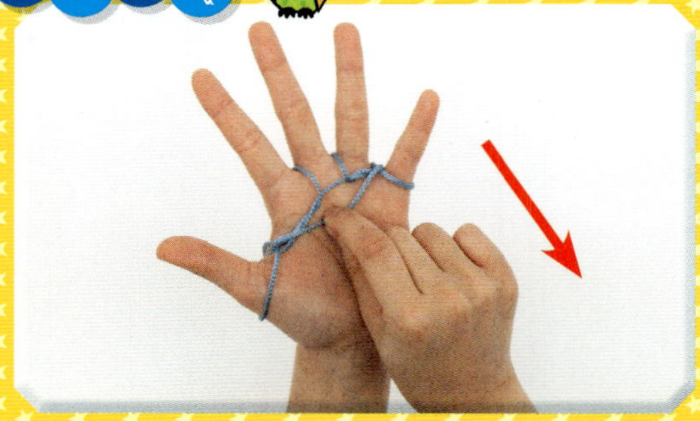

拉伸中

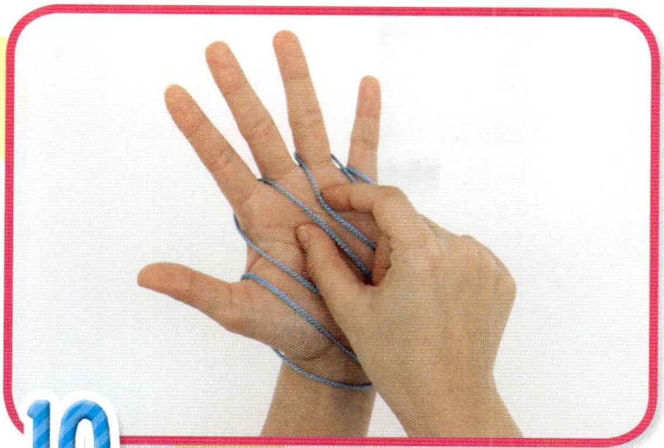

10 将左手食指和无名指上的绳子转移到右手拇指和食指上。

转移方法

转移中

剪刀

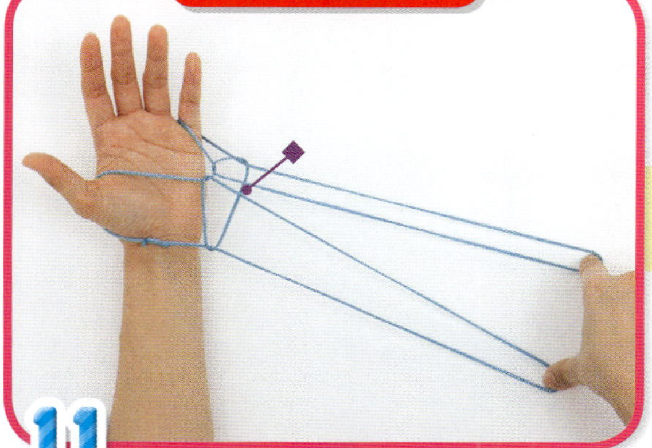

11 将转移好的绳子顺势向下拉，就变成剪刀啦！

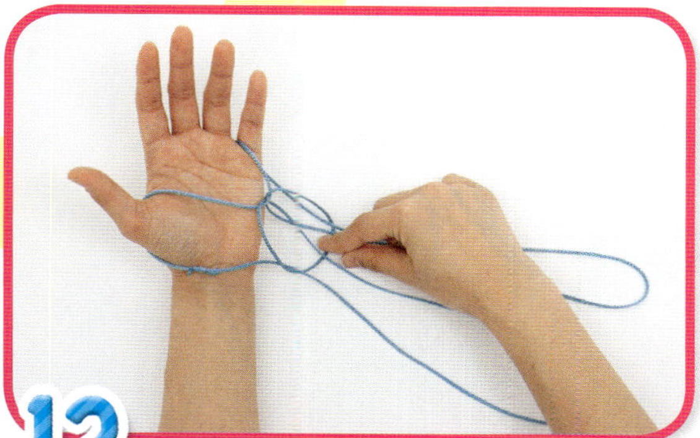

12 松开右手上的绳子，用右手拇指和食指捏住步骤11图中的◆处并稍向下拉。

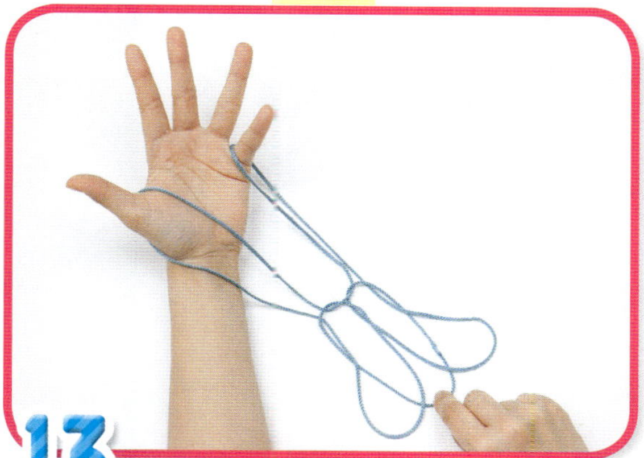

13 用右手将三个圈摆好，并同时向下拉。

完成！

线剪

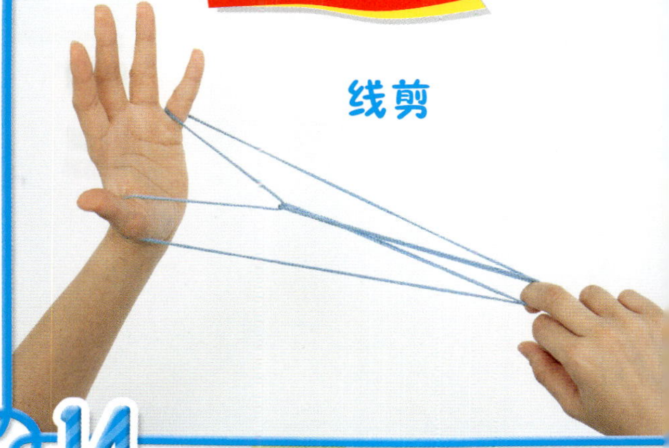

14 线剪完成啦！

乌龟→橡皮筋→飞机

TURTLE→RUBBER→PLANE

难度 一般　绳长 长

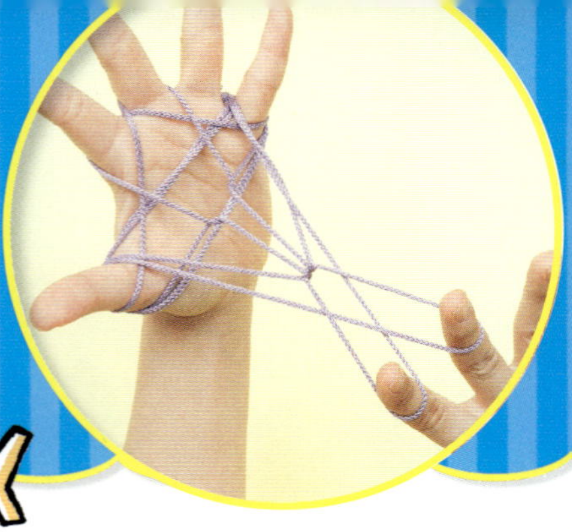

其他结构

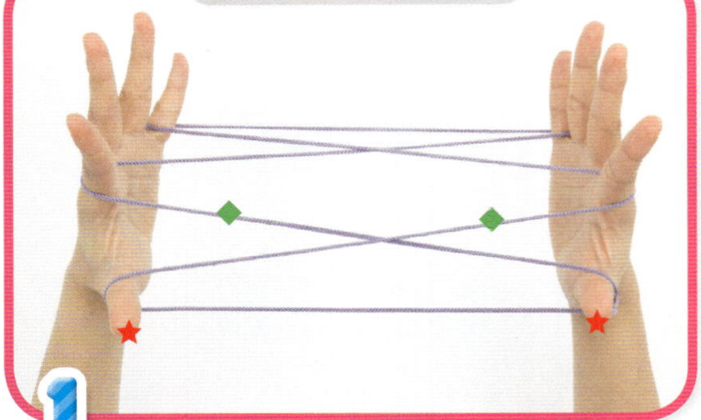

1 从其他结构开始！
用拇指钩取◆处。

钩取方法

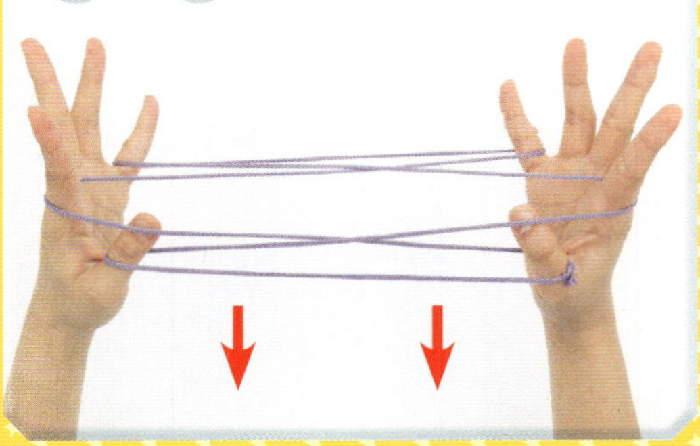

钩取中

钩取方法

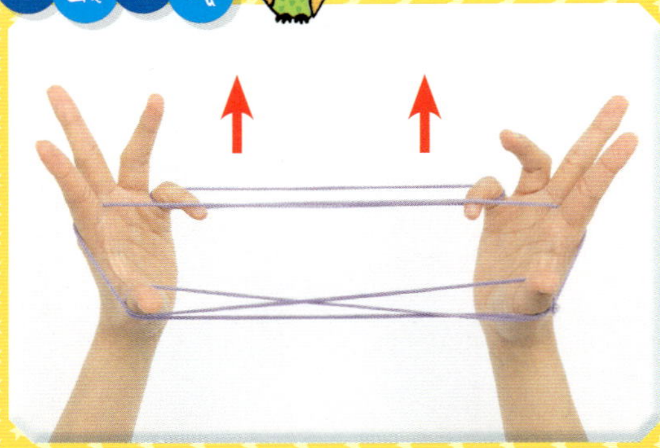

钩取中

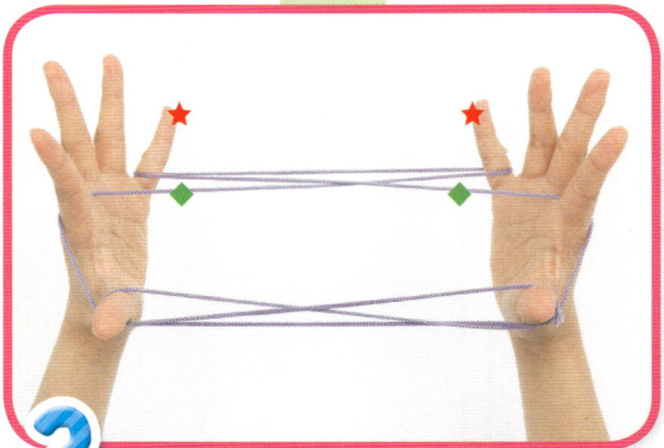

2 用小指钩取◆处。

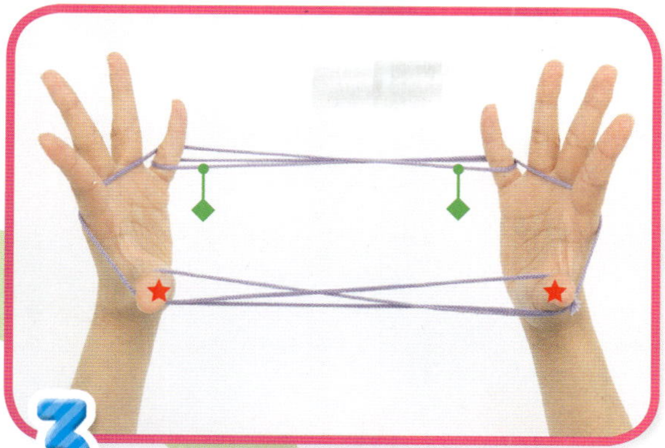

3 用拇指钩取◆处。

钩取方法

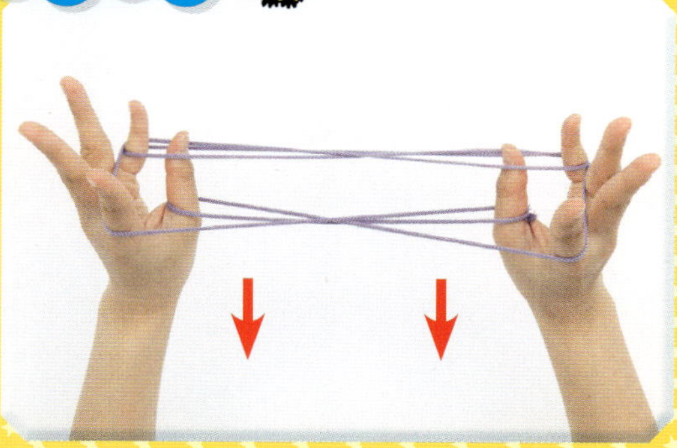

钩取中

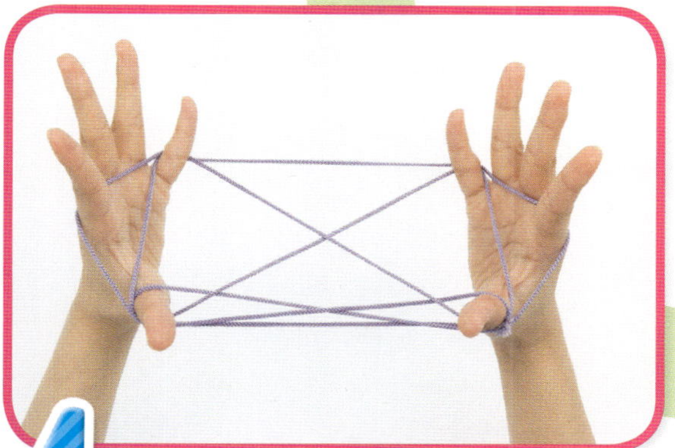

4 将小指上的绳子全部松开。

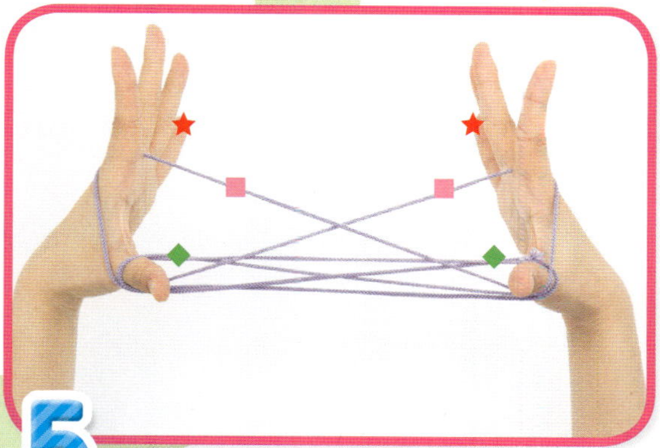

5 用小指按住■处的同时钩取两根绳子◆处。

钩取方法

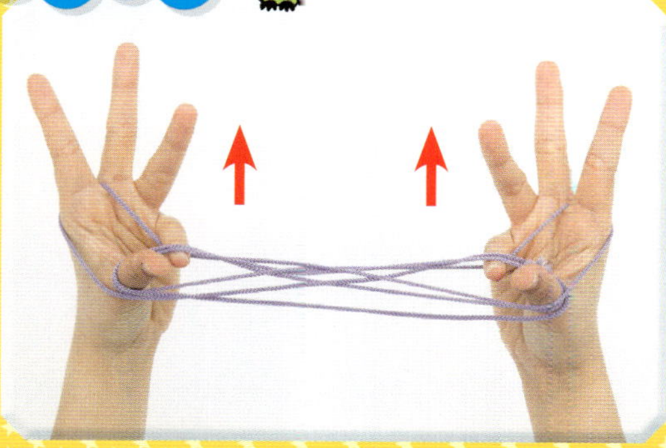

钩取中

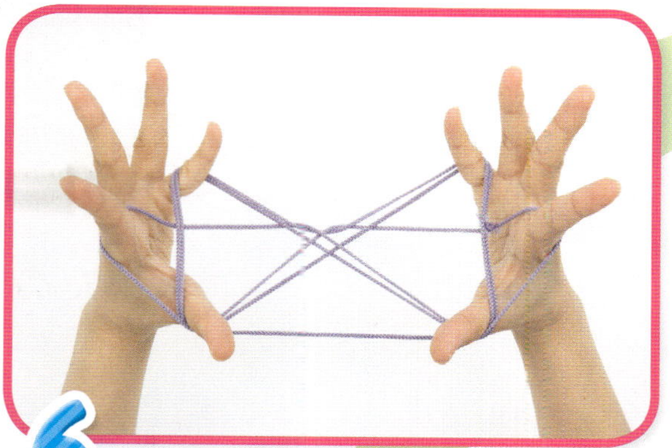

6 将拇指上的绳子全部松开。

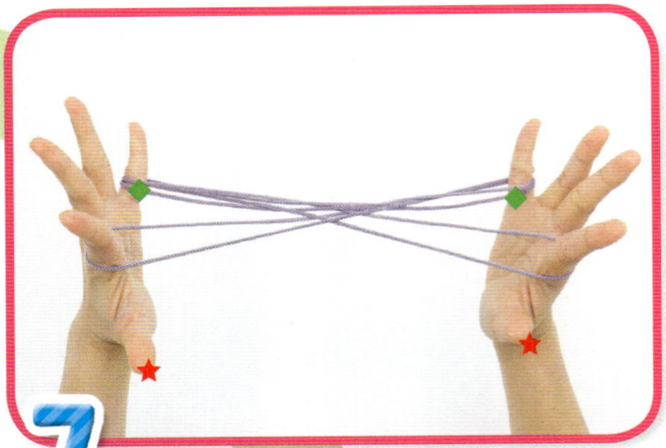

7 用拇指钩取两根绳子◆处。

钩取方法

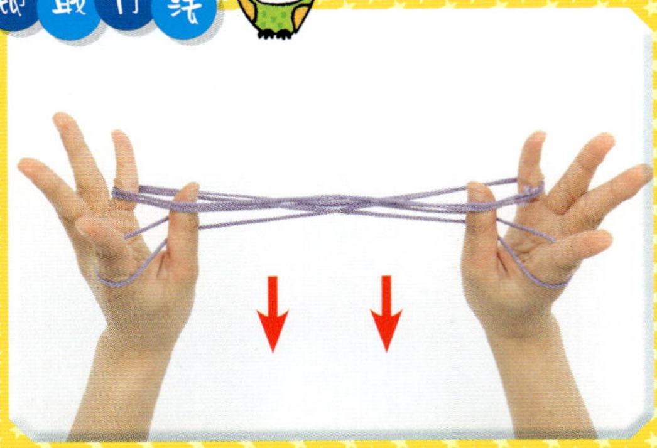

钩取中

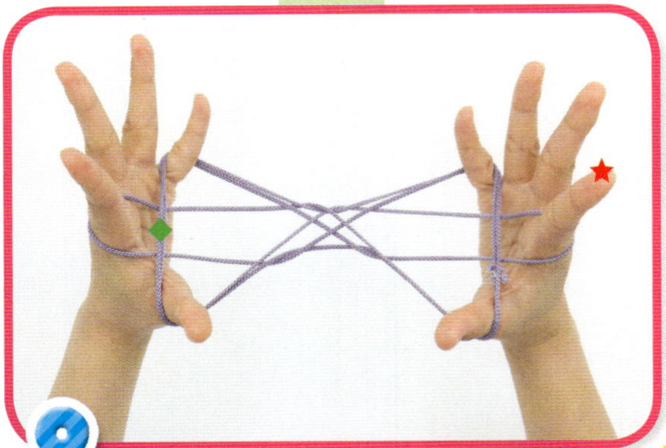

8 用右手食指钩取◆处。

钩取方法

钩取中

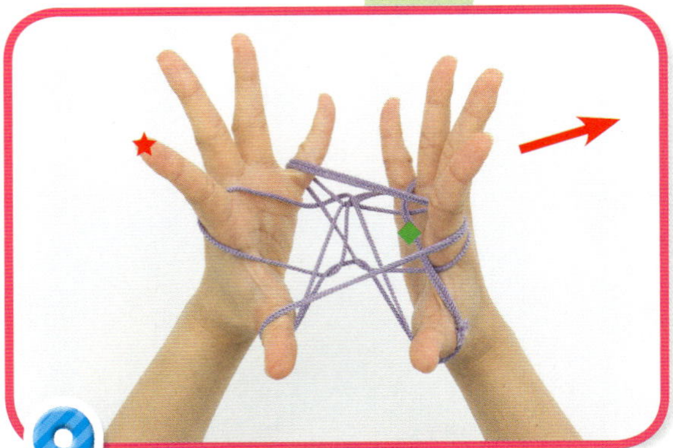

9 用左手食指钩取◆处。

钩取方法

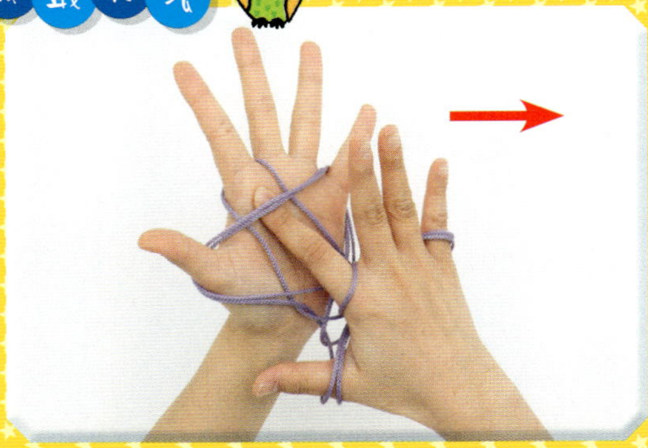

钩取中

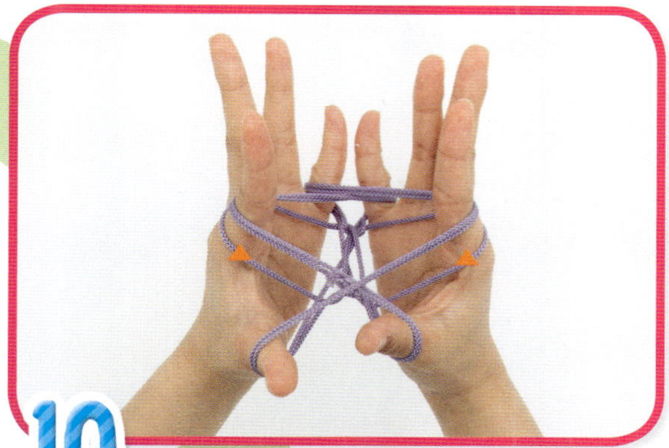

10 松开左手食指上▲标记的绳子，注意不要松开其他绳子。

松开方法

松开中

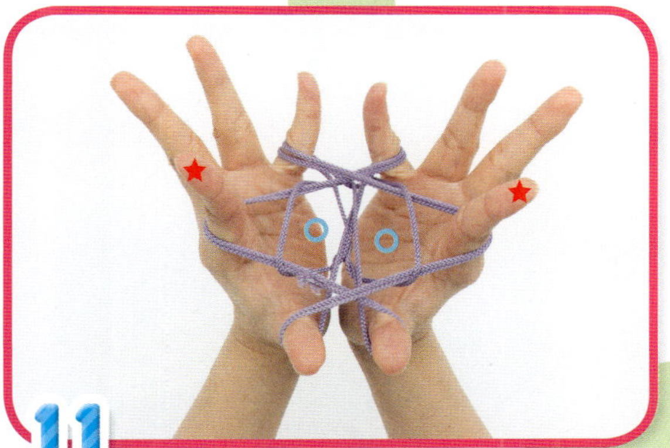

11 将食指从上方伸入○中。

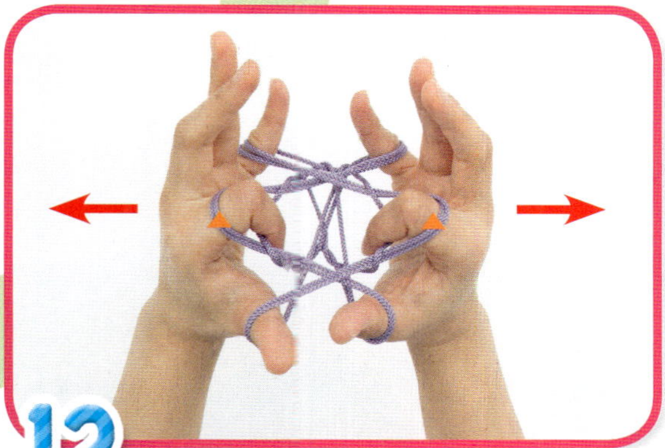

12 向两侧拉伸钩住的绳子，食指上▲标记的两根绳子会自然松开。

★ 乌龟 ★

13 一只乌龟就出现啦！松开食指上的绳子，双手张开。

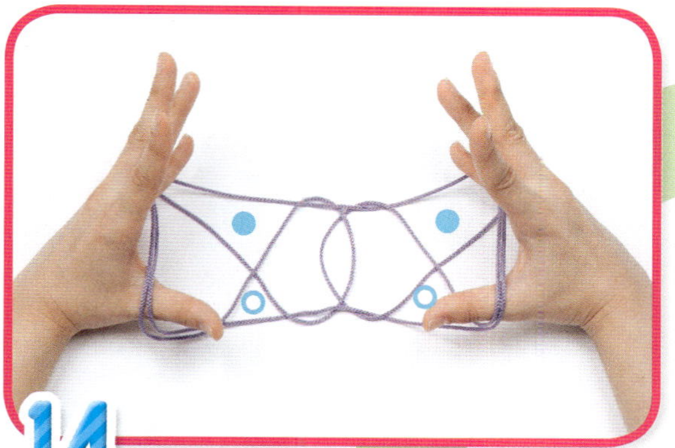

14 分别将食指伸入○中，中指伸入●中。

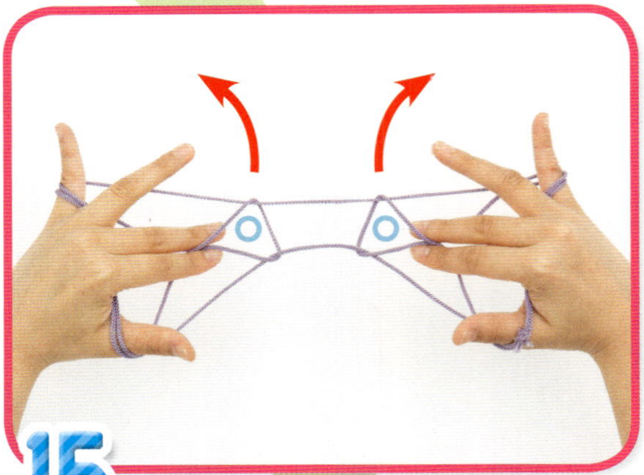

15 将食指和中指指尖朝上从○中翻出来，双手张开。

完成！

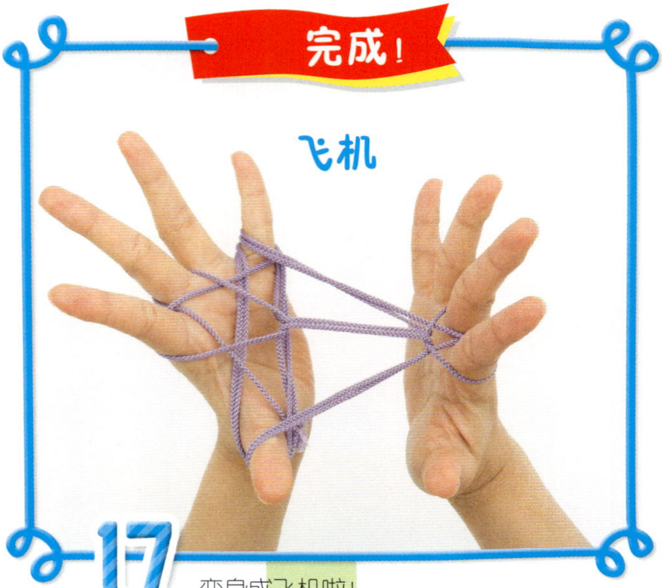

17 变身成飞机啦！

转移方法

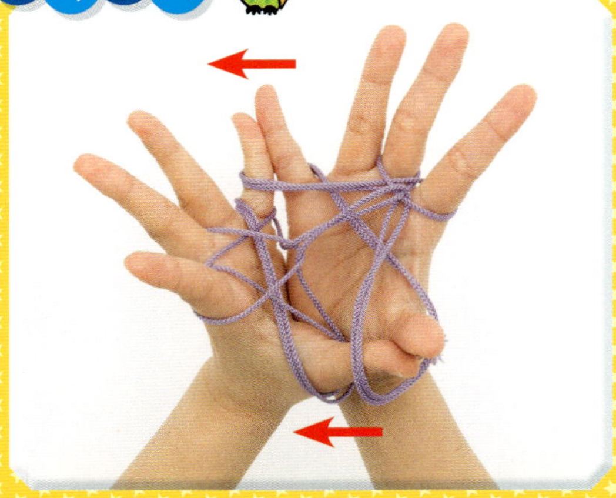

转移中

★橡皮筋★

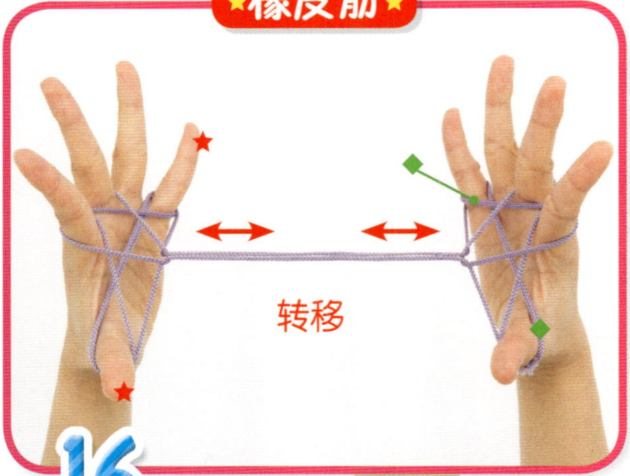

16 这样就变成橡皮筋啦！
分别将右手拇指和小指上的◆处转移到左手拇指和小指上。

酒杯→眼镜→蝴蝶→富士山

WINE GLASS→GLASSES→BUTTERFLY→Mt.FUJI

难度 一般　绳长 一般

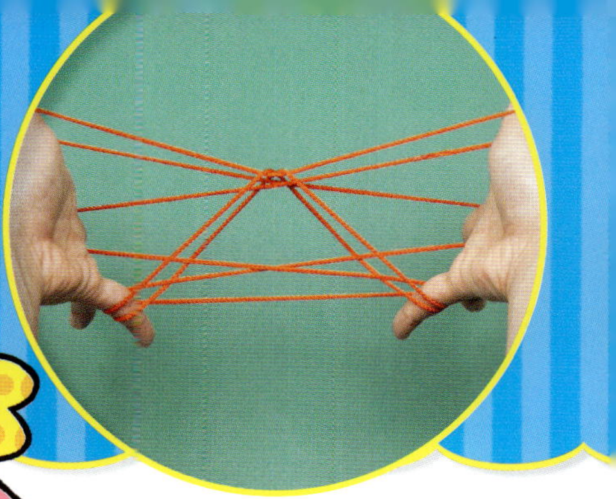

其他结构

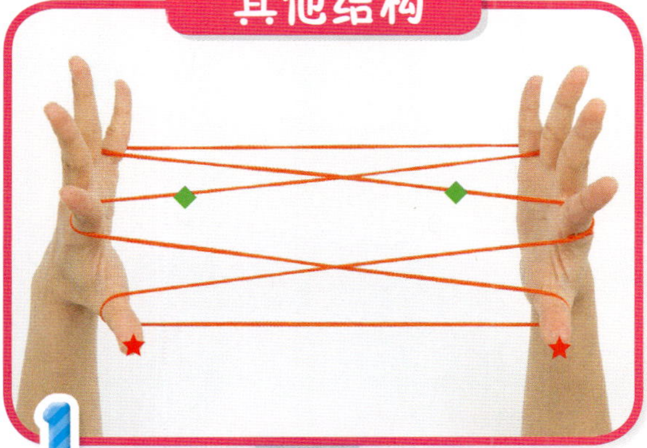

1 从其他结构开始！
用拇指钩取◆处。

钩取方法

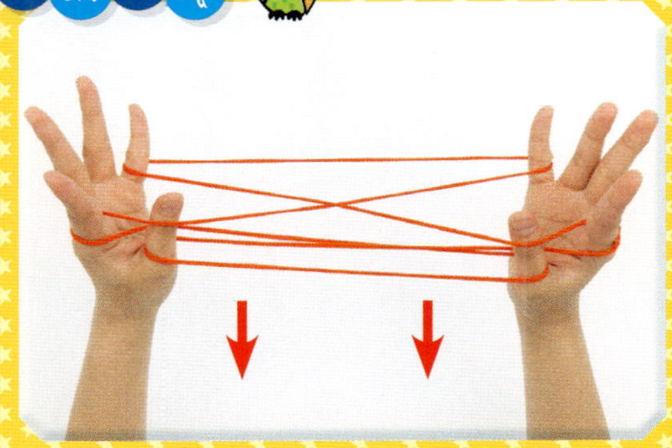

钩取中

松开方法

松开中

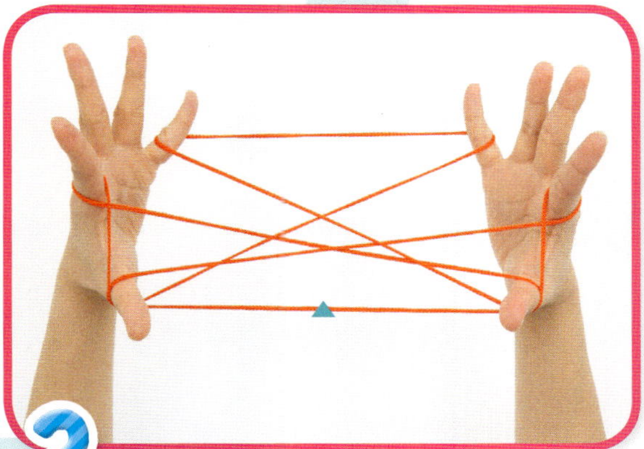

2 松开拇指上▲标记的绳子。

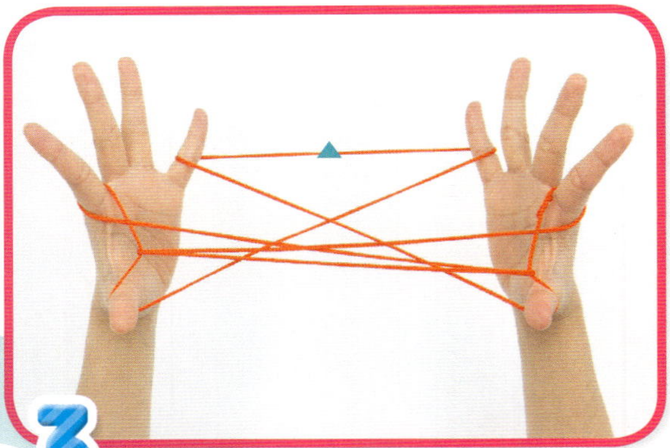

3 松开小指上▲标记的绳子。

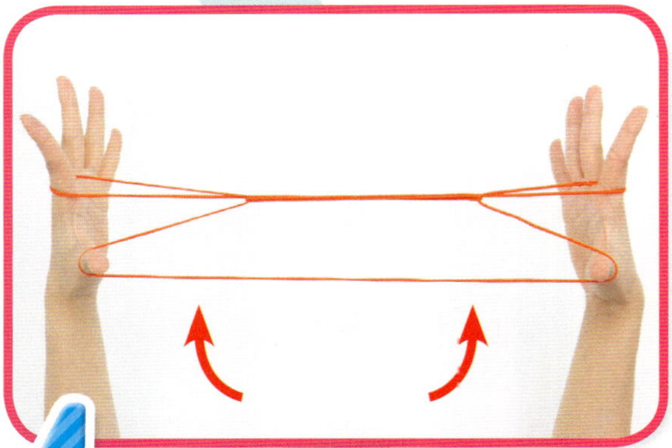

4 将手腕沿箭头方向翻转。

★ 酒杯 ★

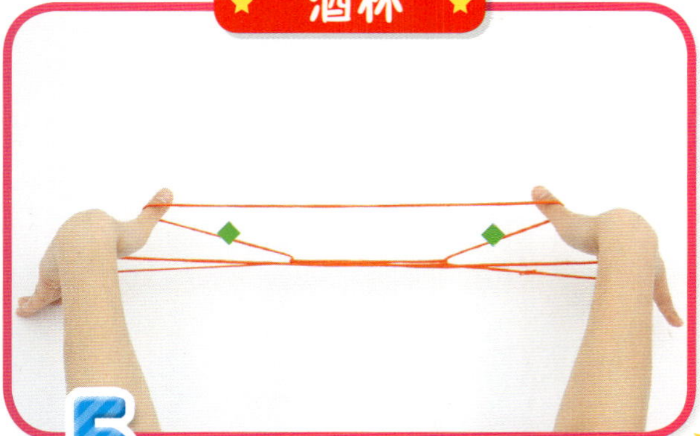

5 酒杯就完成啦！
再将手腕翻回来，用小指钩取◆处。

钩取方法

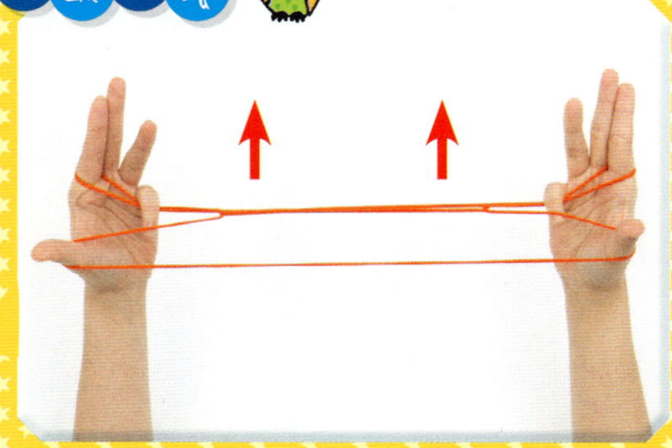

钩取中

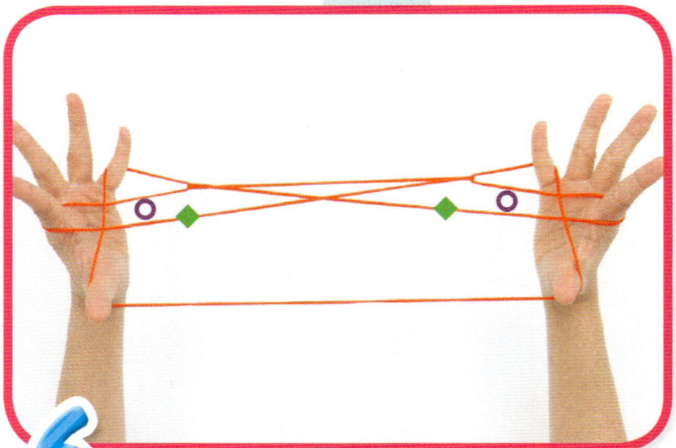

6 将食指从上方伸入○中，钩取◆处。

钩取方法

钩取中

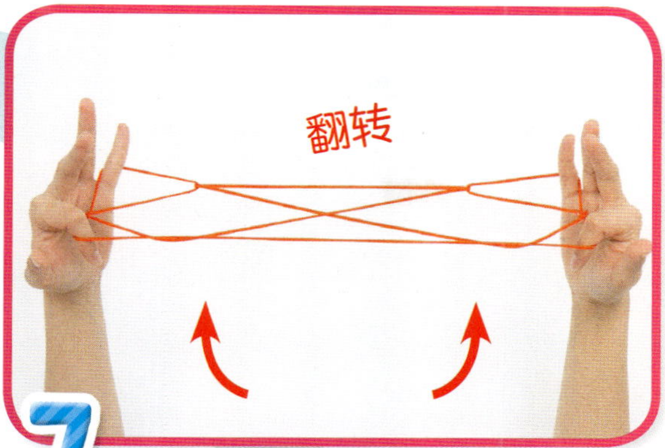

7 将食指沿箭头方向翻转并伸直，这时拇指上的绳子会自然松开。

★ 眼镜 ★

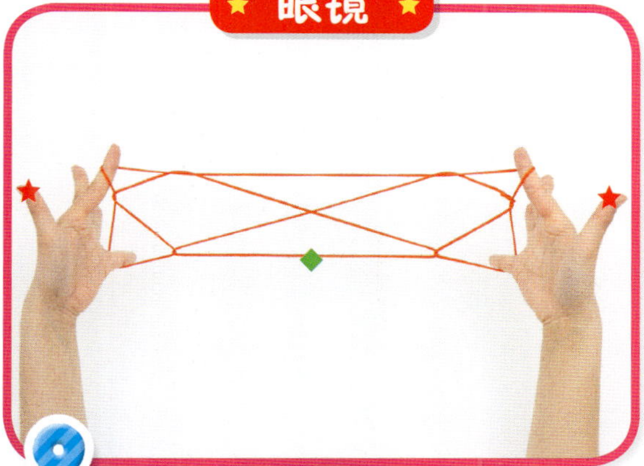

8 眼镜完成啦！
用拇指从下方钩取◆处。

钩取方法

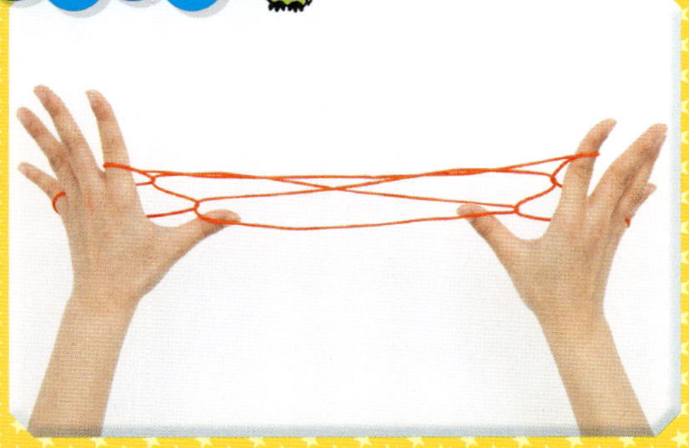

钩取中

9 松开食指上▲标记的绳子。

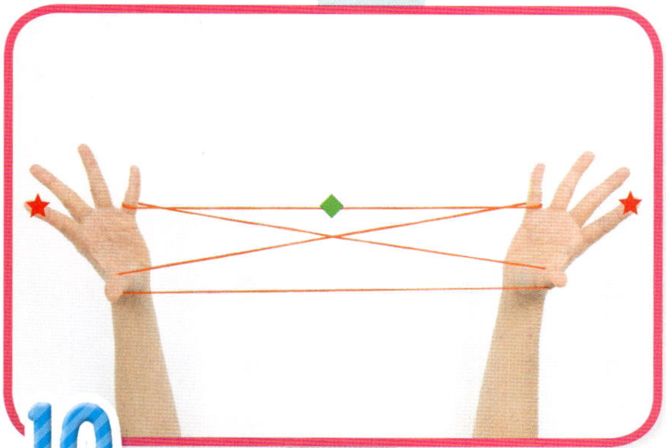

10 用食指钩取◆处。

钩取方法

钩取中

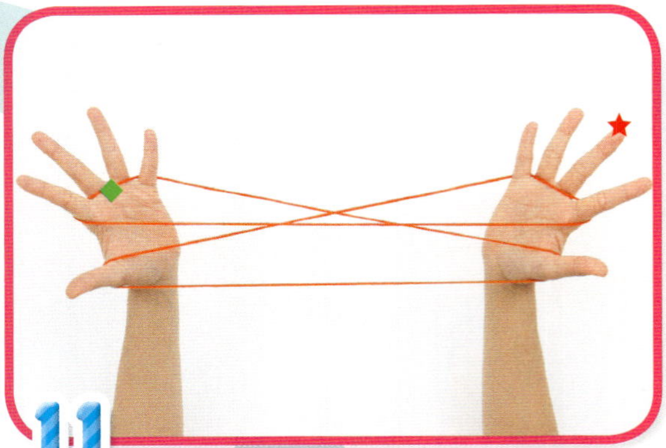

11

用右手中指钩取◆处。

钩取方法

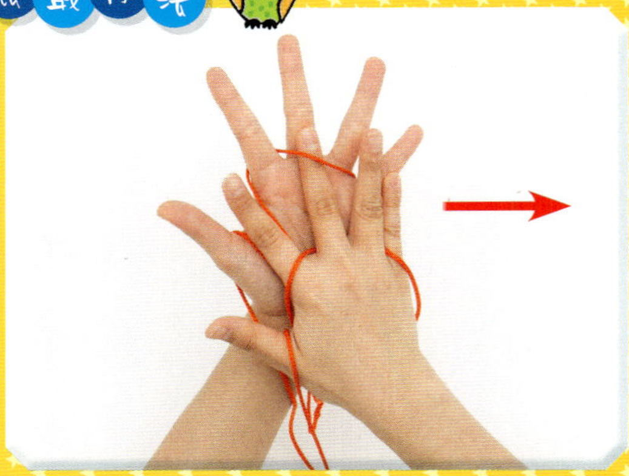

钩取中

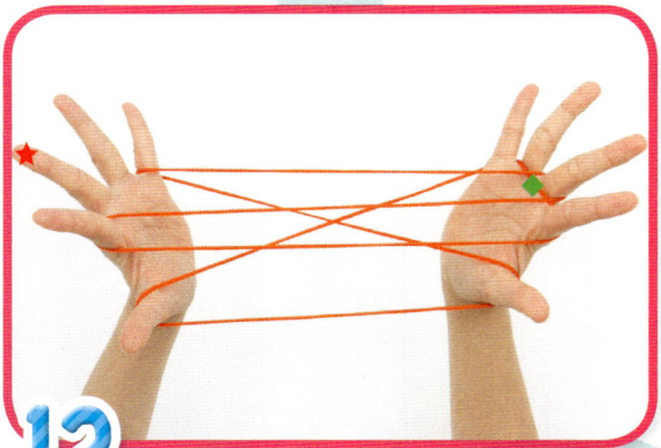

12

用左手中指钩取◆处。

钩取方法

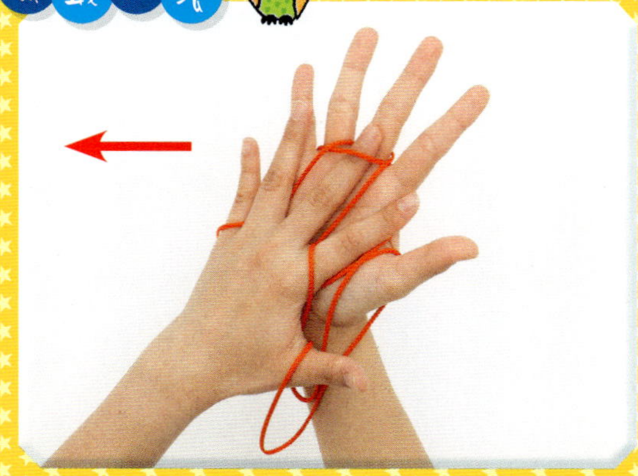

钩取中

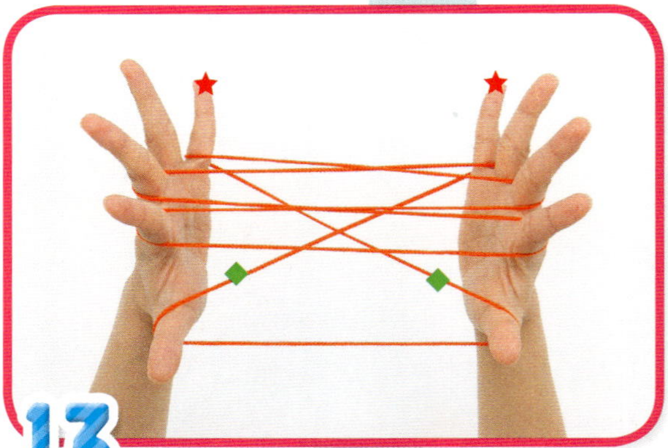

13

用小指钩取◆处。

钩取方法

钩取中

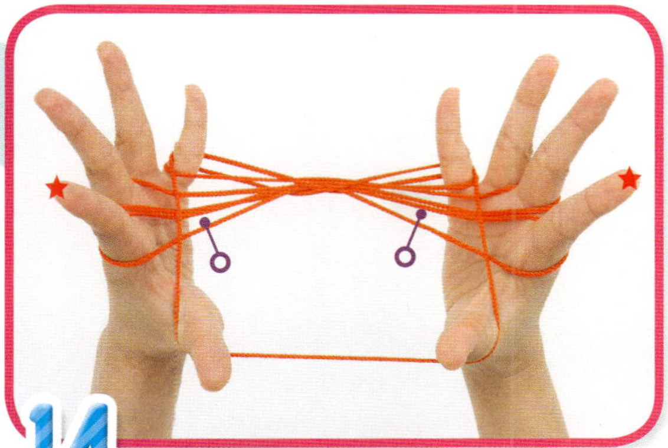

14 将食指从上方伸入○中。

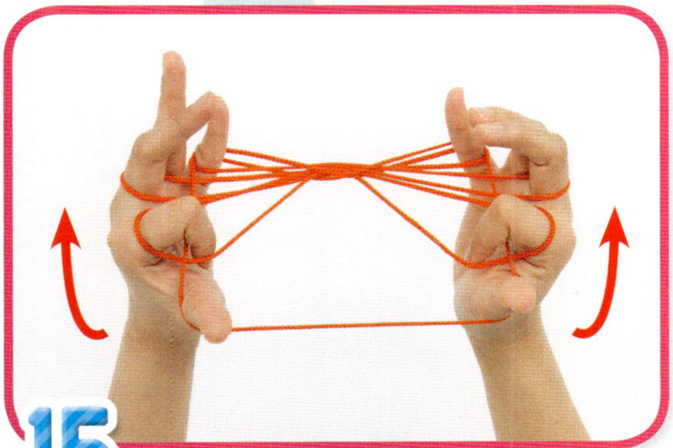

15 将食指沿箭头方向翻转并伸直。

松开方法

食指伸直后，拇指上的绳子和食指上▲标记的绳子会自然松开

蝴蝶

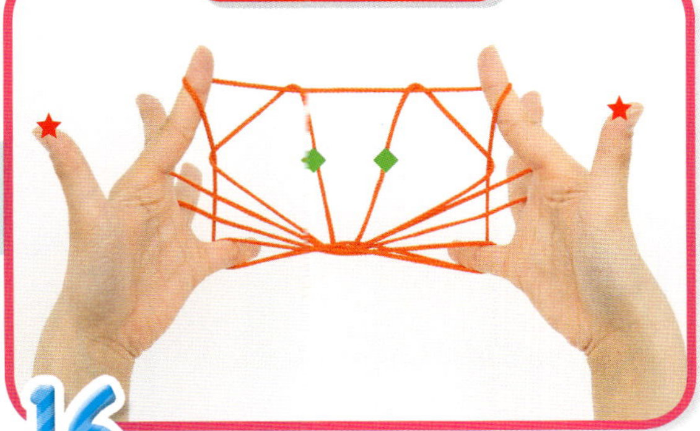

16 变成蝴蝶啦！
用拇指钩取◆处。

17 松开食指上的绳子，将五根手指全部沿箭头方向伸直，并张开双手。

完成！

富士山

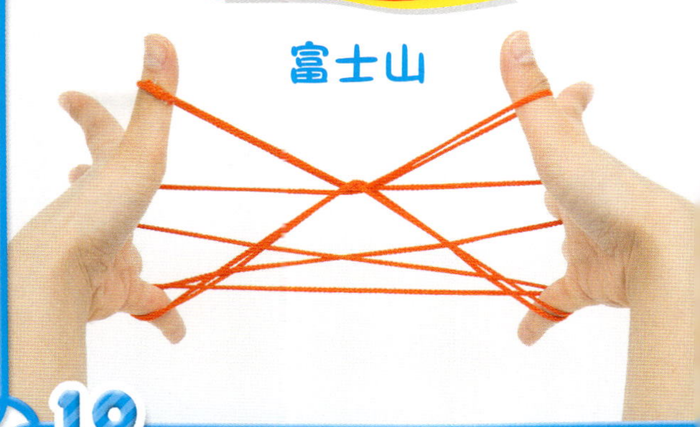

18 变成富士山啦！

多变的单人翻绳

PLAY CAT'S CRADLE BY ONESELF

难度　难　　绳长　一般

水田→小河→
水田→菱形→
大鼓→桥→
山→开始的形状

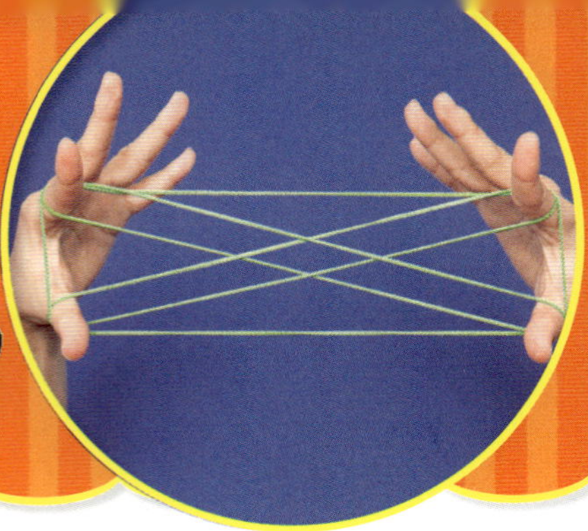

日式结构

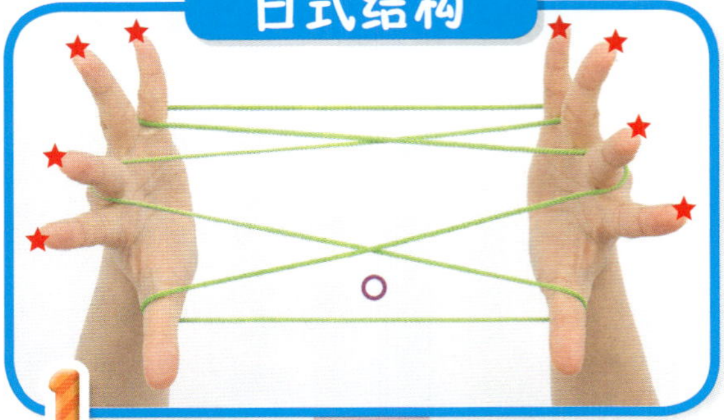

1 从日式结构开始！
将拇指以外的其他四根手指从上方伸入○中。

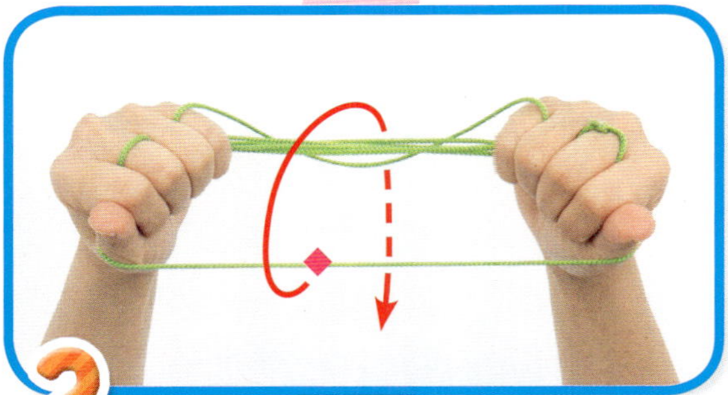

2 将◆处沿箭头方向翻到小指侧，使其挂在手腕上。

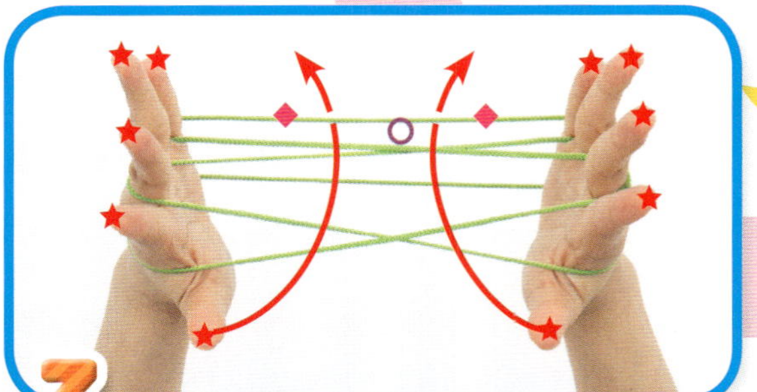

3 将两手的五根手指全部伸入○中，钩取◆处，使其挂在手腕上。

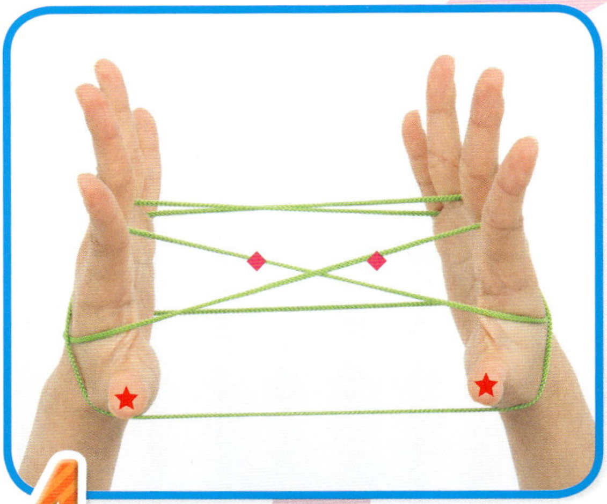

4 用拇指钩取◆处。

钩取方法

钩取中

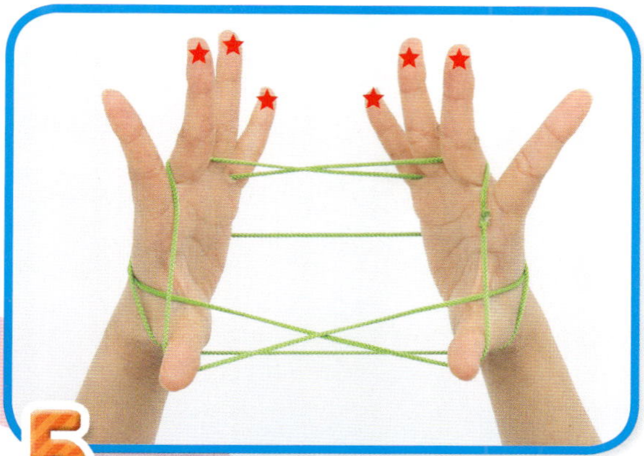

5 松开中指、无名指和小指上的绳子。

★ 水田 ★

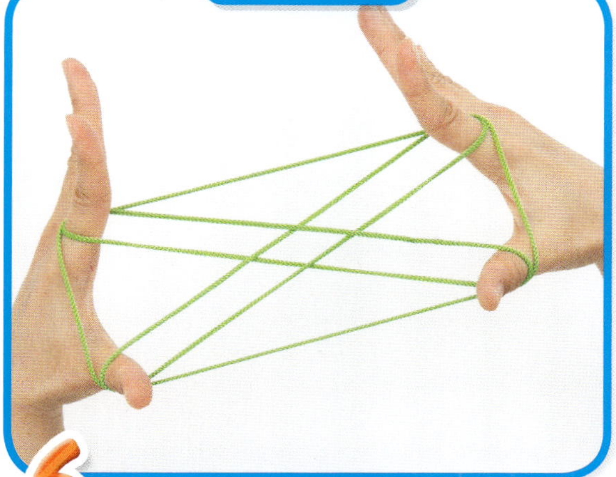

6 水田出现啦！

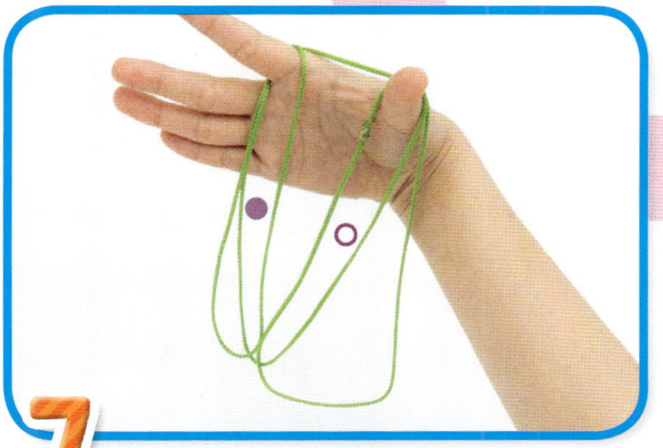

7 将左手的绳子全部松开，左手拇指从下方伸入○中，食指从下方伸入●中。

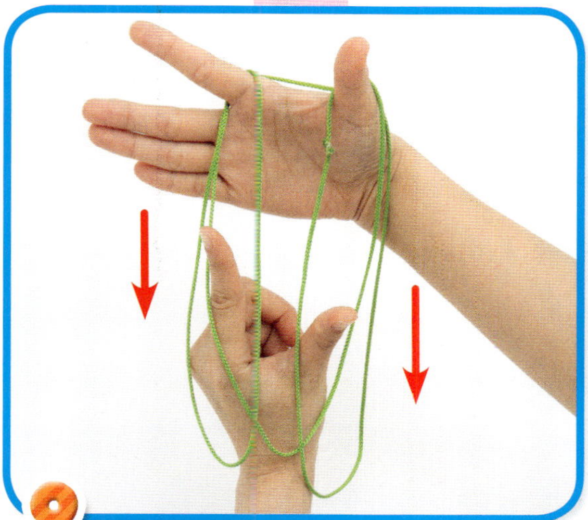

8 将左手拇指和食指伸入后，拉直绳子。

★ 小河 ★

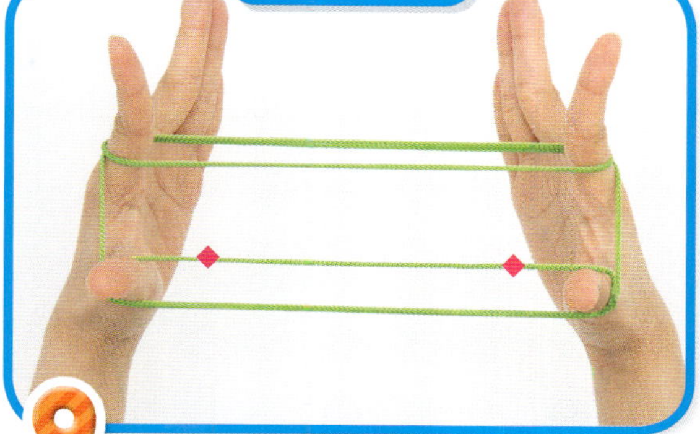

9 变成小河啦！
用小指钩取◆处。

钩取方法

钩取中

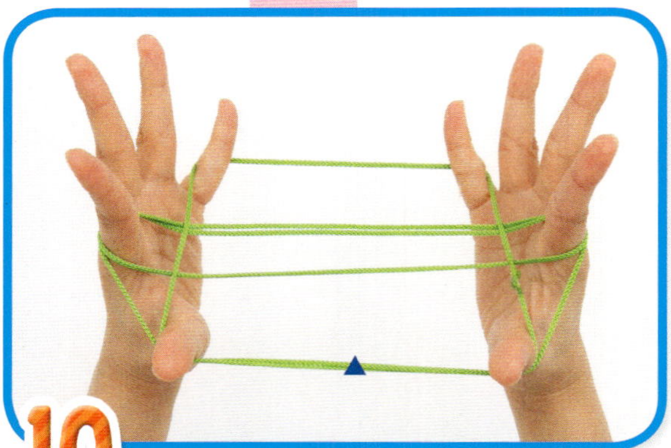

10 松开拇指上▲标记的绳子。

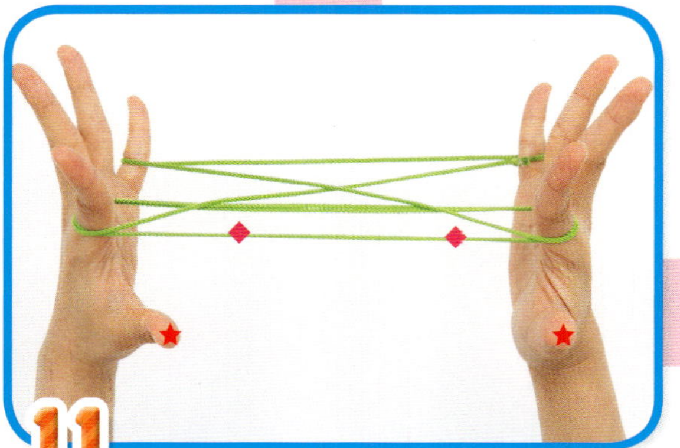

11 用拇指钩取◆处。

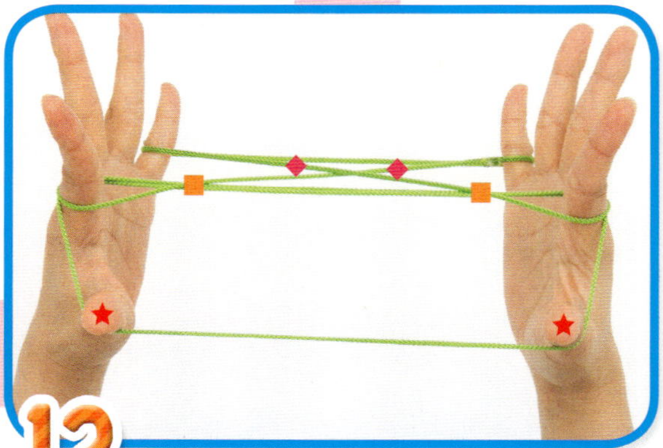

12 用拇指按住食指上的绳子■处，钩取◆处的一根绳子。

钩取方法

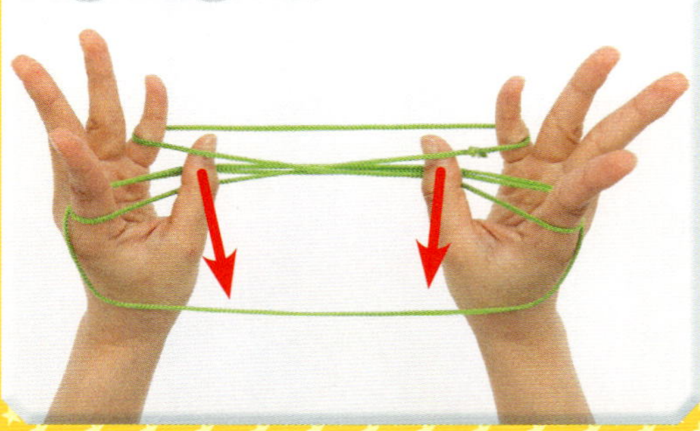

钩取中

13 松开小指上▲标记的绳子。

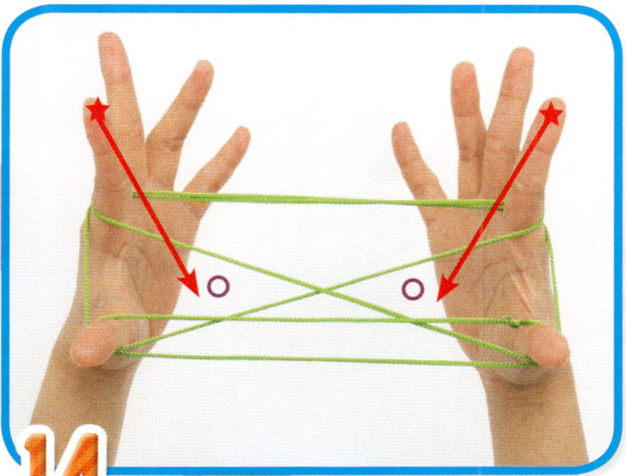

14 将食指从上方伸入○中。

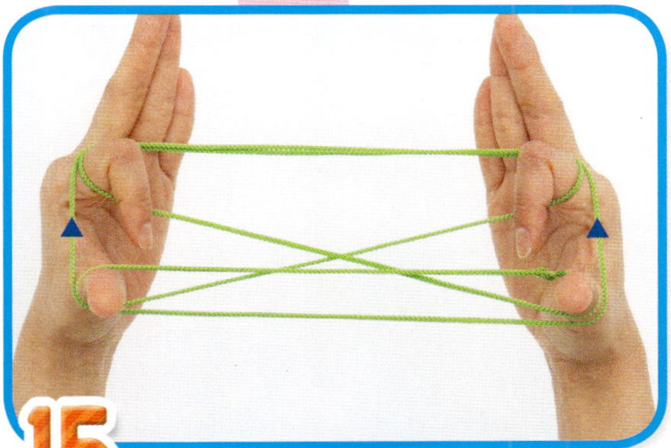

15 松开食指上▲标记的绳子。

松开方法

松开中

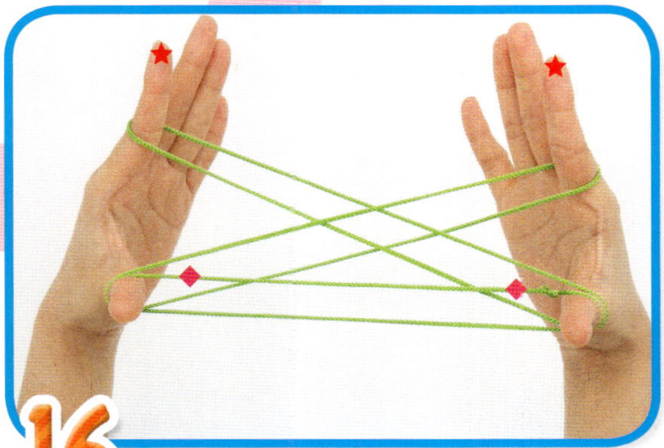

16 将食指伸直，再用食指钩取◆处。

★ 水田 ★

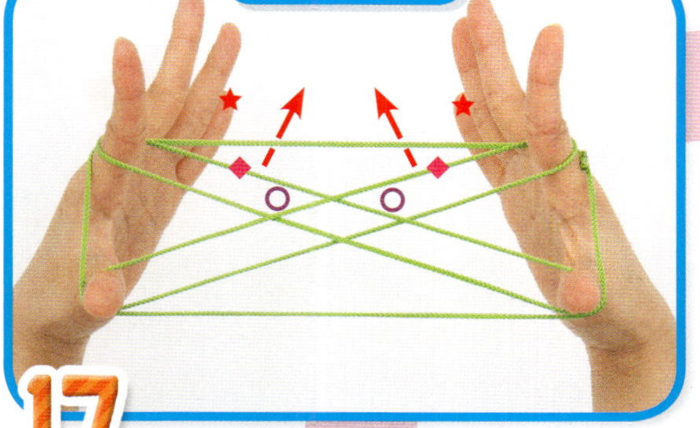

17 又变成水田啦！
将小指从下方伸入○中，沿箭头方向钩取◆处。

钩取方法

钩取中

钩取方法

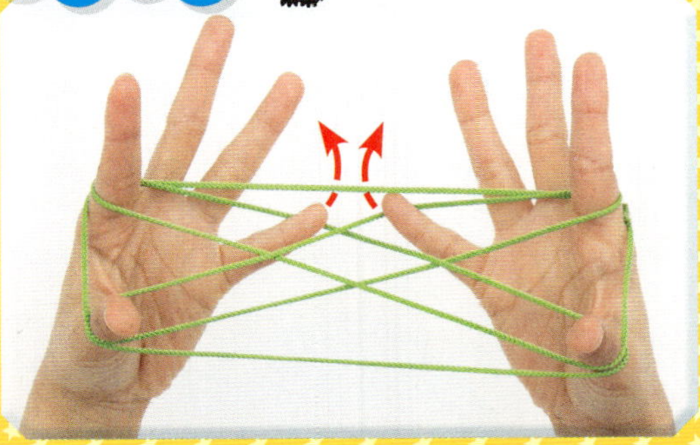

钩取中

18 用小指钩取◆处。

钩取方法

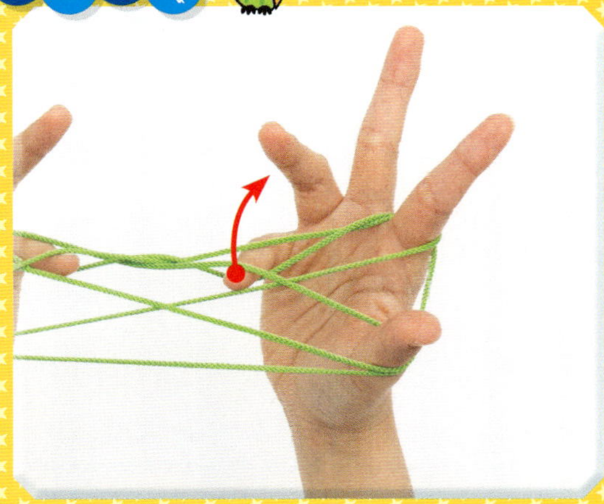

钩取中

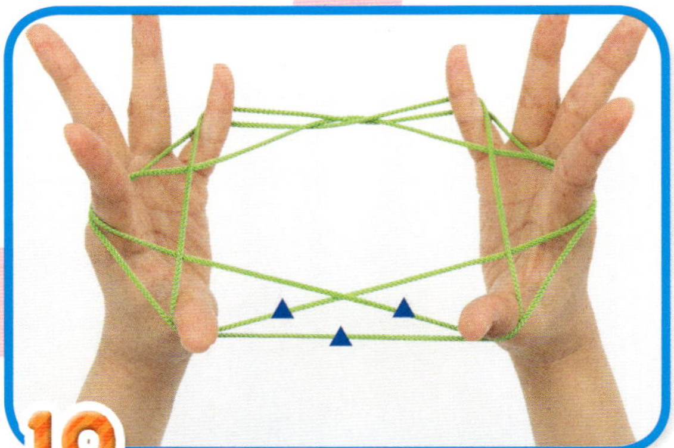

19 松开拇指上▲标记的绳子。

菱形

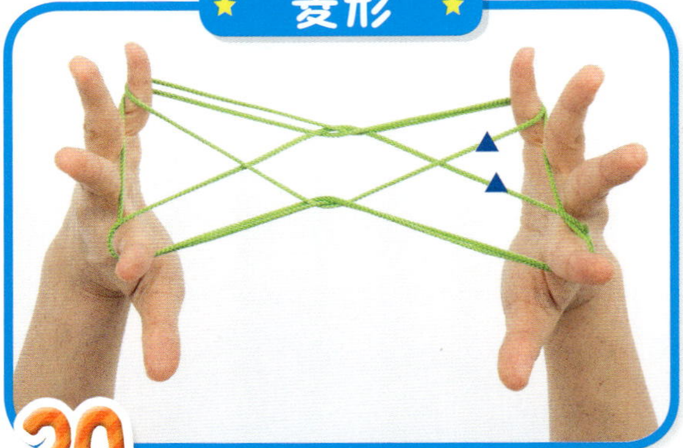

20 变成菱形啦！
用左手拇指和食指捏住▲处。

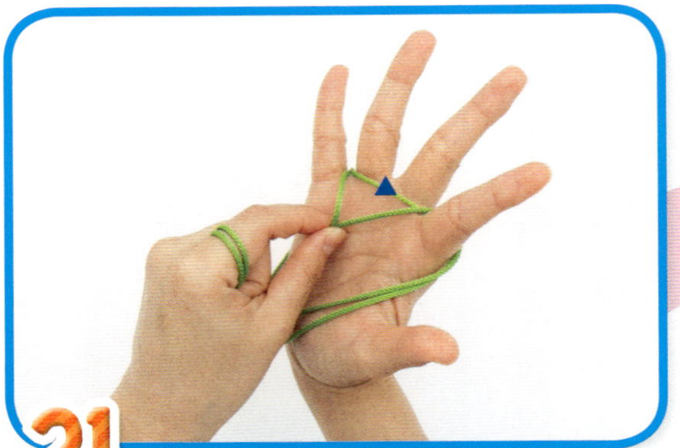

21 将右手食指和小指上的绳子取下来并捏住，松开食指上▲标记的绳子，但要钩在右手小指上。

操作方法

钩在右手小指上

22 将左手捏着的两个圈重新挂回右手拇指和食指上。

23 在左手上重复步骤20 ~ 22。

★ 大鼓 ★

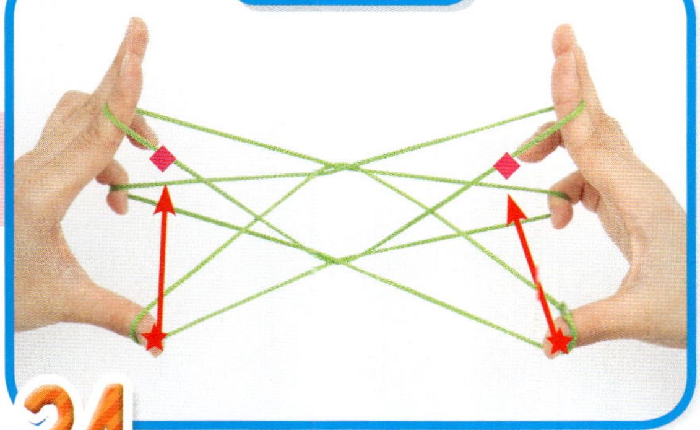

24 变成大鼓啦！
用拇指钩取◆处。

钩取方法

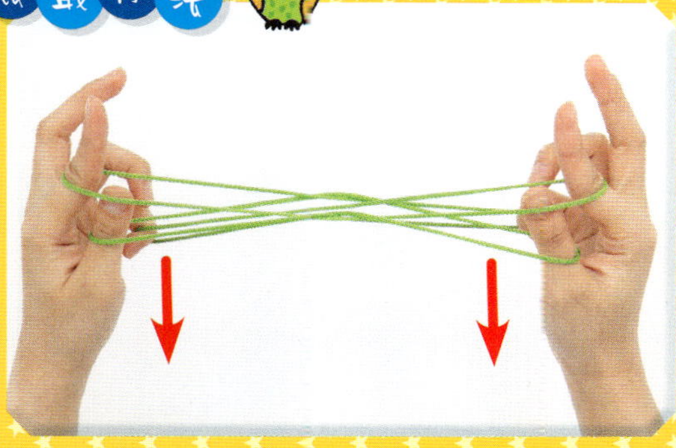

钩取中

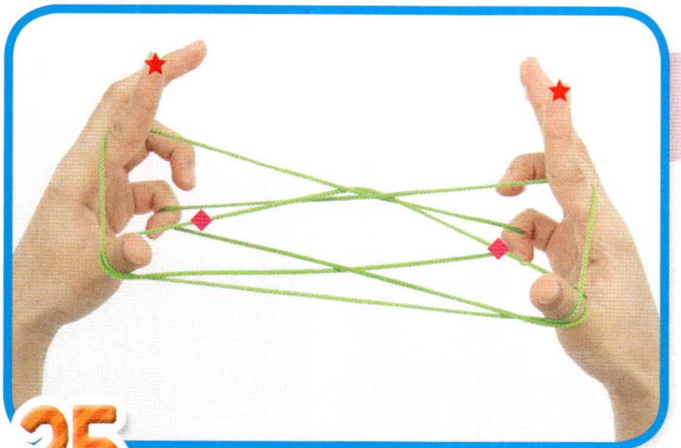

25 用食指钩取◆处。

钩取方法

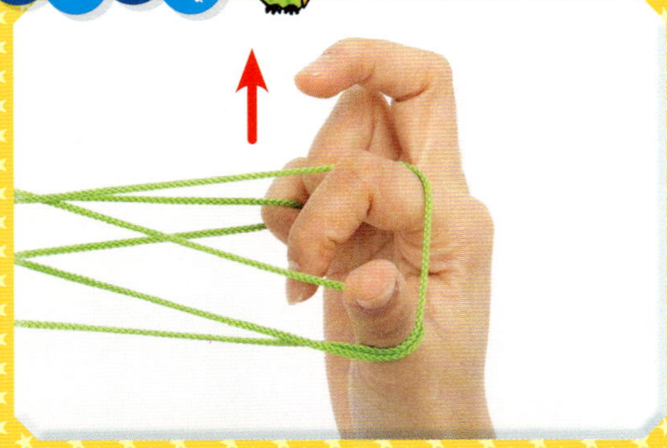

钩取中

桥

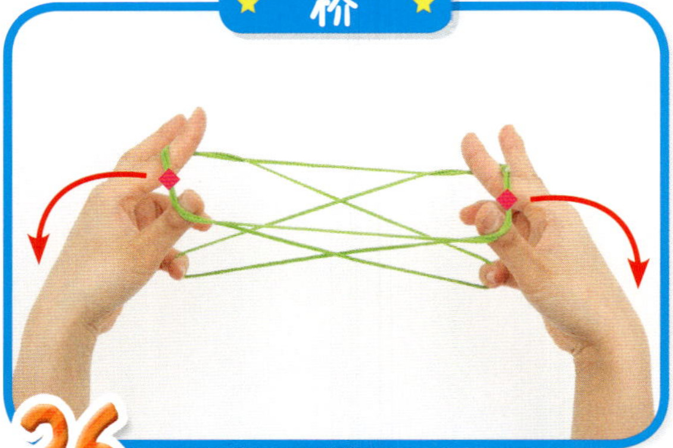

26 变成了一座桥！
将拇指和食指上的两根绳子◆处挂在手腕上。

山

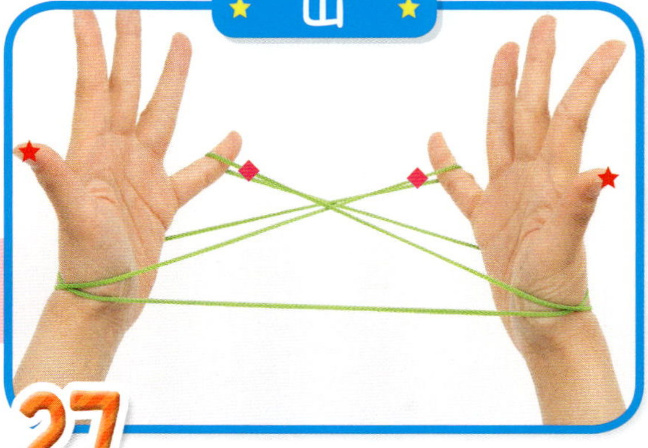

27 变成一座山啦！
用拇指钩取◆处的一根绳子。

钩取方法

钩取中

28 用右手中指钩取◆处。

钩取方法

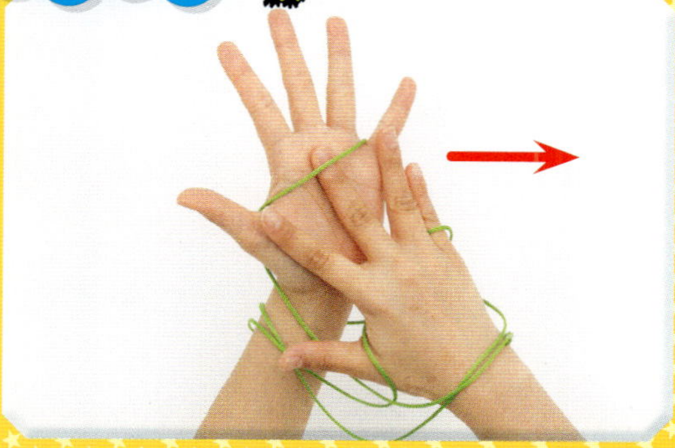

钩取中

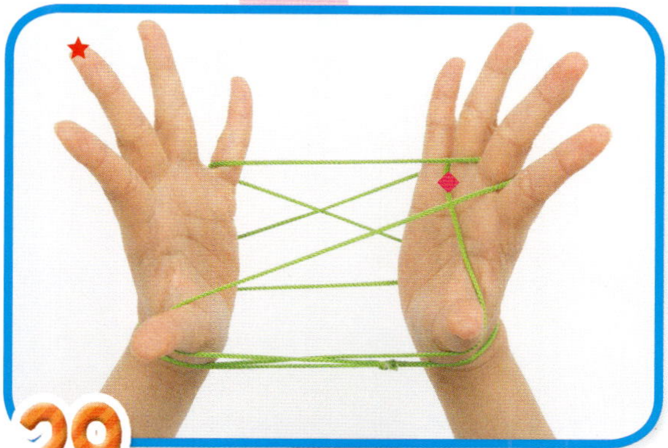

29 用左手中指钩取◆处。

钩取方法

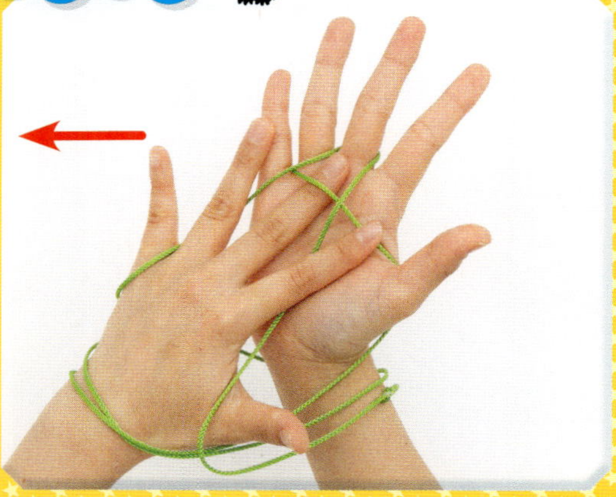

钩取中

操作方法

操作中

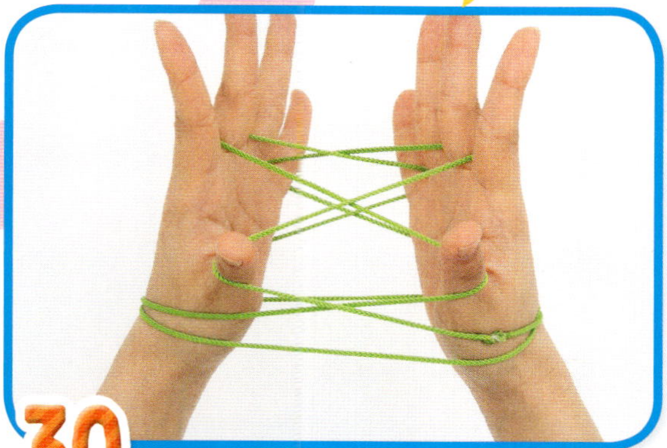

30 双手并拢朝下。晃动双手使手腕上的绳子松掉。

完成！

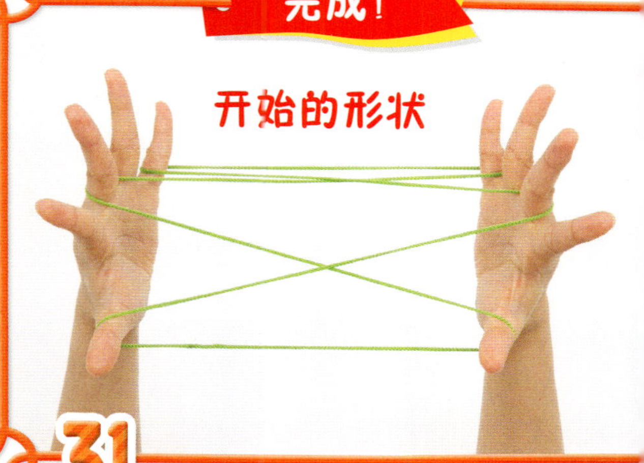

31 变回了开始的日式结构！

拉丁美洲的水果

THE LAIA FRUIT

难度 难　绳长 长

其他结构

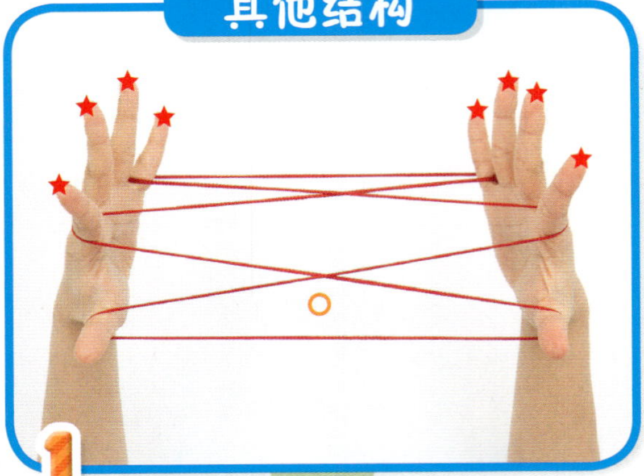

1 从其他结构开始！
将拇指以外的其他四根手指从上方伸入○中。

钩取方法

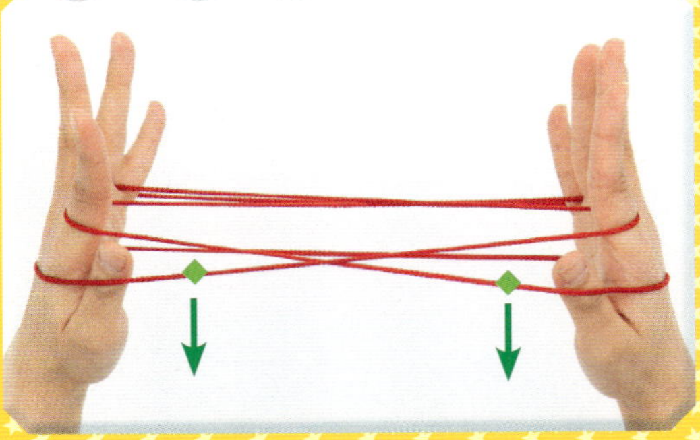

钩取中

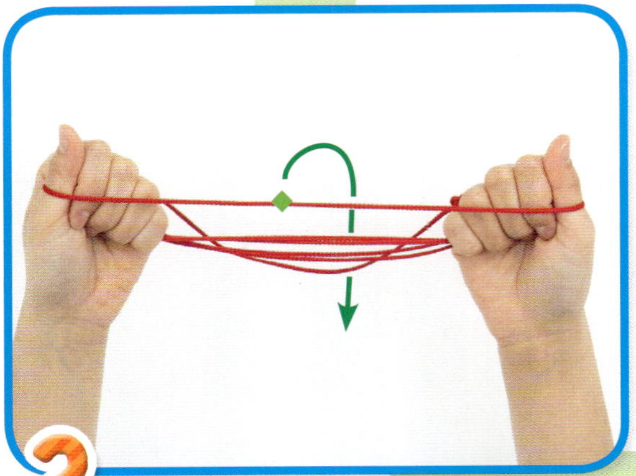

2 将◆处沿箭头方向翻到小指侧，使其挂在手腕上。

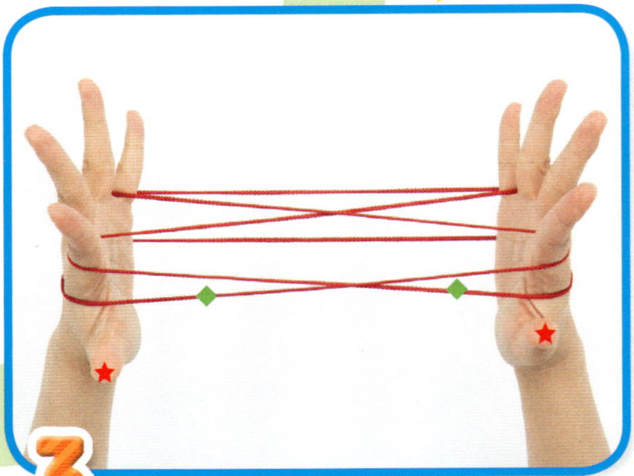

3 用拇指钩取◆处，使其挂在手腕上。

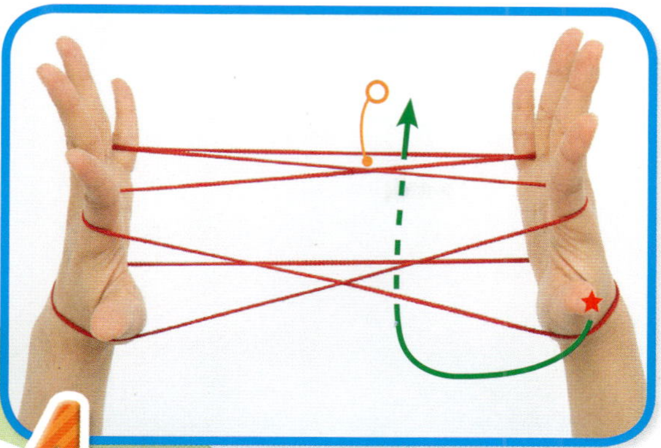

4 将右手拇指沿箭头方向从下方伸入○中。

钩取方法

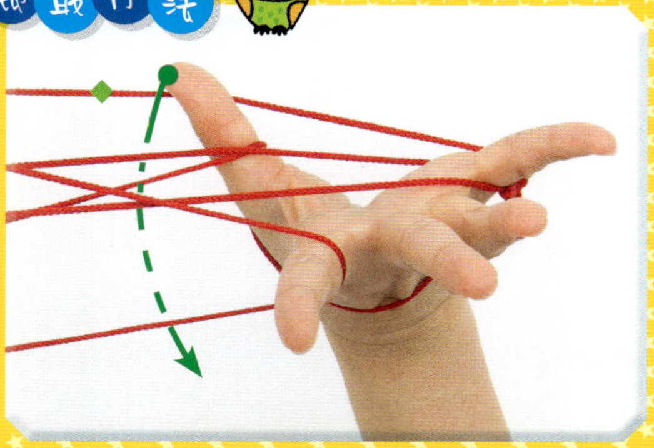

用右手拇指指背沿箭头方向钩取小指外侧的绳子◆处

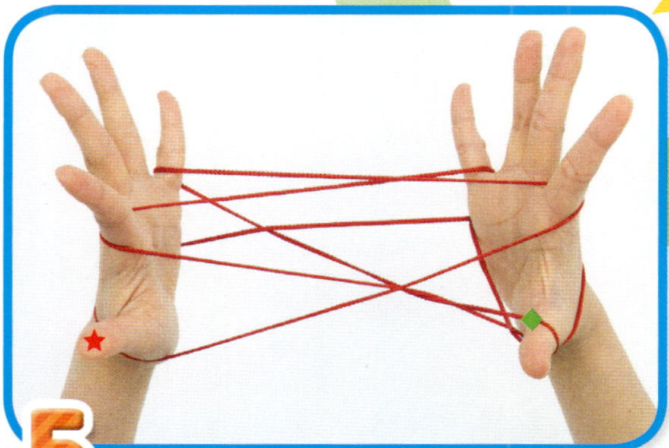

5 用左手拇指钩取◆处。

钩取方法

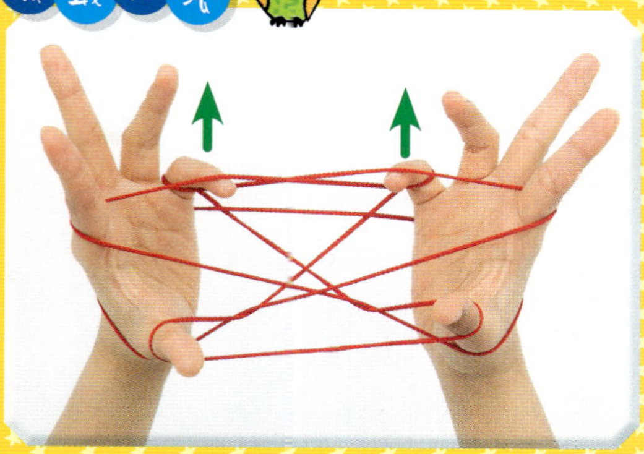

钩取中

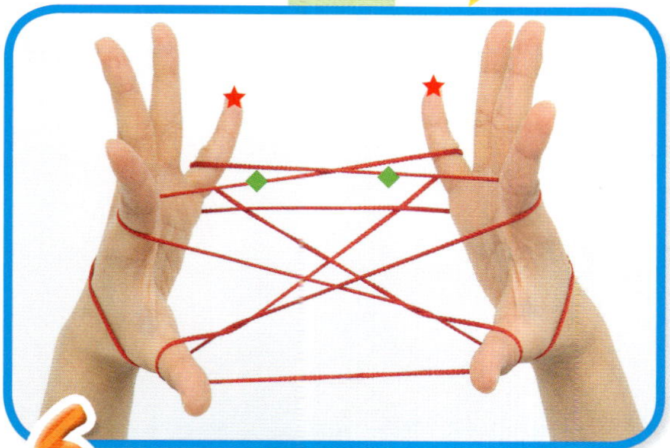

6 用小指钩取◆处。

钩取方法

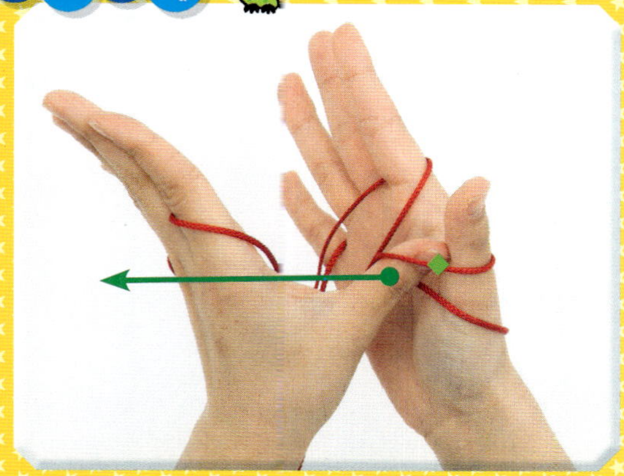

钩取中

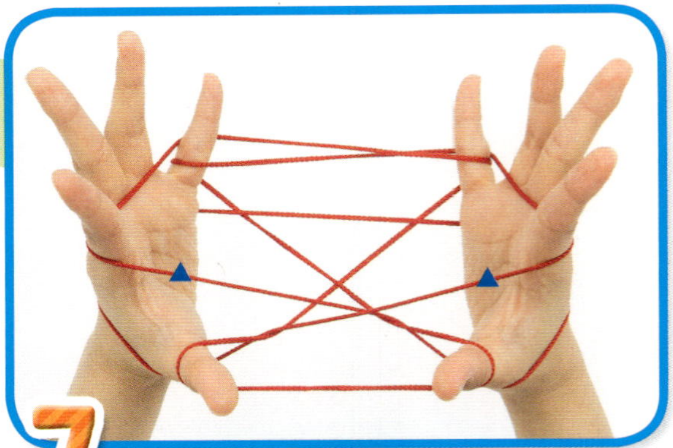

7 松开食指上▲标记的绳子。

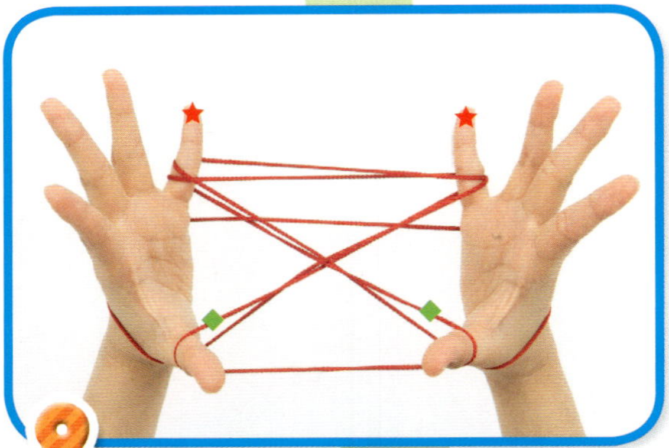

8 用小指钩取◆处。

钩取方法

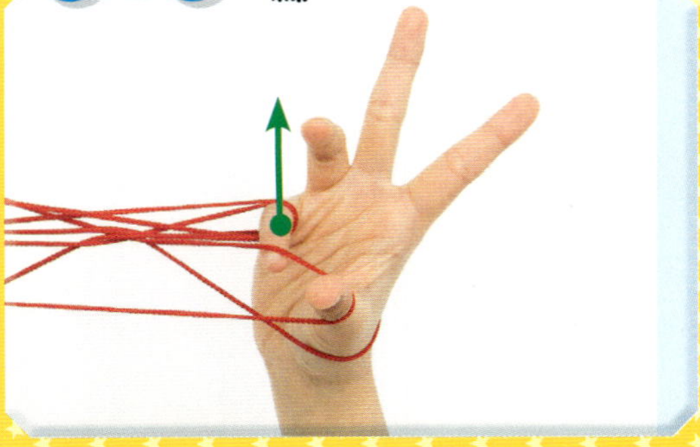

钩取中

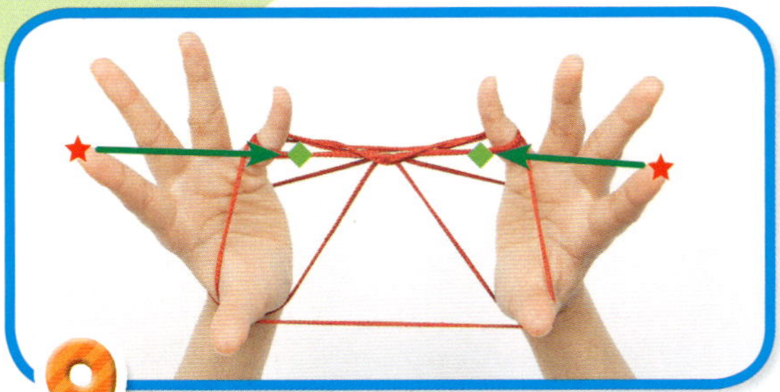

9 用食指钩取小指上的两根绳子◆处。

10 将拇指及小指上的绳子全部松开。

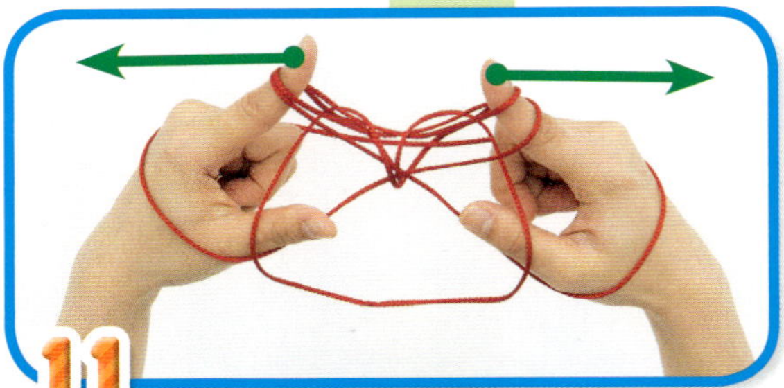

11 慢慢地沿箭头方向拉动食指。

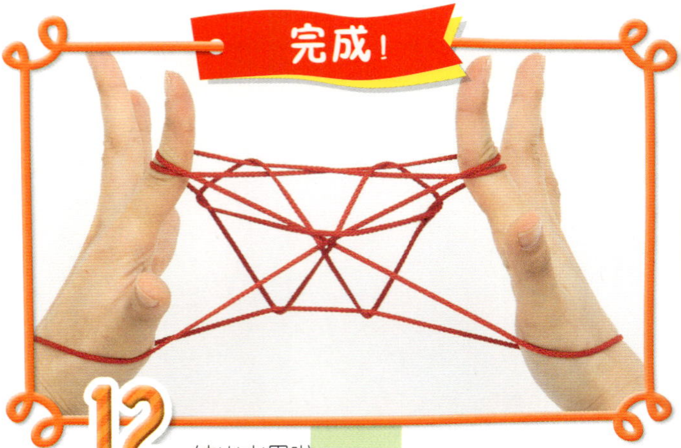

12 结出水果啦！

拉丁美洲的花

THE LAIA FLOWER

难度 简单 绳长 一般

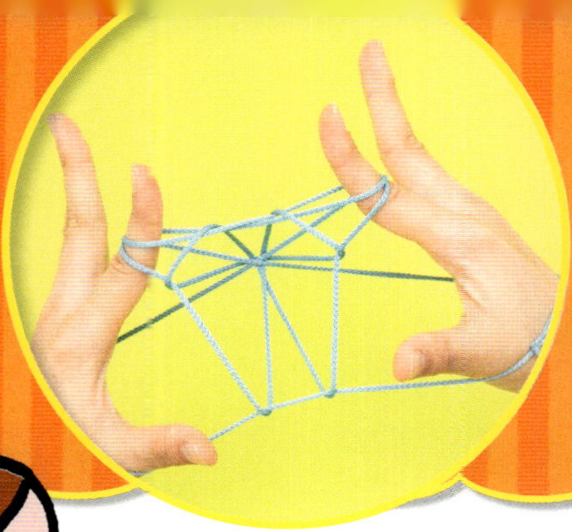

其他结构

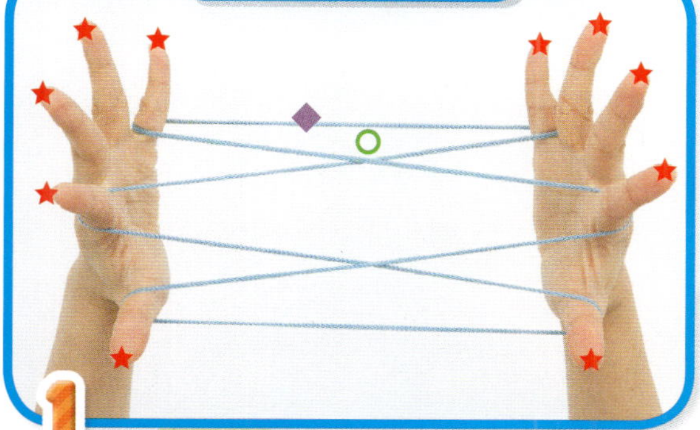

1 从其他结构开始！
将五根手指全部伸入○中，钩取绳子◆处翻转，使其挂在拇指侧的手腕上。

操作方法

钩取绳子◆处，沿箭头方向翻转，使其挂在拇指侧手腕上

钩取方法

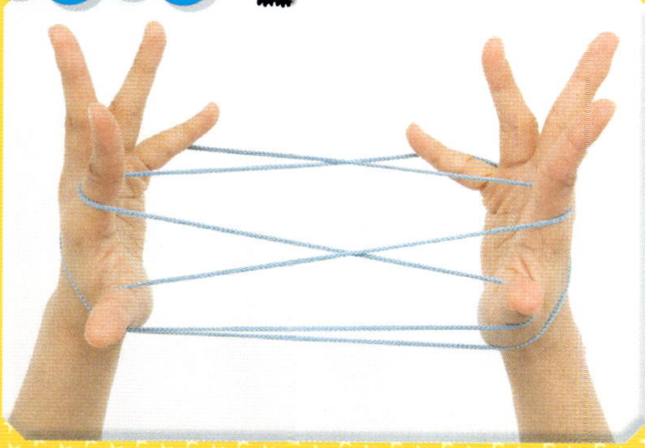

将钩取的绳子挂在小指侧手腕上

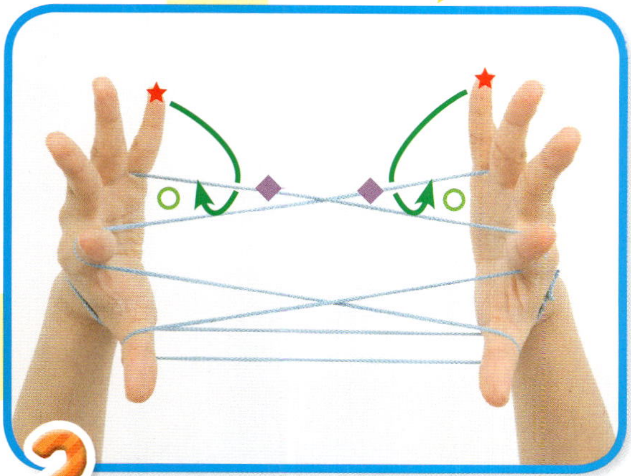

2 将小指从下方伸入○中，钩取◆处，将其挂在小指侧手腕上。

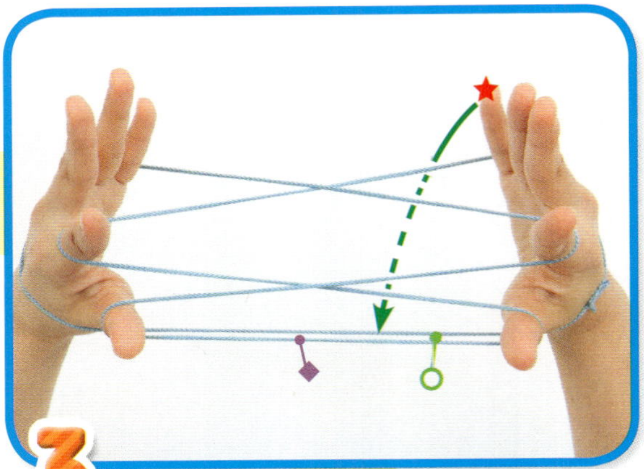

3 将右手小指从下方伸入○中，钩取◆处。

钩取方法

一边钩取◆处，一边沿箭头方向钩回手指

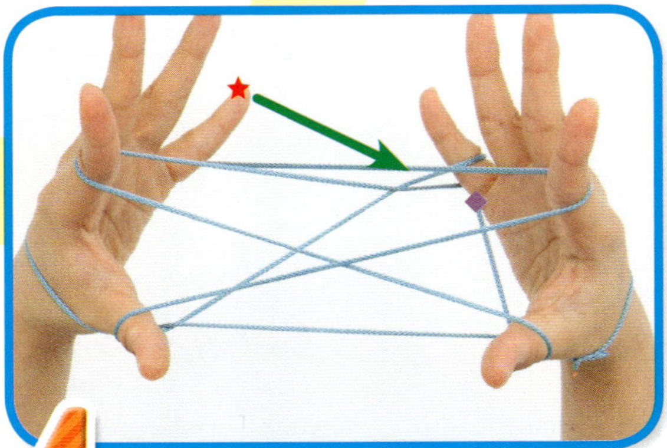

4 用左手小指从下方钩取◆处（挂在小指外侧的绳子）。

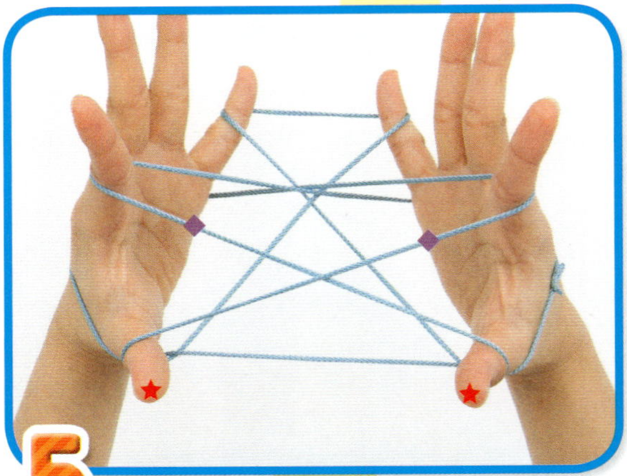

5 用拇指钩取◆处。

钩取方法

钩取中

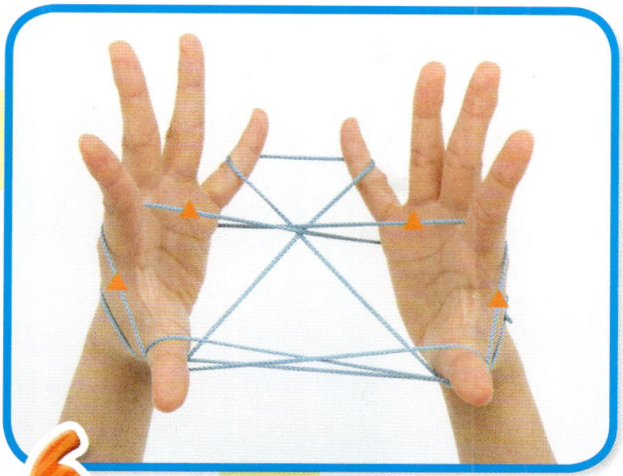

6 松开食指上▲标记的绳子。

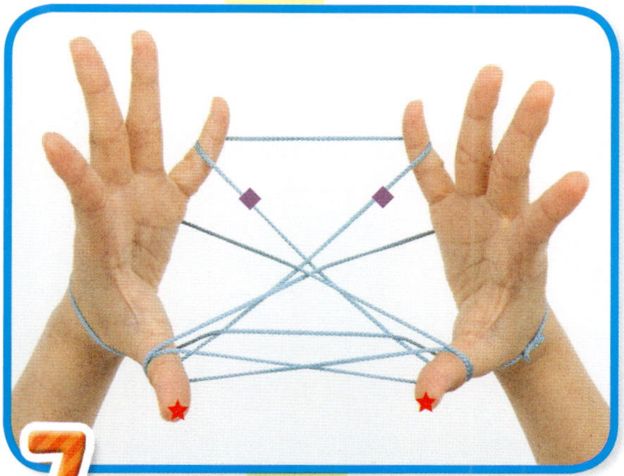

7 用拇指钩取◆处。

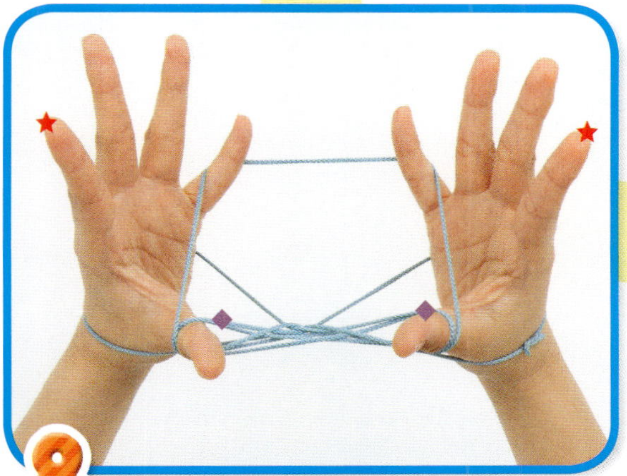

8 用食指钩取拇指上的两根绳子◆处。

9 将拇指及小指上的绳子全部松开。

完成！

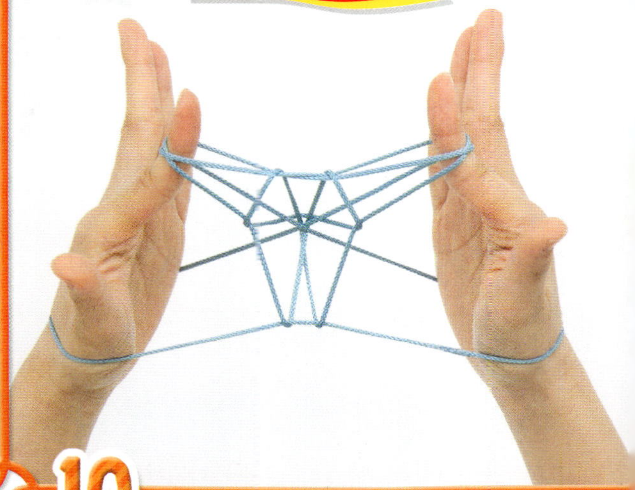

10 花开啦！

小木屋

LOG HOUSE

难度 一般　绳长 一般

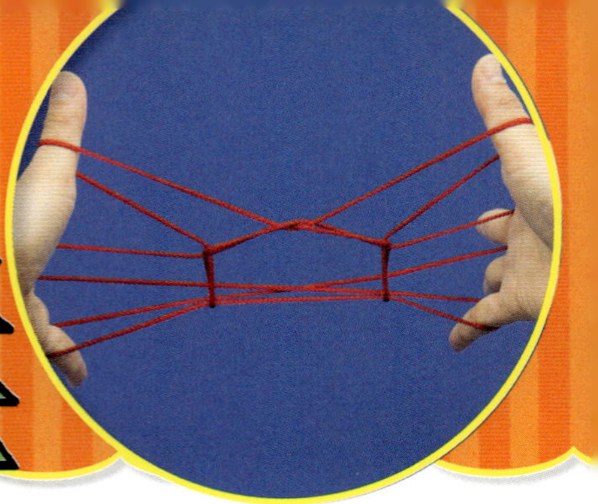

其他结构

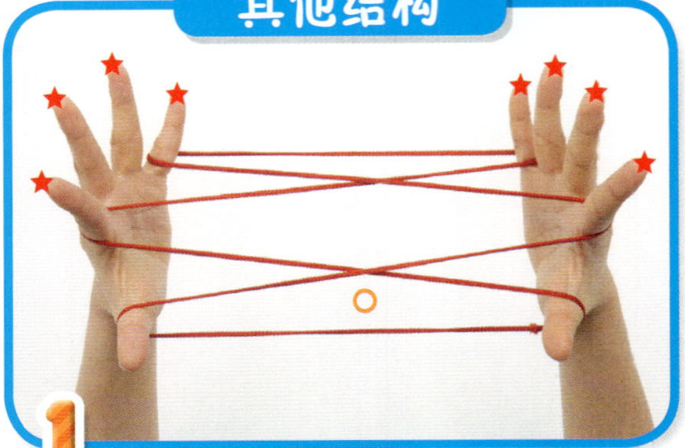

1 从其他结构开始！
将拇指以外的其他四根手指从上方伸入○中。

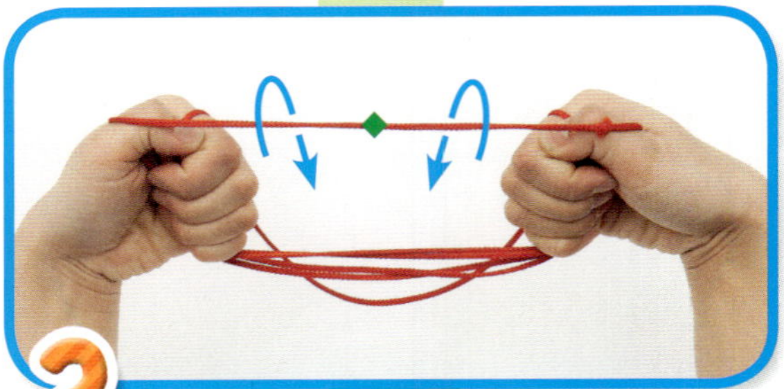

2 将◆处沿箭头方向翻到小指侧。

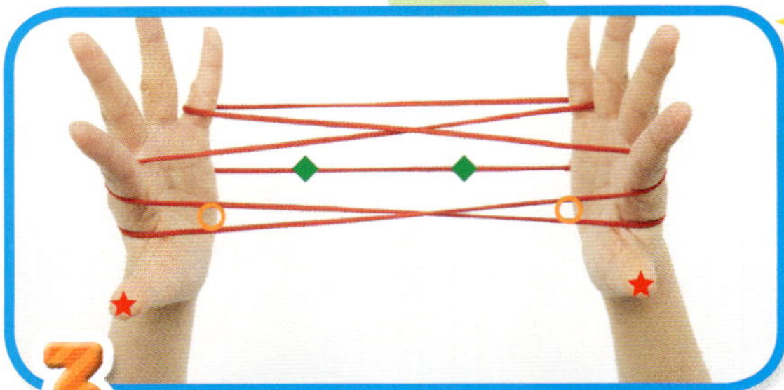

3 将拇指伸入○中，从下方钩取◆处。

钩取方法

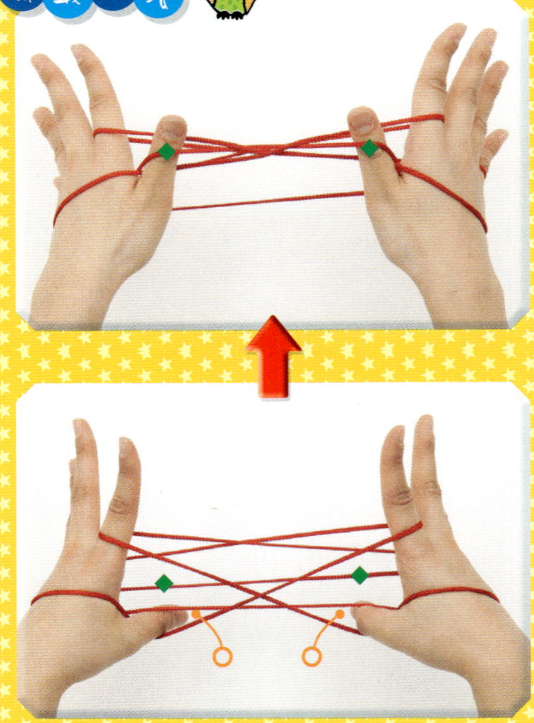

钩取中

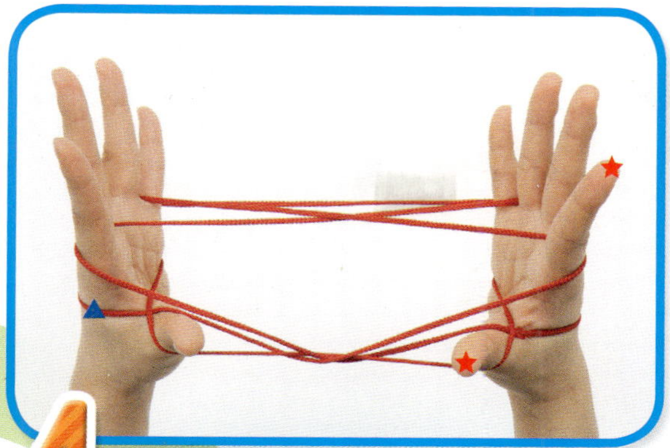

4 松开▲标记的绳子，即用右手拇指和食指将▲标记绳取下来。

松开方法

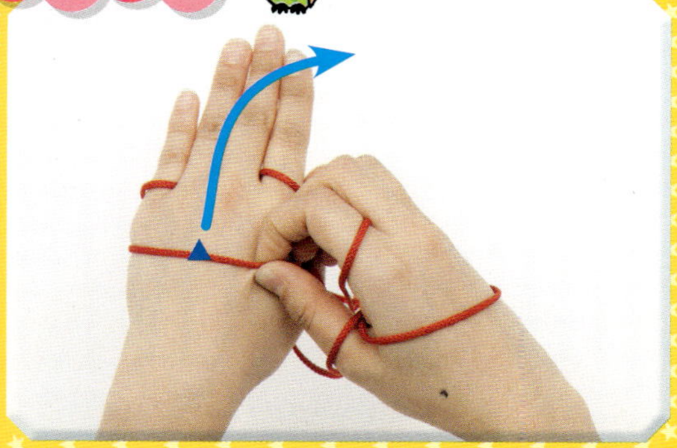

松开中

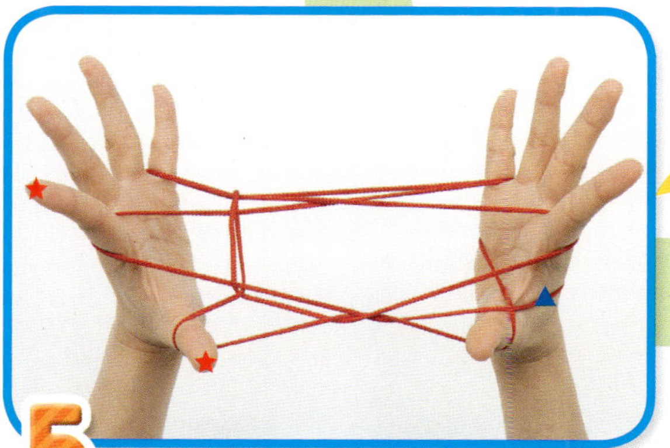

5 松开▲标记的绳子，即用左手拇指和食指将▲标记绳取下来。

松开方法

松开中

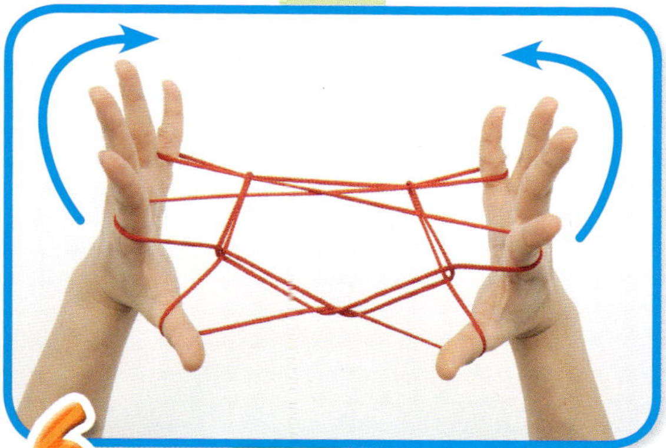

6 将手腕沿箭头方向翻转。

完成！

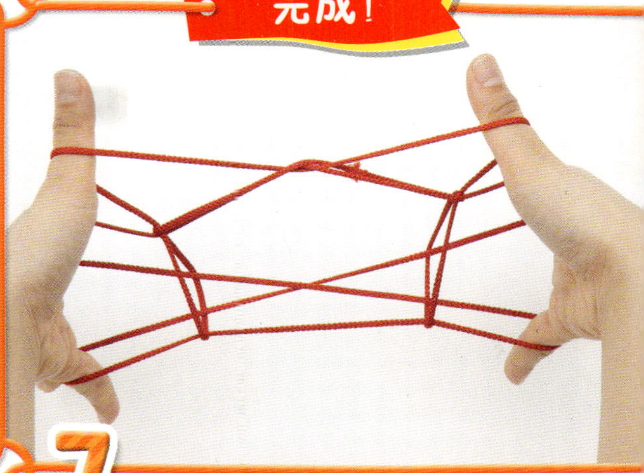

7 小木屋完成啦！

四层梯子

LADDER WITH 4 STEPS

难度 一般　绳长 一般

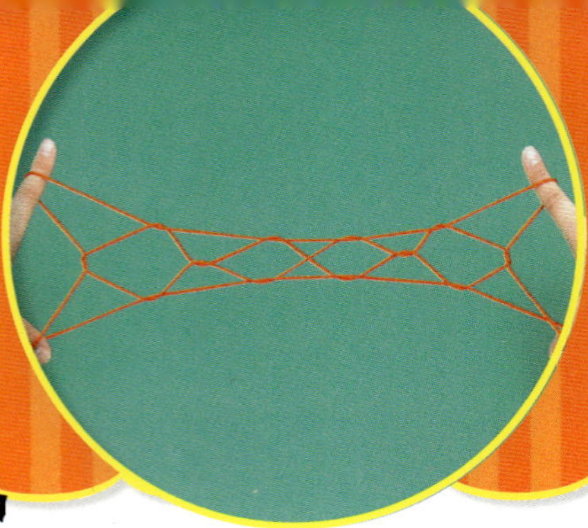

其他结构

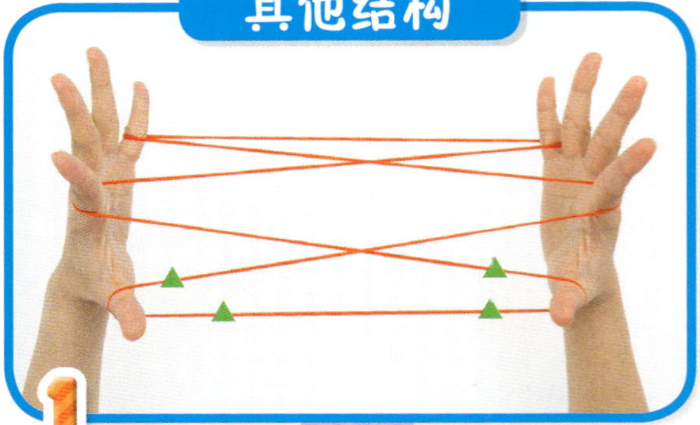

1 从其他结构开始！
松开拇指上▲标记的绳子。

钩取方法

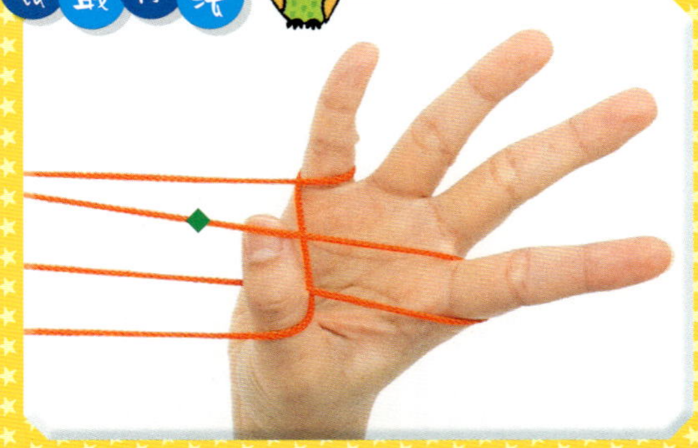

钩取中

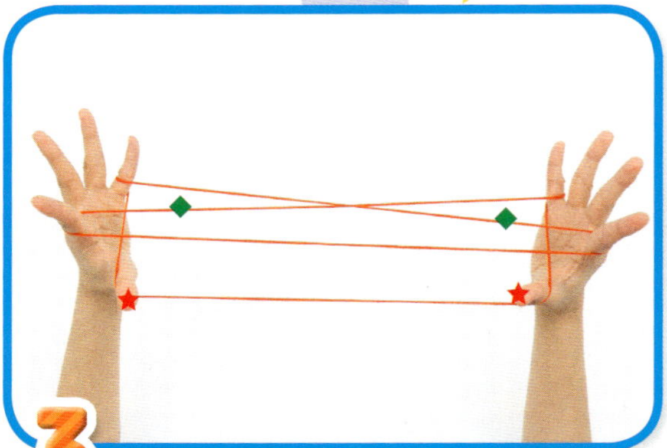

2 将拇指从绳子下方穿过，钩取◆处向胸前拉动。

钩取方法

用拇指钩取◆处向胸前拉动

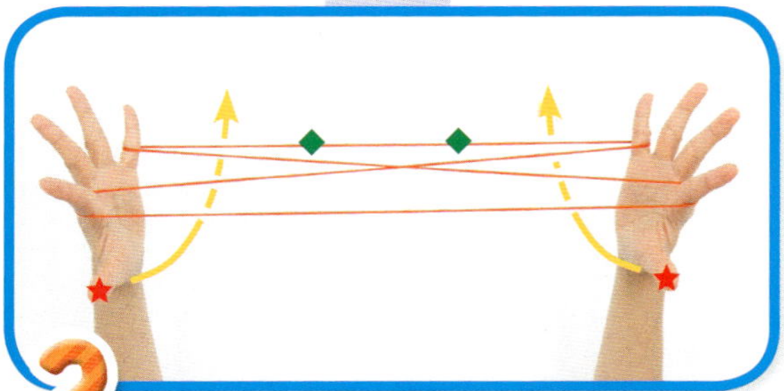

3 用拇指钩取◆处。

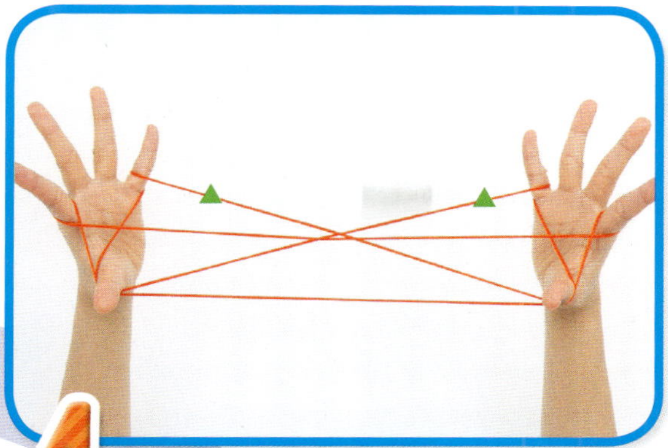

4 松开小指上▲标记的绳子。

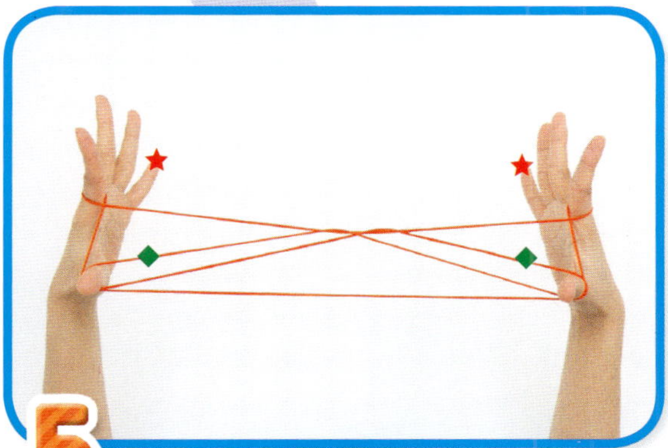

5 用小指钩取◆处。

钩取方法

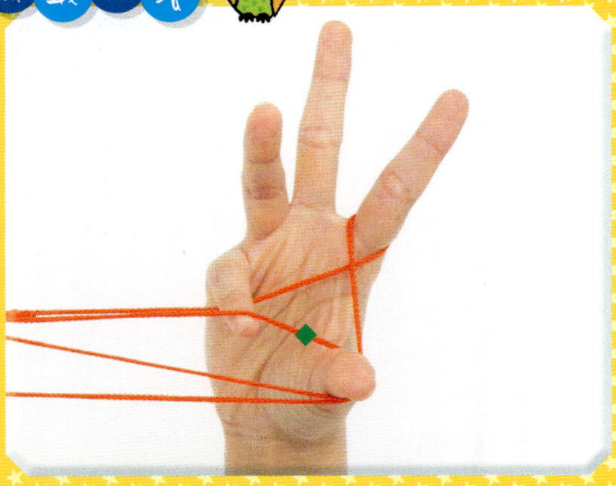

钩取中

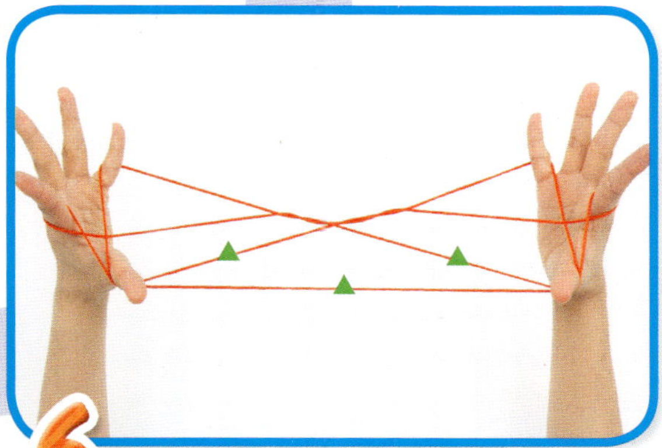

6 松开拇指上▲标记的两根绳子。

钩取方法

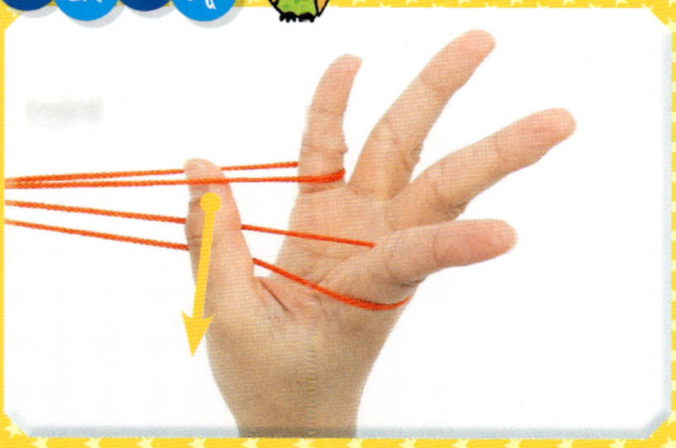

钩取中

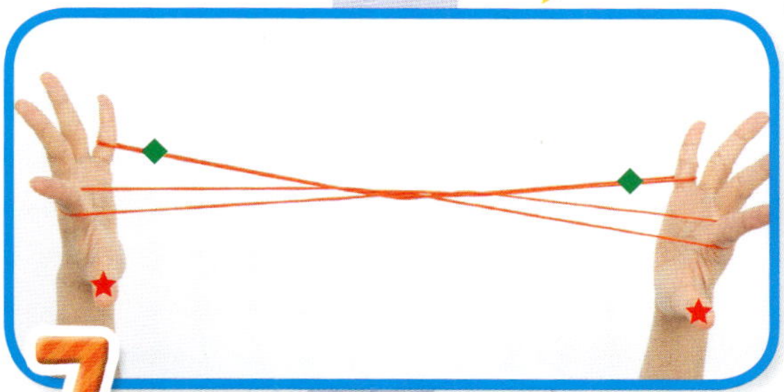

7 用拇指钩取小指上◆处的一根绳子。

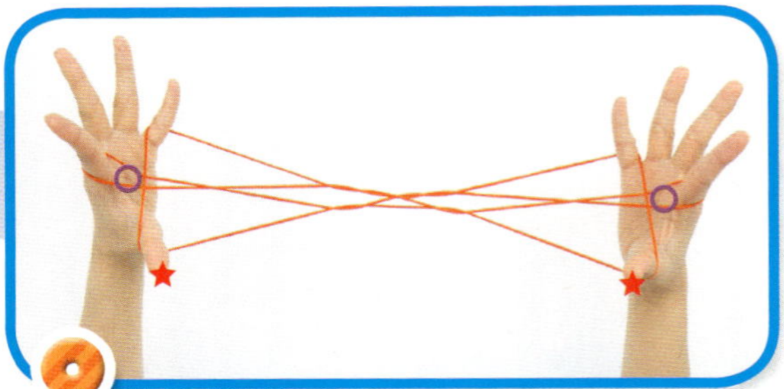

8 将拇指从下方伸入○中。

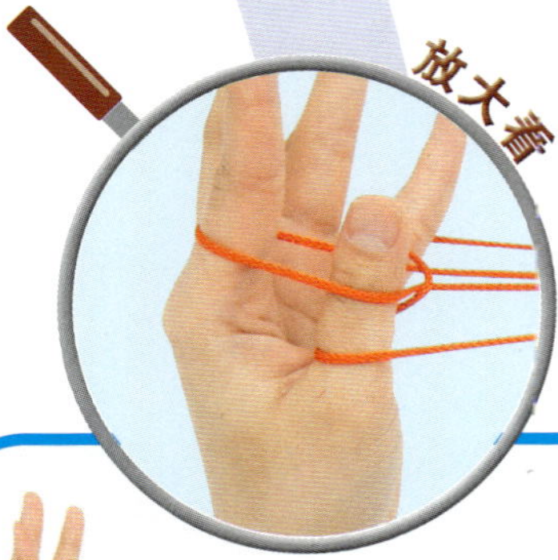

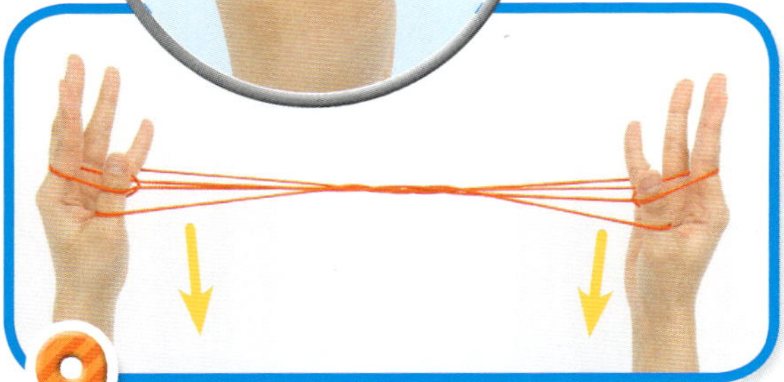

9 将绳子向胸前拉动。

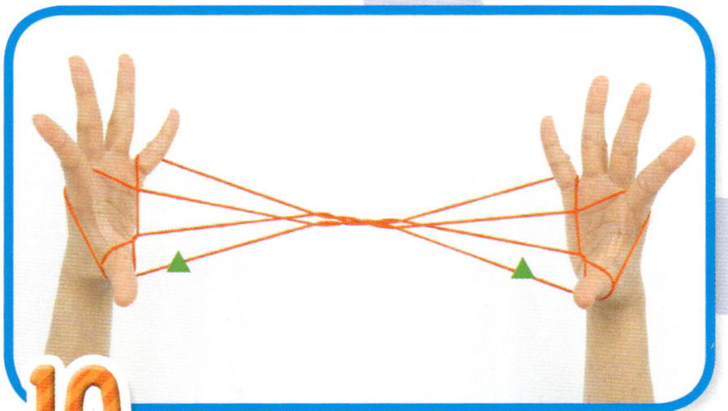

10 松开拇指上▲标记的绳子。

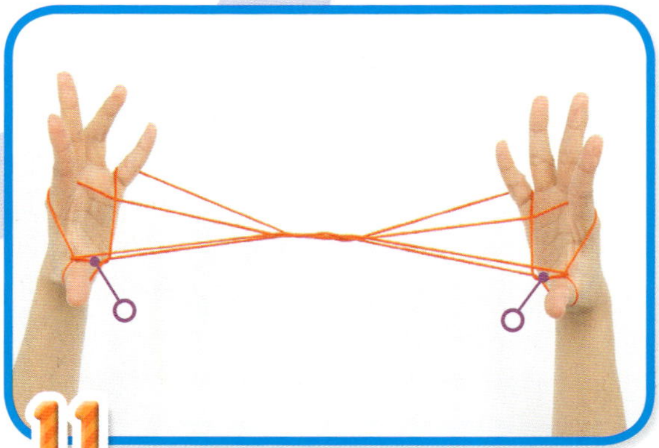

11 将食指从上方伸入○中。

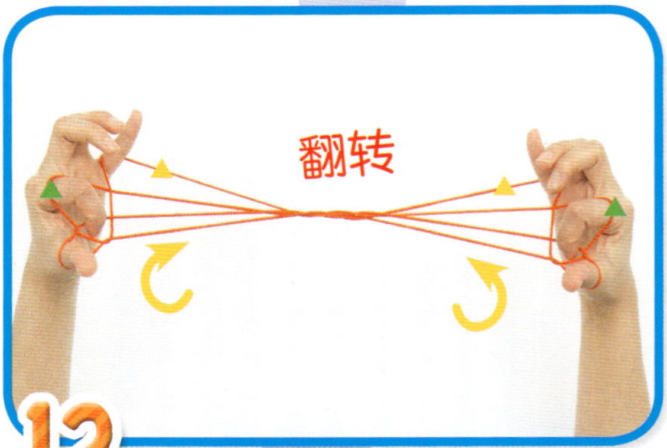

12 松开小指上▲标记的绳子。然后一边将食指伸直，一边沿箭头方向翻转（▲标记的绳子会自然松开）。

13 四层梯子完成啦！

五层梯子

LADDER WITH 5 STEPS

难度 难　　绳长 一般

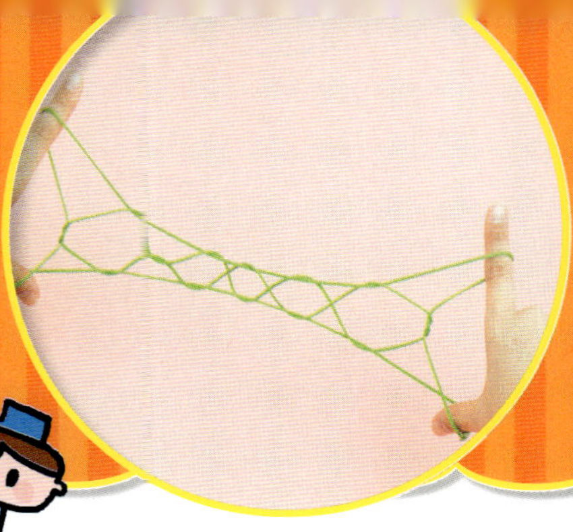

其他结构

1 从其他结构开始！
松开拇指上▲标记的绳子。

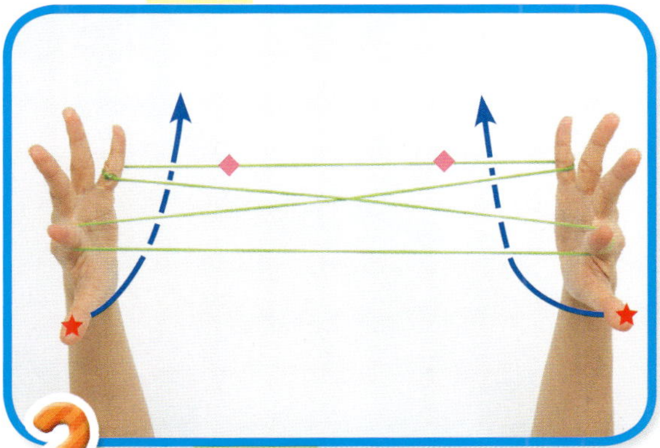

2 将拇指从绳子下方穿过，钩取◆处向胸前拉动。

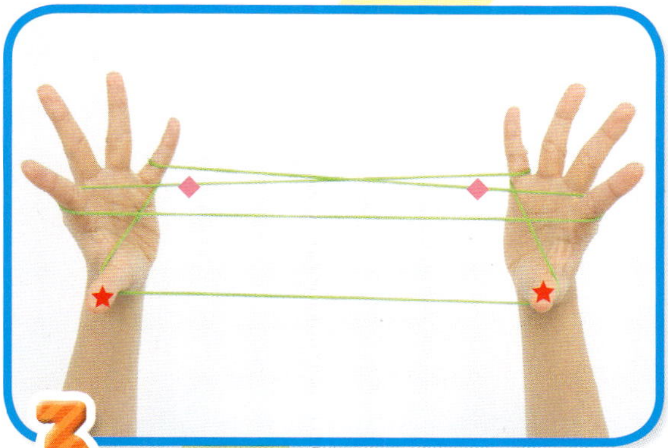

3 用拇指钩取◆处。

钩取方法

钩取中

钩取方法

钩取中

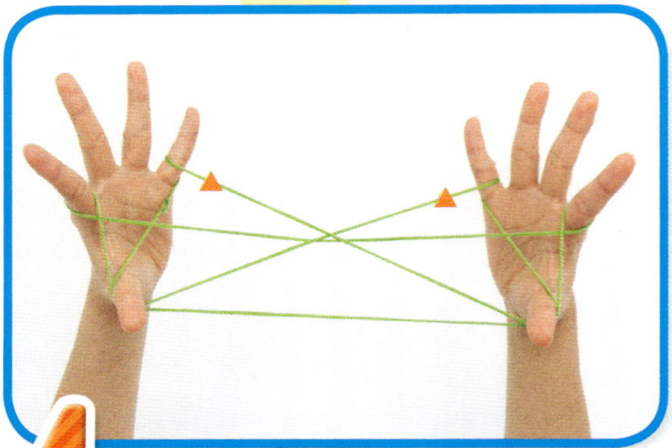

4 松开小指上▲标记的绳子。

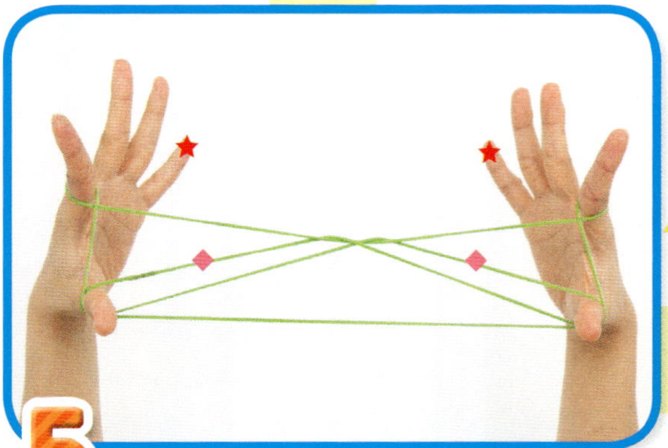

5 用小指钩取◆处。

钩取方法

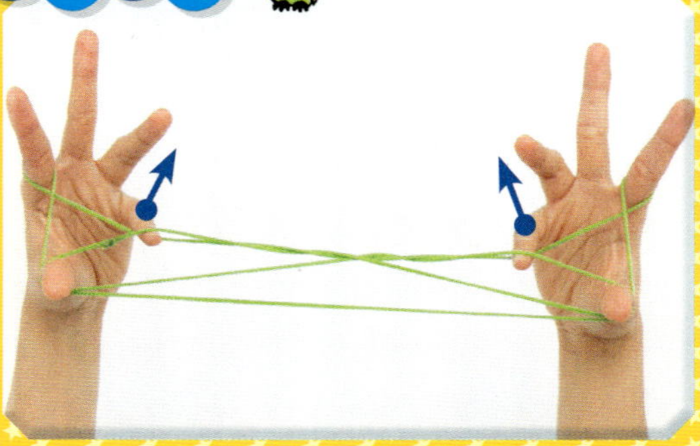

钩取中

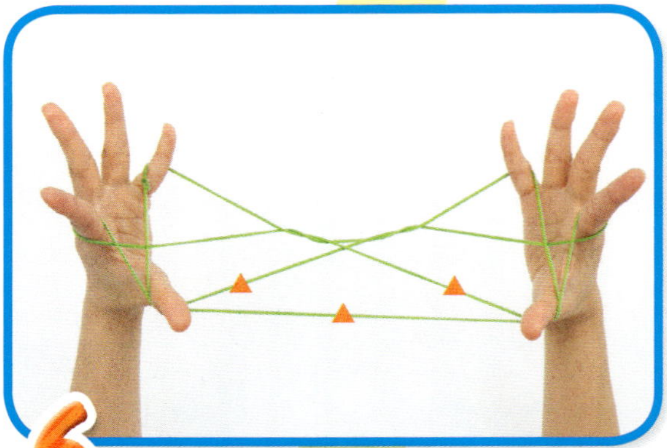

6 松开拇指上▲标记的两根绳子。

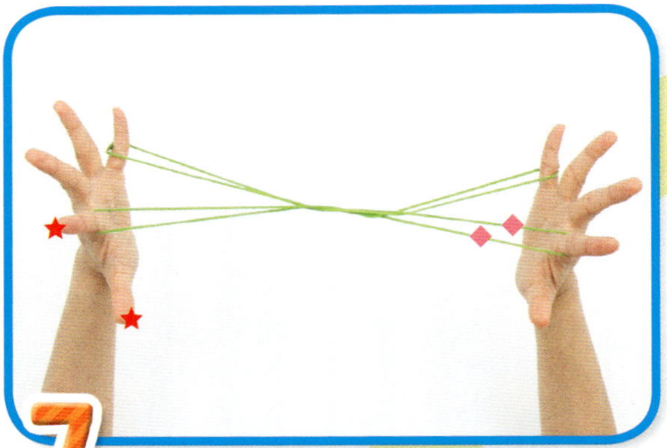

7 用左手拇指和食指捏住右手食指上的两根绳子◆处。

8 将右手食指沿箭头方向旋转一圈。

钩取方法

钩取中

旋转方法

旋转中

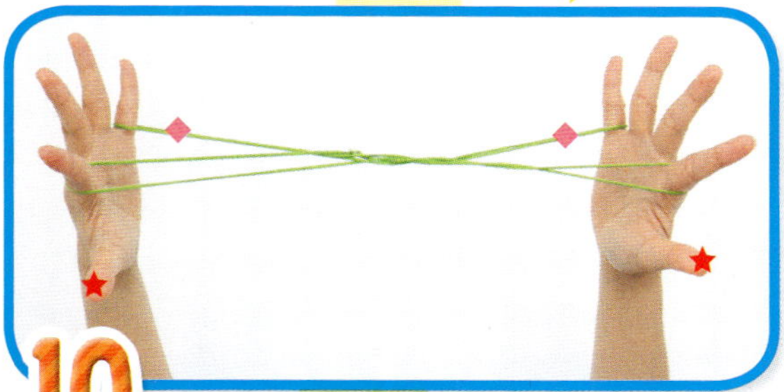

10 用拇指钩取小指上◆处的一根绳子。

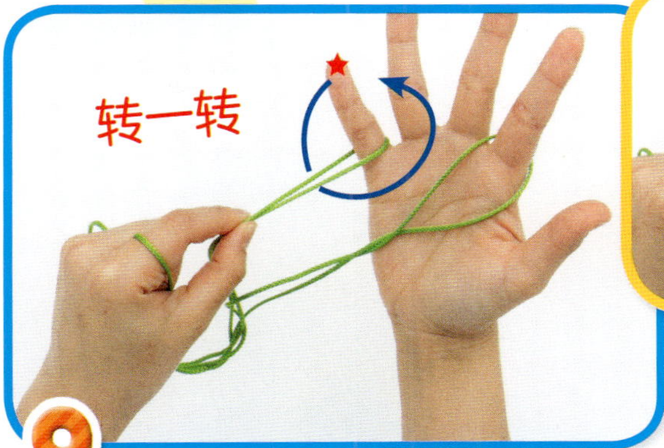

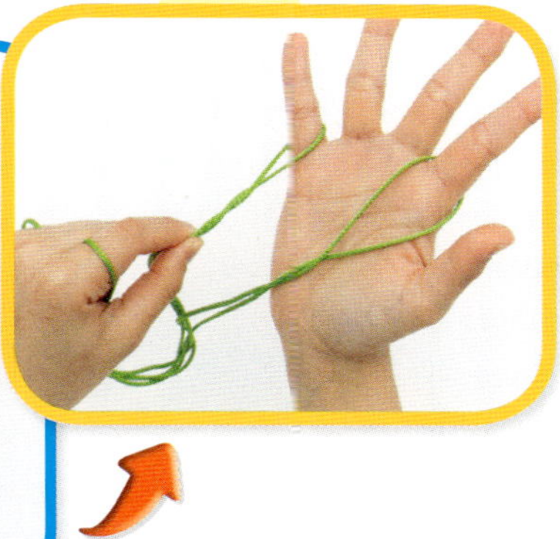

9 同样的，用左手拇指和食指捏住右手小指上的两根绳子，将右手小指沿箭头方向旋转一圈。

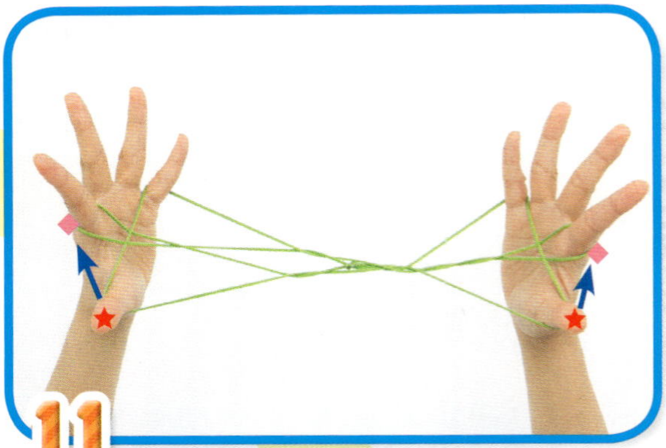

11 用拇指钩取◆处。

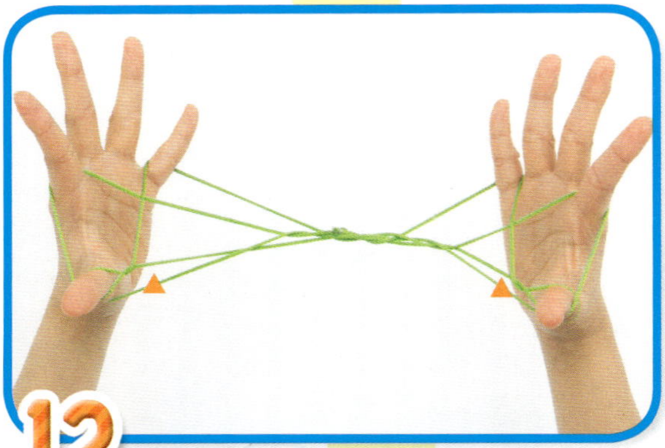

12 松开拇指上▲标记的绳子。

松开方法

松开中

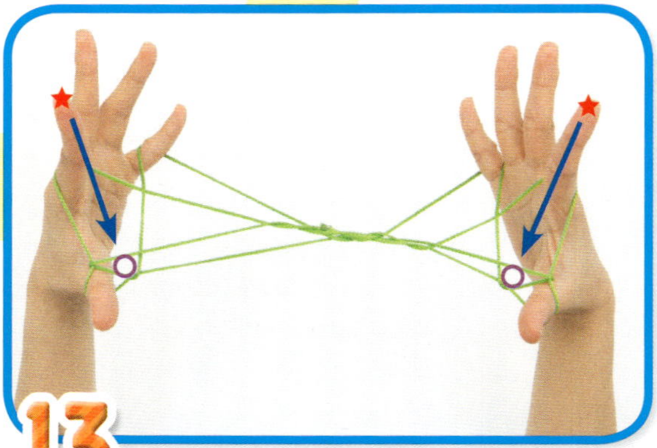

13 将食指从上方伸入○中。

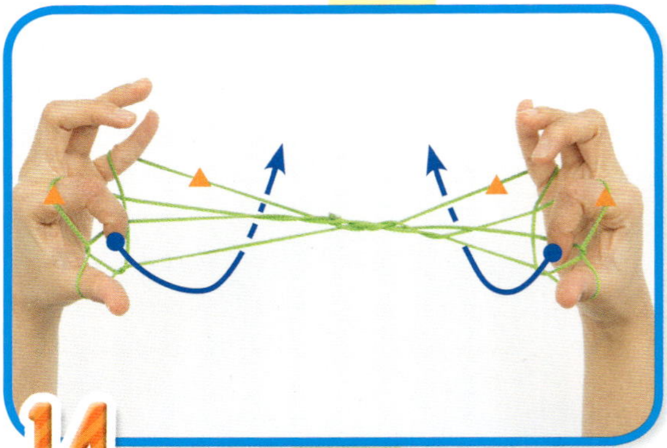

14 松开小指上▲标记的绳子。一边将食指伸直，一边沿箭头方向翻转（▲标记绳会自然松开）。

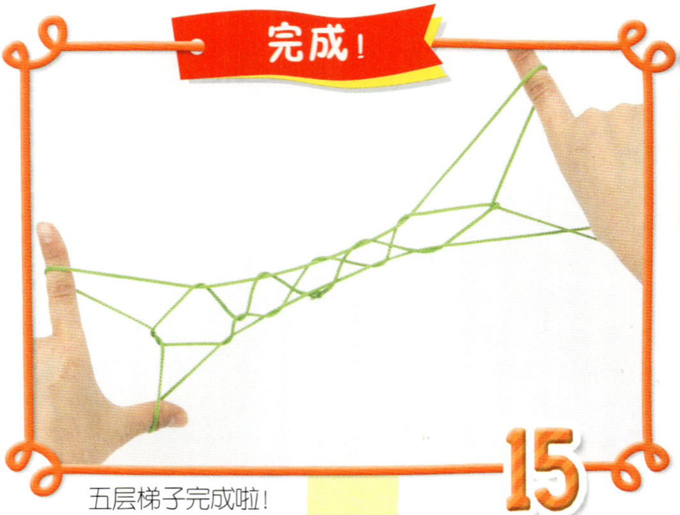

15 五层梯子完成啦！

会动的嘴巴

MOVING MOUTH

难度 一般　绳长 一般

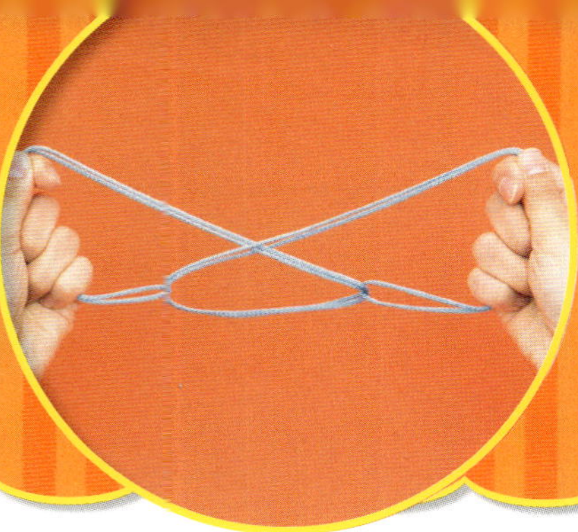

其他结构

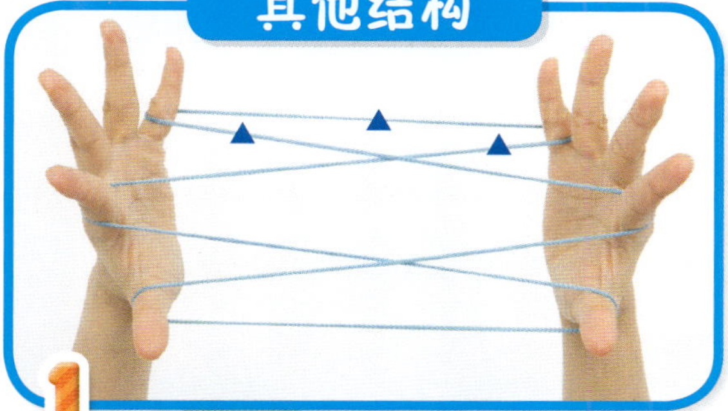

1 从其他结构开始！
松开小指上▲标记的绳子。

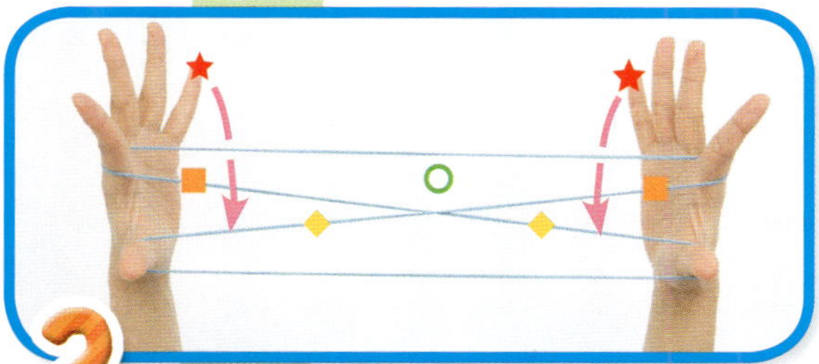

2 将小指从下方伸入○中，压住■处，钩取◆处。

钩取方法

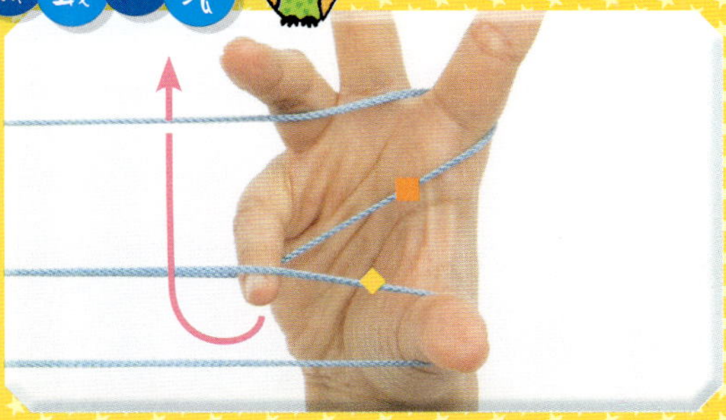

钩取中

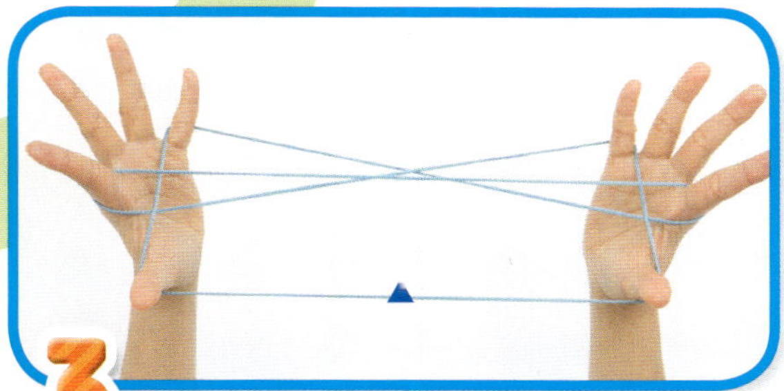

3 松开拇指上▲标记的绳子。

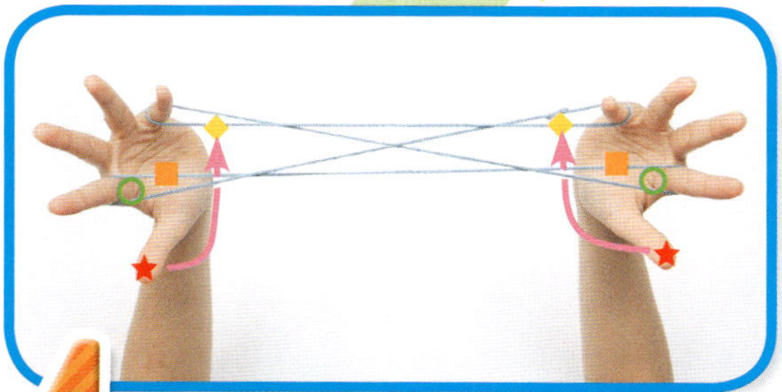

4 将拇指从下方伸入○中，压住■处，钩取◆处。

钩取方法

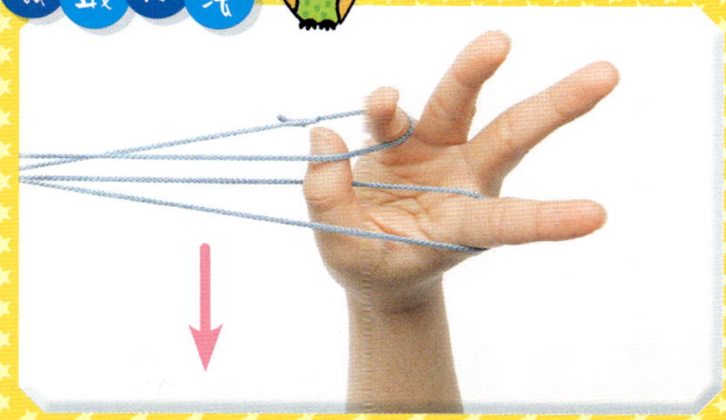

钩取中

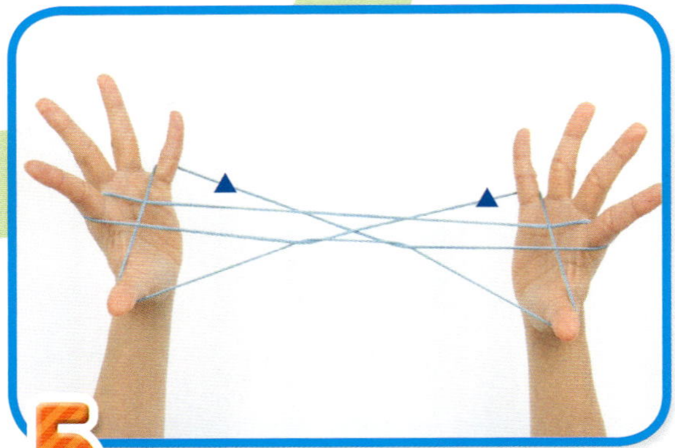

5 松开小指上▲标记的绳子。

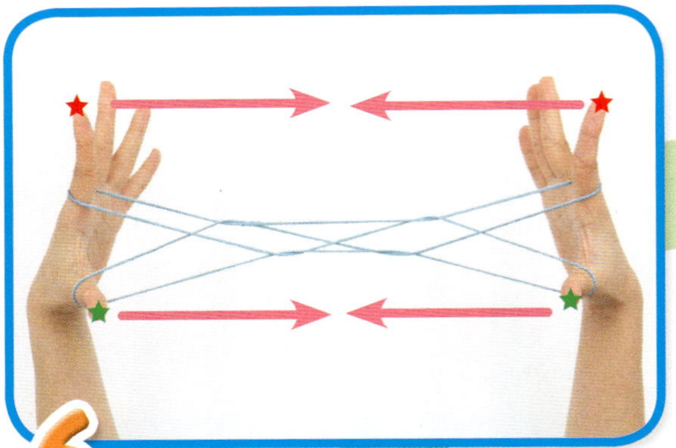

6 双手拇指和食指分别指尖相对，将右手上的绳子转移到左手上。

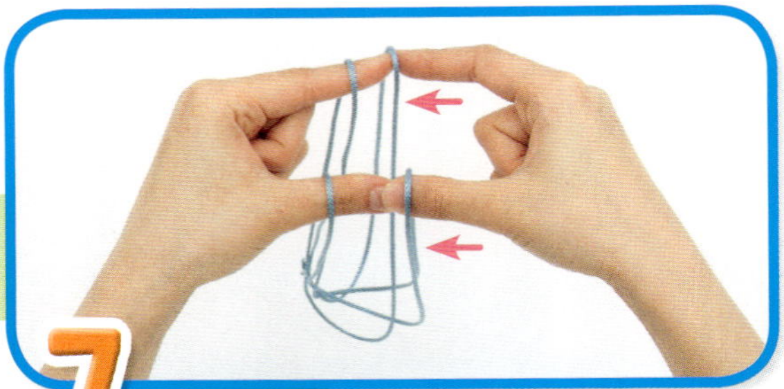

7 转移好之后，用右手捏住两根绳子◆处（见左下图），然后向两侧慢慢拉开。

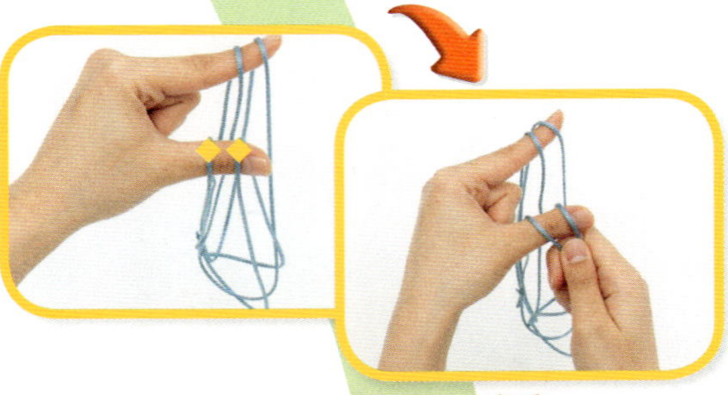

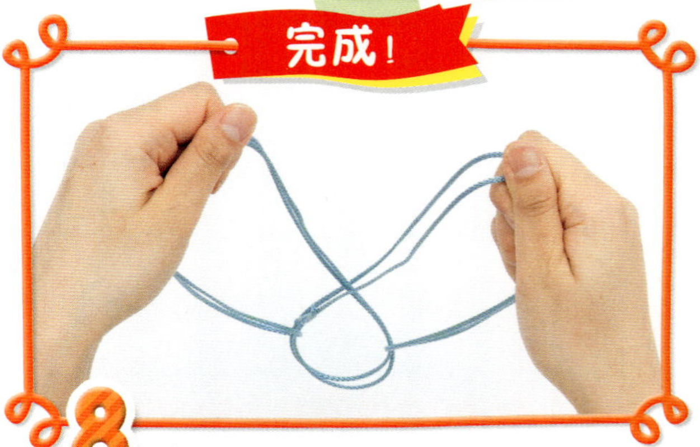

8 会动的嘴巴就完成啦！

让嘴巴动一动吧！

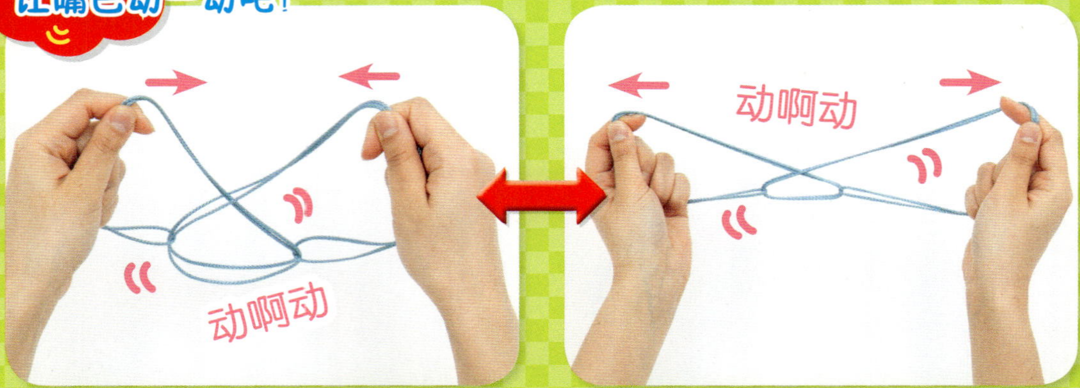

试着拉伸、收缩绳子，嘴巴会一张一合哦！

织布机

WEAVING MACHINE

难度 简单　绳长 一般

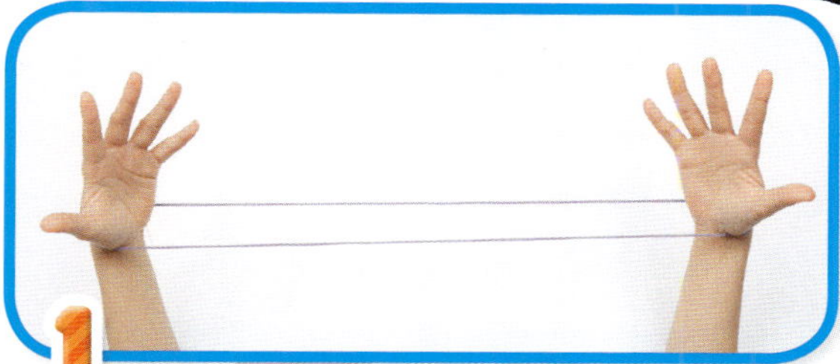

1 将绳子挂在两手腕上。

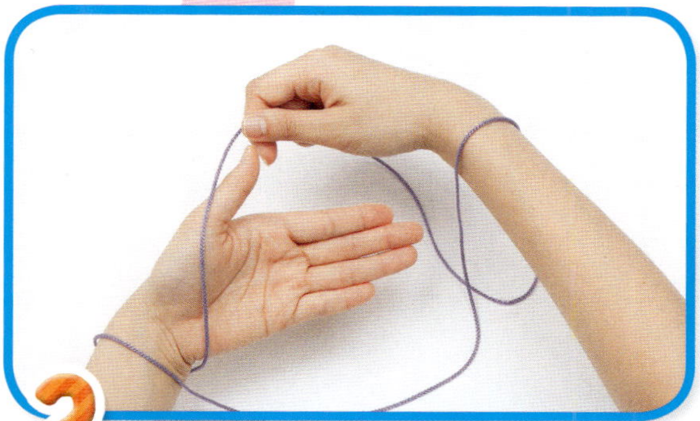

2 如图将绳子在左手腕上缠绕一圈。

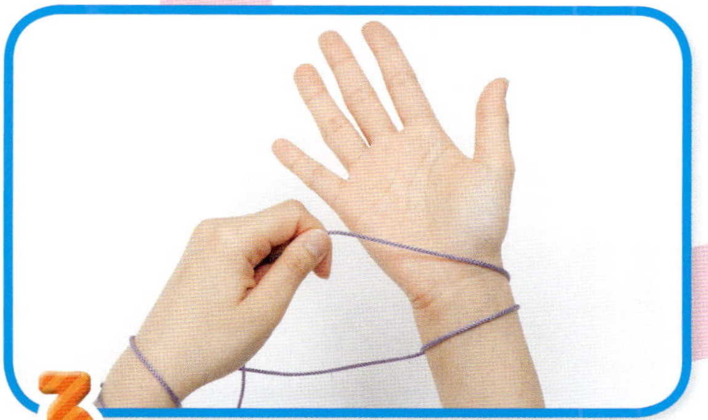

3 同样的，将绳子在右手腕上缠绕一圈。

钩取方法

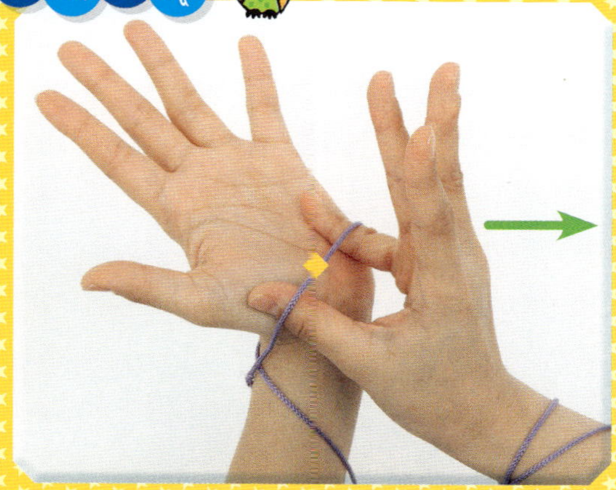

钩住并拉向两侧

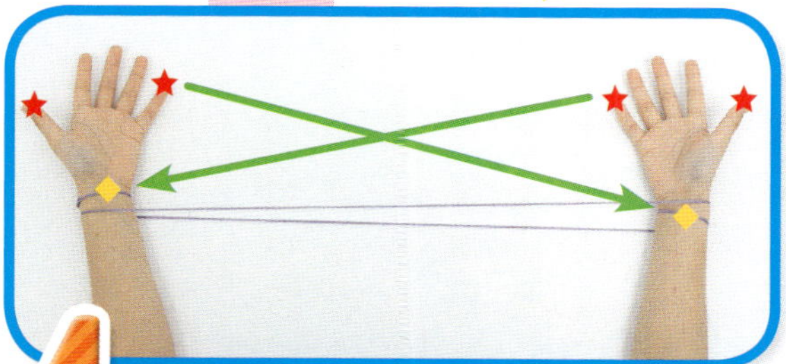

4 用双手的拇指和小指分别钩取对方的◆处。

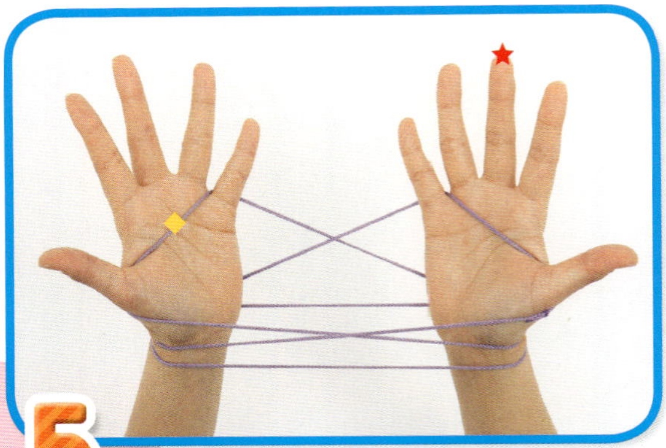

5 用右手中指钩取◆处。

钩取方法

钩取中

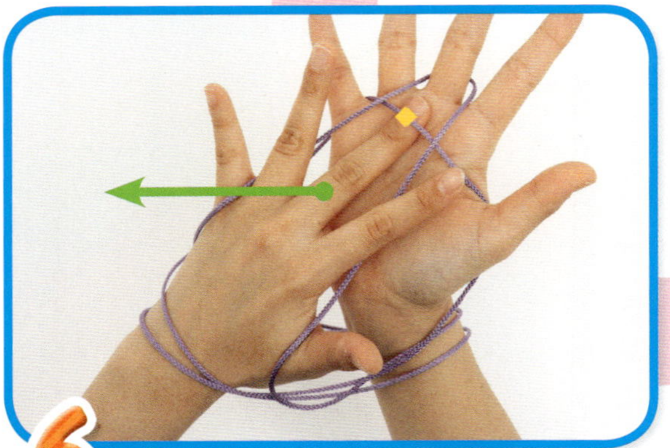

6 同样的，用左手中指钩取◆处。

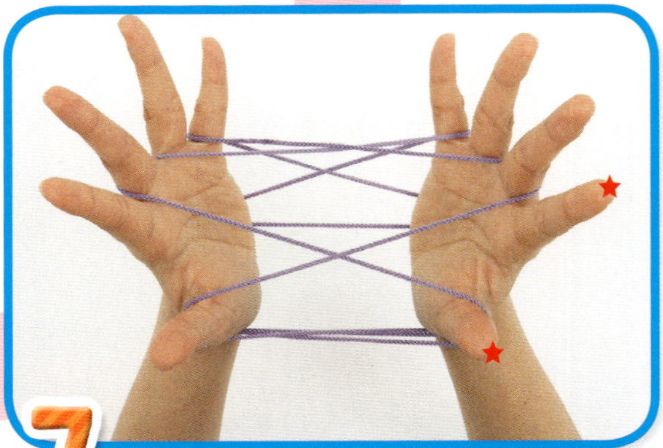

7 用右手拇指和食指捏住挂在左手腕上的两根绳子。

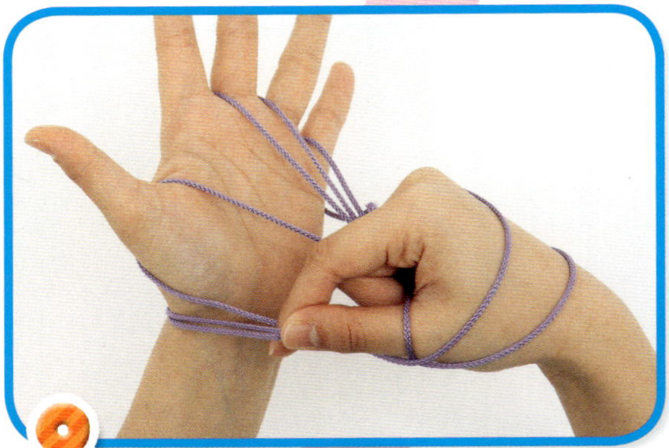

8 如图从左手腕上将两根绳子取下来。

取下方法

正在取下

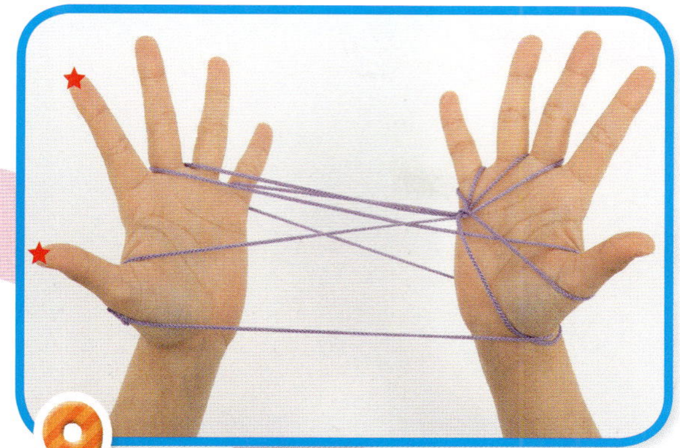

9 同样的，用左手拇指和食指捏住挂在右手腕上的两根绳子。

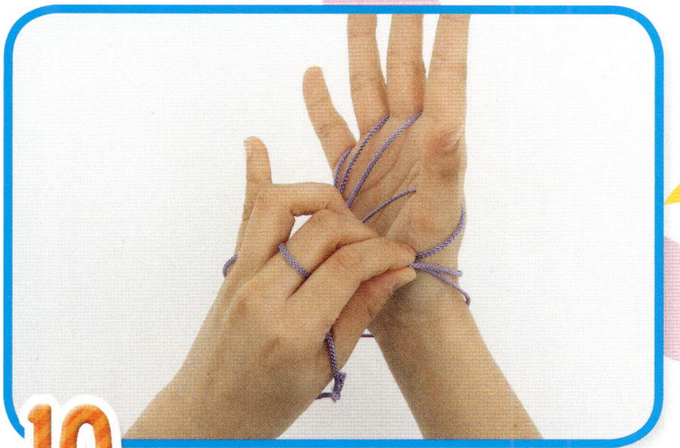

10 如图从右手腕上将两根绳子取下来。

完成！

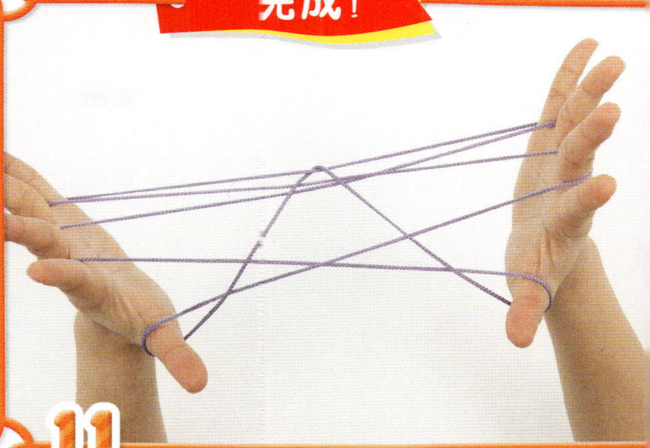

11 织布机完成啦！

取下方法

取下之后，张开双手

玩玩看吧！

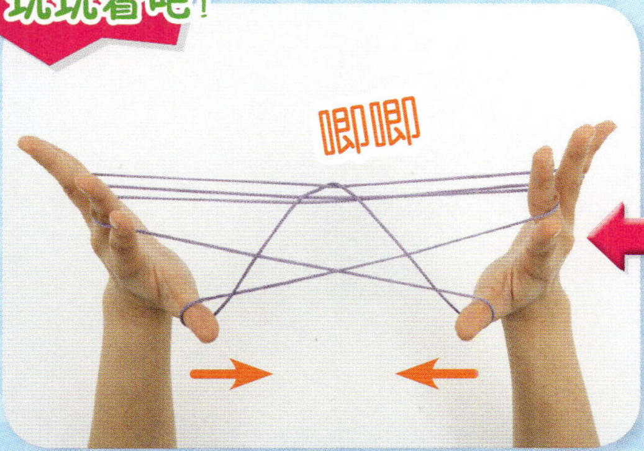

将双手拇指向中间靠拢。

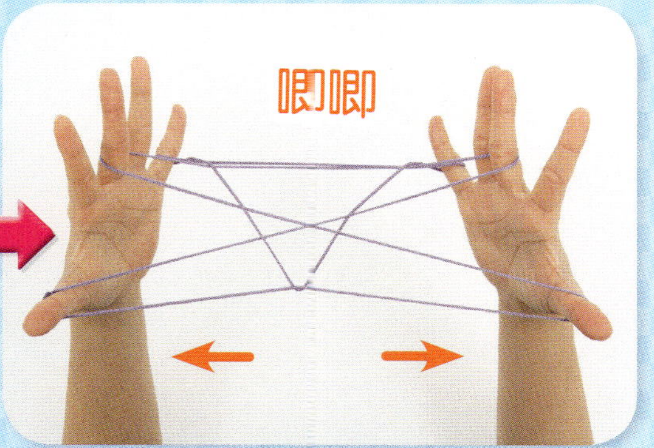

将双手拇指向两侧拉伸。如此重复，你会发现织布机动起来了。

啪！消灭蚊子

EXTERMINATE MOSQUITO

难度 一般　绳长 长

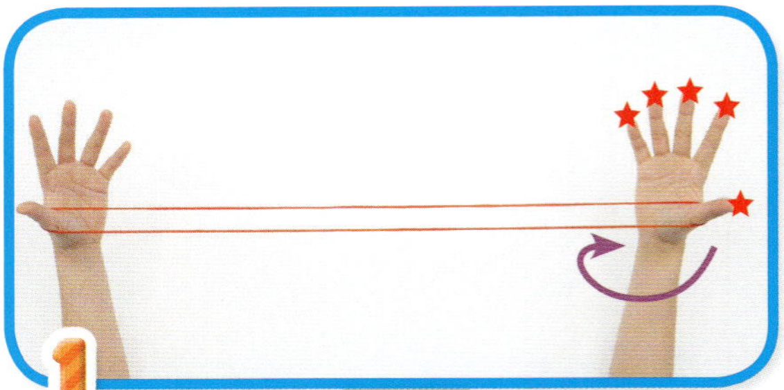

1 将绳子挂在双手拇指上，并将绳子沿箭头方向在右手腕上缠绕一圈。

缠绕方法

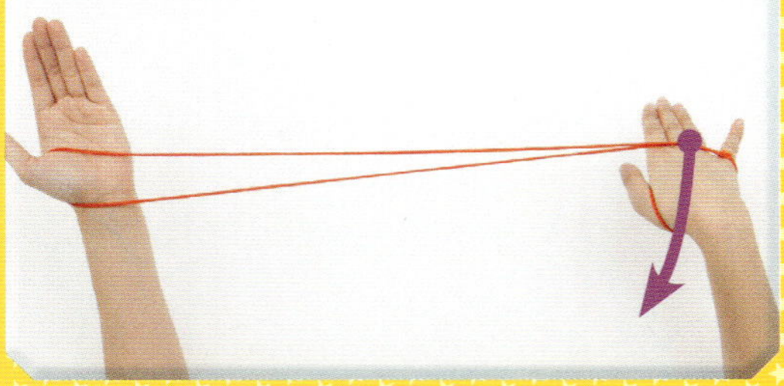

缠绕中

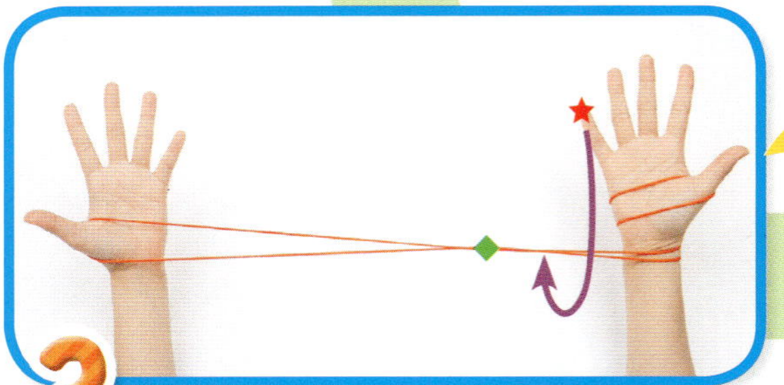

2 用右手小指指背钩取两根绳子◆处。

钩取方法

钩取中

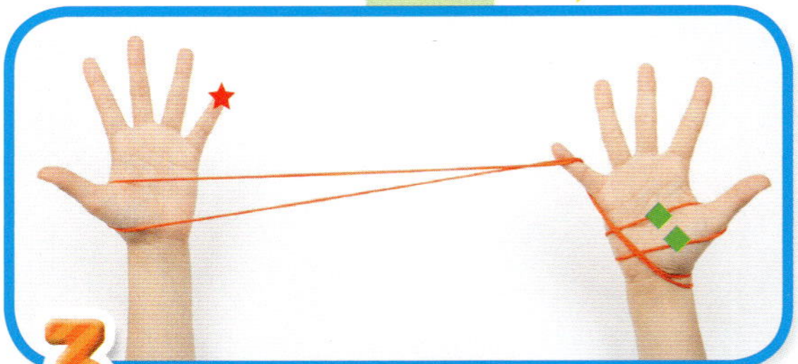

3 用左手小指从上方钩取右手拇指上的两根绳子◆处。

钩取方法

钩取中

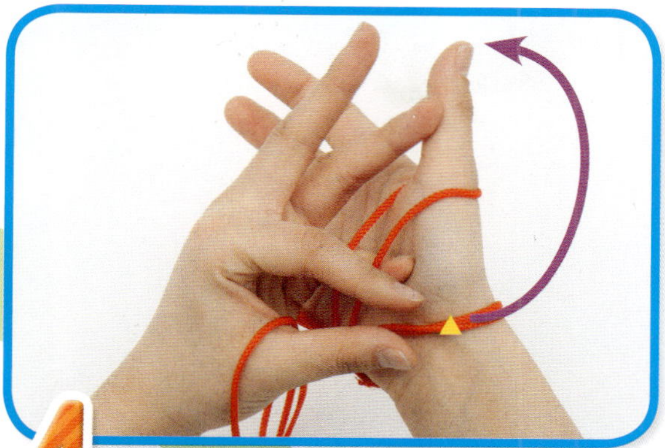

4 用左手拇指和食指捏着右手腕上的两根绳子▲处，沿箭头方向取下来。

取下方法

正在取下

5 双手沿箭头方向拉伸。

蚊子

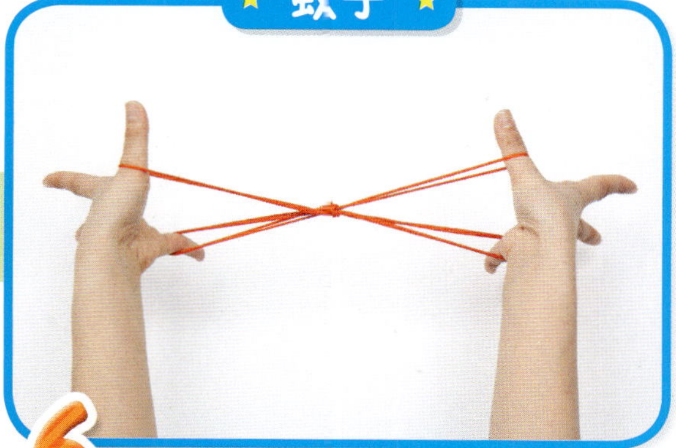

6 蚊子来啦！
松开双手小指上的绳子。

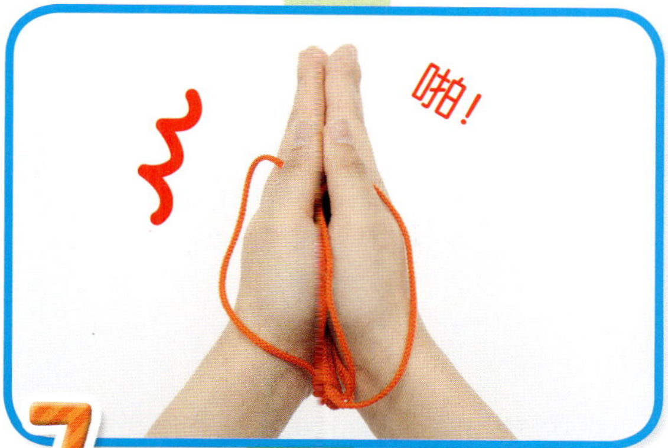

7 啪！消灭蚊子，拉开绳子。

完成！

8 啪！蚊子被消灭啦！

两条金鱼

2FISH

难度 一般　绳长 长

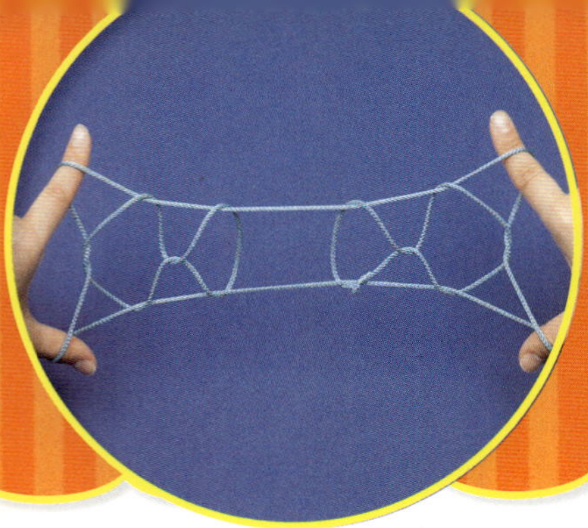

日式结构

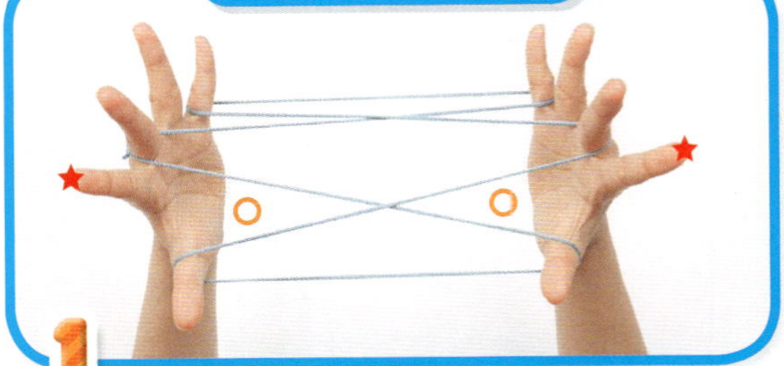

1 从日式结构开始！
将食指伸入○中，将拇指上的绳子转移到食指上。

钩取方法

钩取中

转移方法

转移中

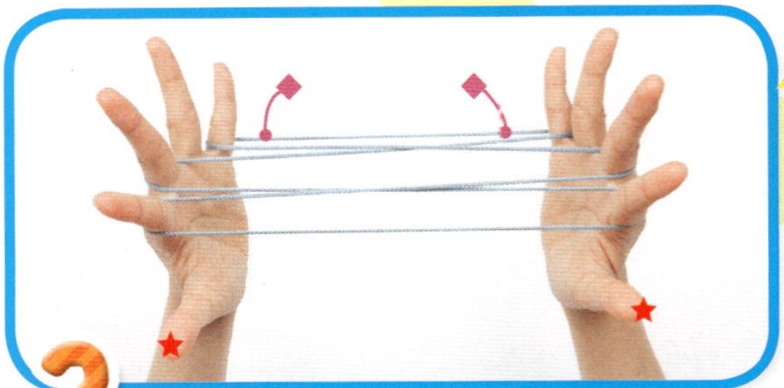

2 用拇指从绳子下方穿过，钩取◆处。

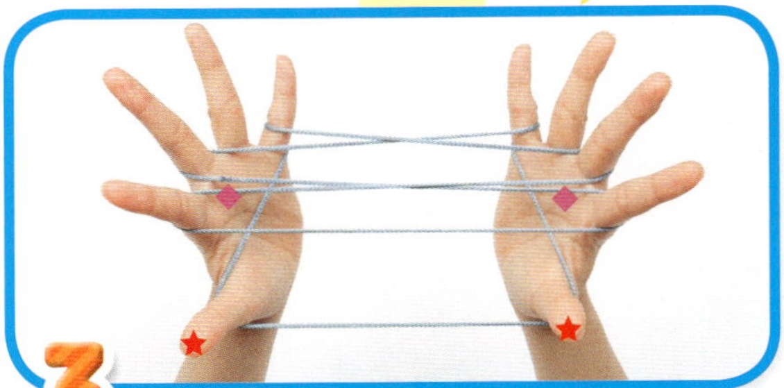

3 用拇指钩取◆处。

钩取方法

钩取中

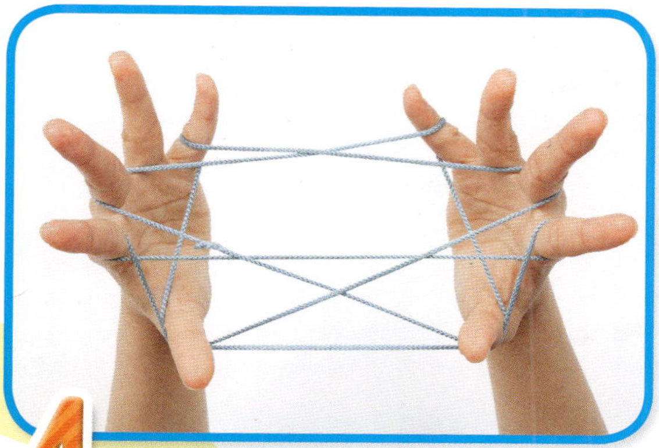

4 松开小指上的绳子。

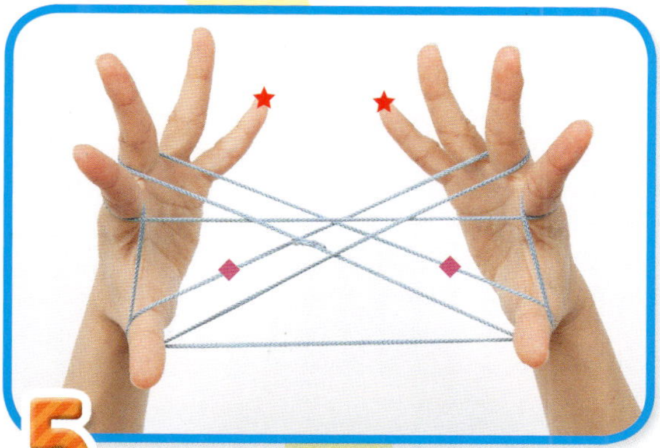

5 用小指钩取◆处。

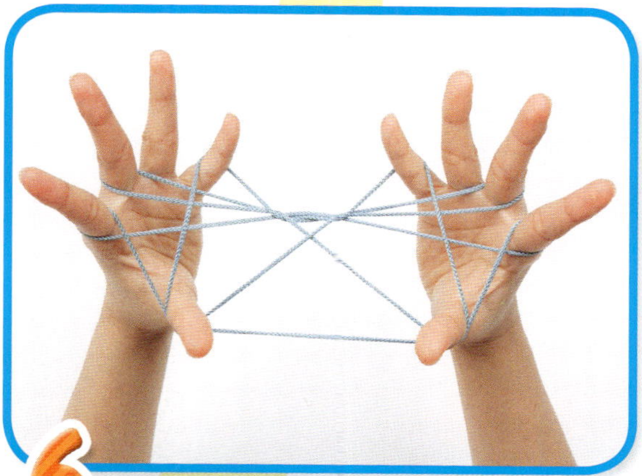

6 将拇指上的绳子全部松开。

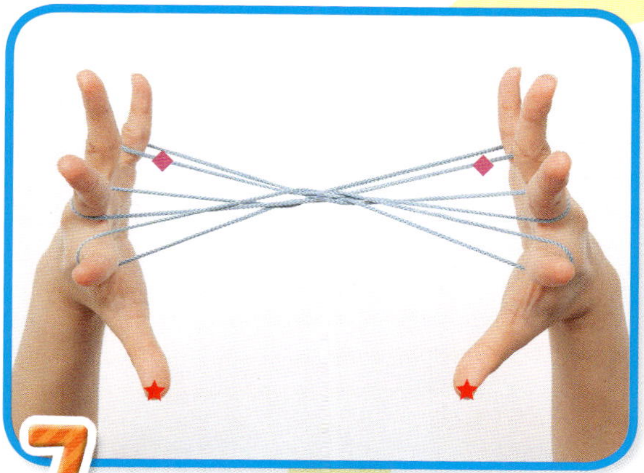

7 用拇指钩取◆处。

钩取方法

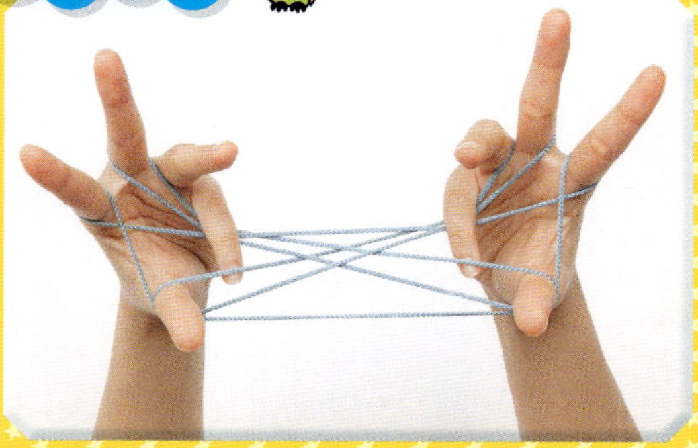

钩取中

钩取方法

钩取中

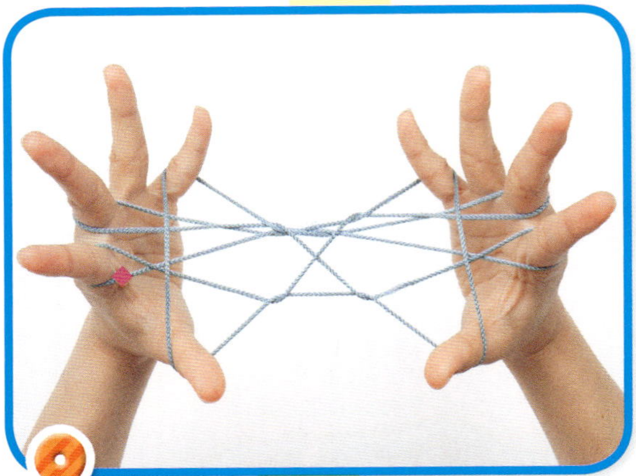

8 将左手食指上的◆处同时挂到拇指上。

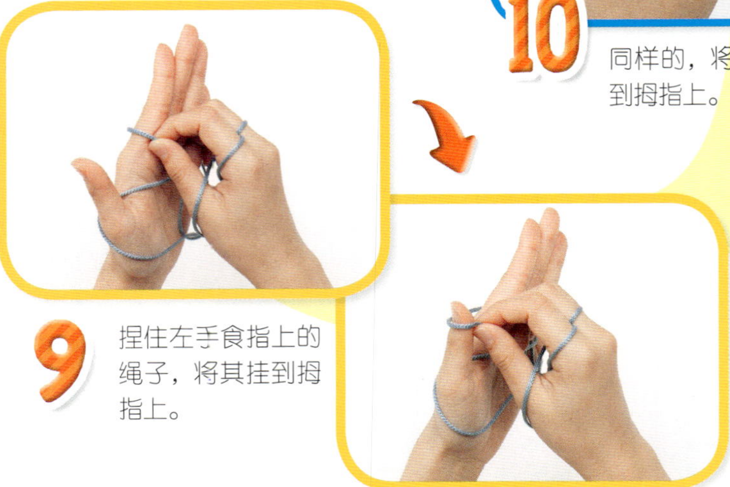

9 捏住左手食指上的绳子，将其挂到拇指上。

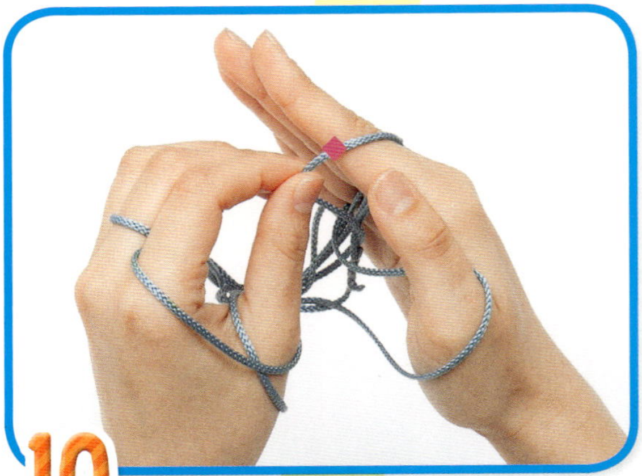

10 同样的，将右手食指上的◆处也同时挂到拇指上。

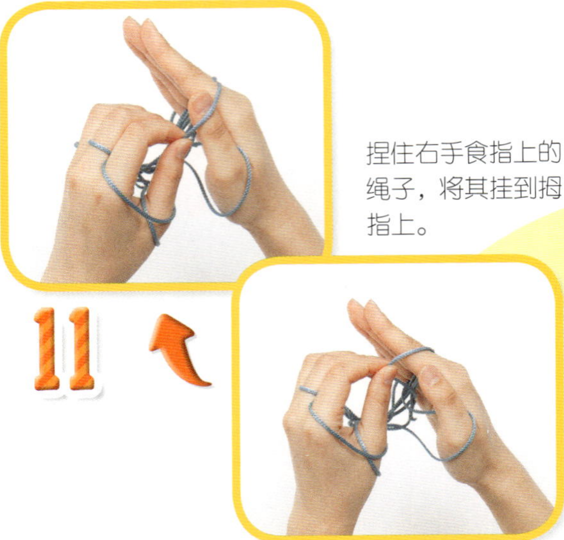

11 捏住右手食指上的绳子，将其挂到拇指上。

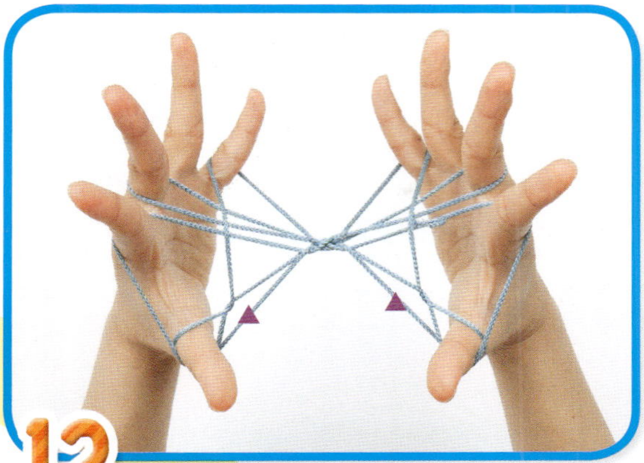

12 松开拇指上▲标记的绳子。

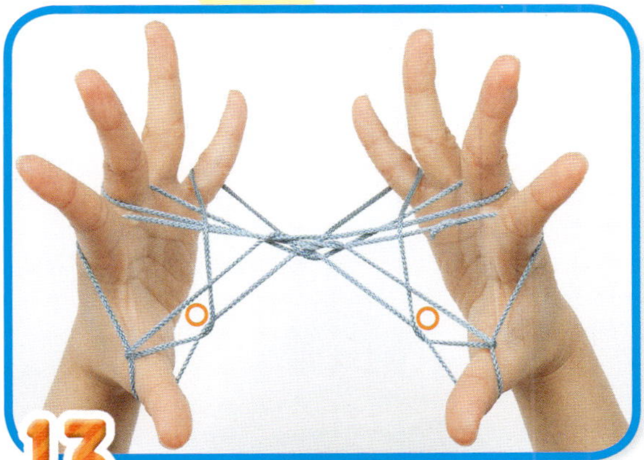

13 将食指从上方伸入○中。

14 将小指和中指上的绳子全部松开，将食指伸直并沿箭头方向翻转。

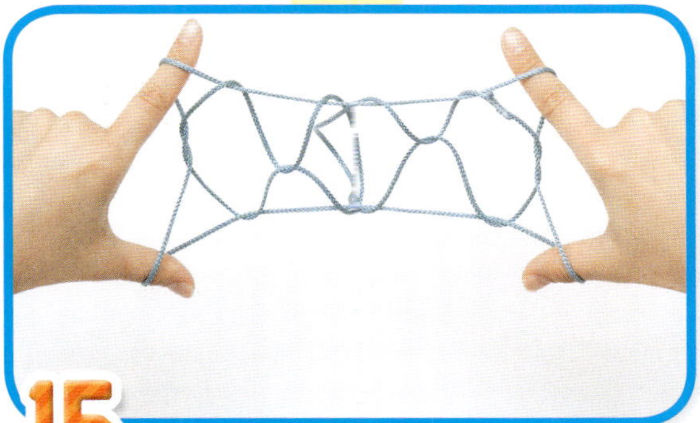

15 将绳子向左右两侧慢慢拉动。

完成！

16 两条金鱼游过来啦！

手腕松绑 1

REMOVING A STRING FROM AN ARM 1

难度 简单　绳长 长

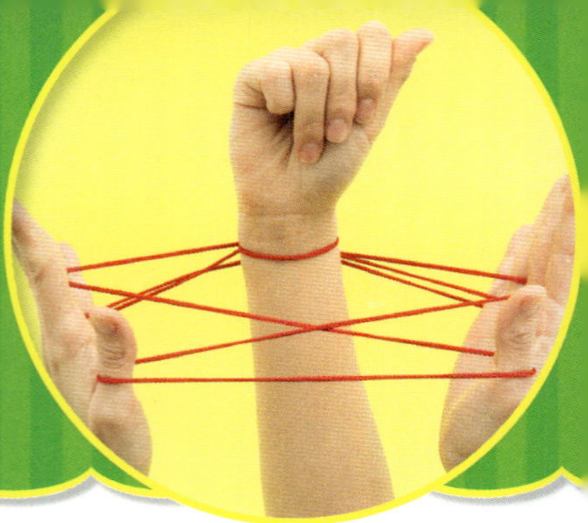

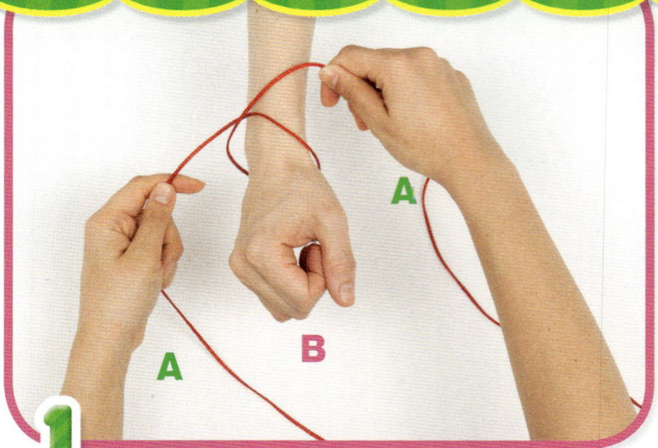

1 A将绳子在B的手腕上如图缠绕一圈。

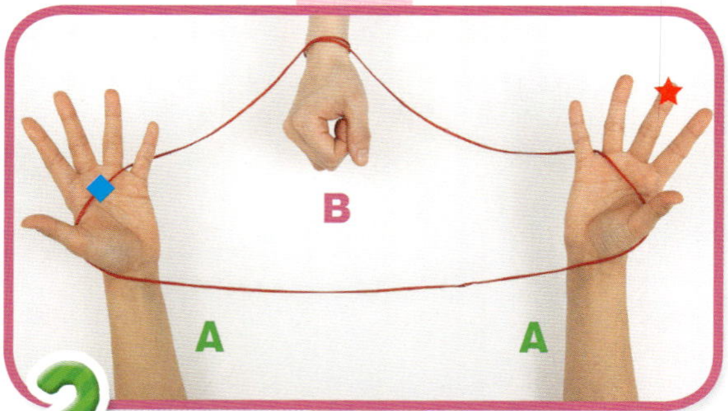

2 A将绳子挂在双手拇指和小指上，并用右手中指钩取◆处。

钩取方法

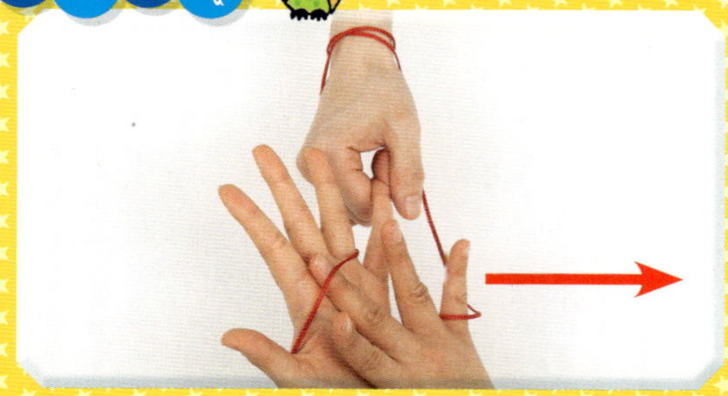

钩取中

钩取方法

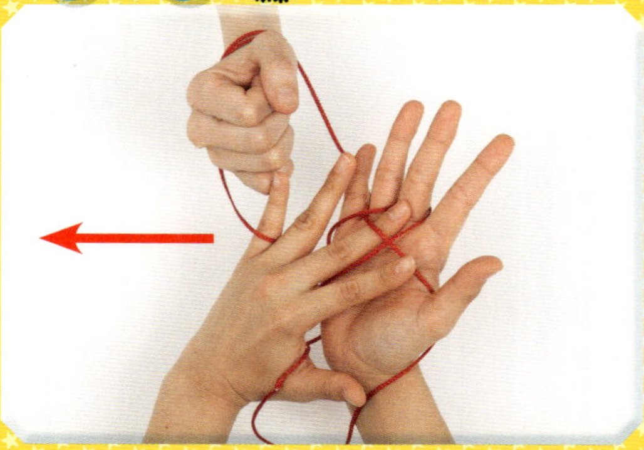

钩取中

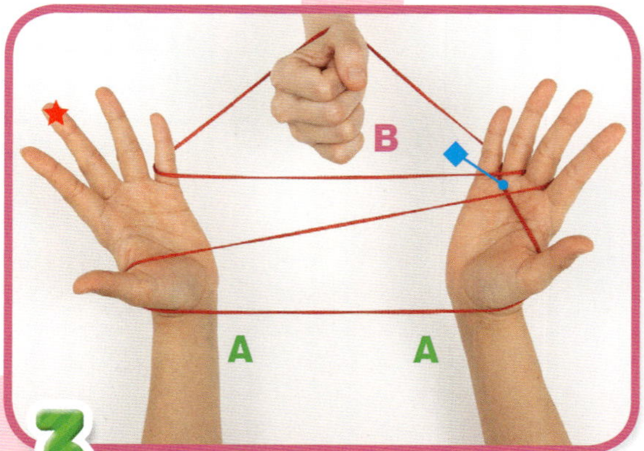

3 A用左手中指钩取◆处。

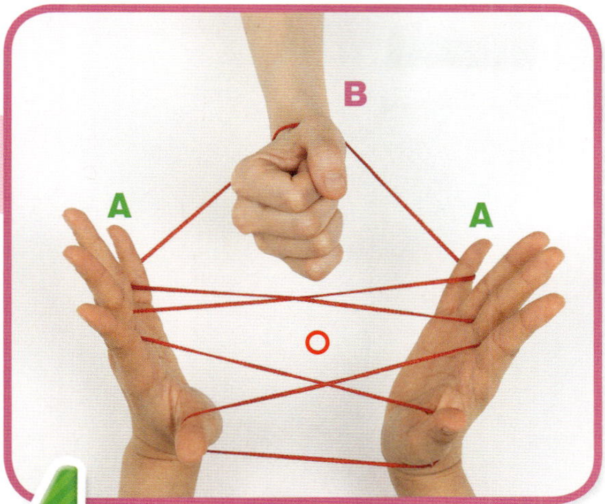

4 B将手腕从下方伸入○中。

会怎样呢？

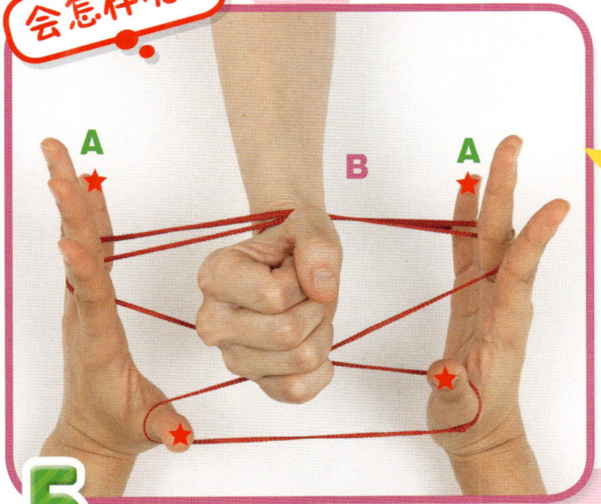

5 A将双手小指和拇指上的绳子全部松开。

松开方法

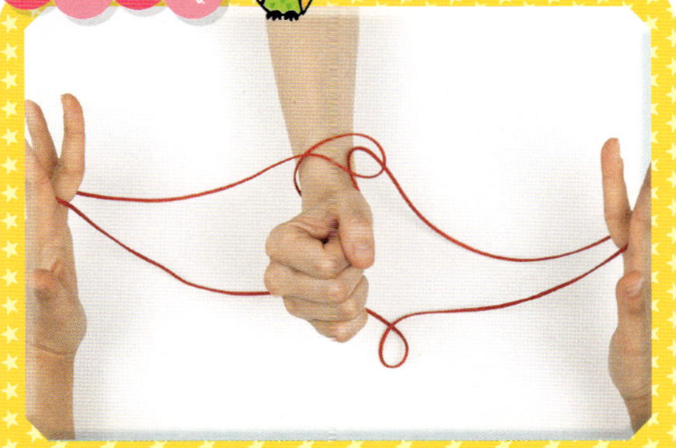

松开中

完成！

6 B的绳子松开啦，手腕松绑1成功！

手腕松绑 2

REMOVING A STRING FROM AN ARM 2

难度 简单　绳长 一般

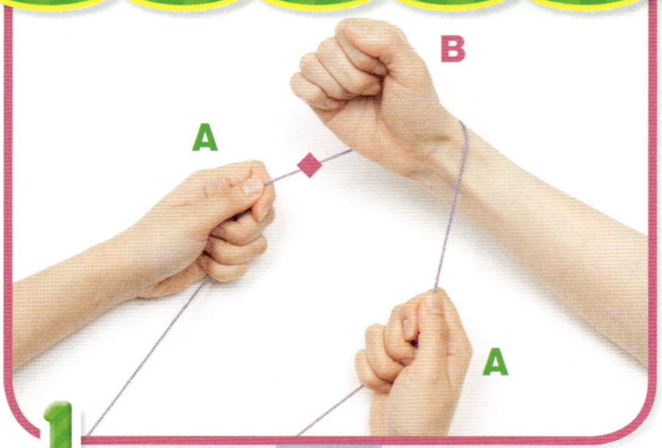

1 A 将绳子如图挂在 B 的右手腕上。

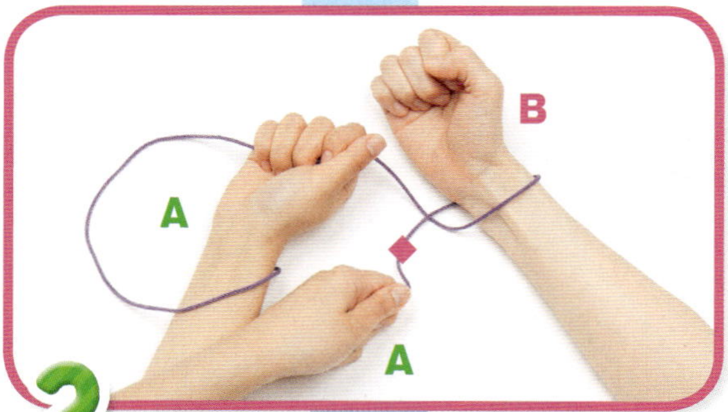

2 交叉绳子，使◆处压在上面。

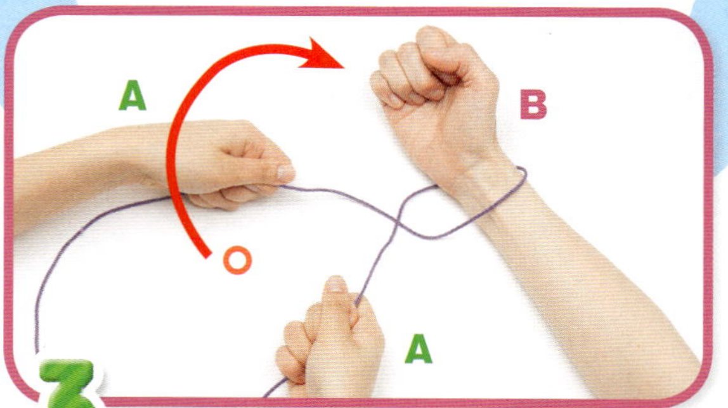

3 将○处沿箭头方向从上方套在 B 的右手腕上。

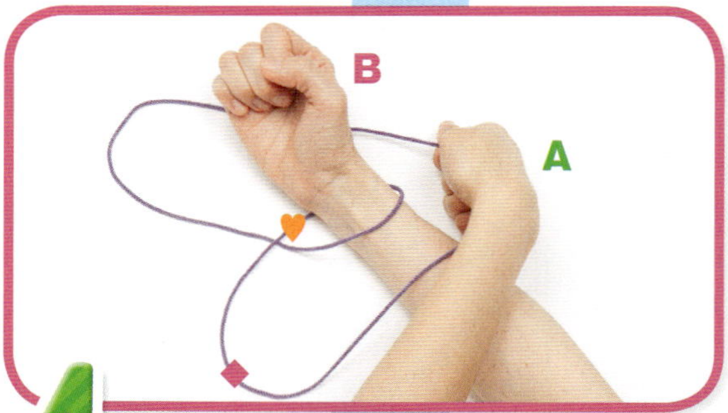

4 A 用右手握住◆处，左手从下方拉出♥处。

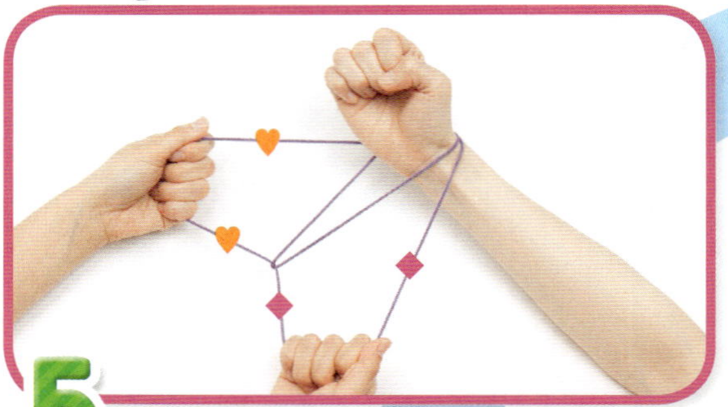

5 A 将右手所握的◆处向右边拉，再向左折叠使其和左手所握的♥处重叠一部分。

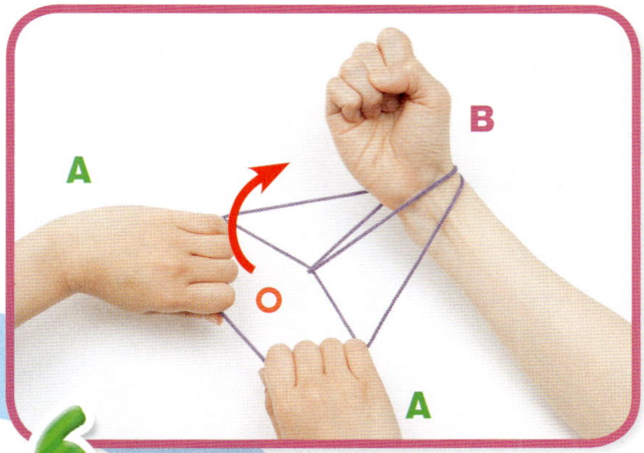

6 A将重叠的○处套到B的手腕上。

操作方法

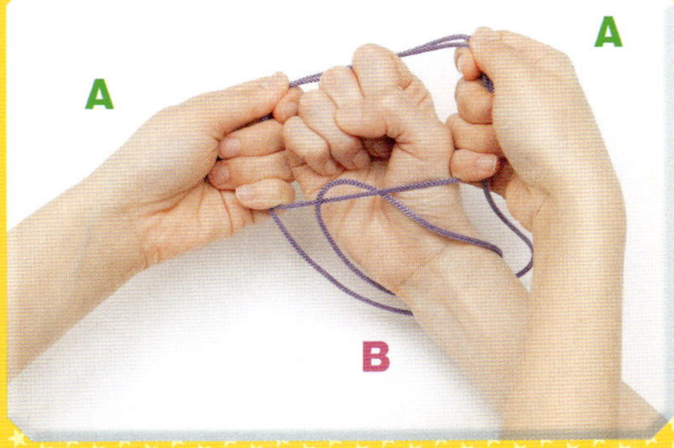

操作中

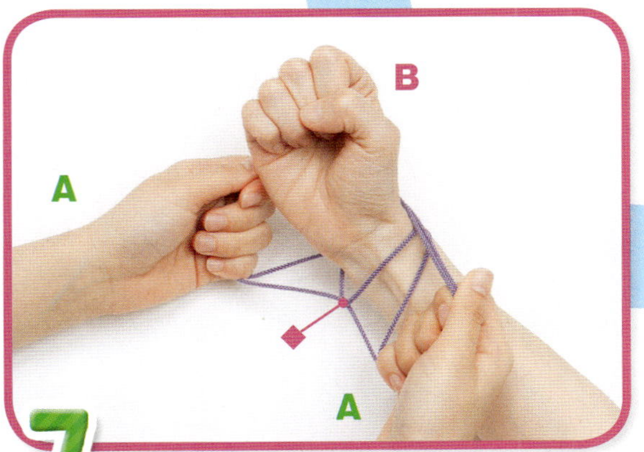

7 A松开手上的绳子。

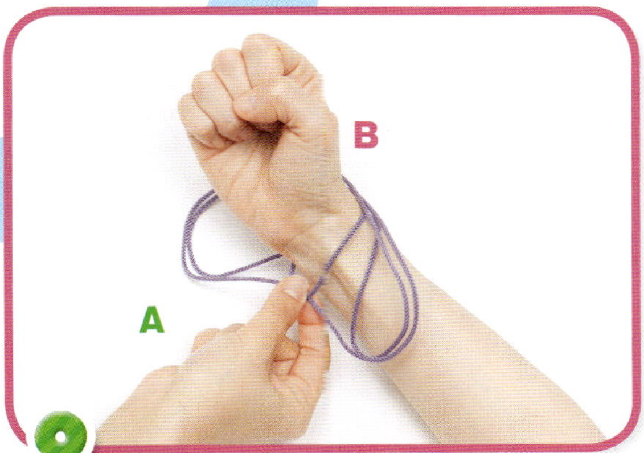

8 A再捏住步骤7图中的◆处。

9 A慢慢地向下拉绳子。

10 B的绳子立刻松开了。手腕松绑2挑战成功!

绳子搬家 1

MOVE FROM A FINGER TO ANOTHER FINGER 1

难度 简单 绳长 一般

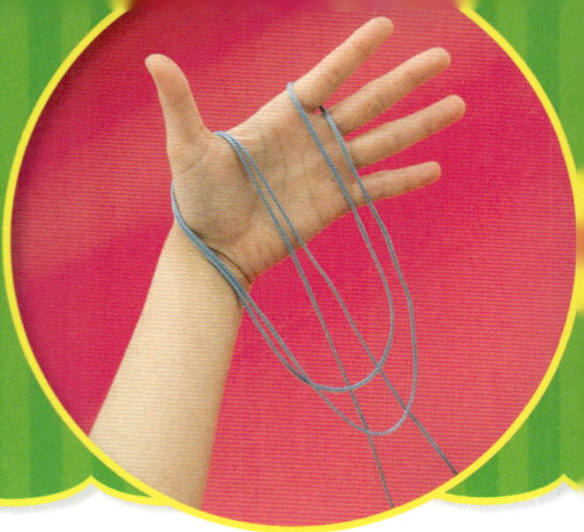

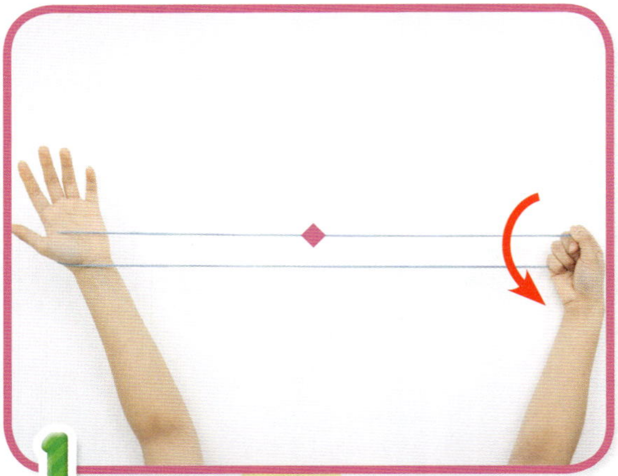

1 将绳子挂在左手拇指上，右手握住另一端绳子，沿箭头方向交叉绳子使◆处压在上面。

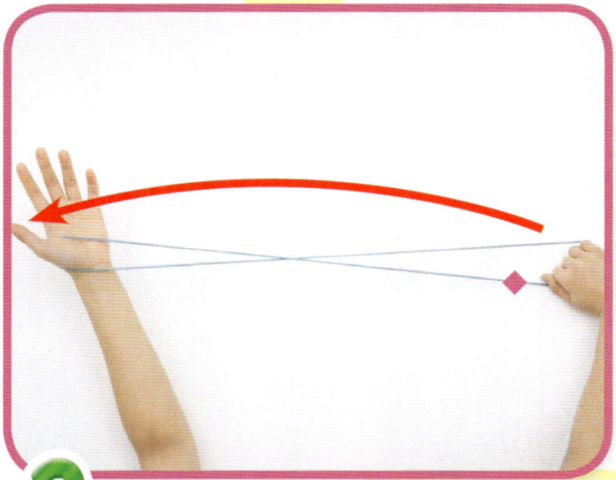

2 提起右手的绳子，将其沿箭头方向放在左手拇指和食指之间。

3 像盖被子一样盖在这个位置。

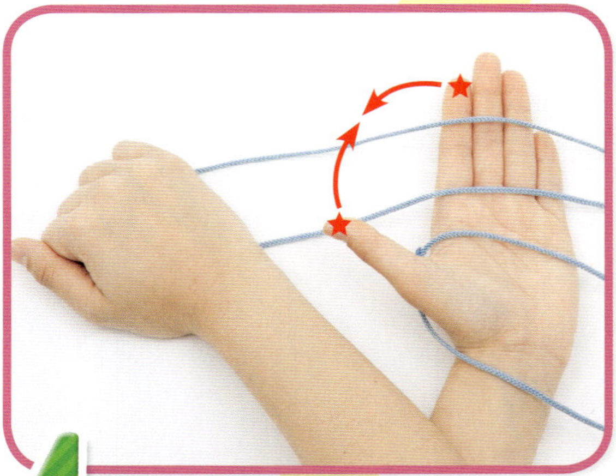

4 将左手拇指和食指指尖相对。

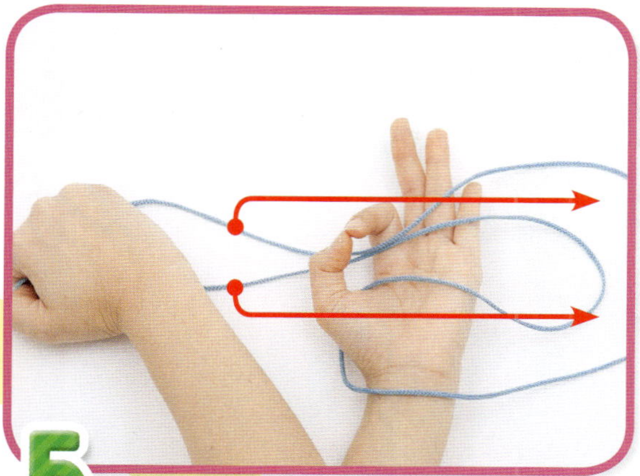

5 右手将绳子沿箭头方向拉回，形成一个圈，套在左手拇指和食指上。

8 挂在拇指上的绳子转移到食指上去啦！绳子搬家1完成啦！

操作方法

操作中

7 分开左手拇指和食指。

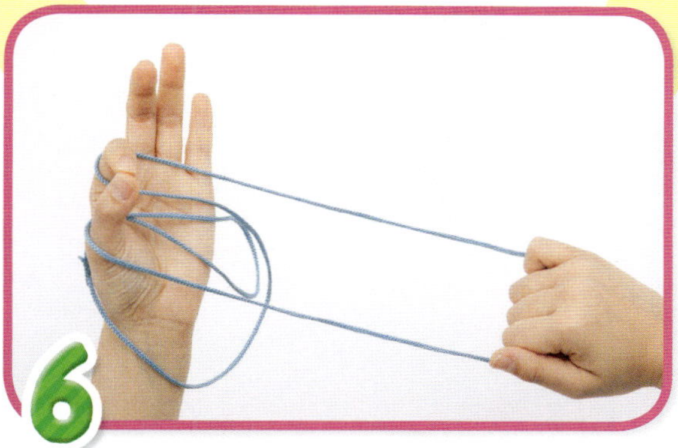

6 将右手所握的绳子向下拉。

绳子搬家 2

MOVE FROM A FINGER TO ANOTHER FINGER 2

难度 一般　绳长 ∞ 一般

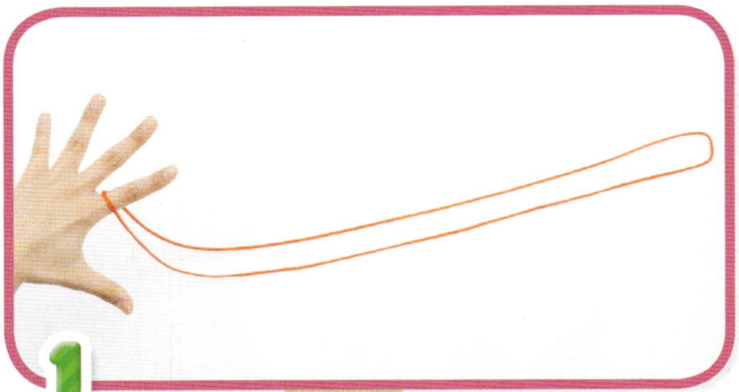

1 将绳子挂在左手食指上。

2 右手捏住绳子，再将左手食指和中指并拢。

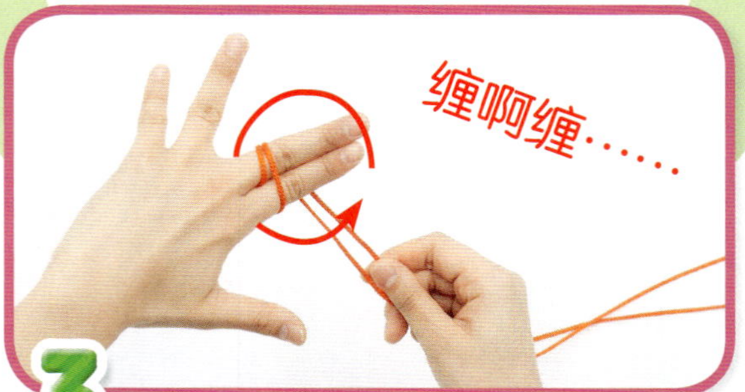

3 将绳子沿箭头方向在两根手指上缠绕2~3圈。

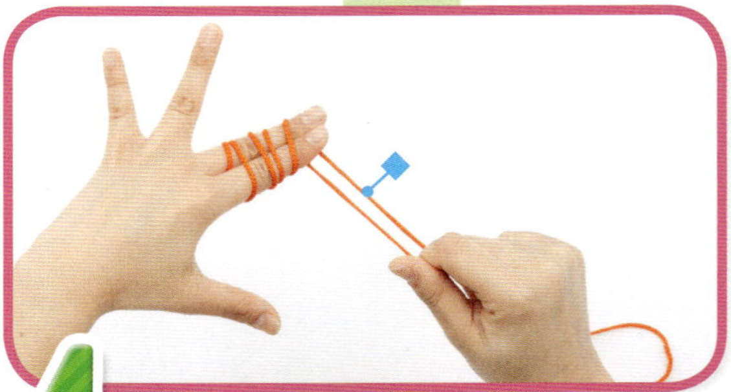

4 留下◆处，将另一根绳子在手指上再缠绕一圈。

缠绕方法

缠绕中

5 最后再将两根绳子在手指上缠绕数圈。

缠绕方法

缠绕中

6 将缠好的绳子全部解开。

解开方法

正在解开

7 慢慢解开后……

完成！

8 挂在食指上的绳子跑到中指上去啦！绳子搬家2成功

捉住拇指

I CAUGHT A THUMB

难度 简单　绳长 长

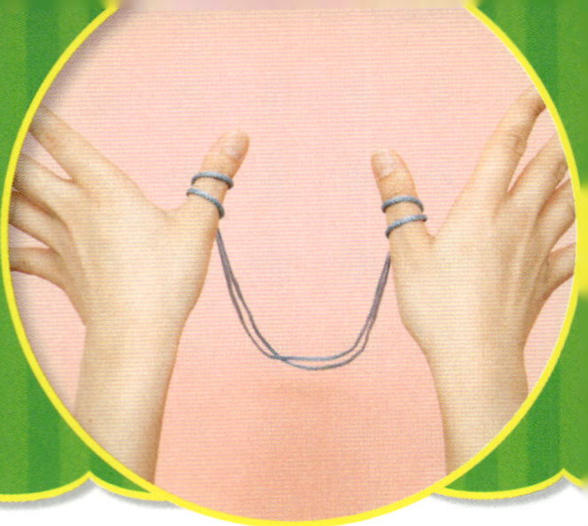

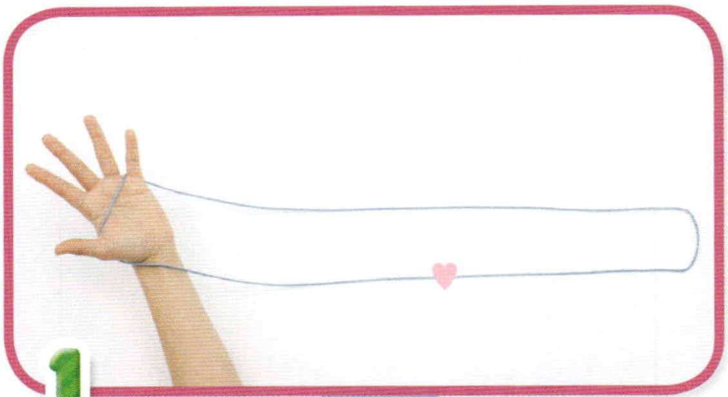

1 将绳子挂在左手拇指和小指上，交叉绳子使♥处压在上面。

钩取方法

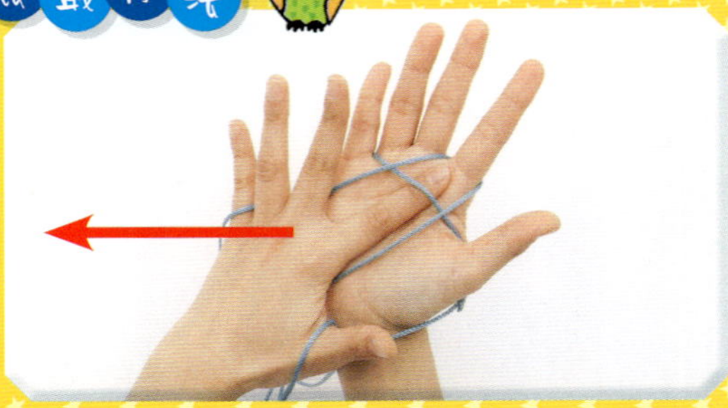

钩取中

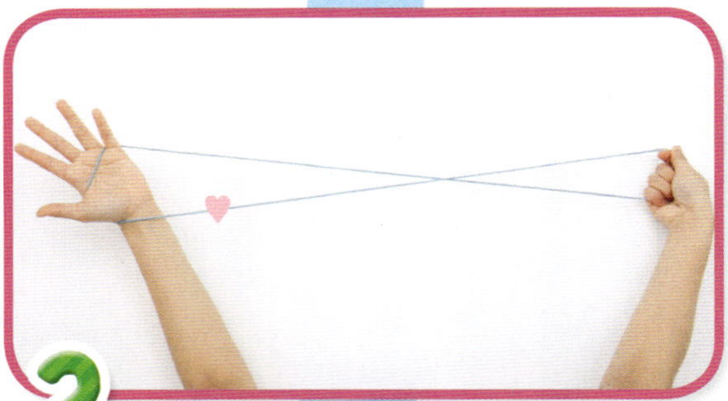

2 将交叉后的绳子挂在右手拇指和小指上。

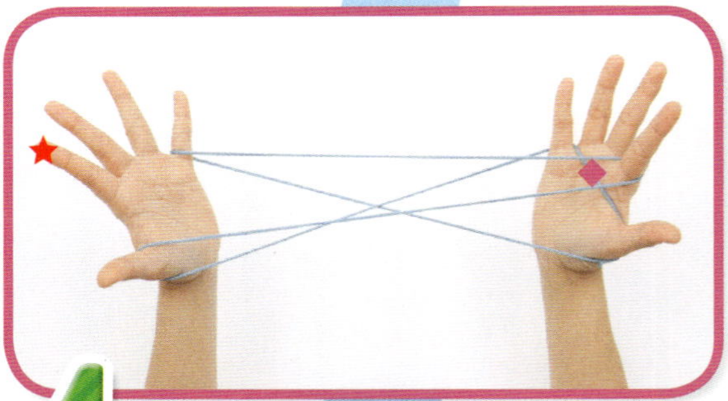

4 用左手食指钩取◆处。

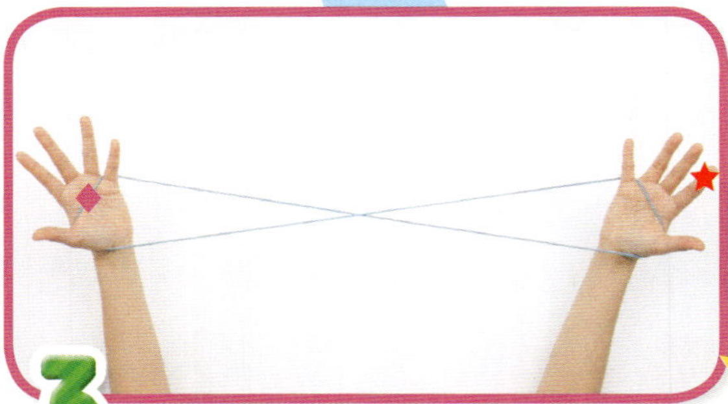

3 用右手食指钩取◆处。

钩取方法

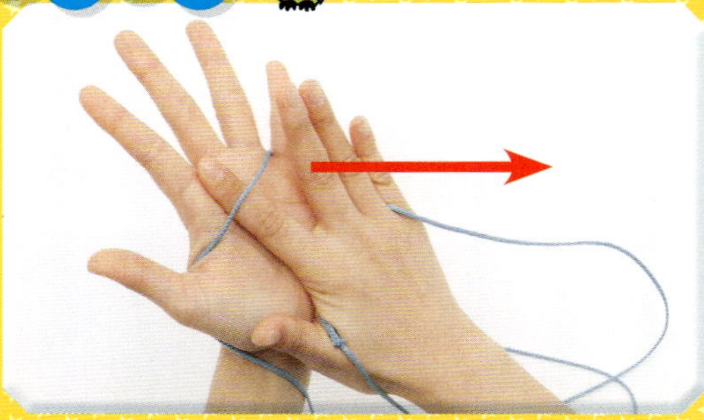

钩取中

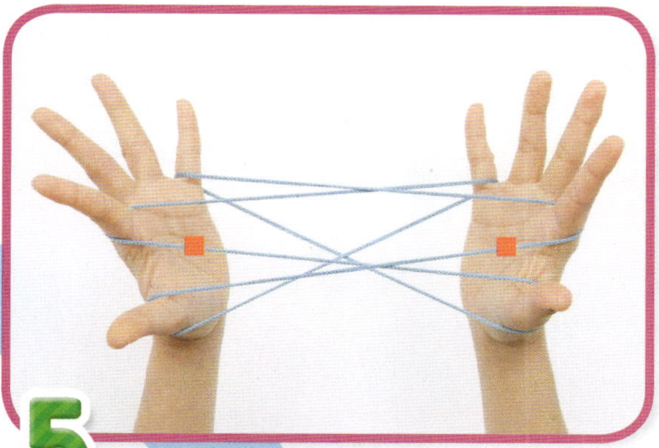

5 用拇指压住■处。

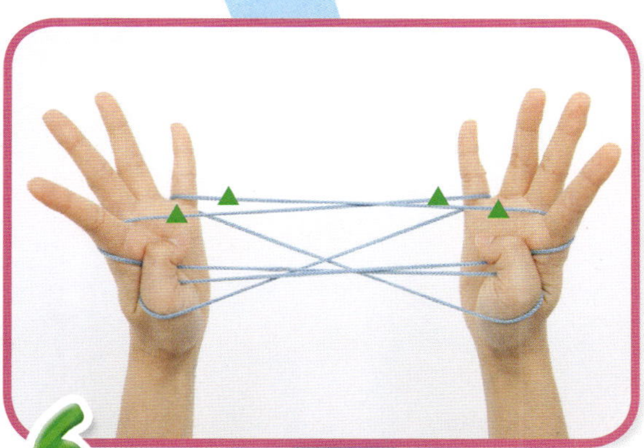

6 松开食指及小指上▲标记的绳子。

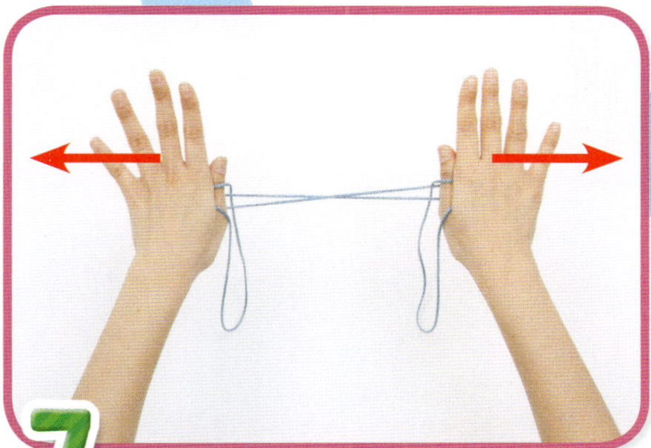

7 松开拇指上的绳子，双手向左右两侧拉伸。

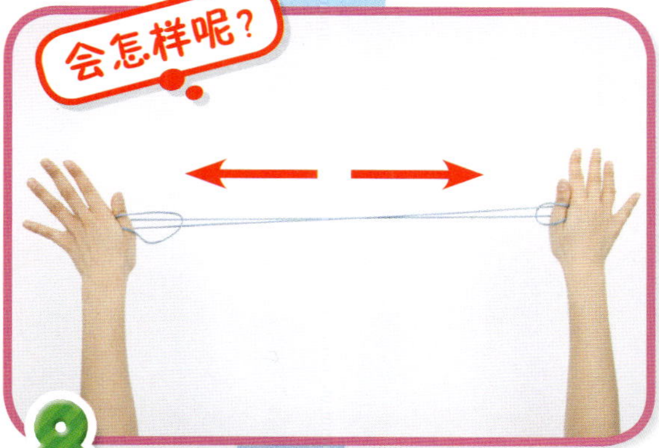

8 猛地一拉……

完成！

9 拇指被绳子钩住啦！捉住拇指成功！

十指逃脱

REMOVING A STRING FROM FINGERS OF BOTH HANDS

难度 难　绳长 长

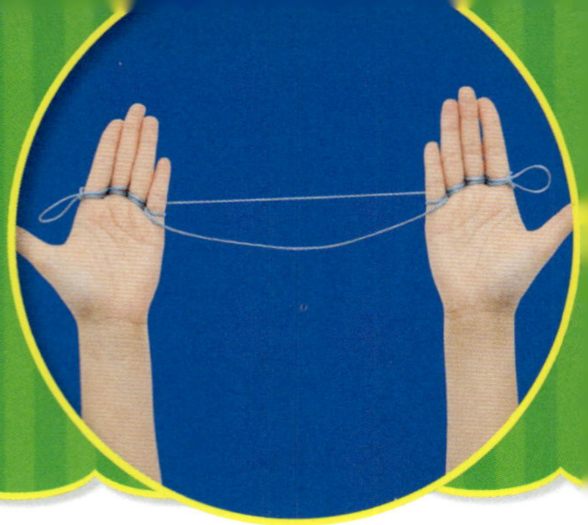

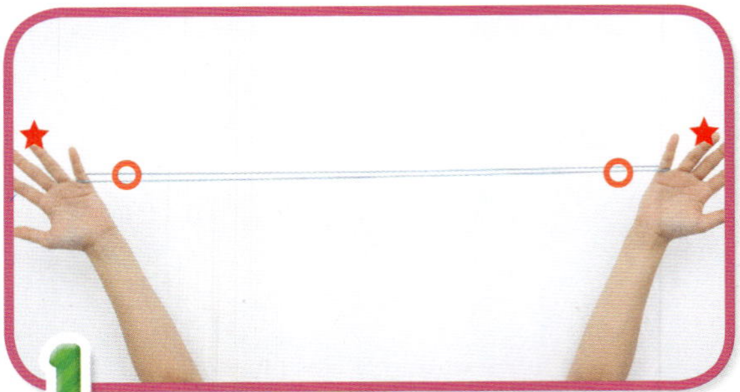

1 将绳子挂在双手小指上，将无名指从上方伸入○中。

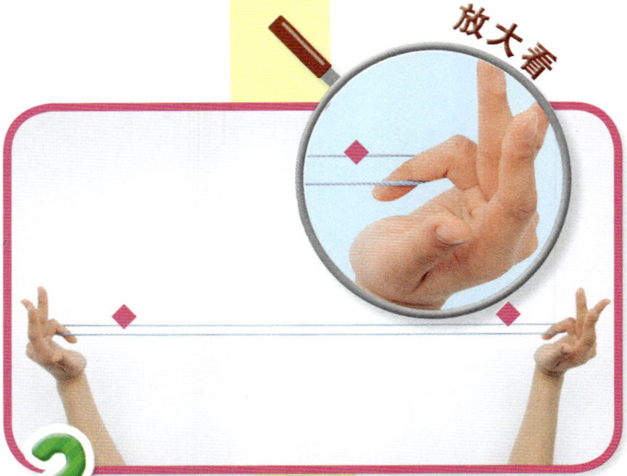

2 用无名指钩取◆处。

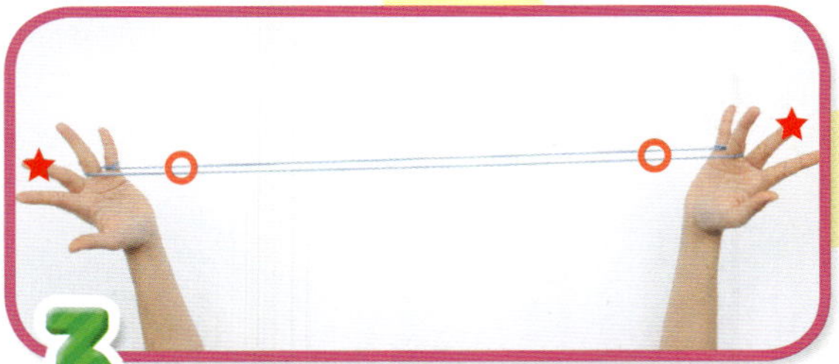

3 将中指从上方伸入○中。

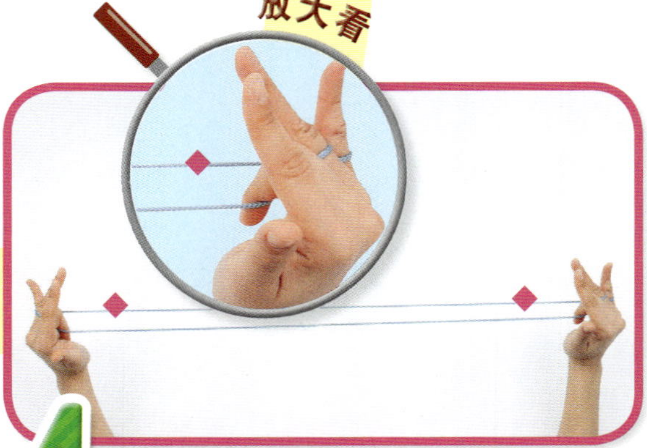

4 用中指钩取◆处。

5 将食指从上方伸入○中。

6 用食指钩取◆处。

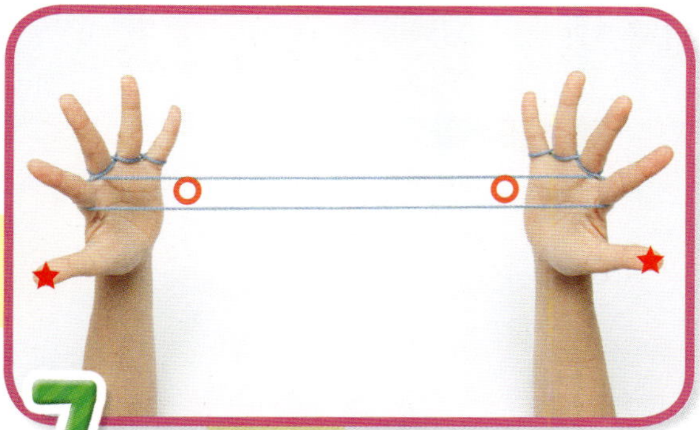

7 将拇指从上方伸入○中。

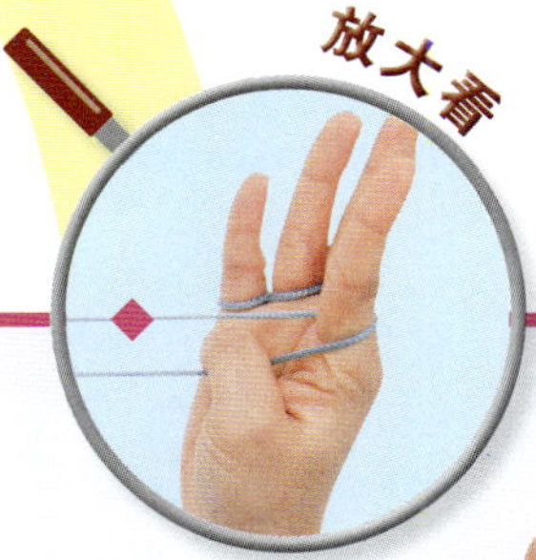

8 用拇指钩取◆处。

9 用食指从外侧挑起◆处，伸入○中。

10 顺势用食指钩取♥处。

11 将中指从上方伸入○中。

伸入方法

伸入中

12 用中指钩取◆处。

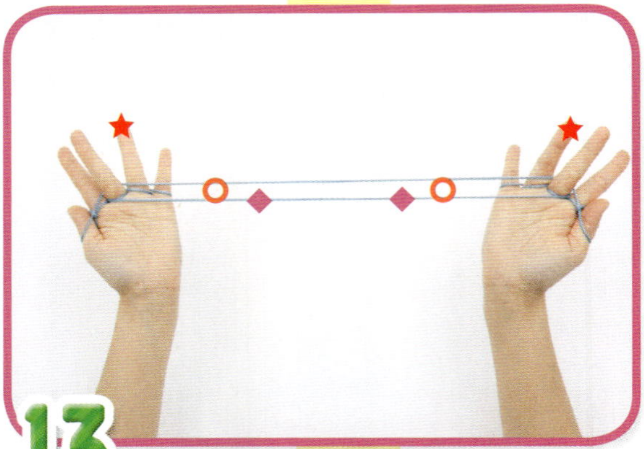

13 将无名指从上方伸入○中，钩取◆处。

钩取方法

钩取中

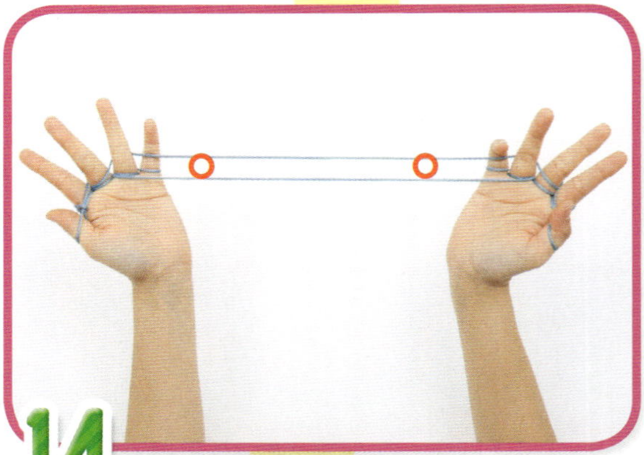

14 将小指从上方伸入○中。

15 用小指钩取◆处。

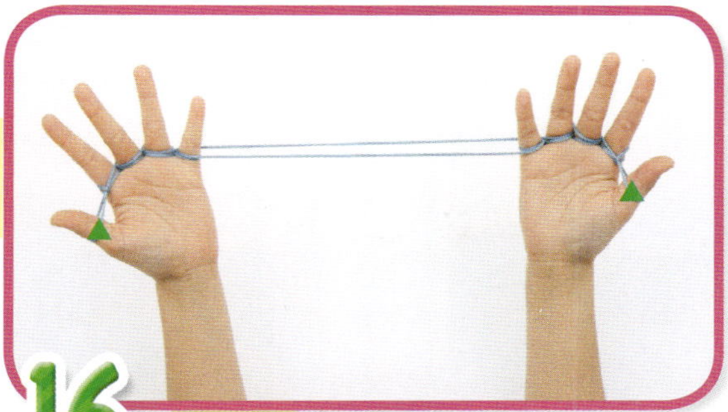

16 松开双手拇指上▲标记的绳子。

松开方法

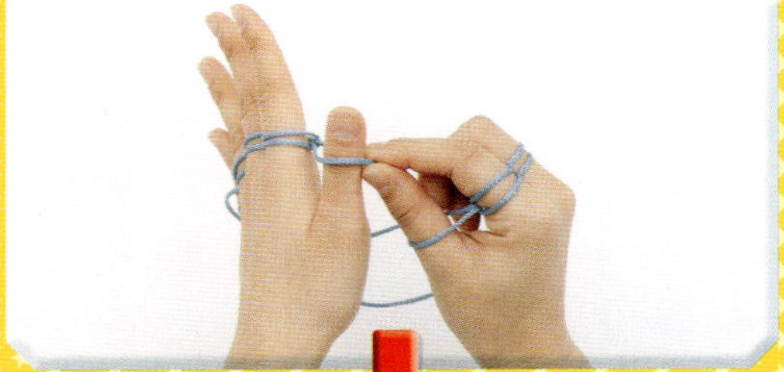

松开左手拇指上的绳子

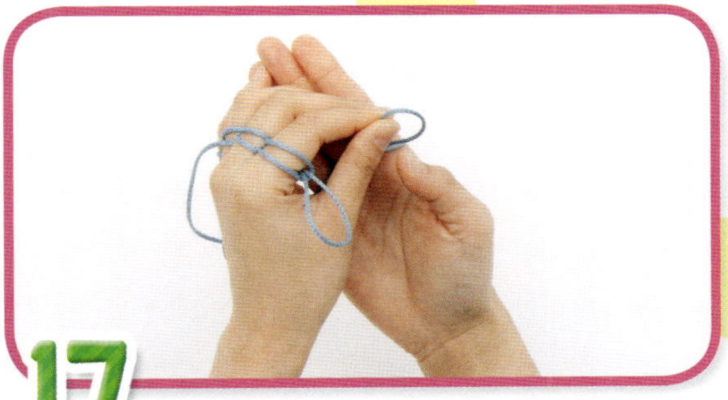

17 松开右手拇指上的绳子。

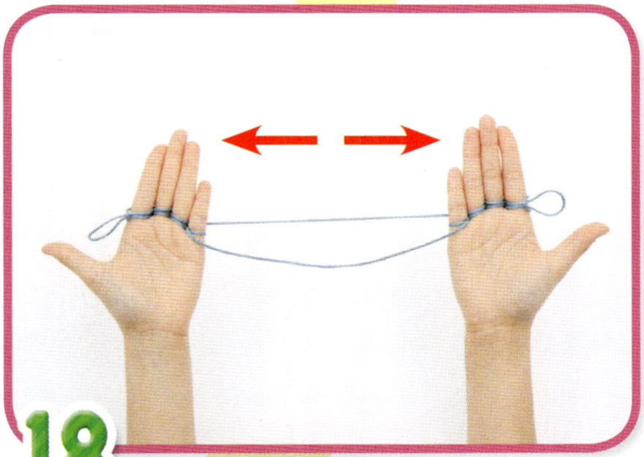

18 双手向左右两侧拉伸。

19 绳子一点一点地松开……

20 绳子全部松开啦！十指逃脱成功！

橡皮筋魔术

RUBBER MAGIC

难度：难　绳长：短

1 将绳子挂在双手拇指和小指上，将◆处沿箭头方向从左手小指到拇指缠绕一圈。

缠绕方法

缠绕中

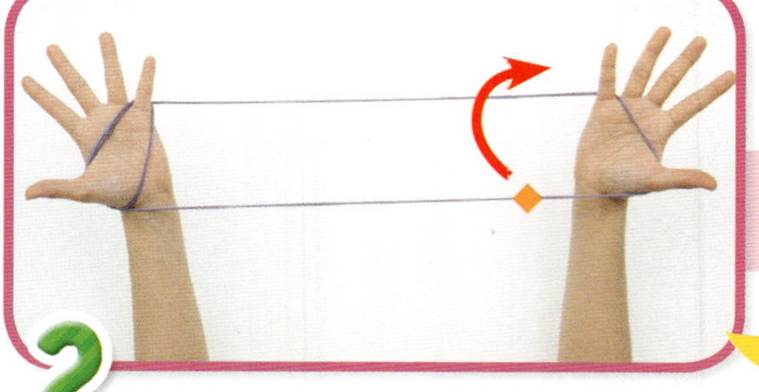

2 同样的，将◆处沿箭头方向从右手小指到拇指缠绕一圈。

缠绕方法

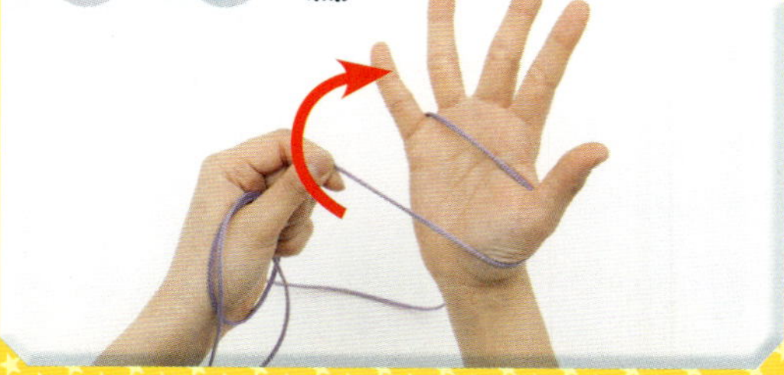

缠绕中

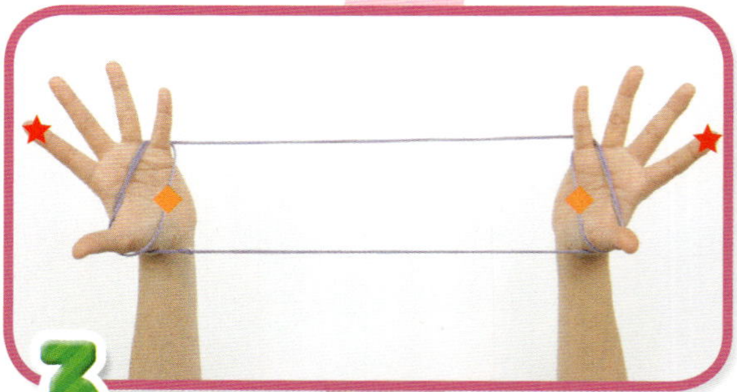

3 将双手食指从上方伸入钩取◆处。

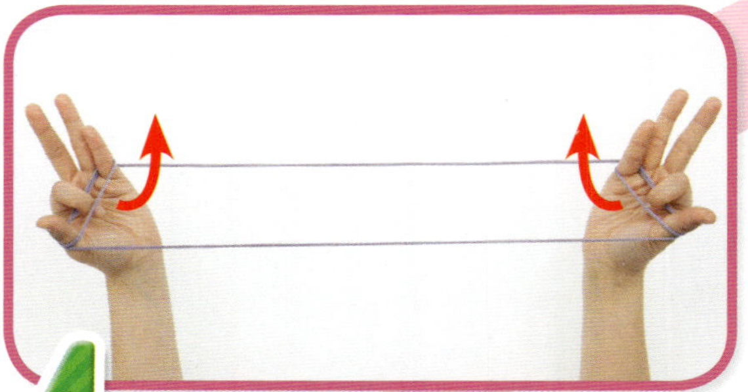

4 用食指沿箭头方向钩取绳子并伸直。

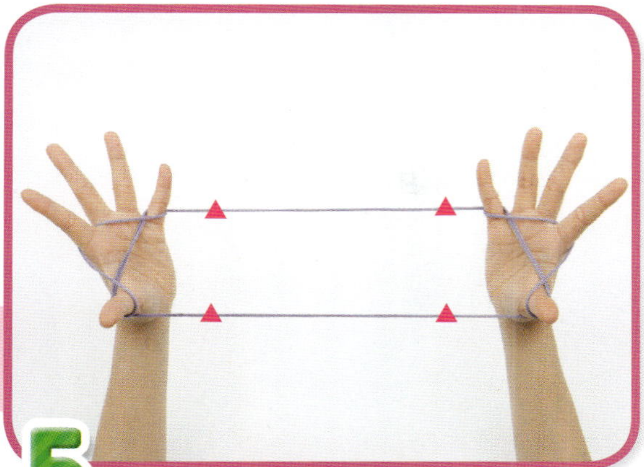

5 松开拇指和小指上▲标记的绳子。

橡皮筋

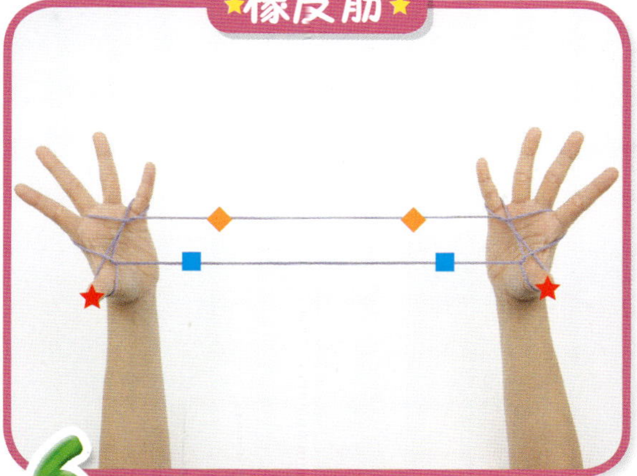

6 橡皮筋完成啦！
用拇指按住■处，钩取◆处。

松开方法

松开中

动一动吧！

绳子像橡皮筋一样可以伸缩哦！并拢双手，绳子就会拉伸。

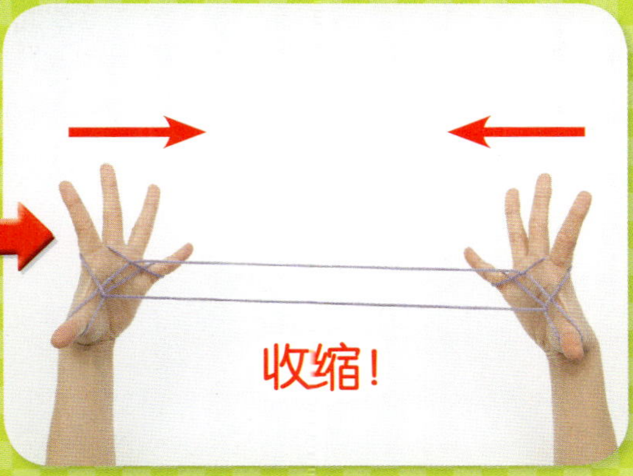

张开双手，绳子就会收缩。

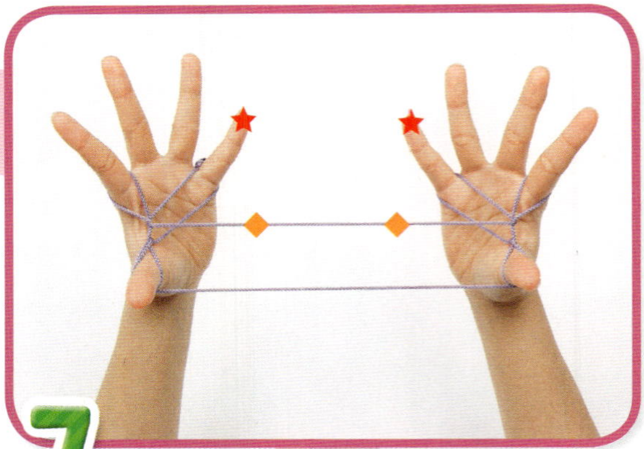

7 用小指钩取◆处。

钩取方法

钩取中

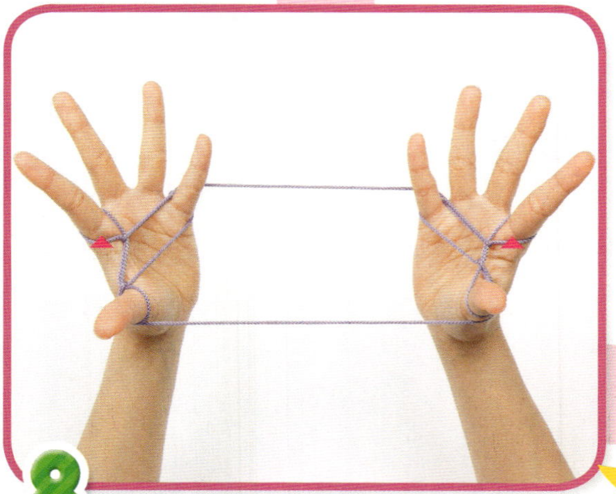

8 松开食指上▲标记的绳子。

松开方法

松开中

9 握住两侧的绳子，用嘴巴咬住◆处并向下拉伸，手里握住的绳子倏地松开了……

10 这就是神奇的橡皮筋魔术！

五指逃脱

REMOVING A STRING FROM 5 FINGERS

难度 一般　绳长 一般

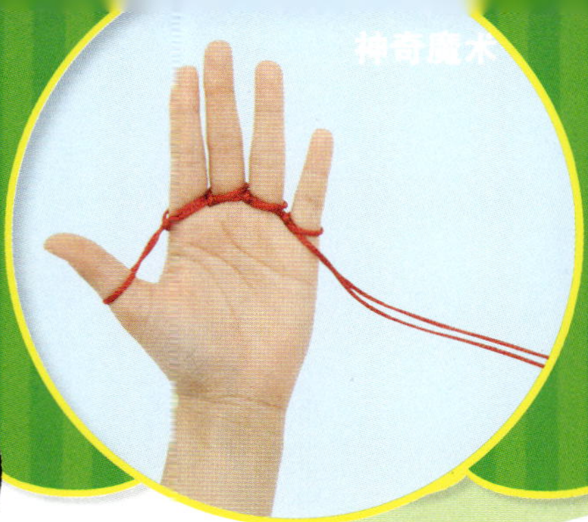

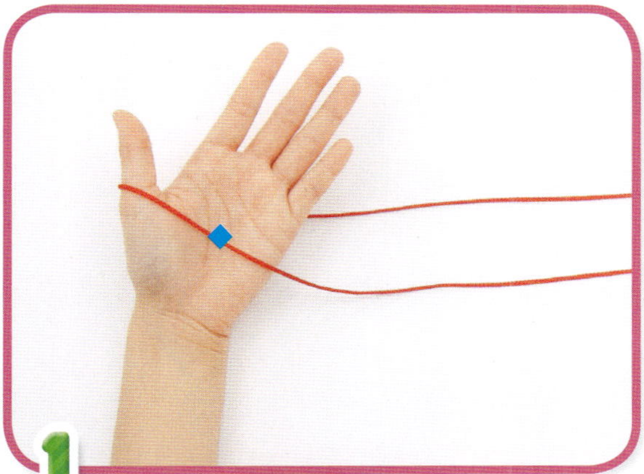

1 将绳子挂在左手的五根手指上，将右手食指从◆处下方伸入绳圈中。

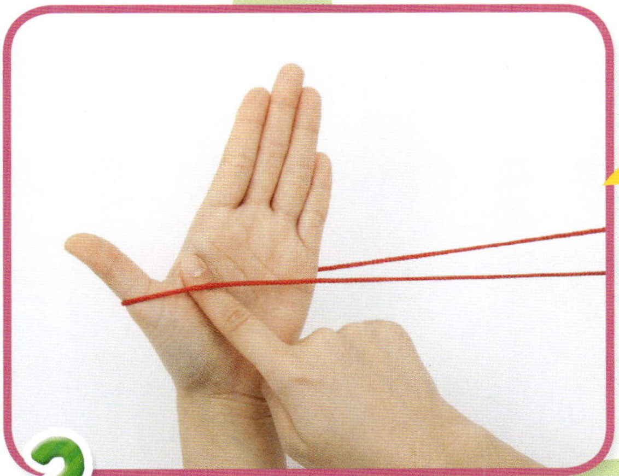

2 将右手食指从左手拇指和食指之间钩取手背的绳子，并向手心方向拉伸。

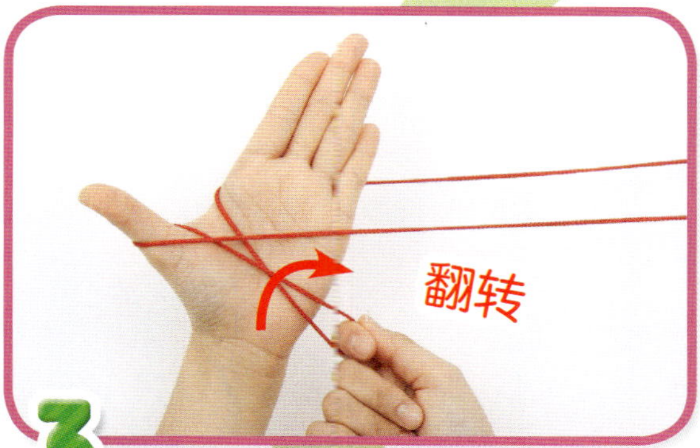

3 将拉出来的绳子沿箭头方向翻转一下。

钩取方法

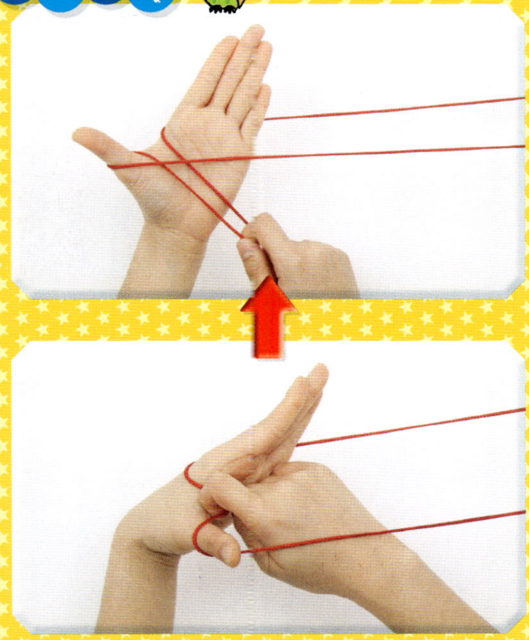

钩取中

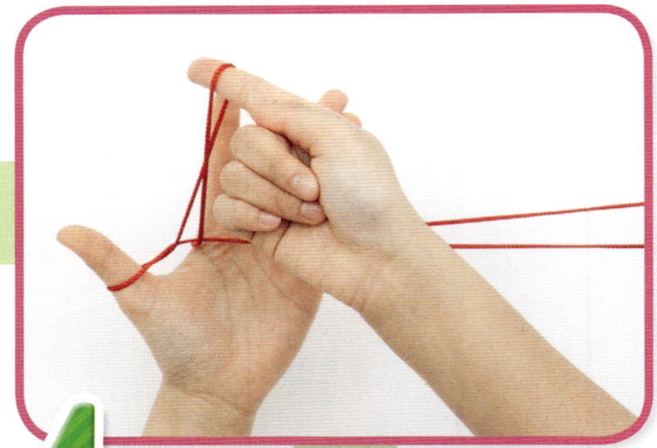

4 将翻转好的绳子挂在左手食指上。

操作方法

操作中

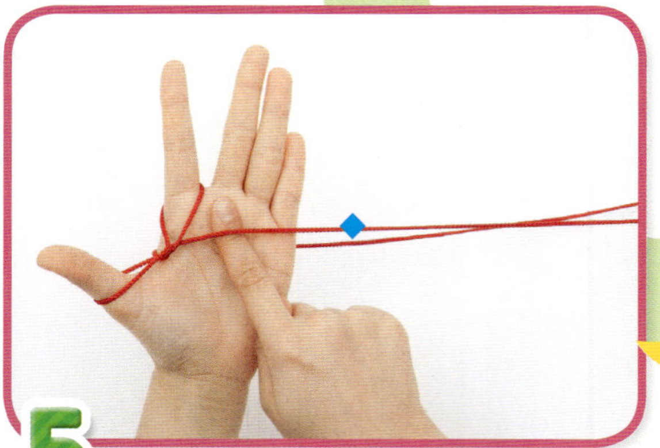

5 同步骤1～3，如图将右手食指从◆处下方伸入绳圈中，从食指和中指之间钩取手背的绳子，并向手心方向拉伸。

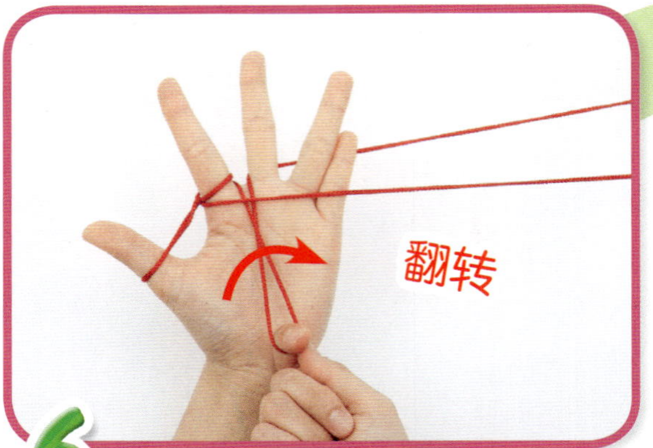

6 将拉出的绳子沿箭头方向翻转一下。

钩取方法

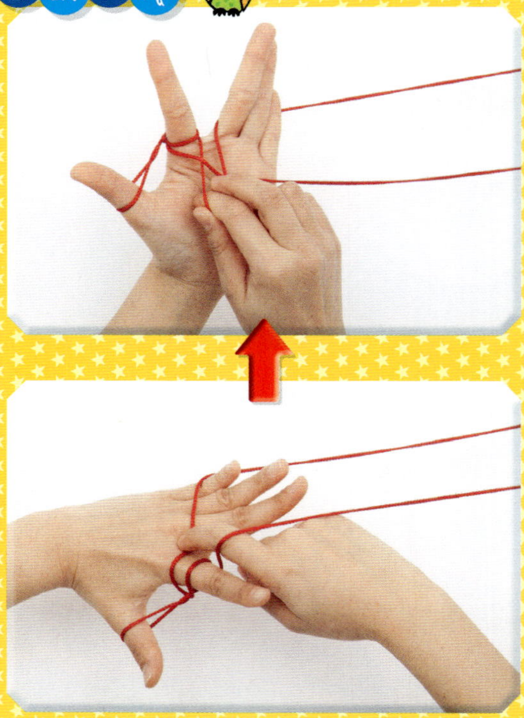

钩取中

7 将翻转好的绳子挂在左手中指上。

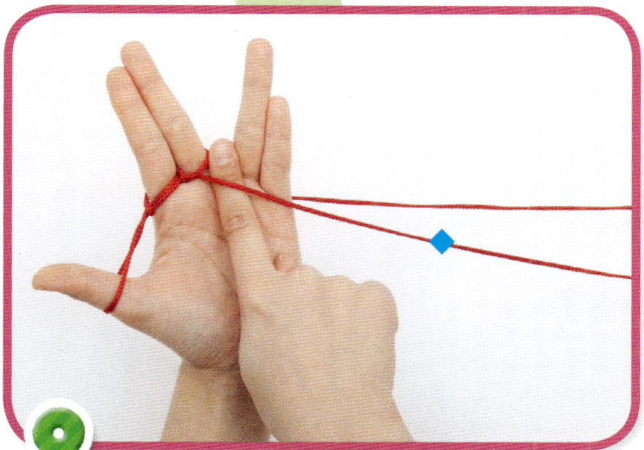

8 如图将右手食指从◆处下方伸入绳圈中，从中指和无名指之间钩取手背的绳子，并向手心方向拉伸。

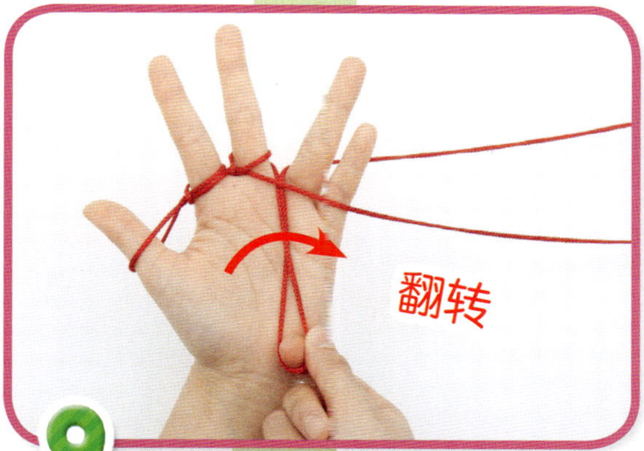

9 将拉出的绳子沿箭头方向翻转一下。

10 将翻转好的绳子挂在左手无名指上。

钩取方法

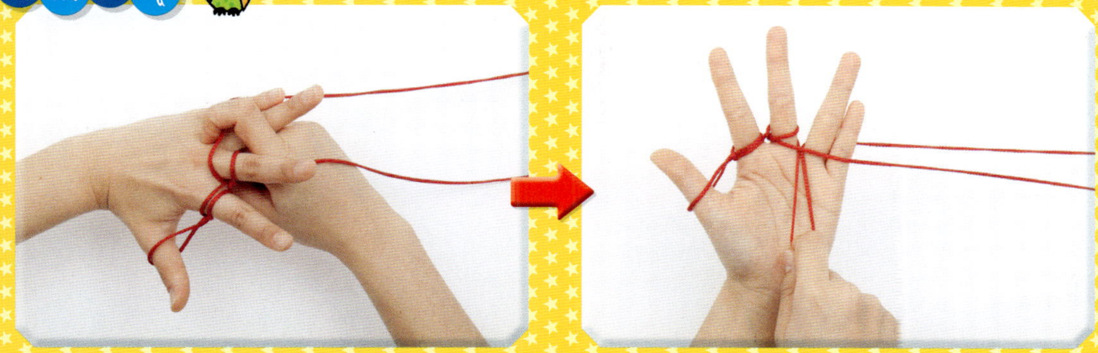

钩取中

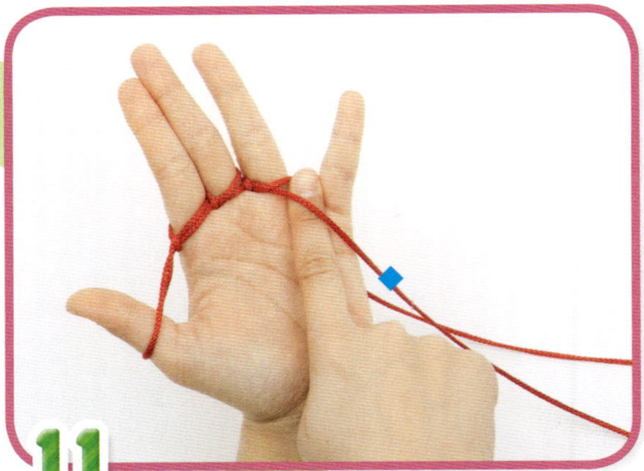

11

如图将右手食指从◆处下方伸入绳圈中，从无名指和小指之间钩取手背的绳子，并向手心方向拉伸。

钩取方法

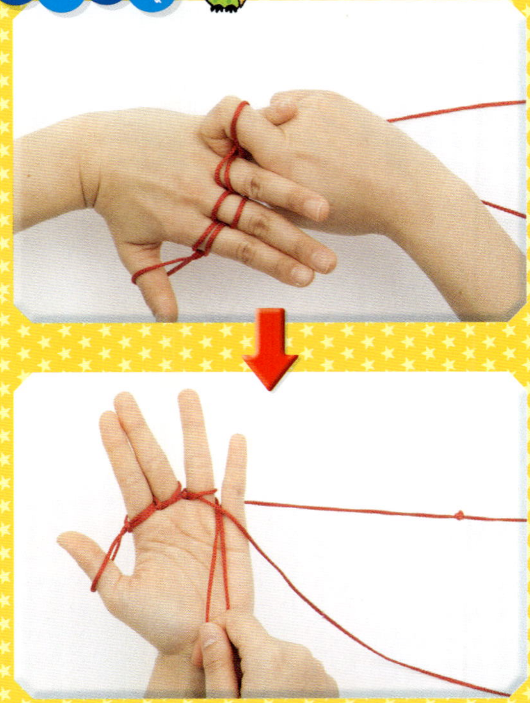

钩取中

13

将翻转好的绳子挂在左手小指上。

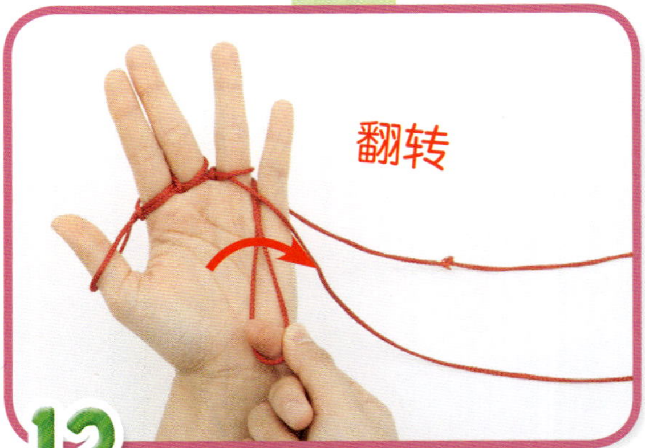

12

将拉出的绳子沿箭头方向翻转一下。

16

绳子全部松开啦！五指逃脱成功！

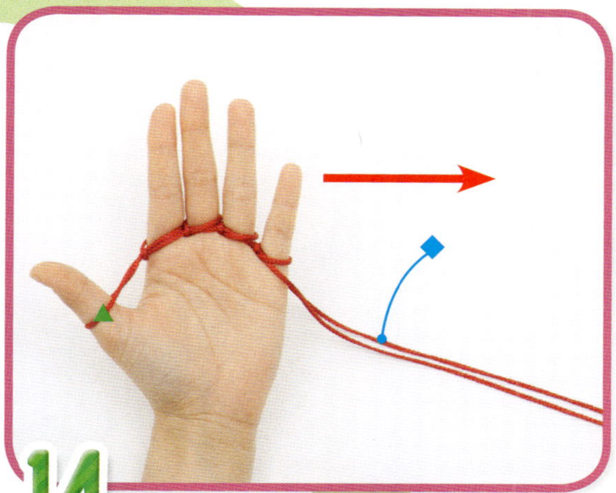

14

松开拇指上▲标记的绳子，将◆处沿箭头方向拉伸。

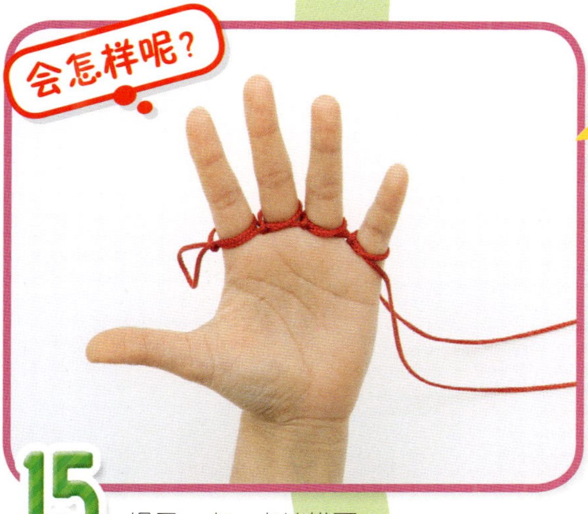

15

绳子一点一点地松开……

松开方法

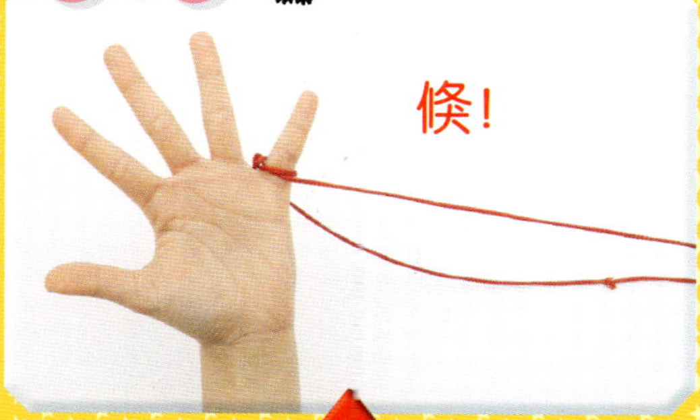

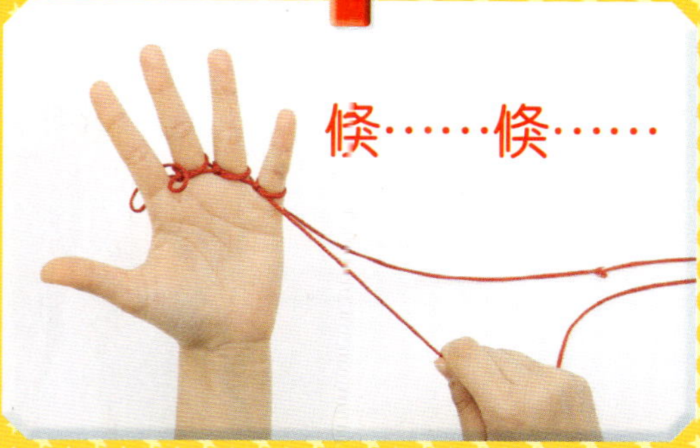

松开中

结绳

JOIN A CORD

难度 一般　　绳长 短

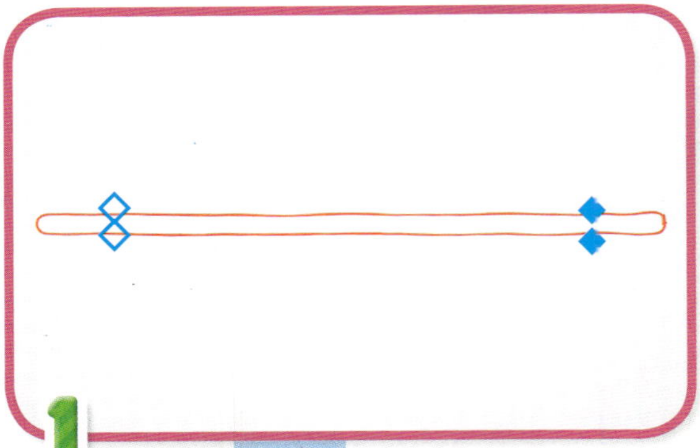

1 用右手握住两根绳子◆处，左手握住两根绳子◇处。

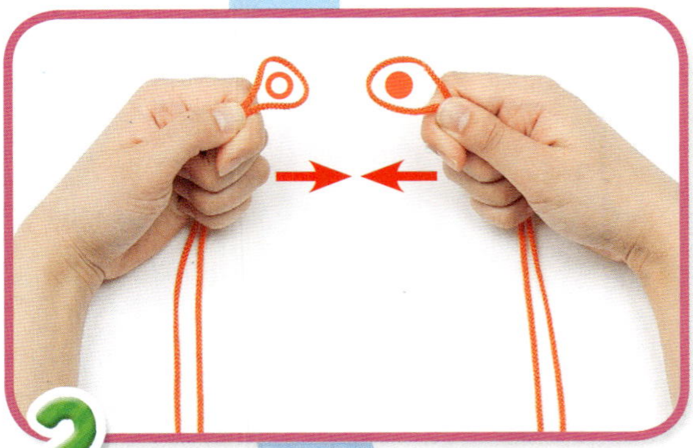

2 把●处和○处少量重叠，右手的●处压在上面。

钩取方法

钩取中

放大看

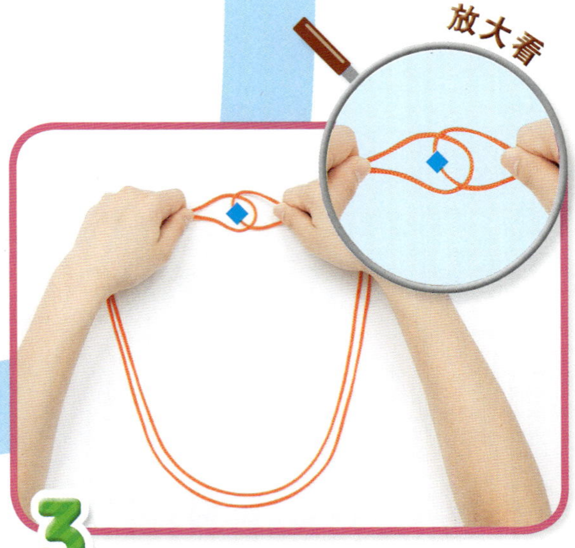

3 用右手食指从下方伸入钩取◆处。

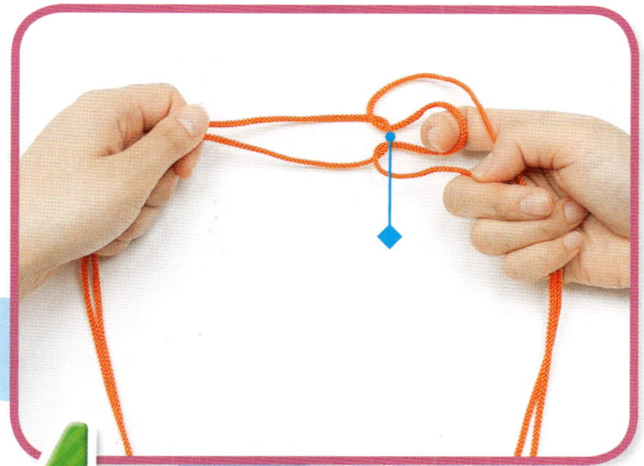

4 用左手食指从下方伸入钩取◆处。

钩取方法

钩取中

5 用双手食指将绳子向左右两侧拉伸。

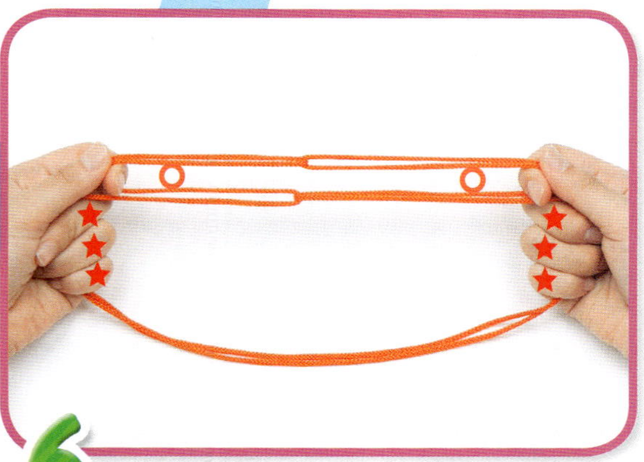

6 将双手中指、无名指和小指伸入○中。

会怎样呢？

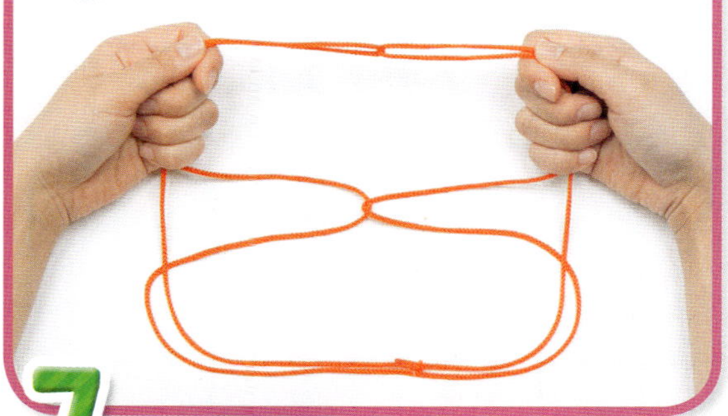

7 将绳子向左右两侧拉伸。

呀！真不可思议！

完成！

8 绳子连接好啦！

掉落的戒指

A FALLING RING

难度 简单　绳长 一般

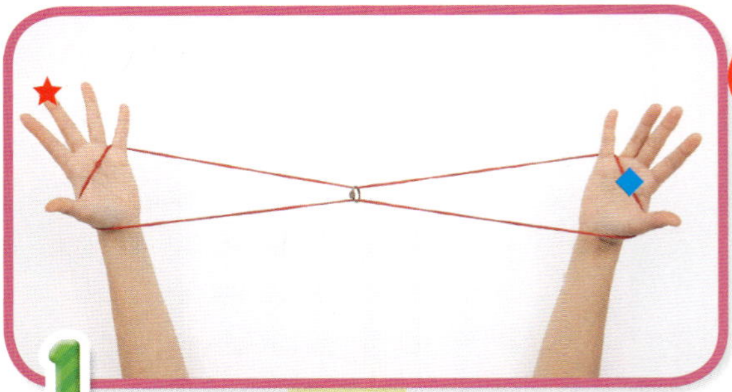

1 将绳子穿过戒指，挂在双手拇指和小指上。用左手中指钩取◆处。

钩取方法

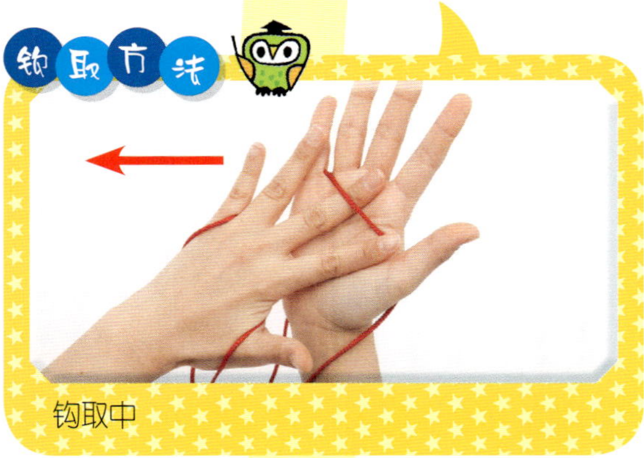

钩取中

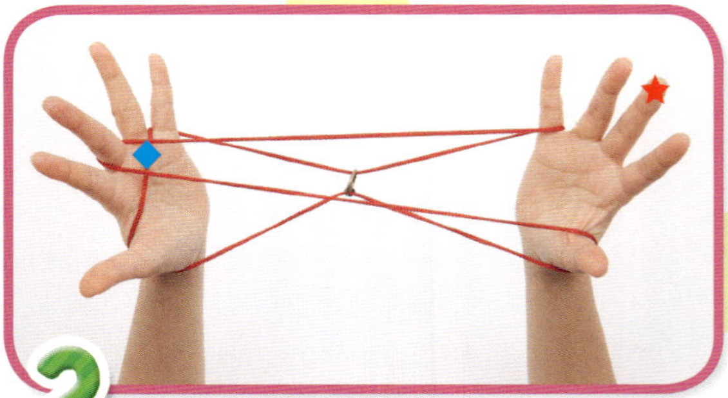

2 用右手中指钩取◆处。

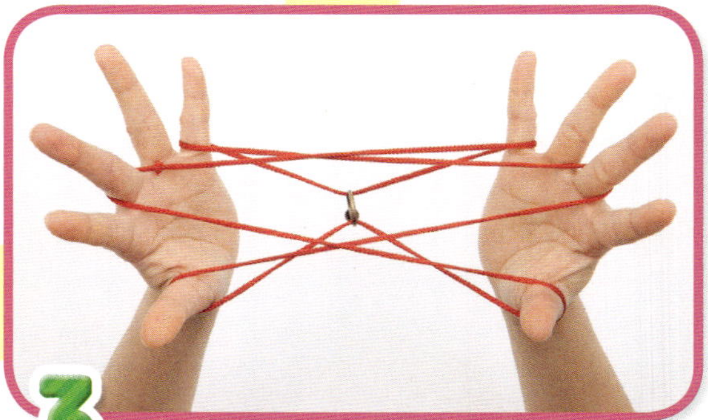

3 保留右手拇指和左手中指上的绳子，松开其他手指上的绳子。

4 将绳子向左右两侧拉伸。

完成！

5 戒指掉下来啦！

拉大锯

PULL SAW

难度 简单　绳长 一般

1 A将绳子挂在两手腕上。将◆处沿箭头方向在左手腕上缠绕一圈。

缠绕方法

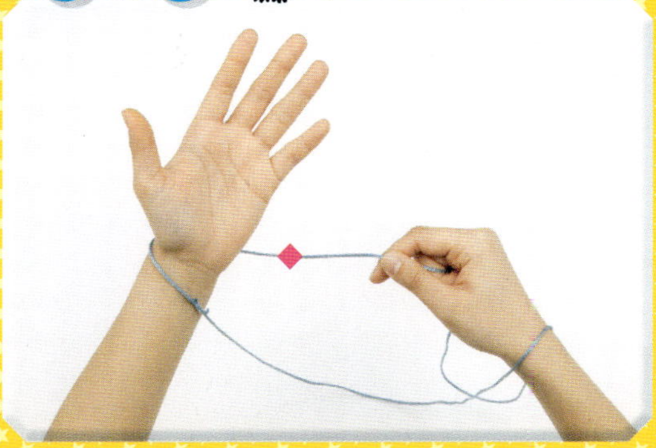

用右手捏住◆处

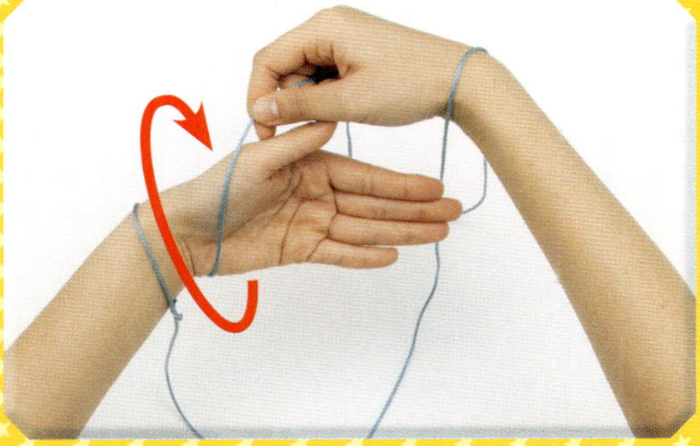

沿箭头方向在左手腕上缠绕一圈

缠绕方法

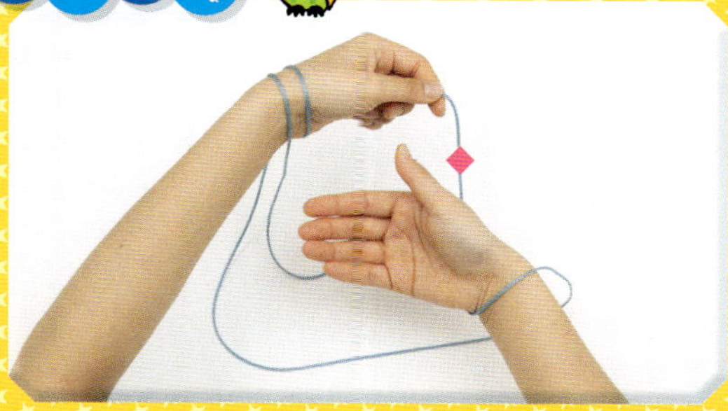

用左手捏住◆处

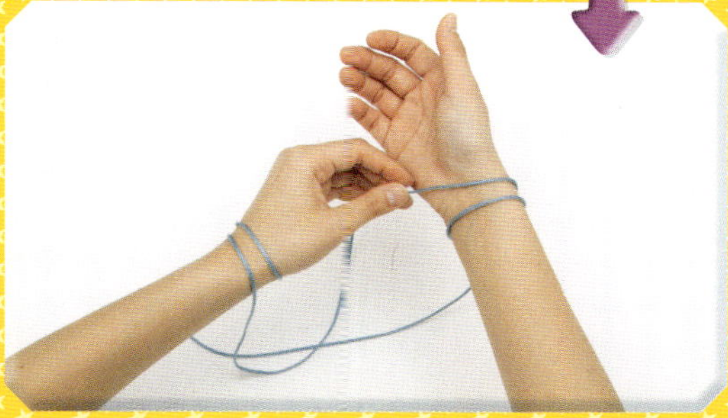

如图在右手腕上缠绕一圈

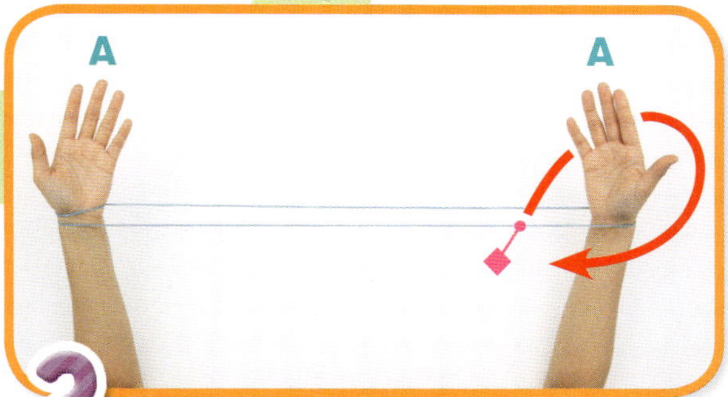

2 将◆处沿箭头方向在右手腕上缠绕一圈。

3 用右手拇指钩取左手腕上的◆处。

钩取方法

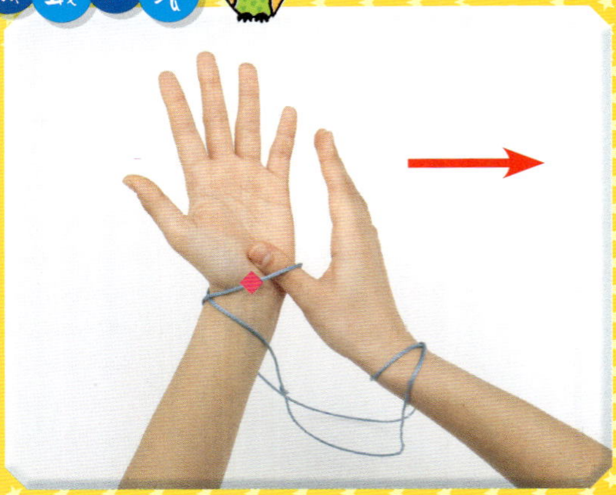

钩取中
将拇指从下方伸入钩取◆处，向右边拉伸

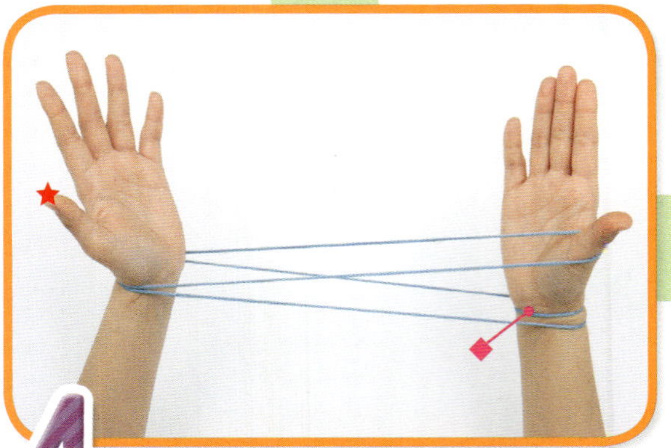

4 用左手拇指钩取右手腕上的◆处。

钩取方法

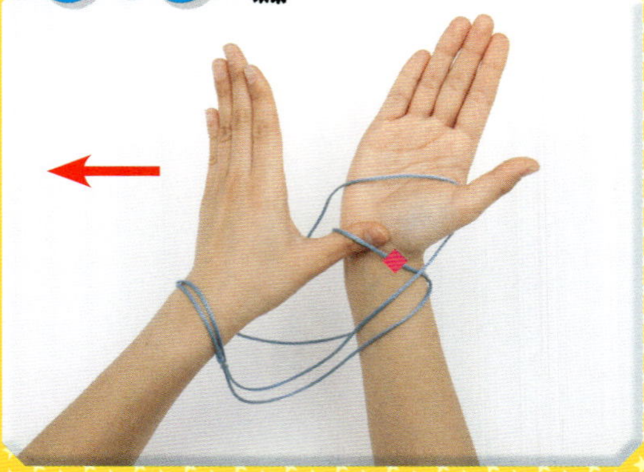

钩取中
将拇指从下方伸入钩取◆处，向左边拉伸

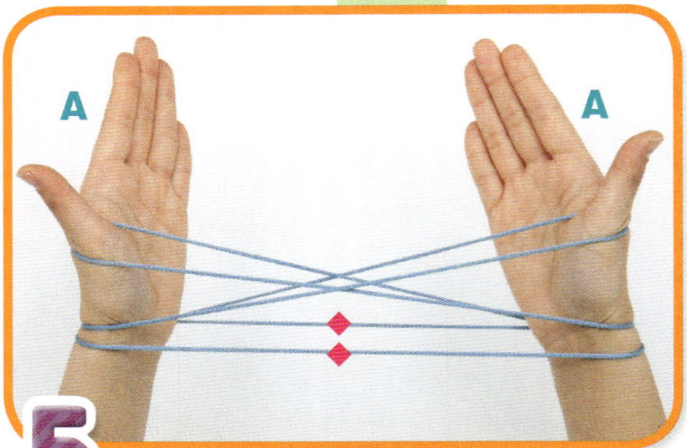

5 B用食指钩取◆处。

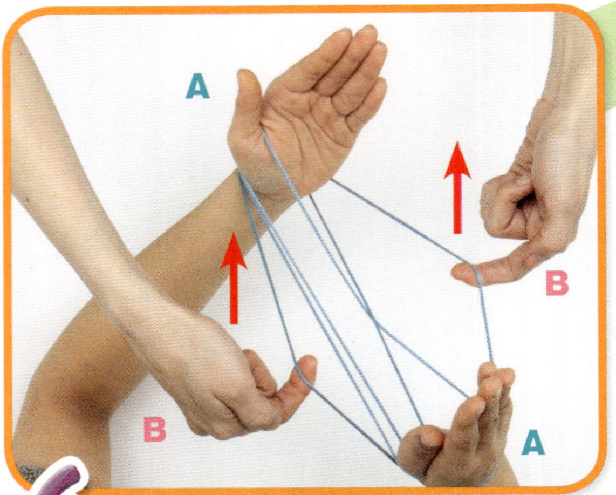

6 慢慢向上钩起。

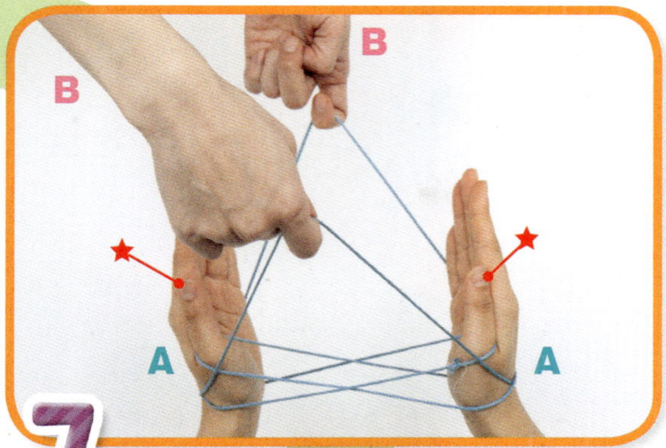

7 A将五指并拢，以防止拇指上的绳子松掉。

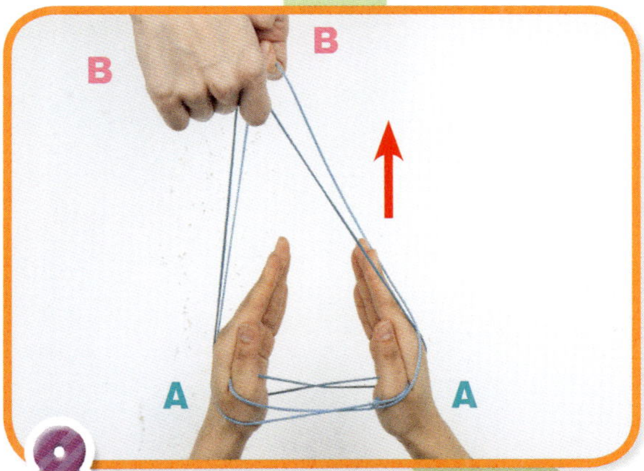

8 只将A手腕上的绳子松掉。

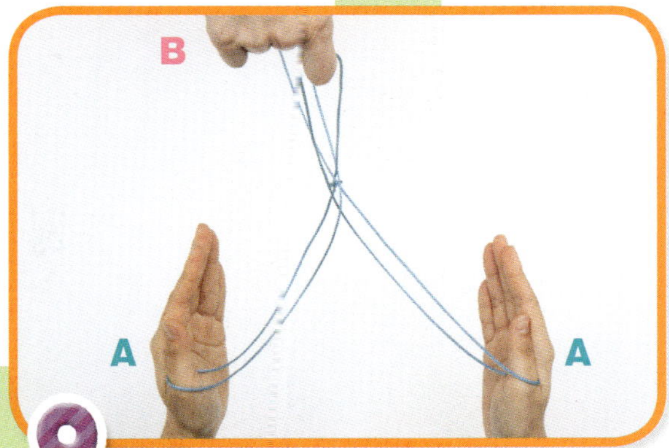

9 将B的双手向两侧拉开，翻转绳子并重新挂在手上。

10 来玩拉大锯吧！

一起来玩吧！

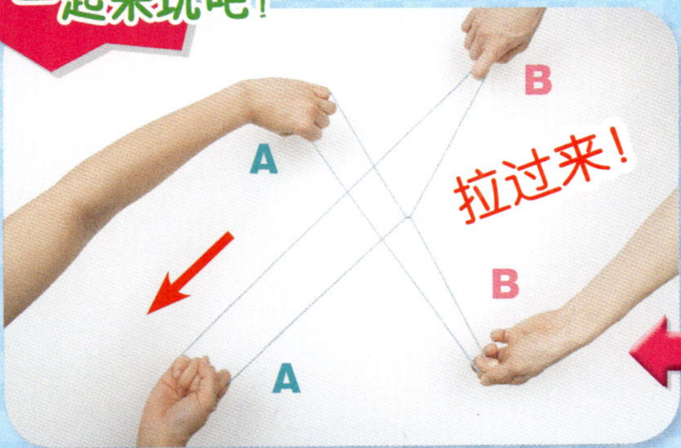

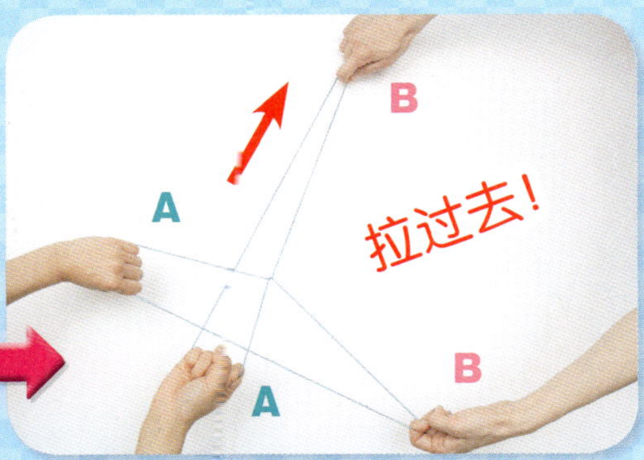

首先由A将绳子沿箭头方向拉向一边，然后B再把绳子拉向另一边。两人轮流来玩吧。

多变的双人翻绳

PLAY CAT'S CRADLE WITH FRIENDS

难度 难　绳长 长

吊桥→水田→小河→
小船→水田→菱形→
青蛙→菱形→大鼓→
小河

1 A将绳子挂在两手腕上，将◆处沿箭头方向在左手腕上缠绕一圈。

缠绕方法

缠绕中

2 同样的，将◆处在右手腕上缠绕一圈。

钩取方法

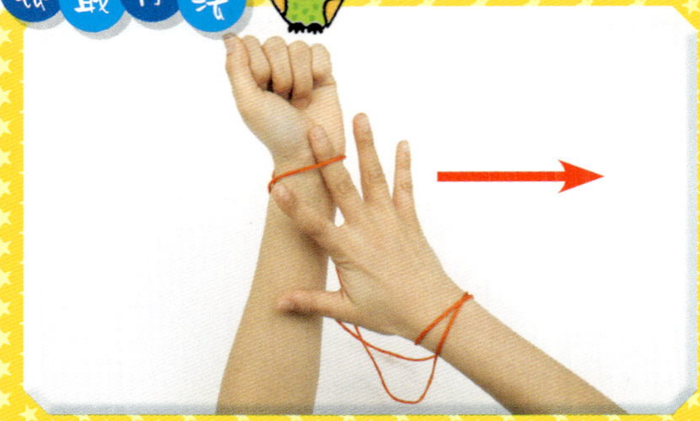

钩取中

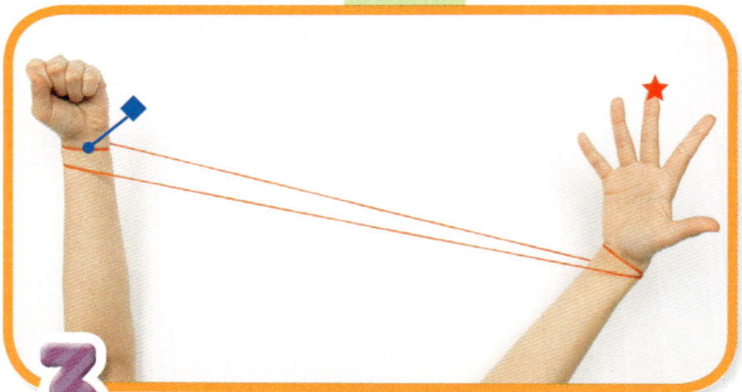

3 用右手中指钩取◆处。

缠绕方法

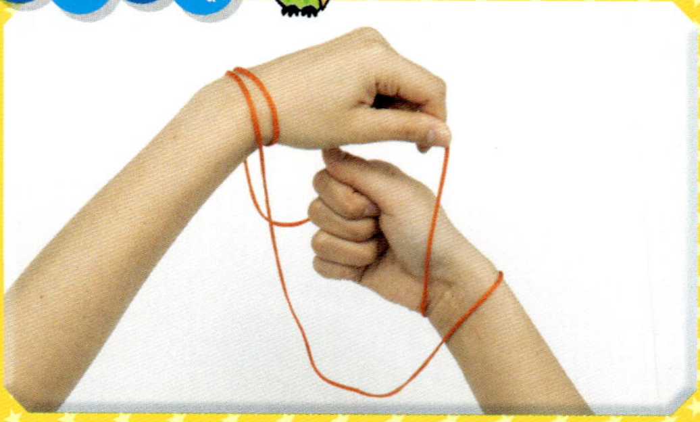

缠绕中

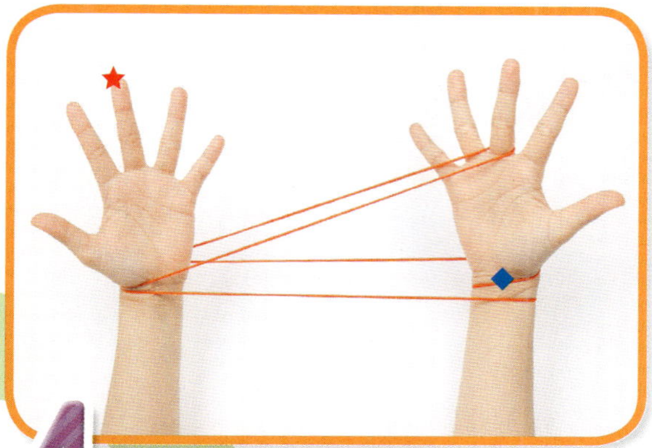

4 用左手中指钩取◆处。

钩取方法

钩取中

★ 吊桥 ★

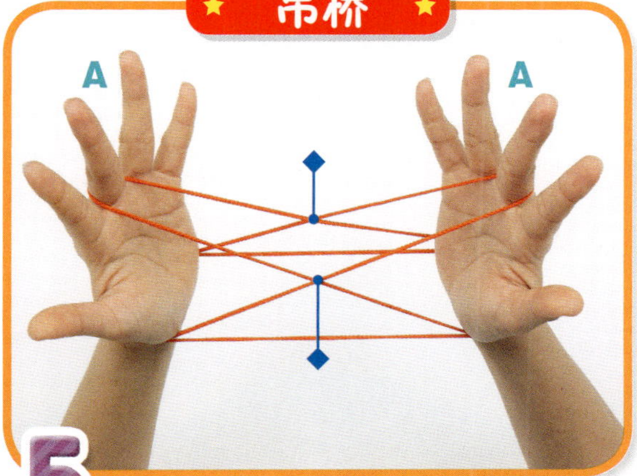

5 吊桥建成啦！
B 用拇指和食指从上方捏住两侧的◆处。

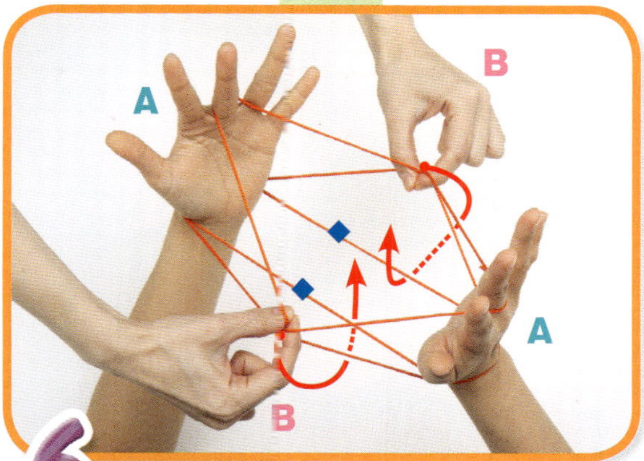

6 B 沿箭头方向翻向外侧钩取◆处。

钩取方法

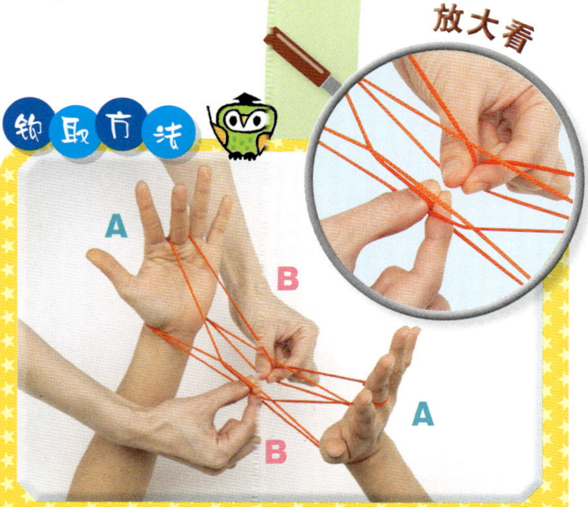

钩取中

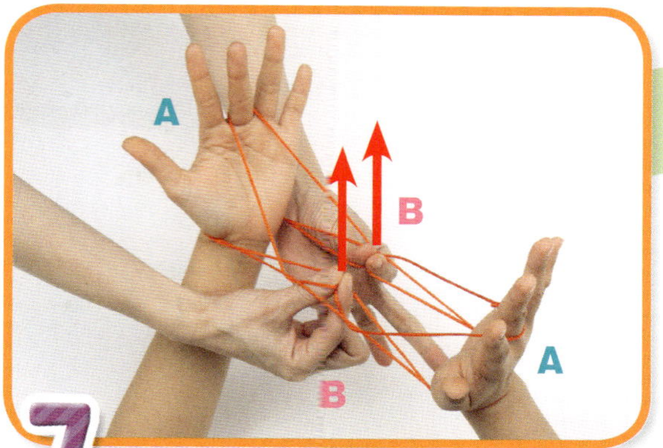

7 钩取之后，绳子从A手上转移到B手上。

水田

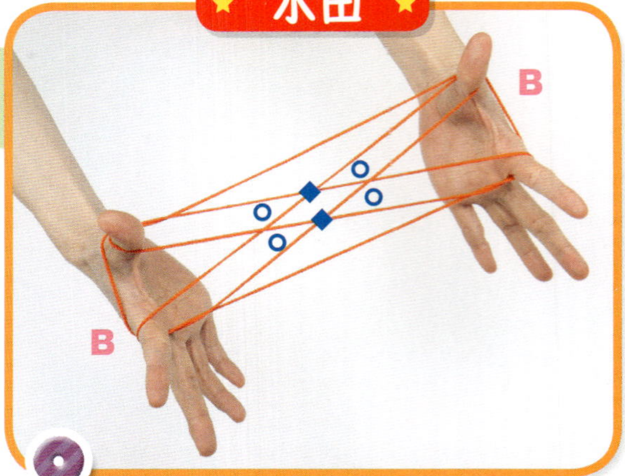

8

变成水田啦！
A将拇指和食指从上方伸入○中，捏住◆处。

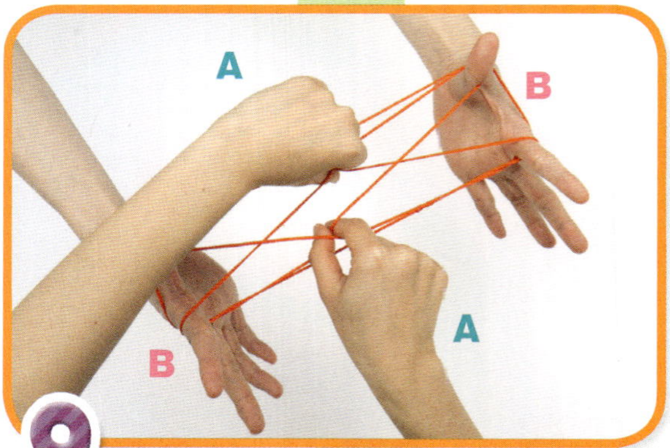

9

A用拇指和食指捏住。

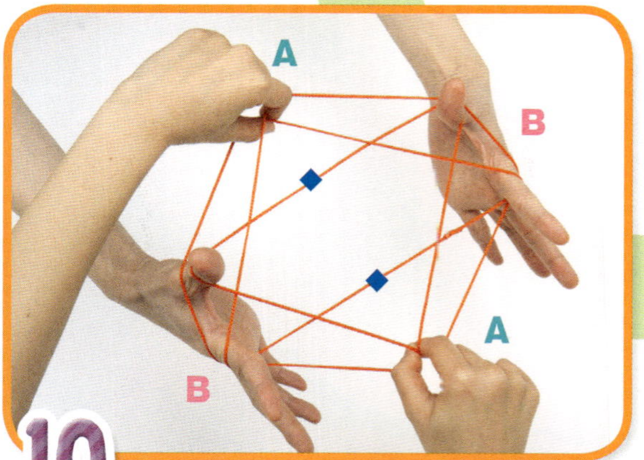

10

A将两手翻向外侧钩取◆处。

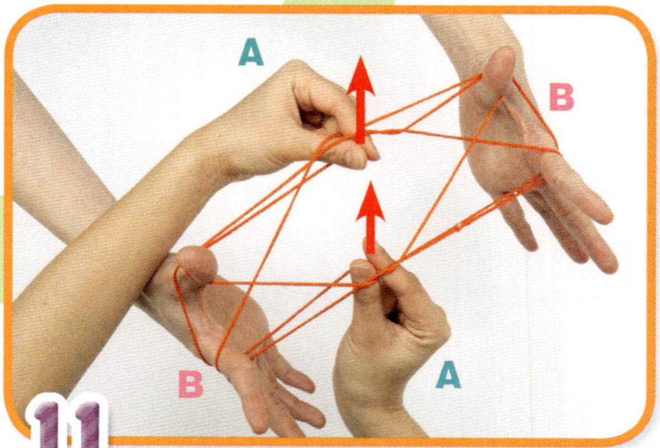

11

钩取之后，绳子从B手上转移到A手上。

小河

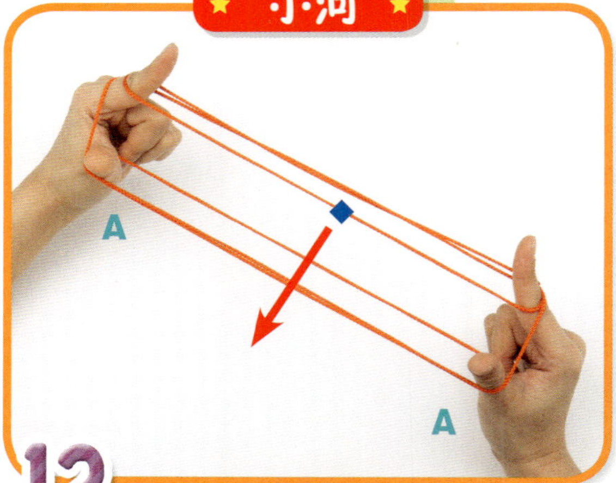

12

变成小河啦！
B用右手小指从上方钩取◆处。

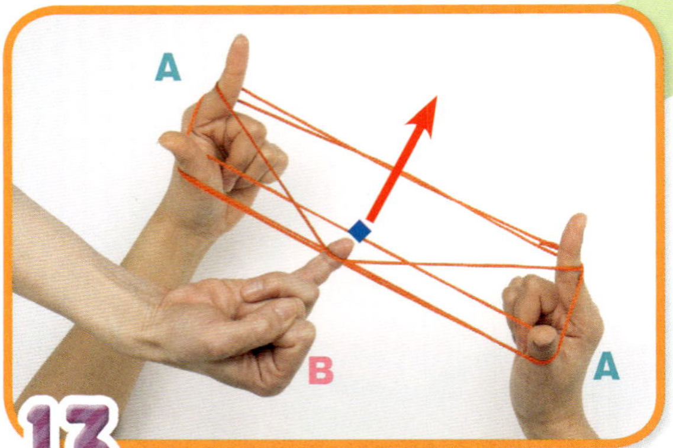

13

B用左手小指钩取◆处。

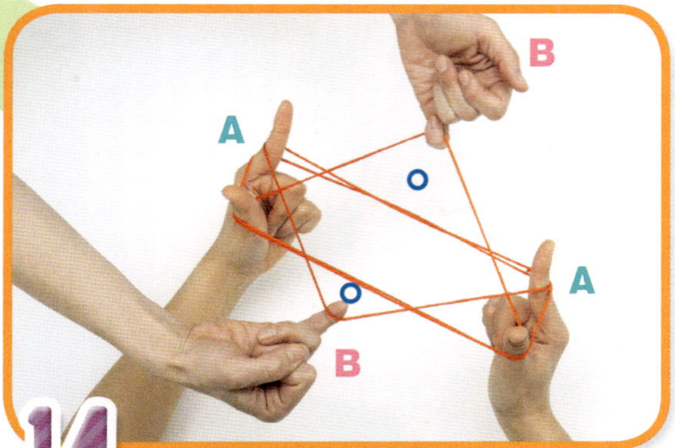

14 B用力钩拽小指上的绳子，然后将拇指和食指从上方伸入○中。

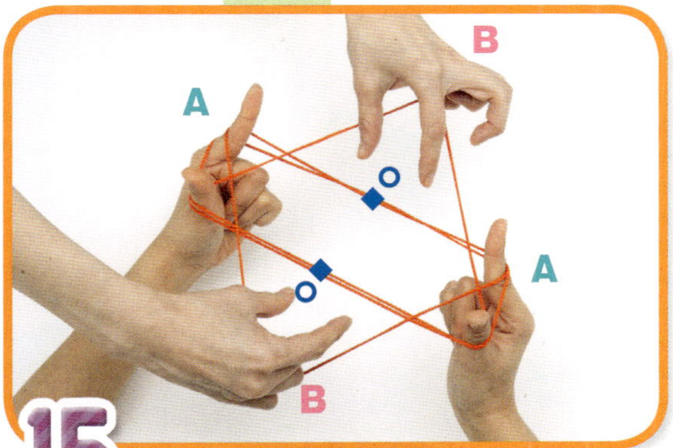

15 B用拇指和食指钩取◆处。

钩取方法

钩取中

钩取之后，绳子从A手上转移到B手上

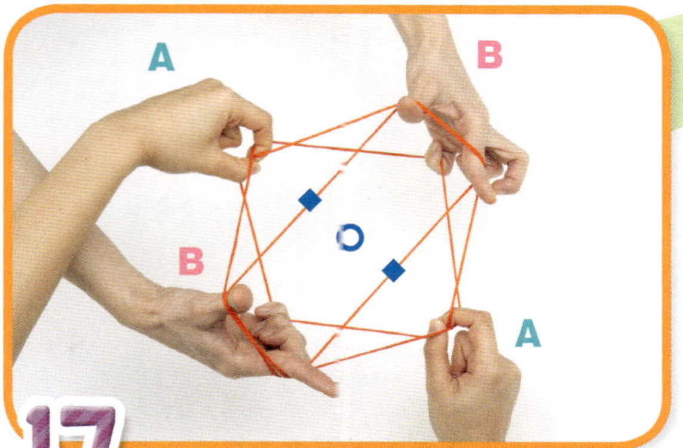

17 A将拇指和食指从◆处的上方伸入○中。

捏住方法

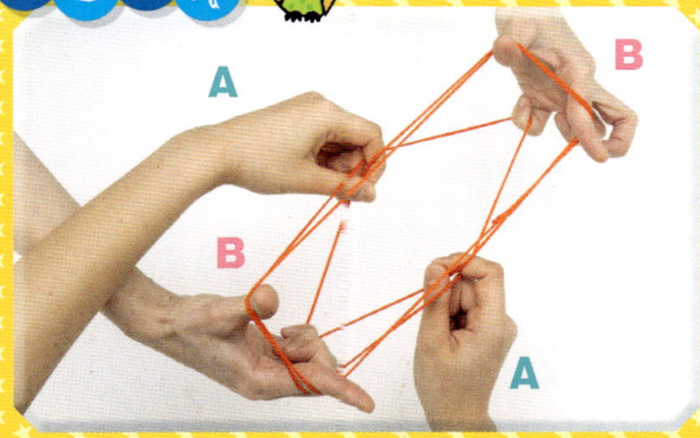

捏住

★ 小船 ★

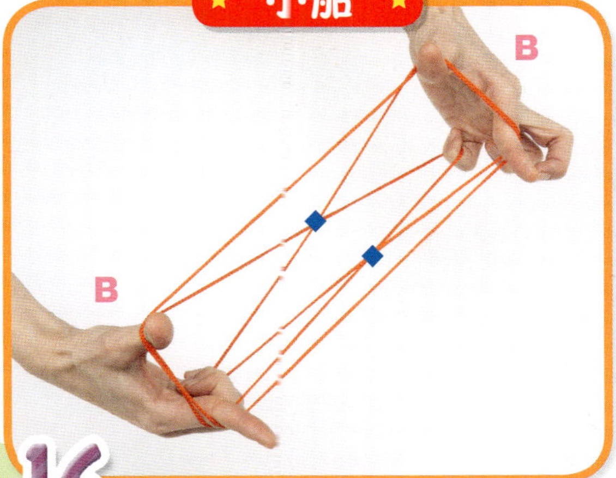

16 变成了一艘小船！

A用拇指和食指从下方捏住◆处。

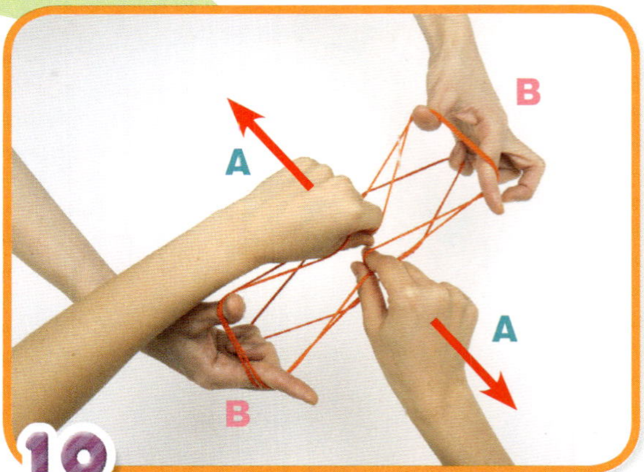

18

A将绳子向两侧拉伸，然后绳子从B手上转移到A手上。

★ 水田 ★

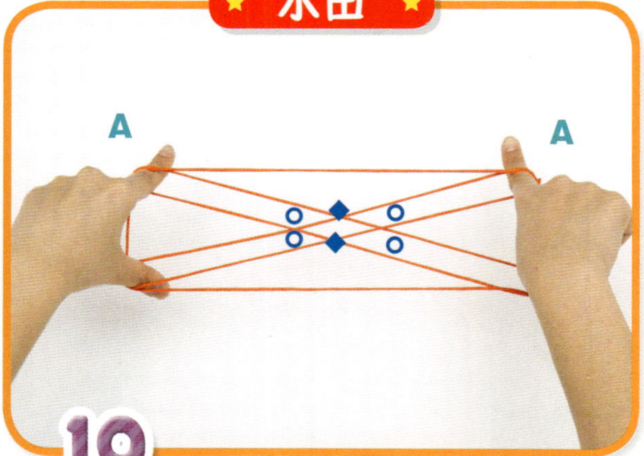

19

又变成水田啦！
B将拇指和食指从上方伸入○中，捏住◆处。

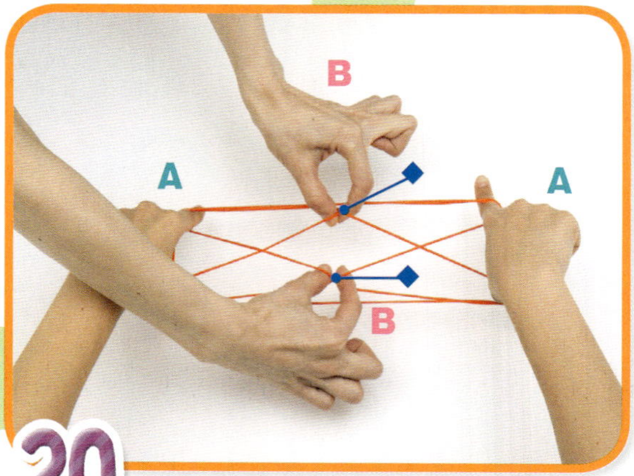

20

B用拇指和食指捏住并抬起◆处。

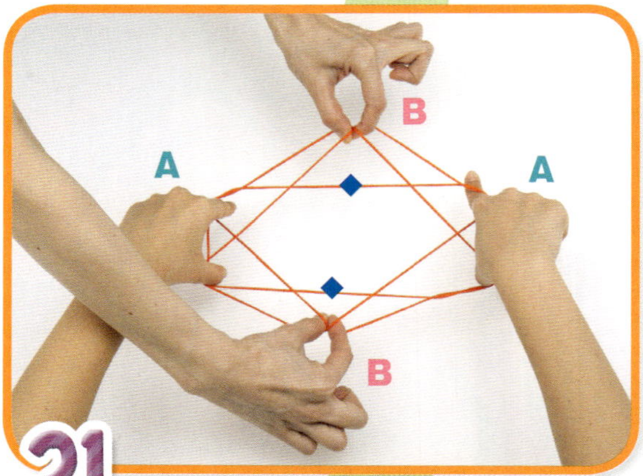

21

B将两手翻向外侧钩取◆处。

钩取方法

钩取之后，绳子从A手上转移到B手上

菱形

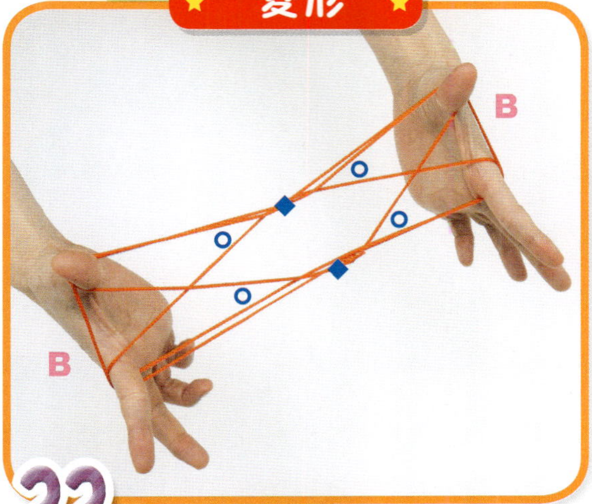

22 变成菱形啦！
A将拇指和食指从上方伸入○中，捏住◆处。

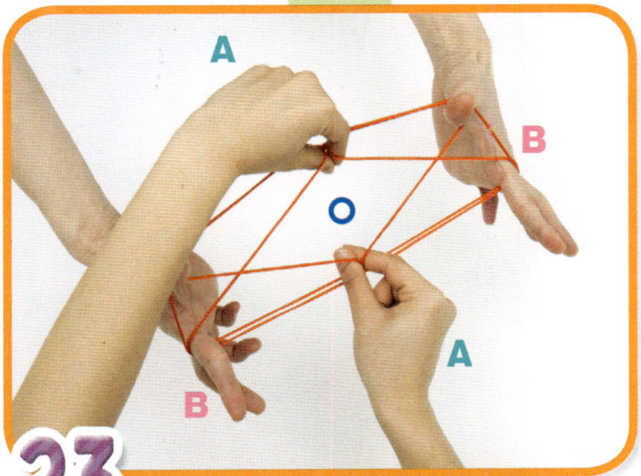

23 A捏住以后，指尖朝上从○中翻出来。

24 绳子从B手上转移到A手上。

青蛙

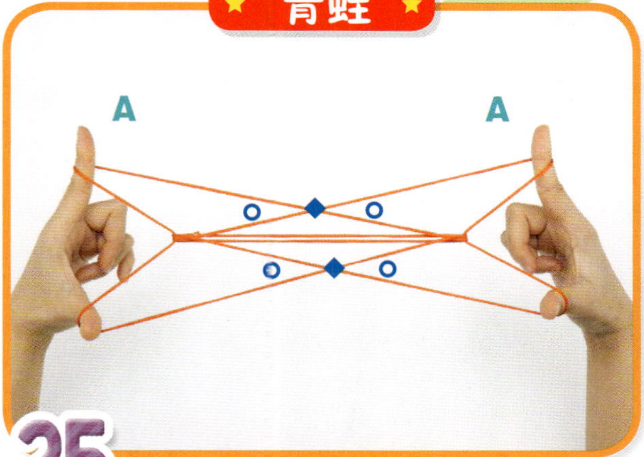

25 变成青蛙啦！
B将拇指和食指从上方伸入○中，捏住◆处。

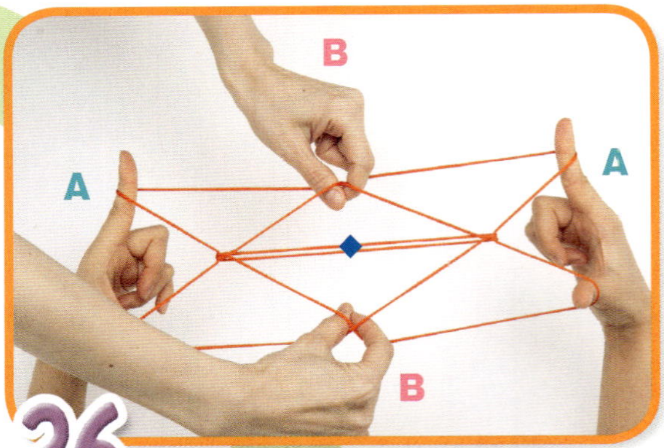

26 B将拇指和食指从下方穿进两根绳子◆处的中间。

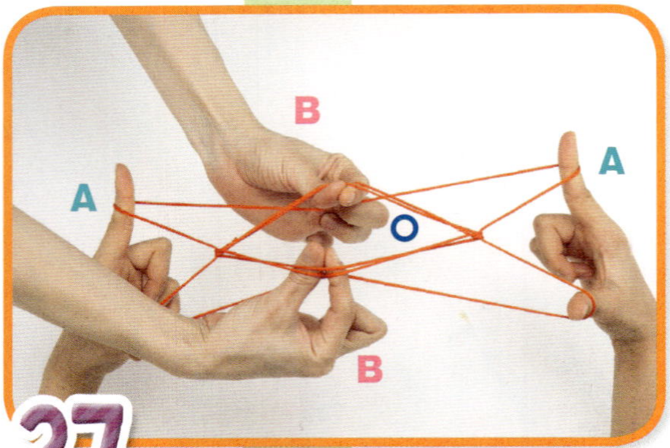

27 B将指尖朝上从○中翻出来，绳子从A手上转移到B手上。

菱形

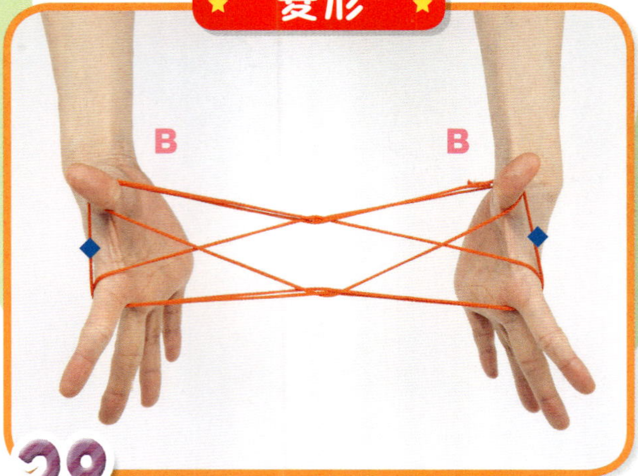

28 又变成菱形啦！
A用小指钩取◆处。

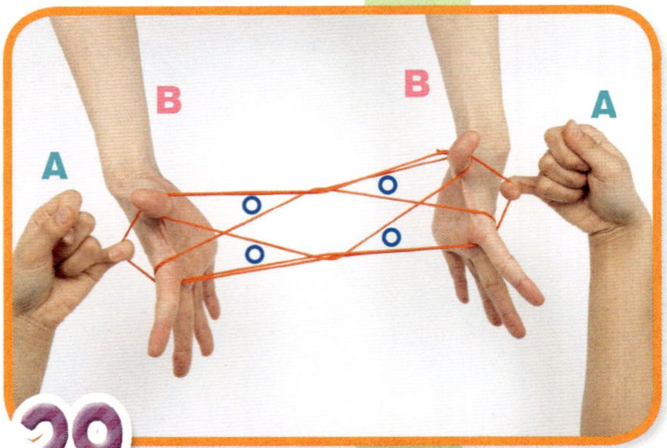

29 同时A将拇指和食指从上方伸入○中。

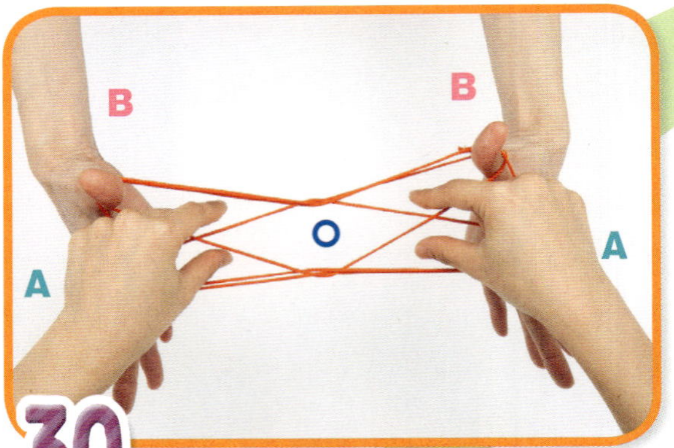

30 A将拇指和食指指尖朝上从○中翻出来。

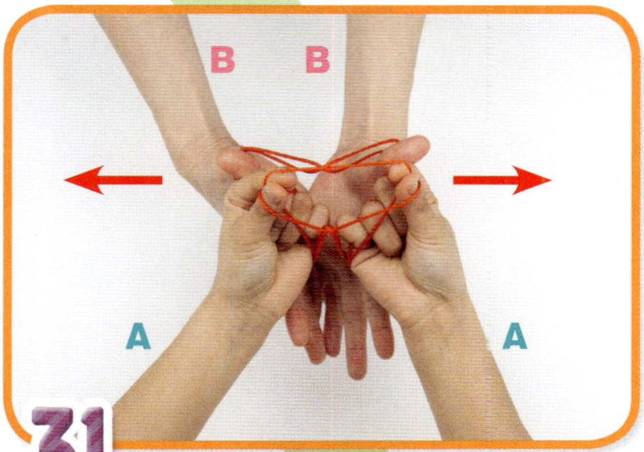

31 A将绳子向两侧拉伸，绳子从B手上转移到A手上。

★ 大鼓 ★

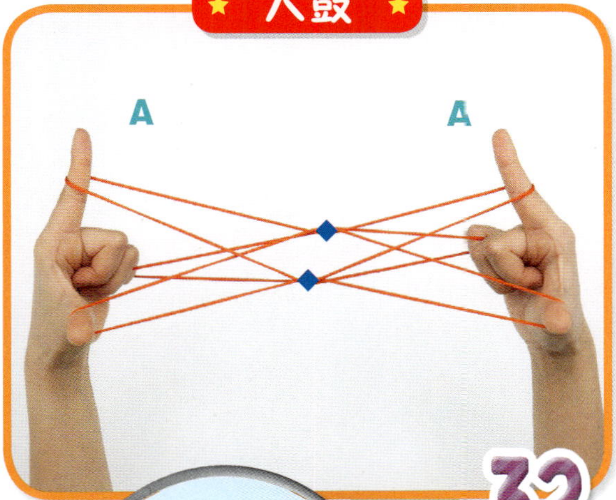

32 变成大鼓啦！
B用拇指和食指从外侧捏住◆处。

放大看

B从外侧捏住之后，再将拇指和食指伸入○中。

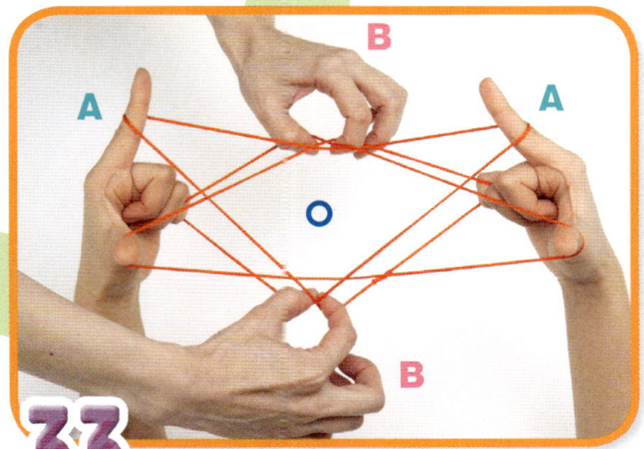

33 B钩取步骤32中的◆处，将指尖朝上从○中翻出来。

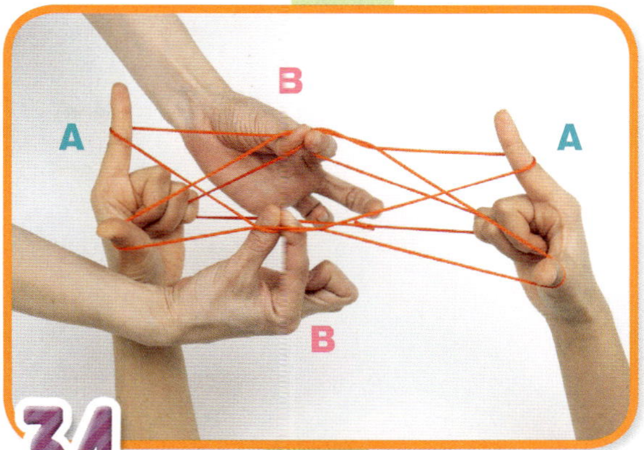

34 B将绳子向两侧拉伸，绳子从A手上转移到B手上。

完成！

35 又变成小河啦！

做年糕

RICE-CAKE MAKING

难度 简单　绳长 一般

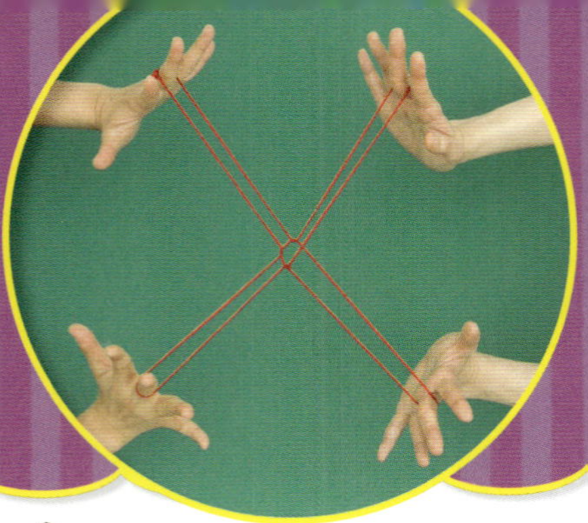

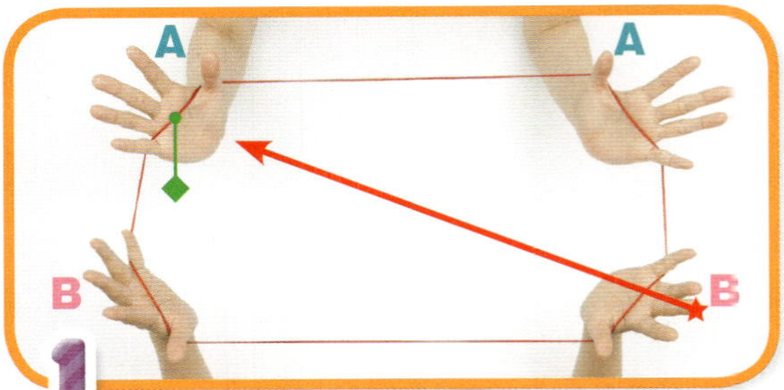

1 如图将绳子挂在A、B两人的双手拇指和小指上。B用中指钩取A手上的◆处。

钩取方法

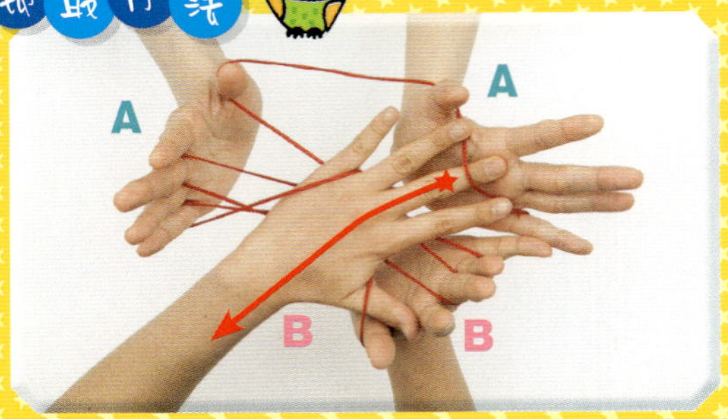

钩取中

钩取方法

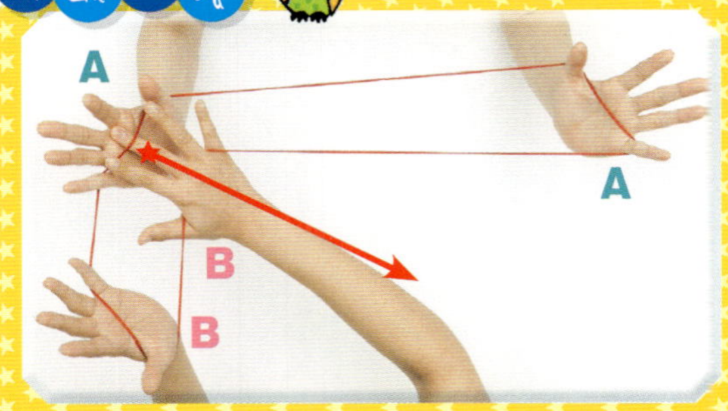

钩取中

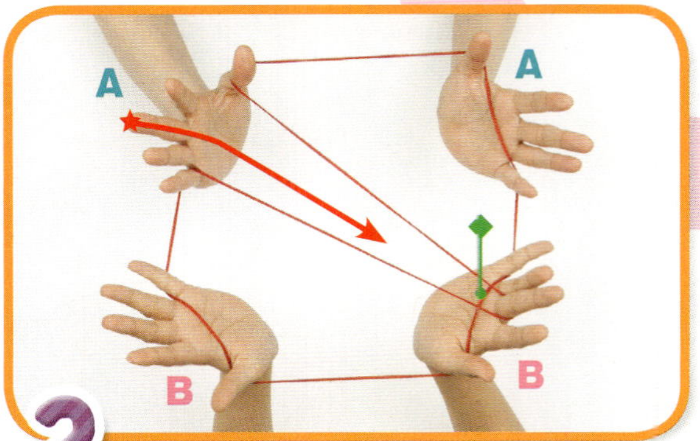

2 A用中指钩取B手上的◆处。

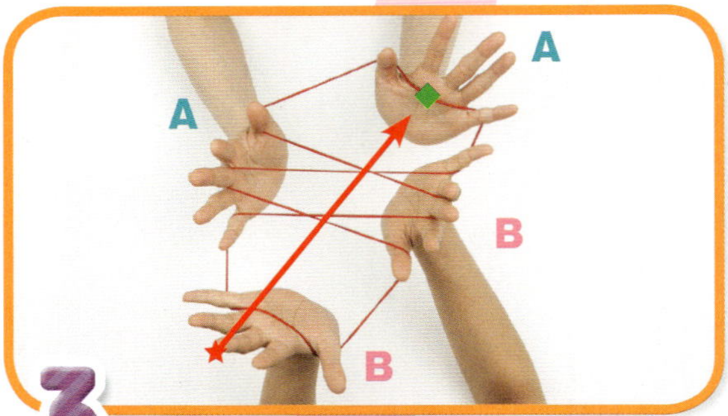

3 同样的，B用中指钩取A手上的◆处。

钩取方法

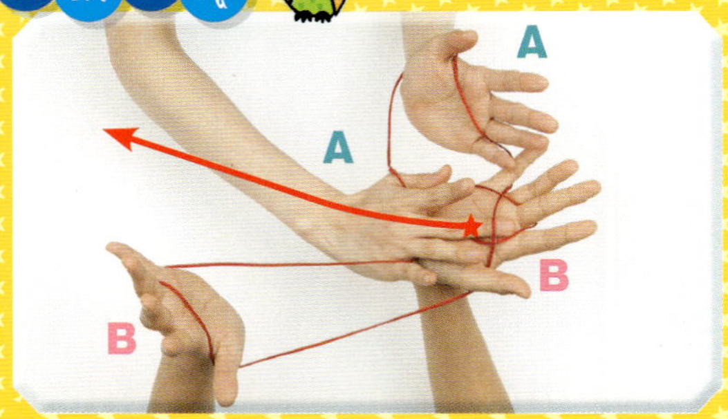

钩取中

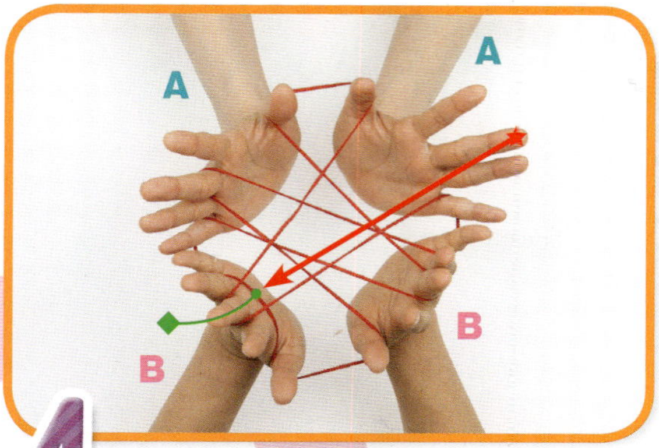

4 A用中指钩取B手上的◆处。

完成！

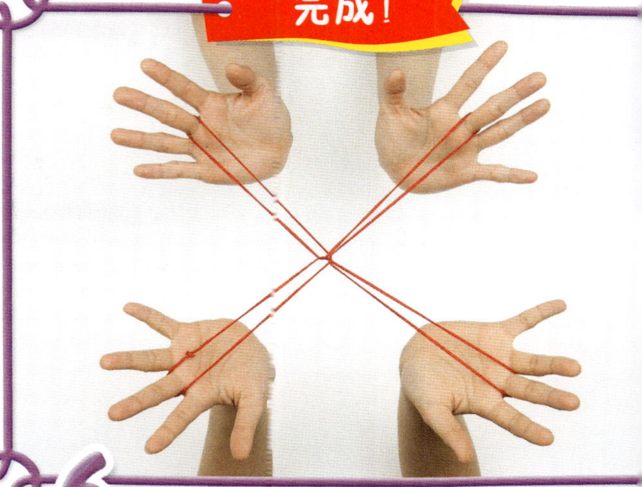

6 年糕做好啦！

钩取方法

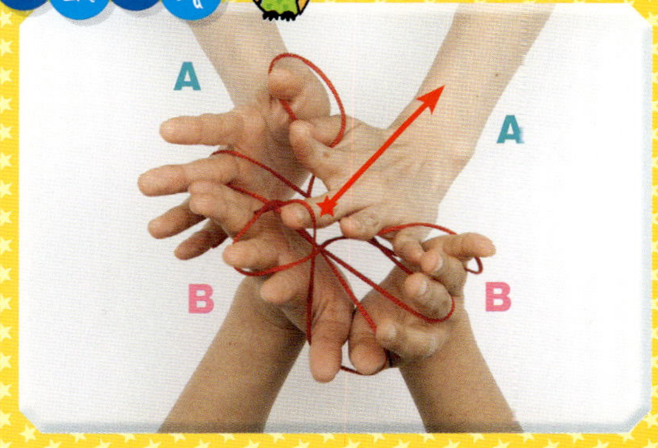

钩取中

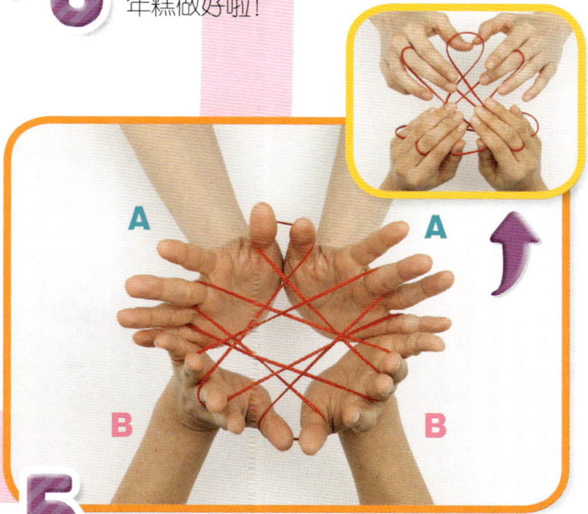

5 将A、B的拇指和小指上的绳子全部松开。

玩一玩吧！

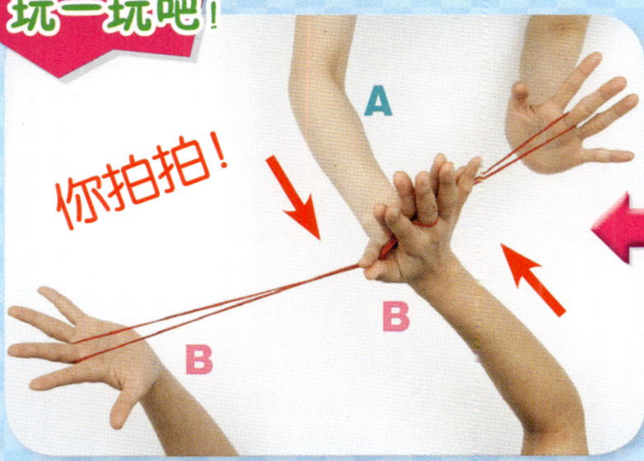

互相击右掌。

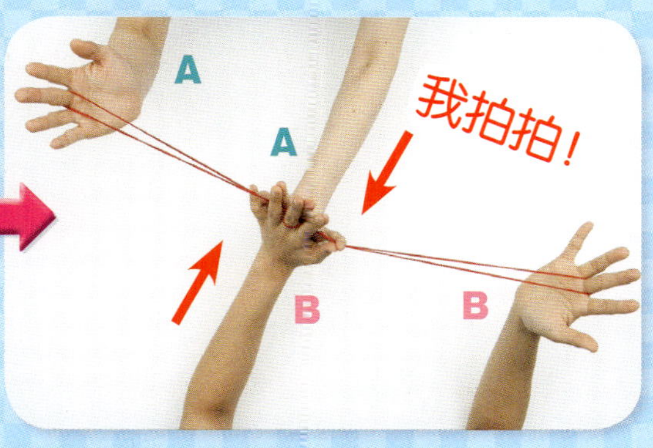

再互相击左掌。如此重复地击掌。

插图：開地 徹
设计：八木孝枝 (STUDIO DUNK)
摄影：宇賀神善之、奥村暢欣 (STUDIO DUNK)
协助编辑：STUDIO PORTO

图书在版编目（CIP）数据

简单翻花绳大全集 / 日本怀旧游戏会编著；王蕾译. —郑州：河南科学技术出版社，2016.11
ISBN 978-7-5349-8404-4

Ⅰ. ①简… Ⅱ. ①日… ②王… Ⅲ. ①翻绳 Ⅳ. ①G899

中国版本图书馆CIP数据核字（2016）第241976号

出版发行：河南科学技术出版社
地址：郑州市经五路66号　邮编：450002
电话：（0371）65737028　65788613
网址：www.hnstp.cn
策划编辑：李　洁
责任编辑：孟凡晓
责任校对：耿宝文
责任印制：张艳芳
印　　刷：北京盛通印刷股份有限公司
经　　销：全国新华书店
幅面尺寸：182 mm × 233 mm　印张：12　字数：190千字
版　　次：2016年11月第1版　2016年11月第1次印刷
定　　价：39.80元

如发现印、装质量问题，影响阅读，请与出版社联系并调换。